DIREITO, INFORMAÇÃO E CULTURA

O DESENVOLVIMENTO SOCIAL A PARTIR DE UMA LINGUAGEM DEMOCRÁTICA

MARIA CECÍLIA NARÉSSI MUNHOZ AFFORNALLI
EMERSON GABARDO
Coordenadores

Eduardo Devés Valdés
Prefácio

DIREITO, INFORMAÇÃO E CULTURA

O DESENVOLVIMENTO SOCIAL A PARTIR DE UMA LINGUAGEM DEMOCRÁTICA

Anais do Simpósio Comunicação, Cultura de Massas, Globalização e Direito
II Congreso Ciencias, Tecnologías y Culturas.
Diálogo entre las disciplinas del conocimiento.
Mirando al futuro de América Latina y el Caribe

Belo Horizonte

2012

© 2012 Editora Fórum Ltda.

É proibida a reprodução total ou parcial desta obra, por qualquer meio eletrônico, inclusive por processos xerográficos, sem autorização expressa do Editor.

Conselho Editorial

Adilson Abreu Dallari
Alécia Paolucci Nogueira Bicalho
Alexandre Coutinho Pagliarini
André Ramos Tavares
Carlos Ayres Britto
Carlos Mário da Silva Velloso
Carlos Pinto Coelho Motta (in memoriam)
Cármen Lúcia Antunes Rocha
Cesar Augusto Guimarães Pereira
Clovis Beznos
Cristiana Fortini
Dinorá Adelaide Musetti Grotti
Diogo de Figueiredo Moreira Neto
Egon Bockmann Moreira
Emerson Gabardo
Fabrício Motta
Fernando Rossi
Flávio Henrique Unes Pereira

Floriano de Azevedo Marques Neto
Gustavo Justino de Oliveira
Inês Virgínia Prado Soares
Jorge Ulisses Jacoby Fernandes
José Nilo de Castro (in memoriam)
Juarez Freitas
Lúcia Valle Figueiredo (in memoriam)
Luciano Ferraz
Lúcio Delfino
Marcia Carla Pereira Ribeiro
Márcio Cammarosano
Maria Sylvia Zanella Di Pietro
Ney José de Freitas
Oswaldo Othon de Pontes Saraiva Filho
Paulo Modesto
Romeu Felipe Bacellar Filho
Sérgio Guerra

Luís Cláudio Rodrigues Ferreira
Presidente e Editor

Coordenação editorial: Olga M. A. Sousa
Revisão: Cida Ribeiro
Bibliotecária: Lissandra Ruas Lima – CRB 2851 – 6ª Região
Capa, projeto gráfico: Walter Santos
Diagramação: Karine Rocha

Av. Afonso Pena, 2770 – 15º/16º andares – Funcionários – CEP 30130-007
Belo Horizonte – Minas Gerais – Tel.: (31) 2121.4900 / 2121.4949
www.editoraforum.com.br – editoraforum@editoraforum.com.br

D598	Direito, informação e cultura: o desenvolvimento social a partir de uma linguagem democrática. Anais do Simpósio Comunicação, Cultura de Massas, Globalização e Direito: II Congreso Ciencias, Tecnologías y Culturas. Diálogo entre las disciplinas del conocimiento. Mirando al futuro de América Latina y el Caribe / Coordenadores: Maria Cecília Naréssi Munhoz Affornalli, Emerson Gabardo; prefácio de Eduardo Devés Valdés. Belo Horizonte: Fórum, 2012.
	362 p.
	ISBN 978-85-7700-563-5
	1. Direito - Comunicação. 2. Comunicação social. 3. Teoria do Estado. 4. Direito constitucional. 5. Sociologia. 6. Educação. I. Affornalli, Maria Cecília Naréssi Munhoz. II. Gabardo, Emerson. III. Valdés, Eduardo Devés.
	CDD: 340.3022
	CDU: 34:316.77

Informação bibliográfica deste livro, conforme a NBR 6023:2002 da Associação Brasileira de Normas Técnicas (ABNT):

AFFORNALLI, Maria Cecília Naréssi Munhoz; GABARDO, Emerson (Coord.). *Direito, informação e cultura*: o desenvolvimento social a partir de uma linguagem democrática. Anais do Simpósio Comunicação, Cultura de Massas, Globalização e Direito: II Congreso Ciencias, Tecnologías y Culturas. Diálogo entre las disciplinas del conocimiento. Mirando al futuro de América Latina y el Caribe. Belo Horizonte: Fórum, 2012. 362 p. ISBN 978-85-7700-563-5.

SUMÁRIO

PREFACIO
EL VALOR DE LA INTERDISCIPLINA Y LA
INTERNACIONAL DEL CONOCIMIENTO
Eduardo Devés Valdés 11

APRESENTAÇÃO
ENTRE RAZÃO E SENSIBILIDADE
Maria Cecília Naréssi Munhoz Affornalli, Emerson Gabardo 15

CULTURA AUDIOVISUAL E FORMAÇÃO DE EDUCADORES:
PRÁTICAS QUE PODEM APROXIMAR GERAÇÕES
Camila Faustinoni Cabello 17
1 Introdução 17
2 Novas gerações, novos olhares 18
3 A diversidade das gerações e as implicações na relação educativa 21
4 Cultura audiovisual em formação: educadores na via da
  educomunicação 24
5 Um convite à realidade 26
  Referências 28

MEDO DO CRIME, MÍDIA E CONTROLE PENAL: ÓBICES
À EFETIVAÇÃO DO PRINCÍPIO DA PRESUNÇÃO DA
INOCÊNCIA NO PROCESSO PENAL DO ESPETÁCULO
Carolina de Freitas Paladino 31
1 Introdução 31
2 Medo do crime 33
3 O papel da mídia 35
4 A mídia e o controle penal 39
5 Óbices à efetivação do princípio da presunção de inocência e as
  influências legislativas 42
6 Considerações finais 47
  Referências 49

ORIGINALIDADE NA MÚSICA POP DE MASSA: EM BUSCA
DE UMA ABORDAGEM EQUILIBRADA
César Augusto Naréssi Munhoz 51
1 Introdução 51
2 O *pop* e o pós-moderno 52
3 Definições de originalidade 55

4	Mais ou menos original?	59
5	Conclusão	61
	Referências	63

LIBERDADE DE EXPRESSÃO E DIREITO À INFORMAÇÃO: UM CONTRAPONTO À VIOLAÇÃO DOS DIREITOS E GARANTIAS FUNDAMENTAIS E À PRESERVAÇÃO DA DIGNIDADE DA PESSOA HUMANA

Débora Veneral 65

1	Introdução	65
2	A evolução histórica e constitucional da liberdade de expressão e do acesso às informações no Estado Democrático de Direito	66
3	A influência das informações lançadas pelos meios de comunicação em cumprimento ao dever de informar contrapondo-se ao direito constitucional de ser informado	70
4	Repercussão e as consequências das informações lançadas aos meios de comunicação e os danos causados à intimidade, à vida privada, à honra e à imagem das pessoas	75
5	Seletividade das informações em cumprimento ao dever de informar e o direito de receber informações, aliado à preservação da dignidade humana no Estado Democrático de Direito	77
6	Conclusão	81
	Referências	82

A FORMAÇÃO DO IMAGINÁRIO VISUAL URBANO: INFLUÊNCIAS NO *DESIGN* GRÁFICO VERNACULAR

Diego Windmöller 85

1	Introdução	85
2	As primeiras manifestações: um breve relato sobre a história da comunicação gráfica	86
3	O *design* gráfico vernacular – Formas e efeitos	88
3.1	O que é *design* gráfico?	88
3.2	*Design* gráfico vernacular	89
4	A cidade, elemento plural	92
4.1	O *design* e sua responsabilidade cultural	98
5	Conclusão	99
	Referências	99

EL USO DE LA TELEVISIÓN Y EL FENÓMENO DE LA INMIGRACIÓN EN EUROPA

Elaine Javorski 101

1	Introducción	101
2	La influencia de la televisión en la vida cotidiana	103
3	La construcción de la realidad y de las identidades	104
4	La construcción de la sociedad multicultural	106
5	La prensa portuguesa y el tema de la inmigración	109

6 El programa Nós: integración entre inmigrantes y autóctonos...........111
7 Conclusión...113
Referências...114

CRIME, CULTURA, COMUNICAÇÃO E DEMOCRACIA – HORIZONTES CINEMATOGRÁFICOS DA CRIMINOLOGIA CULTURAL

Eliezer Gomes da Silva, Eliane Borges da Silva...........117
1 Introdução...117
2 Na cena do crime – Ficção e realidade 119
2.1 Evolução do escopo das pesquisas de interesse criminológico..........119
2.2 Metodologia de análise de filmes em contexto criminológico............122
3 Encenação da justiça – Valores, ética, Estado de Direito Democrático e a mídia cinematográfica.....................123
Conclusão...129
Referências...130

A RÁDIO COMUNITÁRIA COMO FORMA DE EFETIVAR A COMUNICAÇÃO PARTICIPATIVA EM CONTRAPOSIÇÃO À COMUNICAÇÃO DE CONSUMO

Emanuella Melo Rocha, Roberta Lia Sampaio de Araújo Marques.........133
1 Introdução...133
2 O processo de comunicação original 134
3 O desvirtuamento do processo comunicacional pela mídia tradicional...136
4 Comunicação popular participativa 139
5 O rádio e a teoria do rádio de Bertold Brecht............141
6 A rádio comunitária e sua importância para o exercício da cidadania através da comunicação popular participativa 143
7 Conclusão..146
Referências...147

O PRINCÍPIO DA PUBLICIDADE E OS ABUSOS DE PODER POLÍTICO E ECONÔMICO NA DEMOCRACIA CONTEMPORÂNEA

Emerson Gabardo, Eneida Desiree Salgado 149
1 Conceitos de publicidade e propaganda...................149
2 Eficiência e impessoalidade do poder público como princípios republicanos...153
3 Breve histórico da propaganda governamental recente no Brasil – A fabricação do consentimento..........................156
4 As propagandas governamental e eleitoral no Brasil: entre abuso e controle...162
5 Da típica imoralidade e da afronta à impessoalidade...........166
Referências...169

H. G. WELLS E O CONTROLE SOCIAL DA INFORMAÇÃO EM *WORLD BRAIN* (1938)

Fábio Luciano Iachtechen 173

1   A literatura utópico-social como instrumento de comunicação 173
2   O "cérebro mundial" e o controle estatal da informação 176
3   O "cérebro mundial" e o papel das universidades 182
    Referências 183

DIREITO À INFORMAÇÃO E PRINCÍPIO DA PUBLICIDADE *VERSUS* PROCESSO VIRTUAL (E-PROC): ANÁLISE CRÍTICA DO PROCESSO VIRTUAL SOB AS PERSPECTIVAS DO DIREITO À INFORMAÇÃO E DO PRINCÍPIO DA PUBLICIDADE

Fabrício Bittencourt da Cruz, Gustavo Schemim da Matta 185

1   Introdução 185
2   A instrumentalidade do processo 186
3   A Emenda Constitucional nº 45/2004 188
4   Breves considerações sobre o E-PROC 189
5   Princípio da publicidade e direito à informação 190
6   Publicidade, informação e processo eletrônico 192
7   Considerações finais 195
    Referências 196

A MÍDIA E A (RE)PRODUÇÃO DO CONTROLE PENAL(IZANTE): A CONSTRUÇÃO DA CRIMINALIZAÇÃO E DO DESVIO

Flávio Bortolozzi Junior 199

1   Introdução – Premissas ideológicas do sistema penal 199
2   A compreensão do sistema penal(izante) para além do sistema penal 201
3   A mídia, a construção do sentimento de insegurança e a reprodução dos estereótipos 203
4   A mídia e a (re)produção do controle penal(izante) 206
5   Conclusão 210
    Referências 210

AS TECNOLOGIAS DIGITAIS E SEUS MODOS DE SUBJETIVAÇÃO DO INDIVÍDUO CONTEMPORÂNEO

George de Souza Alves 213

1   Introdução 214
2   Do produtor disciplinado ao consumidor controlado: as vozes do poder 215
3   As mediações tecnológicas: vozes do saber 219
4   Os novos comportamentos face às tecnologias digitais e as vozes de autorreferência 226
    Referências 228

CONTRACULTURA: SONHO ANTIGO OU ESPAÇO DE NOVAS EXPRESSÕES?
Graciele de Moraes Barros, Liza Holzmann.................................231
1 Introdução.................................231
2 Compreensão do movimento de contracultura.................................234
3 Considerações finais.................................241
   Referências.................................242

NOVOS FÓRUNS DE COMUNICAÇÃO E POLÍTICA
Hustana Maria Vargas.................................245
1 Introdução.................................245
2 Sociedade de risco, sociedade reflexiva e novos fóruns de comunicação e política.................................247
3 Novos fóruns de política na perspectiva gramsciana.................................249
4 O Fórum Social Mundial (FSM): um outro mundo é possível?.................................250
5 O Centro de Mídia Independente (CMI): espaço das vozes silenciadas.................................253
6 Considerações finais.................................256
   Referências.................................257

ARTEFATOS DE CONEXÃO EM COMUNIDADES DE PRÁTICA: *MULTIMEDIA STORY*
Jorge Luiz Kimieck.................................259
1 Novas mídias e jornalismo digital.................................259
2 *Multimedia Story* – A narrativa em multimídia.................................262
3 Comunidades de prática: uma perspectiva de relacionamento social.................................263
4 As fronteiras entre as comunidades de prática e suas conexões.................................265
5 *Multimedia Story* como conexões em comunidades de prática.................................266
6 Considerações.................................272
   Referências.................................272

A CRESCENTE VIOLAÇÃO DO DIREITO DE IMAGEM DO CIDADÃO DIANTE DO MONITORAMENTO DAS CÂMERAS DE VIGILÂNCIA
Luciana Pedroso Xavier, Marilia Pedroso Xavier.................................275
1   Introdução.................................275
2   Problematizando o discurso da segurança como legitimador da vigilância.................................277
2.1 O medo líquido.................................277
2.2 O monitoramento e suas consequências danosas.................................278
2.3 A vigilância eletrônica como um "grande negócio".................................282
3   Por uma necessária proteção do direito à imagem do cidadão.................................283
4   Considerações finais.................................288
     Referências.................................289

A PRODUÇÃO CULTURAL DA TV DE CANAL ABERTO:
LIMITES E POSSIBILIDADES DOS PROGRAMAS NO
COTIDIANO DA SOCIEDADE
Luciene Pazinato da Silva 293
1   Introdução 293
2   Algumas análises 295
3   A visão dos autores 296
4   Iniciativas da sociedade civil 302
5   Considerações finais 304
     Referências 305

DESENVOLVIMENTO E DIREITO À CIDADE: DA
DOMINAÇÃO À ALTERNATIVA
Luiz Fernando Taques Fonseca Buzato, Solange Aparecida Barbosa
de Moraes Barros 307
1   Breve introdução 307
2   Histórico e conflitos a respeito do conceito de desenvolvimento 308
3   O direito à cidade como alternativa a uma reurbanização
     democrática 318
4   Considerações finais 320
     Referências 321

O DIREITO À IMAGEM NA CULTURA PROFISSIONAL DE
JORNALISTAS E FUTUROS PROFISSIONAIS DO JORNALISMO:
EXPRESSÕES DE UMA REALIDADE
Maria Cecília Naréssi Munhoz Affornalli 323
1   A proposta de um estudo interdisciplinar 323
2   Considerações importantes 325
3   A imagem humana, o direito e o jornalismo 327
3.1 O direito e as imagens humanas 327
3.2 O jornalismo e as imagens humanas – As imagens como
     instrumento de comunicação 332
4   Considerações sobre os resultados da pesquisa 336
     Referências 341

O PAPEL DA MÍDIA NA EDUCAÇÃO AMBIENTAL
Tatiana Mattje 345
1   Introdução 345
2   O surgimento e os objetivos da educação ambiental 346
3   O papel da mídia na educação ambiental 348
4   A influência da mídia sobre os indivíduos 354
     Referências 358

SOBRE OS AUTORES 359

PREFACIO

EL VALOR DE LA INTERDISCIPLINA Y LA INTERNACIONAL DEL CONOCIMIENTO

1 Los congresos *Ciencias, Tecnologías y Culturas*, realizados en la Universidad de Santiago por la red Internacional del Conocimiento, han sido pensados como espacios para la interdisciplina, en que se permita dialogar a personas de proveniencias verdaderamente lejanas, acerca de temas y desde perspectivas donde el encuentro intelectual es posible y no se aniquila, en monólogos que la mayoría escucha sin poder comprender. Los trabajos de este volumen provienen de un simposio que reunió principalmente a personas que trabajan en derecho y en comunicaciones y en la confluencia de ambas especialidades, pero también de otras disciplinas, donde convergen las ciencias de la educación, la politología y la historiografía, entre varias más. Como se advertirá, algunos trabajos son producto de personas todavía muy jóvenes y por tanto tienen apenas un carácter introductorio.

2 La relación adecuada entre disciplinas e interdisciplina es algo de la mayor importancia en el quehacer intelectual contemporáneo. La formación disciplinaria ha sido clave para la constitución de los saberes académicos y ello parece innegable, a la vez que muy difícil imaginar tales saberes sin el trabajo disciplinario, sin un trabajo "disciplinado". Sin embargo la absolutización de lo disciplinar, la explosión del conocimiento, las variaciones en la curiosidad humana, la rapidez con que se suceden los acontecimientos, entre otras razones, hacen que sea imprescindible la búsqueda de fórmulas que permitan estudiar fenómenos que han quedado fuera de los ámbitos disciplinares o estudiarlos con abordajes de los que éstos ámbitos disciplinares por sí solos no son capaces.

¿Cómo satisfacer entonces tales requerimientos con un abordaje interdisciplinar potenciador? No pretendiendo negar el valor de las disciplinas; acudiendo a las propias fortalezas de las disciplinas para llevarlas más allá de sí mismas; detectando sus falencias y apuntando a superarlas a partir de combinaciones variadas; creando postgrados (amplios: como ciencias sociales, o de áreas: como estudios americanos) donde dialoguen estudiantes y profes de diversas disciplinas, aunque cercanas; creando redes y encuentros donde puedan converger gentes de diversas disciplinas cercanas; criticando el interdisciplinarismo facilista, "complejista" y vacío, esgrimido tantas veces por quienes no aceptan someterse al rigor de la investigación y prefieren divagar en nombre de la indeterminación de los saberes.

3 Pero esto podría simplemente parecer un listado de recomendaciones "epistemológicamente correctas" y se trata de ir más allá de eso. Si la Internacional del Conocimiento, al instalar sus simposios, ha propuesto entre los tres criterios fundantes, además de la *calidad académica* y la *internacionalidad*, la *interdisciplina*, no ha sido precisamente para ser "epistemológicamente correcta", sino para contribuir a que los profesionales del conocimiento y sus reuniones académicas, especialmente de América Latina, puedan dar un salto en su quehacer, respecto de posiciones convencionales y limitadas. Esto es particularmente relevante en América Latina para la gente que ha estudiado y trabaja en el ámbito del derecho, muchas veces demasiado circunscrito a la disciplina y al ejercicio profesional.

En Brasil, al parecer, la disciplina de los estudios jurídicos permanece más abierta que en otros países de la región a los contactos, "miscigenações", como gustan decir allí, y compenetraciones. Los equipos de profes de derecho de Rio de Janeiro, Rio Grande do Sul, Goiânia y Paraná están abriendo nuevos espacios en el seno de la Internacional del Conocimiento, propiciando encuentros entre líneas de trabajo, como derecho y ciencias de la comunicación, como quienes dan forma a este volumen, pero también han sido capaces en otros casos de convocar el interés de gente que trabaja en teoría política, estudios ambientales, internacionales y del turismo, filosofía, historiografía; en los cuales ha convergido gente de Argentina, Chile, Colombia España, México y, por cierto, de numerosos estados brasileños, además de los ya mencionados: Belo Horizonte, Brasília, Espírito Santo, Santa Catarina, São Paulo y más.

4 Ahora bien, hacia el futuro podemos imaginar algunas propuestas que tengan en cuenta las capacidades de la interdisciplina y especialmente las capacidades de los equipos brasileños que se encuentran articulados en la Internacional del Conocimiento.

Pero ¿En qué sentido puede imaginarse un proyecto de largo aliento que tenga en cuenta dichos elementos? Creación, en el seno de la Internacional del Conocimiento, de encuentros específicos que motiven diálogo entre dos o tres disciplinas y no más, para explorar las potencialidades y especificidades; contribución a la creación de programas de postgrado donde converjan dos o tres disciplinas; formación de los estudiantes, desde los estudios de grado, para abrirse y prepararse para la interdisciplina. En esto es importante proceder en dos direcciones y conducir a que éstas se encuentren, la disciplinar: derecho, ciencias de la comunicación, antropología, ingeniería, etc.; y la dirección temática: temas de integración, temas indígenas, temas del Océano Pacífico, temas de la justicia, etc.

5 La *Internacional del Conocimiento* se ha propuesto incentivar el trabajo interdisciplinar teniendo en cuenta igualmente la necesidad que profesionales del conocimiento, que trabajan en diversas áreas disciplinares y temáticas, tengan la oportunidad de encontrarse para discutir sobre el conjunto de éstas, sobre su trayectoria y su futuro. Es clave que las disciplinas del conocimiento se empoderen para tomar decisiones respecto de cuestiones como las políticas del conocimiento, las orientaciones del quehacer, las conexiones entre el conocimiento y la calidad de vida, las nuevas maneras de enfrentar la educación y la investigación, la relación entre quienes ejercen las profesiones y otros agentes sociales, entre muchas otras.

Suponer que sean únicamente los estados y sus funcionarios quienes deban enfrentar estos asuntos empobrece el tratamiento de su tratamiento, manteniéndonos a la vez en una suerte de enajenación respeto del destino de nuestro quehacer.

Eduardo Devés Valdés

Profesor del Doctorado de Estudios Americanos en la Universidad de Santiago de Chile. Coordinador del Programa de Estudios Post doctorales IDEA-USACH. Doctor en Filosofía por la Université Catholique de Louvain. Doctor en Estudios de Sociedades Latinoamericanas por la Université de Paris III. Post Doctorado por la Université Catholique de Louvain. Premio *Leopoldo Lea de Historia de las Ideas* – Instituto Panamericano de Geografía e Historia.

APRESENTAÇÃO

ENTRE RAZÃO E SENSIBILIDADE

Alunos e professores de diferentes instituições de ensino de todo o país foram instados a participar do *II Congreso Ciencias, Tecnologías y Culturas. Diálogo entre las disciplinas del conocimiento. Mirando al futuro de América Latina y el Caribe*, ocorrido na Universidad de Santiago de Chile, entre os dias 29 de outubro e 1º de novembro de 2010. Trata-se de um dos maiores e mais complexos eventos interdisciplinares da região. Particularmente nesta segunda edição, destacou-se o grupo coordenado pelas professoras Maria Cecília Affornalli e Luciene Pazinato da Silva, que focou a temática da "Comunicação, Cultura de Massas, Globalização e Direito", congregando pesquisadores de pelo menos três áreas diferentes: Direito, Comunicação e Educação.

As apresentações foram muito interessantes e suscitaram reflexões que certamente incrementaram o universo investigativo de todos os participantes, fomentando a interlocução e a pluralidade tanto de ideias quanto de novas possibilidades e experiências. Esta é, sem dúvida, uma proposta nova, que supera a noção tradicional de interdisciplinaridade rumo à de transdisciplinaridade. Juristas citando jornalistas; jornalistas estudando pedagogos; educadores tratando de direito. E todos dialogando no mesmo ambiente, com grande curiosidade e predisposição à abertura de seus microssistemas investigativos. É neste ambiente efervescente que surge a proposta de publicação de um livro compilador de parcela do resultado exposto e discutido. Proposta esta que foi imediatamente acolhida pela prestigiada Editora Fórum — atualmente uma das mais importantes casas editoriais do país.

A união entre Direito, Cultura e Comunicação, tomando-se como pano de fundo científico a questão tão em voga do desenvolvimento como propulsor da intensificação democrática torna-se uma matéria atual e fortemente voltada às questões da realidade. Portanto, a obra ora apresentada é um trabalho que teoriza situações práticas, trazendo à tona, a partir de uma abordagem crítica, os problemas que envolvem de forma indissociável as áreas escolhidas para o conclave. Mas não seria o caso de apenas apontar as dificuldades do ser. Um arraigado espírito científico coligado a um "quê" típico de uma sensibilidade artística são elementos também componentes de propostas concretas e soluções plausíveis — ou seja, também uma tomada de posição na esfera do *dever ser*.

É importante registrar que nem todos os textos isoladamente considerados são exatamente interdisciplinares ou mesmo transdisciplinares. A proposta é que o livro como um todo possa ser assim enquadrado e não especificamente este ou aquele texto, pois cada qual foi elaborado com pontos de partida metodológicos e cognoscitivos diversos. Daí a riqueza de um trabalho que se propõe a fazer com que profissionais da mídia estudem comunicadores e educadores, educadores leiam textos jurídicos, juristas entrem em contato com o mundo da mídia — enfim. A ideia é ampliar o espaço de compreensão recíproca; é renovar o espaço científico como um *locus* criativo de tolerância e intercâmbio cultural.

Se fomos felizes nesta empreitada, cabe ao leitor, após sua incursão literária na obra, dizer por si mesmo. E desde já fica aqui o convite para o próximo Congresso, quando esperamos continuar nesta trajetória referente à qual demos um significativo primeiro passo.

Maria Cecília Naréssi Munhoz Affornalli

Professora do Curso de Graduação em Direito das Faculdades Integradas do Brasil. Professora da Pós-Graduação em Direito Público da Escola da Magistratura Federal do Paraná. Mestre em Ciências Sociais Aplicadas pela Universidade Estadual de Ponta Grossa. Doutoranda em Direito na Universidade Católica de Santa Fé.

Emerson Gabardo

Professor de Direito Administrativo da Universidade Federal do Paraná. Professor de Direito Econômico da Pontifícia Universidade Católica do Paraná. Mestre e Doutor em Direito do Estado pela Universidade Federal do Paraná.

CULTURA AUDIOVISUAL E FORMAÇÃO DE EDUCADORES: PRÁTICAS QUE PODEM APROXIMAR GERAÇÕES

CAMILA FAUSTINONI CABELLO

1 Introdução

A linguagem está implexa nos processos de criação e expressão, representando uma força central na produção de significados.

> A escola é uma das esferas públicas básicas, onde, pela influência da autoridade, da resistência e do diálogo, a linguagem é capaz de construir a maneira como vários indivíduos e grupos codificam e, assim, leem o mundo. Em outras palavras, a escola é o espaço onde os projetos de linguagem impõem e controlam normas e formas específicas de significado. Neste sentido, a linguagem faz mais do que apresentar diretamente a "informação": na verdade, ela é usada tanto como base para a "instrução", como para produzir subjetividades.[1]

É inegável que nós, humanos, somos seres que percebemos o mundo através da sensorialidade, estimulada em seus diversos aspectos. Esse processo cognitivo foi sempre primordial para a elaboração de modos de produzir e distribuir a sapiência universal.

---

[1] GIROUX, Henry A. *Teoria crítica e resistência em educação*: para além das teorias da reprodução. Petrópolis: Vozes, 1986.

Atualmente a maior parte do conhecimento produzido circula na sociedade através dos meios de comunicação, amparada pela tecnologia crescente. Com o tempo isso desenvolveu nas pessoas uma latência perceptiva cada vez mais ligada a estímulos multissensoriais, multifocais, plurivalentes, e com isso estão sendo redefinidos conceitos de espaço, tempo, memória, produção e distribuição do conhecimento, e as formas de pensar e assimilar o mundo.[2] Este conjunto de signos, significados e significantes compõe novas linguagens, no plural, porque esse é o cerne da pós-modernidade: a pluralidade infinita, não linear, digressiva, recheada de *hyperlinks* e hipertextos.[3]

A linguagem é, de fato, o próprio fundamento da cultura,[4] e é por causa desse amálgama de provocações sensoriais, predominantemente visuais e auditivas, amparado pela propagação cada vez maior da tecnologia, que podemos dizer que a cultura em ascensão e disseminação que permeia a sociedade contemporânea é a cultura audiovisual.

Contudo, é importante considerar que a experiência formativa das pessoas tem uma influência direta na forma como elas lidam com essa cultura, e que embora a incorporação e a assimilação destes estímulos sejam dependentes da individualidade, também podemos notar que há tendências geracionais na sociedade, indicando que o processo histórico também interfere no trato com a cultura audiovisual e com a própria tecnologia.

2 Novas gerações, novos olhares

Alguns estudos norte-americanos no âmbito da administração e dos negócios na busca por avaliações de tendências sociocomportamentais fazem diferenciações etárias, tratando como gerações ciclos de 18 a 25 anos (considerados como o período necessário para crescer, casar e se reproduzir, o que já traz em si determinantes variáveis do contexto histórico e econômico) Segundo Howe e Strauss,[5] precursores da discussão geracional, estas tendências podem ser observadas e classificadas em suas perspectivas mais recentes da forma apresentada a seguir.

---

[2] SARDELICH, Maria Emilia. Leitura de imagens, cultura visual e prática educativa. *Cadernos de Pesquisa*, v. 36, n. 128, p. 451-472, maio/ago. 2006.

[3] SANTOS, Jair Ferreira dos. *O que é pós-moderno?*. São Paulo: Brasiliense, 2004.

[4] JAKOBSON, Roman. *Linguística e comunicação*. São Paulo: Cultrix, 2007.

[5] HOWE, Neil; STRAUSS, William. The Next 20 Years: How Customer and Workforce Attitudes Will Evolve. *Harvard Business Review*, New York, p. 18-19, July/Aug. 2007.

Há uma geração da população, nascida entre 1946 e 1964, num momento pós-Segunda Guerra Mundial, chamada *baby boomers*, que tende a se relacionar com o trabalho como a coisa mais importante da sua vida, pois entendeu que era preciso reconstruir o mundo pós-guerra e que a sua ação é imprescindível para tal e, por isso, passa a colocar o trabalho na centralidade da sua própria existência, tendo dificuldade de se desvincular dele, mesmo após o alcance da almejada e segura aposentadoria, temendo sua própria descaracterização. É uma geração dotada de um racionalismo voltado para a construção do amanhã, do paternalismo, de um forte espírito de comunidade, disposta a criar filhos com uma mentalidade elevada que nunca sigam a um Hitler ou Stalin, e que presenciou o advento da televisão e foi marcada pela aceleração das transformações culturais com o aperfeiçoamento técnico dos meios de comunicação de massa.[6]

Nascidos entre os anos de 1965 e 1980, a *geração X* traz filhos da "mãe em tempo integral", povoando os subúrbios, viu os automóveis se tornarem bens familiares, o crescimento das taxas criminais e do uso de entorpecentes, a revolução sexual e o início de uma revolução da consciência climática, a Guerra do Vietnã, a Guerra Fria... As mulheres saem de casa e começam a ocupar locais de trabalho, e ambos os sexos passam a determinar princípios e valores; há uma ascensão da atuação em áreas como o ensino, a religião, o jornalismo, o direito, o *marketing* e as artes, o que culmina numa "Guerra de Cultura", promovendo uma divisão política entre o que é cultura de direita (azul) e de esquerda (vermelha). É uma geração que desenvolveu relações estreitas e individualizadas com seus filhos, que sofre com o declínio da prosperidade econômica, e vê na ruptura com os valores tradicionais o horizonte de liberdade, igualdade e paz.

A *geração Y*, nascida entre 1981 e 1992, cresceu em uma época de falta de escolas e de casamentos falidos, da queda da priorização do bem-estar das crianças e do retrato cinematográfico de crianças como figuras demonizadas ou descartáveis. Aprendeu desde cedo a desconfiar das instituições, principalmente da família, rompendo muitas vezes com elementos-chave da infância, com o seu mundo adulto abalado pelas consequências da revolução sexual, em meio ao aumento do divórcio e ao surgimento de um campo de batalha sexual

---

[6] SANTOS NETO, Elydio dos; FRANCO, Edgar Silveira. *Os professores e os desafios pedagógicos diante das novas gerações*: considerações sobre o presente e o futuro. São Paulo: COGEIME, 2010.

povoado por abortos, AIDS e outras DSTs e a disparada dos índices de gravidez e crimes na adolescência, provocados por uma tendência de adultização da criança. É uma geração que aponta em sua cultura o pragmatismo de endurecimento do humor, que vê a criação da MTV, a ascensão do *hip hop*, da cultura *pop*, a tecnologização dos seus heróis, que trocam balas por *lasers* e fardas por corpos sobre-humanos; é colaboradora e consumidora direta da difusão da alta tecnologia e da globalização. Muitos buscam construir a força dos laços familiares perdidos na infância e, por cautela, tardam o casamento; trabalham como funcionários em empresas, mas almejam algum dia "serem seus próprios patrões". Suas referências políticas resultaram em uma má impressão da vida cívica e acreditam que o voluntariado e que a colaboração individual é mais eficaz do que o voto ou o trabalho para mudar as leis e as questões mundiais, inclusive as de aporte ecológico.

Nascidos após o ano de 1993 compõem a chamada *geração do milênio* ou *geração Z* ou ainda *geração homeland*, são filhos das *gerações X e Y*, mais da metade ainda não nasceu, e embora ainda seja cedo para tratar suas tendências de relação com o trabalho, alguns traços podem ser notados já na sua formação escolar. São indivíduos que são nativos digitais, ou seja, já nasceram no mundo da virtualidade, da internet, dos games e filmes em gráficos 3D, do compartilhamento *on-line* de arquivos, das redes sociais e das multimídias. Pode-se considerar uma geração silenciosa na medida em que suas relações se dão normalmente permeadas por algum instrumental tecnológico de comunicação, o que pode fazê-los, por um lado, ágeis no trato com as máquinas, por outro, com dificuldades de relacionamentos interpessoais e verbais, ao passo que a própria linguística passa a ser reinventada para alcançar o ritmo frenético das conexões internéticas. Há uma mudança cultural no retrato destas crianças, que se antes eram demonizadas pelo cinema, agora são tratadas por pessoas adoráveis que inspiram os adultos a se tornarem pessoas melhores. O planejamento familiar está em alta, mas as taxas de fertilidade se recuperaram, voltam à cena a preservação e a proteção da infância, agora também altamente voltada para o estilo alimentar. É uma geração que vem sendo formada para a minimização dos comportamentos de risco e para a redução de danos, através da aprendizagem cooperativa e do trabalho em equipe, com uma cultura aparentemente menos agressiva com o enfoque em mensagens otimistas e até nostálgicas, retomando elementos de gerações anteriores em *remakes*.

3 A diversidade das gerações e as implicações na relação educativa

Já podemos notar nessas classificações geracionais o indicativo de possíveis tensões no trabalho educativo, já que os olhares e as relações com o mundo divergem em vários aspectos, a começar do ponto de vista hierárquico.

Os educadores, que estão hoje encaixados na geração *baby boomers* (entre 46 e 64 anos) e na geração X (entre 45 e 30 anos), vêm de referências familiares fortes, a primeira com a centralidade da autoridade na figura paterna, e a segunda que começa a enxergar na mãe também uma figura respeitável que presencia a sua ruptura com os moldes tracionais e se insere nos locais de trabalho, buscando ser também uma provedora do lar. Com estes referenciais hierárquicos e com uma formação escolar tradicional, estes educadores têm, em sua maioria, a visão do professor como a fonte de todo o conhecimento dentro da sala de aula, que merece respeito por já ter adquirido conhecimento e cumpre o papel de transmissor deste conhecimento ao aluno, que é visto como um receptor, ou ainda, recipiente de um conteúdo curricular planejado com uma minuciosa linearidade racional.

Esta postura gera, sem dúvida, confrontos diretos com a noção que as gerações Y (entre 29 e 18 anos) e Z (17 anos ou menos) têm de hierarquia e respeito, porque a primeira identificou em sua infância a figura do adulto ligada ao abandono, à oposição, à incompreensão, e até aos maus tratos, além de perceber que esse adulto tem grandes dificuldades e resistências em acompanhar a inserção tecnológica no cotidiano em que ele cresceu lado a lado; a segunda já nasceu imersa numa lógica não linear e hipermidiática, e os conteúdos estão a sua disposição num estalar de cliques; tutoriais e interfaces intuitivas são seus principais caminhos para produzir conhecimento; e embora ele não tenha grandes facilidades para se expressar verbalmente, sua percepção adquiriu uma velocidade que, às vezes, pode ser impossível manter a atenção em uma só coisa por muito tempo.

Esse abismo que separa professores de estudantes contém em seu vazio, por parte dos professores, egos feridos que acreditam que seu valor pode estar muito mais no conteúdo que eles carregam e na autoridade que acreditam ter do que na sua existência por si só, e por parte dos estudantes, corações reprimidos com dificuldade de se expressar verbalmente e egos também feridos por sentirem-se desvalorizados por carregarem consigo uma capacidade intertextual e cognitiva que dificulta a construção de uma narrativa linear do seu conhecimento e por talvez não conseguirem enxergar a potencialidade positiva da sua lógica.[7]

A educação, assim como a comunicação, está imbricada na sociedade e está necessariamente condicionada pelo seu modo de produção econômica, ou seja, tem um vínculo direto com o sistema produtivo. Este vínculo transfere o *ethos* do sistema em vigência para a educação, conferindo-lhe as mesmas regras, valores, aparências e princípios, o que sofre alterações conforme o processo histórico se desenrola.

Como já citado, a educação brasileira está predominantemente carregada de uma ideologia neoliberal, que privilegia o atendimento apenas das necessidades essenciais para a sobrevivência dos educandos, que, no caso, seriam a aquisição de experiências culturais que as autoridades escolares acreditam que eles precisam para sua qualidade de vida suportável e também as habilidades instrumentais fundamentais para uma posterior inserção no mercado de trabalho.

Esse *modus operandi* exerce o endosso da superioridade de uma forma específica de vida, desvalorizando aqueles que não partilham de seus atributos, tratando a experiência dos estudantes como inculta, sem estima e desprivilegiada, muitas vezes os humilhando para conseguir que participem das atividades em sala, e quando há uma recusa dos estudantes em se renderem ao tratamento humilhante (pois ainda que primariamente ou sem grandes esclarecimentos, com o domínio das novas linguagens, eles conseguem perceber seu potencial intelectual), os professores e administradores escolares geralmente enfrentam problemas de ordem e de controle. Para reestabelecer este controle, busca-se procurar formas de conservar os estudantes "felizes", por meio da cessão aos seus interesses pessoais, proporcionando formas de conhecimento de "baixo *status*" e da política do bom relacionamento, utilizando-os como objetos de pesquisa, no intuito de entendê-los para controlá-los mais facilmente.[8]

Neste medrar, as pessoas vão se formando e as gerações vão adquirindo características comportamentais diferenciadas a fim de lidar com as complexidades tecidas pela existência social em todos os seus aspectos e lugares.

---

[7] SANTOS NETO, Elydio dos; FRANCO, Edgar Silveira. *Os professores e os desafios pedagógicos diante das novas gerações*: considerações sobre o presente e o futuro. São Paulo: COGEIME, 2010.

[8] GIROUX, Henry A. *Escola crítica e política cultural*. São Paulo: Cortez, 1992.

É fato que as gerações se conflitam por suas divergências formativas, diretivas e interativas, já que a cada época é desenvolvida uma nova forma de lidar com as necessidades e possibilidades existentes, mas conflitos em vista destas diferenças só podem resolvidos com a comunicação, já que ela "significará então a colocação em comum da experiência criativa, reconhecimento das diferenças e a abertura para o outro".[9] E só é possível esse diálogo se forem gerados ecossistemas comunicativos dentro do ambiente escolar, a fim de permitir que aquele que não fala possa exercitá-lo e daquele que só fala possa exercitar o ouvir a fala do outro e reconhecer-se nela, estabelecendo uma ética do discurso, já que a comunicação, segundo Martín-Barbero, traz em si uma natureza negociada, transacional, ao passo em que é preciso que haja concessões para que uma ideia possa ser partilhada, tornada como única, comunicada.

Estabelecer ecossistemas comunicativos dentro da escola para reduzir esta distância significa considerá-la como uma teia comunicacional complexa, em que o educador precisa compreender

> o entorno cultural do aluno e seus pares de diálogo — colegas, família, mídia — para planejar ações que possibilitem a participação, a construção e a troca de sentidos. Para tal, é necessário que a escola esteja preparada para enfrentar e dialogar com percepções de mundo diferentes das que enfrentava décadas atrás.[10]

Estes ecossistemas comunicativos, segundo Martín-Barbero,[11] se definem como as tramas de relações em territórios ou espaços educativos que sejam *inclusivas*, de modo que todos os membros façam parte do processo; *democráticas*, reconhecendo igualdade e a horizontalidade entre as pessoas; e *criativas*, buscando a integração entre formas, linguagens, técnicas e tecnologias em prol da expressão. Obviamente que este ecossistema não emerge espontaneamente, em vista da configuração antagônica já instaurada nos ambientes escolares, mas

---

[9] MARTÍN-BARBERO, Jesús. Globalização comunicacional e transformação cultural. *In*: MORAES, Dênis de (Org.). *Por uma outra comunicação*: mídia, mundialização cultural e poder. Rio de Janeiro: Record, 2003. p. 68.

[10] SARTORI, Ademilde. A educomunicação como resposta possível às inter-relações entre comunicação e educação: promoção de ecossistemas comunicativos. *IX Congreso Latinoamericano de Investigación de la Comunicación de la Asociación Latinoamericana de Investigadores de la Comunicación*. México, 2008. p. 12.

[11] MARTÍN-BARBERO, Jesús. Jóvenes: comunicación e identidad. *Revista Digital de Cultura de la Organización de Estados Iberoamericanos*, n. 0, feb. 2002. Disponível em: <http://www.oei.es/pensariberoamerica/ric00a03.htm>. Acesso em: 12 jun. 2010.

com clareza conceitual, planejamento, acompanhamento e avaliação estes ecossistemas comunicativos podem ser construídos e cultivados.[12]

A partir desta abertura e construção, pode-se viver de fato a educomunicação dentro do ambiente escolar como alternativa para uma superação produtiva das diferenças.

4 Cultura audiovisual em formação: educadores na via da educomunicação

A sociedade dispõe (ou impõe) várias instituições segmentadas em áreas de atuação para a sua organização aspectos diversos, que envolvem a complexidade dos seres e das relações. Acontece que o uso das instituições é convencionado ao longo dos tempos, e para tais instituições serem usadas de outras formas é preciso haver contestação, inovação, transformação e experimentação.

Praticar educomunicação pode ser investigar um novo sentido para os campos da educação e da comunicação, transgredindo os limites e empregos existentes para a produção de culturas audiovisuais legítimas e viscerais.

Pensando nesta transgressão e nestes campos como constitutivos e funcionais a todos os integrantes da sociedade, a atitude inicial é a de tomar posse destes campos que nos servem: a educação.

Para que o educador sinta-se seguro para se apropriar dos meios de comunicação para buscar a construção de uma cultura audiovisual em sala de aula, juntamente com os educandos, é necessário que ele perceba o quanto e como isso é exequível dentro do seu contexto real, e essa percepção só existe diante da experiência, pois é nela que as possibilidades e limites reais se apresentam.

Também é importante que os envolvidos se proponham a buscar tal construção somente se considerarem interessante e prazeroso pra si, porque se a ideia é que o ecossistema comunicativo seja um ambiente inclusivo, criativo, democrático e dialógico, então todos os posicionamentos devem ser respeitados, inclusive a abstenção do processo. Este pode ser um desafio interessante dentro da escola, já que a vontade do educador e dos gestores é a de que todos participem das atividades, mas nem sempre esta é a vontade de todos. Uma possibilidade é a de

---

[12] SOARES, Ismar de Oliveira. *Educomunicação*: contribuições para a reforma do ensino médio. São Paulo: Núcleo de Comunicação e Educação, Escola de Comunicação e Artes, Universidade de São Paulo, 2009.

que a produção se torne interessante o suficiente para atrair até os que inicialmente se mostrarem desinteressados, fortalecendo o exercício do livre direito de escolha e da criatividade, proporcionando a prática da autonomia pelos sujeitos, centrada em experiências estimuladores da decisão e da responsabilidade, vale dizer, em experiências respeitosas da liberdade.[13]

Outro elemento central para a formação de educadores pela via da educomunicação é a consideração dos diferentes pontos de vista, interesses, experiências e saberes que os envolvidos trazem consigo, e a partir dessa deferência e da interação, elaborar quais as mensagens que serão produzidas, e, assim, estabelecer uma necessária "intimidade" entre os saberes curriculares fundamentais e as experiências sociais dos indivíduos.

A partir disso, a providência é identificar quais meios de comunicação podem ser apoderados a partir do ambiente educativo e viabilizar este ato de apropriação, buscando os instrumentos necessários, o conhecimento técnico para lidar com tais instrumentos e quais as formas de publicação que estão ao alcance para se divulgar as mensagens produzidas ao público pretendido.

Não há fórmulas nem caminhos prontos ou garantidos para a formação do educador com base nas práticas educomunicativas. Tudo se configura de acordo com cada contexto, cada sujeito, cada experiência, cada quadro que se apresenta, tudo é mutável e personalizado. A intenção é apenas unir dois campos do saber em uma interação produtiva e usá-los para dar voz aos que querem falar, para buscar outras possibilidades de relações entre as pessoas e mensagens e tornar a obrigatoriedade escolar uma realização além da formação regular e a comunicação mais do que um simples ato de recepção e reprodução, mas que, juntos, possam configurar possibilidades de emancipação e de vivência, de encontro consigo e com outros, de cultivo das pluralidades e respeito às individualidades, de construção de conhecimento e também de sabedoria. Mais do que instituições, que a educação e a comunicação, a partir da transgressão do seu uso convencional, se tornem lugares que cada um pode ocupar e usar para algo que lhe interesse, lhe satisfaça e lhe faça feliz.

Para tanto, é preciso identificar quais as percepções que os educadores têm acerca da cultura audiovisual; dentro desta percepção

---

[13] FREIRE, Paulo. *Pedagogia da autonomia*: saberes necessários à prática educativa. Rio de Janeiro: Paz e Terra, 1996.

e frente à sua influência/interferência no trabalho educativo, como, atualmente, eles dialogam (ou não) com esta cultura; quais as necessidades formativas destes educadores para que seja possível este diálogo e intervenção; investigar as possibilidades e limites da inserção de elementos da cultura audiovisual no processo educativo cotidiano, dentro do contexto da educação formal pública, como uma forma de tornar o processo mais abrangente a partir da maioria mais desfavorecida financeiramente; procedendo do paradigma da educomunicação e de práticas educomunicativas, fornecer subsídios para que os educadores sintam-se seguros e fundamentados para buscar a construção de uma cultura audiovisual juntamente com os estudantes, como uma forma de aproximação de gerações e promoção do diálogo.

Produções audiovisuais tendem a privilegiar o trabalho coletivo, já que podem envolver diversas linguagens, instrumentos e técnicas. Por esta razão, a individualização dos processos tende a dificultá-los e a coletivização tende a torná-los mais viáveis e prazerosos, já que permite a divisão do peso das tarefas e exige a partilha de ideias para a sua criação.

No entanto, precisamos compreender a amplitude da escola para além de seus muros e levar em consideração que o contexto econômico e sociopolítico é um aspecto que limita a prática educomunicativa no ambiente escolar, já que a proposta político-pedagógica e social do paradigma da educomunicação entra em confronto com as políticas educacionais existentes no sistema de ensino e também com a maioria dos projetos político-pedagógicos das escolas. Também podemos perceber que mais importante do que disponibilidade de recursos tecnológicos é a disposição dos agentes e o seu compromisso de traçar estratégias para transpor as barreiras ideológicas dominantes, estimulando novos contextos relacionais, dialógicos e democráticos numa ação contra-hegemônica para a produção de culturas autorais, audiovisuais e legítimas da comunidade escolar.

5 Um convite à realidade

A formação e a apresentação de um novo paradigma que vise ampliar as formas de expressão através de tecnologias para a produção de conhecimento e cultura em prol da cidadania não se bastam por si sós, pois a sua legitimação e adesão vão depender da identificação política dos sujeitos, das condições estruturais, coletivas, sociais, políticas, econômicas e principalmente da disposição e da vontade de caminhar na contramão de um sistema que já está consolidado. E este caminho pode ser inseguro, imprevisível e desconfortável, ao passo que confronta propósitos e traços essenciais da organização social em que se encontram os campos da comunicação e da educação, ambos instituídos de modos diferentes para os mesmos fins: organizar e controlar a sociedade dentro dos parâmetros culturais de uma classe dominante, onde as condições estabelecidas resultam do poder e da ação humana em práticas sociais de dominação e contestação.[14] Por estas razões que este caminho não é algo que se escolha simplesmente, mas que se constrói através da vivência.

Para vivenciar um novo modo de agir, de se relacionar e de se expressar para construir uma cultura que realmente lhe pertença é preciso resistência para romper com as marcas ideológicas que estão amplamente incorporadas, para isso é preciso que educadores e educandos se esforcem pelo exercício da autonomia, unindo suas capacidades para se enriquecer mutuamente e se emancipar da cultura de dominação, estabelecendo uma nova cultura: a de cooperação, já que "o respeito à autonomia e à dignidade de cada um é um imperativo ético e não um favor que podemos ou não conceder uns aos outros".[15]

O diálogo pode ser um modo de resgate da cultura popular suprimida e de elaboração dos valores pretendidos subjetivamente, coletivamente e socialmente, no entanto, é importante ter em mente que as condições concretas vão demarcar os limites destas ações, e sua extrapolação não implica necessariamente numa transformação social ampla, mas pode trazer contribuições muito significativas para os sujeitos agentes, desde que a dialogicidade e a resistência tenham uma função reveladora, que contenha uma crítica da dominação e forneça oportunidades para a autorreflexão e para a luta no interesse da autoemancipação e da emancipação social.[16]

É nesse sentido também que a dialogicidade verdadeira, em que os sujeitos dialógicos aprendem e crescem na diferença, sobretudo, no respeito a ela, é a forma de estar sendo coerentemente exigida por seres que, inacabados, assumindo-se como tais, se tornam radicalmente éticos.

---

[14] GIROUX, Henry A. *Teoria crítica e resistência em educação*: para além das teorias da reprodução. Petrópolis: Vozes, 1986.

[15] FREIRE, Paulo. *Pedagogia da autonomia*: saberes necessários à prática educativa. Rio de Janeiro: Paz e Terra, 1996. p. 25.

[16] GIROUX, Henry A. *Teoria crítica e resistência em educação*: para além das teorias da reprodução. Petrópolis: Vozes, 1986.

Mas, ainda que haja a possibilidade de se estabelecer ações pontuais, autônomas e independentes de políticas públicas que fomentem a criação de ecossistemas educomunicativos, é de suma importância que se estabeleçam projetos político-pedagógicos nas escolas que subsidiem estas práticas, sabendo que isso não bastará para eliminar os entraves ideológicos consolidados no sistema e nas pessoas.

É provável que posturas que reafirmem as relações de dominação, de distinção de classes e de expropriação cultural continuem se repetindo, mas também é provável que isto aconteça numa escala menor e que a utilização inteligente, consciente e responsável de linguagens e tecnologias audiovisuais contemple as diferentes racionalidades e lógicas que se encontram nas escolas, possibilitando um processo educativo mais agradável e palatável para a construção de saberes carregados de identidades, autorias, realidades, sonhos, expectativas, estratégias, ações, realizações e conquistas.

Com esta esperança, sigo escrevendo minhas linhas, misturando sofrimento ao cimento. Uma operária construída, uma operária em construção, crescendo, sabendo que tudo o que cresce não cresce em vão, buscando para essa vida uma nova dimensão, a dimensão da poesia.[17]

> Ninguém liberta ninguém, ninguém se liberta sozinho: os homens se libertam em comunhão.[18]

Referências

FREIRE, Paulo. *Pedagogia da autonomia*: saberes necessários à prática educativa. Rio de Janeiro: Paz e Terra, 1996.

FREIRE, Paulo. *Pedagogia do oprimido*. Rio de Janeiro: Paz e Terra, 1987.

GIROUX, Henry A. *Escola crítica e política cultural*. São Paulo: Cortez, 1992.

GIROUX, Henry A. *Teoria crítica e resistência em educação*: para além das teorias da reprodução. Petrópolis: Vozes, 1986.

HOWE, Neil; STRAUSS, William. The Next 20 Years: How Customer and Workforce Attitudes Will Evolve. *Harvard Business Review*, New York, p. 18-19, July/Aug. 2007.

JAKOBSON, Roman. *Linguística e comunicação*. São Paulo: Cultrix, 2007.

---

[17] MORAES, Vinícius de. *Novos poemas II*. Rio de Janeiro: São José, 1959. p. 26-30.

[18] FREIRE, Paulo. *Pedagogia do oprimido*. Rio de Janeiro: Paz e Terra, 1987. p. 29.

MARTÍN-BARBERO, Jesús. Globalização comunicacional e transformação cultural. *In:* MORAES, Dênis de (Org.). *Por uma outra comunicação:* mídia, mundialização cultural e poder. Rio de Janeiro: Record, 2003.

MARTÍN-BARBERO, Jesús. Jóvenes: comunicación e identidad. *Revista Digital de Cultura de la Organización de Estados Iberoamericanos,* n. 0, feb. 2002. Disponível em: <http://www.oei.es/pensariberoamerica/ric00a03.htm>. Acesso em: 12 jun. 2010.

MORAES, Vinícius de. *Novos poemas II.* Rio de Janeiro: São José, 1959.

SANTOS NETO, Elydio dos; FRANCO, Edgar Silveira. *Os professores e os desafios pedagógicos diante das novas gerações:* considerações sobre o presente e o futuro. São Paulo: COGEIME, 2010.

SANTOS, Jair Ferreira dos. *O que é pós-moderno?.* São Paulo: Brasiliense, 2004.

SARDELICH, Maria Emilia. Leitura de imagens, cultura visual e prática educativa. *Cadernos de Pesquisa,* v. 36, n. 128, maio/ago. 2006.

SARTORI, Ademilde. A educomunicação como resposta possível às inter-relações entre comunicação e educação: promoção de ecossistemas comunicativos. *IX Congreso Latinoamericano de Investigación de la Comunicación de la Asociación Latinoamericana de Investigadores de la Comunicación.* México, 2008.

SOARES, Ismar de Oliveira. *Educomunicação:* contribuições para a reforma do ensino médio. São Paulo: Núcleo de Comunicação e Educação, Escola de Comunicação e Artes, Universidade de São Paulo, 2009.

Informação bibliográfica deste texto, conforme a NBR 6023:2002 da Associação Brasileira de Normas Técnicas (ABNT):

CABELLO, Camila Faustinoni. Cultura audiovisual e formação de educadores: práticas que podem aproximar gerações. *In:* AFFORNALLI, Maria Cecília Naréssi Munhoz; GABARDO, Emerson (Coord.). *Direito, informação e cultura:* o desenvolvimento social a partir de uma linguagem democrática. Anais do Simpósio Comunicação, Cultura de Massas, Globalização e Direito: II Congreso Ciencias, Tecnologías y Culturas. Diálogo entre las disciplinas del conocimiento. Mirando al futuro de América Latina y el Caribe. Belo Horizonte: Fórum, 2012. p. 17-29. ISBN 978-85-7700-563-5.

MEDO DO CRIME, MÍDIA E CONTROLE PENAL: ÓBICES À EFETIVAÇÃO DO PRINCÍPIO DA PRESUNÇÃO DA INOCÊNCIA NO PROCESSO PENAL DO ESPETÁCULO

CAROLINA DE FREITAS PALADINO

1 Introdução

O crime constitui, na atualidade, um dos assuntos mais debatidos pela sociedade, seja como algo de todo refutado por ela, ou ainda como responsável pelo aumento do elemento medo presente na vida do indivíduo; ou ainda como objeto de campanhas eleitorais visando à redução da criminalidade, ou como questão a ser estudada para futuras alterações penais legislativas. Enfim, o conceito analítico de crime, representado por condutas típicas, antijurídicas e culpáveis tornou-se trivial.

Realmente, não se pode ignorar a ocorrência de um aumento da criminalização de condutas, o que implica no crescimento do aparato penal. Contudo, o equívoco nisso é que o princípio da *ultima ratio* do Direito Penal tornou-se o princípio da *prima ratio*, na qual a solução para diversos problemas passa pela polícia e pelo Direito Penal.

Nesse sentido, o Direito Penal se desenvolve, cada vez mais, como se pudesse trazer respostas aos problemas sociais existentes. Teorias são criadas e desenvolvidas a todo vapor, embora isso não consiga dar solução às dificuldades existentes na atualidade.

Todos esses acontecimentos implicam um fenômeno em que a sociedade adoece, mudando seus hábitos em virtude da possibilidade de ocorrência de um crime. Isso se torna um elemento cada vez mais presente e que deve ser contido, sob pena de diminuição do contato entre as pessoas. O respectivo fenômeno a que se está referindo é o medo do crime. Mudanças comportamentais, seja em esfera individual, ou ainda dentro de um grupo social, passam a ser adotadas. Contudo, tem-se que o medo aqui proposto não está relacionado a qualquer crime, mas tão somente àquele praticado com violência real.

Necessário ressaltar a existência de algumas figuras responsáveis pela propagação desse medo do crime, dessa necessidade de controle e punição. Uma delas, a qual será objeto do presente artigo, é a mídia. Essa figura, que no século passado já foi instrumento de contenção de repressões sociais, sofreu significativas mudanças, tanto do ponto de vista tecnológico, como sobre suas atribuições, com a redefinição de prioridades, muitas vezes, conforme interesses econômicos, tem sido a grande vilã nesse processo de propagação de medo.

Mas como foi desenvolvida toda essa sensação de medo na sociedade? Quem são os responsáveis por isso? A solução é encarcerar a todos e enrijecer o sistema penal, com mais crimes e mais penas? Quais foram os fenômenos responsáveis pela propagação desse medo? Quem auxilia na propagação desse medo? Não são poucas as perguntas que se fazem em relação a esse tema, sem respostas definitivas.

O indivíduo passa a ter medo de situações violentas. E isso de alguma forma se torna cada vez mais próximo dele. E é justamente aí que começa a indagar o porquê da proximidade, pois esse medo não ocorre necessariamente por situações vivenciadas por esses indivíduos.

> Fatos violentos como esses parecem cada vez menos distantes e improváveis de acontecer na vida do cidadão comum. Diariamente, notícias dessa ordem veiculam-se na imprensa escrita e na mídia eletrônica. Rostos singulares aparecem estampados em reportagens ou desfilam diante dos vídeos. As notícias disseminam-se com rapidez e cores muito fortes. Alguns cenários se repetem: em bairros elegantes e bem servidos por infraestrutura e serviços urbanos, cidadãos procedentes das classes altas e médias da sociedade são vítimas de furtos, assaltos, arrombamentos de residências e de veículos, homicídios. Seus autores, quase sempre cidadãos procedentes das classes populares. Nos bairros da periferia urbana, são os iguais se digladiando entre si.[1]

---

[1] ADORNO, Sérgio. *A gestão urbana do medo e da insegurança*: violência, crime e justiça penal na sociedade brasileira contemporânea. Tese (Livre-Docência) – FFLCH/USP, São Paulo, 1996. p. 126.

Assim, a mídia ingressa como uma aliada da sociedade. É crescente a expectativa do público pela justiça realçando a inter-relação entre o Poder Judiciário e meios de comunicação em massa, pois se num contexto anterior existia uma instituição judiciária distante dos cidadãos, essas relações, hoje, tornaram-se mais próximas. O direito de conhecer as decisões judiciárias e a forma de agir do Judiciário pertence ao público,[2] e este deseja essa informação.

Evidentemente existem outras agências responsáveis pela propagação do medo, mas por uma opção far-se-á a análise tão somente em relação a esse sujeito e os problemas que podem ser ocasionados com isso. Entretanto, a intenção é demonstrar os efeitos nocivos possíveis a serem ocasionados em situações de comoção geral ressaltadas pela mídia.

2 Medo do crime

O medo do crime é um fenômeno que passou a integrar a vida do indivíduo de modo especial, sendo necessário trabalhar alguns resultados trazidos por essa convivência. Barry Glassner questiona "por que há tantos medos no ar, e tantos deles sem fundamento?"[3] Em artigo elaborado por Vera Malaguti Batista, intitulado "Você tem medo de quê?", a autora faz toda uma crítica sobre as práticas existentes, advertindo sobre um modelo que não pode ser considerado tranquilo, por conta da inflação de leis. O fato de existirem sociedades, ao mesmo tempo, autoritárias e desiguais, faz com que elas se utilizem do medo como fator inibidor de determinadas práticas. A autora menciona que o medo é uma ferramenta essencial para derrotar as forças populares no contexto brasileiro, vez que as vitórias populares advêm de caos e desordem, associando estes institutos.[4]

> O que mais amedronta é a ubiquidade dos medos; eles podem vazar de qualquer canto ou fresta de nossos lares e de nosso planeta. Das ruas escuras ou das telas luminosas dos televisores. De nossos quartos e de nossas cozinhas. De nossos locais de trabalho e do metrô que tomamos

---

[2] VIEIRA, Ana Lúcia Menezes. *Processo penal e mídia*. São Paulo: Revista dos Tribunais, 2003. p. 60-61.

[3] GLASSNER, Barry. *Cultura do medo*. Tradução de Laura Knapp. São Paulo: Francis, 2003. p. 19.

[4] BATISTA, Vera Malaguti. Você tem medo do quê?. *Revista Brasileira de Ciências Criminais*, ano 13, n. 53, p. 367-369, mar./abr. 2005.

para ir e voltar. De pessoas que encontramos e de pessoas que não conseguimos perceber. De algo que ingerimos e de algo com o qual nossos corpos entraram em contato. Do que chamamos "natureza" ou de outras pessoas (prontas, como dificilmente antes em nossa memória, a devastar nossos lares e empregos ameaçando destruir nossos corpos com a súbita abundância de atrocidades terroristas, crimes violentos, agressões sexuais, comida envenenada, água ou ar poluídos.[5]

Nesse sentido, o medo está relacionado a uma sensação de ansiedade, que pode ser real ou imaginária, produzindo um estado de alerta em razão de uma situação de risco ou perigo iminente,[6] não estando relacionada tão somente a uma manifestação emocional, vez que no momento em que o indivíduo tem contato com estímulos ambientais que para ele são sinônimos de perigo, envolvendo circuitos neurais e também as respectivas estruturas sociais, além de reações fisiológicas e sínteses hormonais.[7] Conforme menciona Zygmunt Bauman, a sociedade, nessa concepção moderno-líquida, tenta fazer do medo algo tolerável.[8] E nesse sentido a mídia acaba trazendo significativos reflexos nessas impressões.

Vive-se em um período em que a sociedade demonstra ter medo da violência, e consequentemente de crimes violentos, não porque efetivamente algo já lhe ocorreu, mas porque houve uma propagação desse medo de forma irreprimível, levando o indivíduo a alterar seus hábitos, seu cotidiano, com intuito de evitar perigos, muitas vezes, virtuais. E não são poucos os exemplos a serem citados sobre essas práticas. *Shopping centers*, condomínios fechados, utilização de veículos para trajetos curtos, veículos blindados, utilização de películas em vidros, enfim, todos esses hábitos são apenas algumas representações desse medo do crime e da violência, bem como do modo como essas pessoas se utilizam de diferentes técnicas, com o objetivo de evitar que sejam vítimas de possíveis práticas delituosas.

A questão do medo do crime tem sido tratada de uma maneira peculiar, significando, em determinadas situações, uma angústia individual ou outras vezes social, a partir da constatação de uma "criminalidade rompante" (com um crescimento elevado), que, segundo

---

[5] BAUMAN, Zygmunt. *Medo líquido*. Tradução de Carlos Alberto Medeiros. Rio de Janeiro: Zahar, 2008. p. 11.

[6] DANTAS, G. F. L; PERSIJN, A.; SILVA JÚNIOR, A. P. *O medo do crime*. Disponível em: <http://www.observatorioseguranca.org/pdf/01%20(60).pdf>. Acesso em: 12 mar. 2010.

[7] *Idem.*

[8] BAUMAN. *Medo líquido*, p. 13.

as informações obtidas pelos meios de comunicação, fugiu do controle, desencadeando uma insegurança coletiva.[9]

Evidentemente o medo sempre existiu. Faz parte da existência humana. Contudo, ocorreram mudanças no que tange às próprias relações humanas, que transformaram também o medo. Está-se a falar de modernidade. Sobre essa temática, Zygmunt Bauman aponta um novo tipo de relação sem precedentes com uma passagem sólida da modernidade existente à líquida. Esta se forma por meio de relações que se dissolvem em tempo inferior ao necessário para moldá-las.[10]

De outro lado, vive-se num momento em que as relações são muito superficiais.[11] Casamentos são realizados e dissolvidos em curto espaço de tempo. Relações familiares, afetivas, de amizade são desfeitas a qualquer tempo, sem muita reflexão, pois o imediatismo é um elemento que permeia essas relações. Muitos vivem sozinhos e diminuíram ou não têm uma vida social, no sentido de se relacionar de maneira física, de forma que os meios de comunicação, como televisão, rádio, internet, se tornaram seus companheiros, não restando qualquer forma de descontentamento ou perigo de abandono. Não se sentem sozinhos pela presença dessas formas de comunicação com o universo exterior. Além de esses meios serem seus aliados no sentido de lhes fazer companhia, esses instrumentos fomentam o consumo, mostram o que de mais importante ocorre, além de oferecer celeridade de informação, com o objetivo de uma "busca pela verdade", tornando-se seus companheiros na hora de dormir, trabalhar ou outras práticas cotidianas.

Mas ao lado do medo, será analisado outro fenômeno que adquiriu especial relevância no último século.

3 O papel da mídia

Com a noção de Estado Moderno, que é entendido a partir de um contrato social,[12] ocorre uma alteração nas formas de influência

---

[9] DANTAS; PERSIJN; SILVA JÚNIOR, *op. cit.*

[10] BAUMAN. *Tempos...*, p. 7.

[11] BAUMAN, Zygmunt. *Modernidade líquida*. Tradução de Plínio Dentzien. Rio de Janeiro: Zahar, 2007.

[12] Nesse sentido, os sujeitos não poderiam fazer tudo o que bem lhes aprouvesse, sob pena de impossibilidade de coexistirem. E aí surgiram os grandes teóricos como Thomas Hobbes, John Locke e Rousseau, criando as diversas formas de teorias contratualistas em que o sujeito abre mão de sua liberdade em prol de um bem maior, significando a mutação de um poder privado que imperava a outro, o público. Era época das grandes monarquias. Cf. ANITUA, Gabriel Ignacio. *História dos pensamentos criminológicos*. Tradução de Sérgio Lamarão. Rio de Janeiro: Revan, 2008. p. 66.

na valoração de condutas. Diversos são os institutos que acabam por uniformizar em pequenos ou grandes grupos esses valores, a exemplo da Igreja, da escola, da família, das amizades, do direito e, finalmente, dos meios de comunicação.

Tais meios ganharam uma relevância distinta nesses últimos séculos. Passaram a ocupar uma posição de destaque em relação às pessoas, executando diversos papéis, que inicialmente era o de repassar notícias, inclusive a respeito dos crimes, mas hoje alcança novos horizontes, exigindo determinadas condutas estatais, caracterizando-se como um meio influente no que tange às ações estatais e privadas.

Uma das tarefas da mídia é justamente o repasse de informações relevantes à sociedade. Contudo, essa agenda de notícia tem sofrido alterações com o capitalismo. Em relação ao Direito Penal, assumia a mídia uma posição mais distante dos crimes em concreto, contudo, cada vez mais abordam casos específicos. Noticiam crimes do começo ao fim, entrevistando pessoas conhecidas do suposto acusado e da vítima, além de profissionais do direito, da psicologia, da medicina, que dão seus pareceres sobre comportamentos e provas mencionadas para repassar todo esse aparato à população.

A televisão, o rádio, a internet e o jornal são os principais meios de comunicação de massa, com o escopo de dirigir notícias de impacto a um telespectador, que é considerado um leitor ordinário, comum, um homem médio. Não é alguém nem ninguém, o homem sem face.[13] Por conseguinte, é necessário tratar sob a premissa de que a mídia é abrangida por todos esses meios, ou seja, *lato sensu*, correspondente a qualquer acesso a uma possível informação, que abarca o jornal, a televisão, o rádio, a internet.

Assumiu, com isso, a mídia um papel de protetora das vítimas, de investigadora, de julgadora, de formadora de opinião, embora seu discurso sempre seja o de apenas repassar notícias ao cidadão, que deve ter suas próprias conclusões acerca do caso. Esse instrumento pode trazer efeitos positivos e negativos, conforme sua presença ou ausência no acompanhamento dos casos concretos.

A ideia de poder e comunicação sofreu profundas alterações nos últimos séculos. Cabe assim refletir sobre os impactos desses meios de comunicação. O ato de assistir televisão caracterizou-se como fenômeno de massa a partir da década de 1950. A mídia trabalha com os sentidos

---

[13] MELLO, Silvia Leser. A cidade, a violência e a mídia. *Revista Brasileira de Ciências Criminais*, ano 6, n. 21, p. 189, jan./mar. 1998.

mais primitivos das pessoas (visão, audição, tato), ocasionando, a partir das matérias apresentadas, sensações nesse indivíduo, seja de medo, de felicidade, de esperança. Enfim, cria-se uma imagem que, por sua vez, "substituirá esta realidade, e como isto será feito pela 'mídia' com um novo processo social em curso (de transformação do real em imagem), que é resultado dessa criação, a qual ocorre à parte da sociedade.[14] Por conseguinte, atualmente, os meios de comunicação acabam por criar uma imagem própria sobre a realidade".[15]

Quando o medo e a raiva provocados nas pessoas ameaçam influenciar o caso, a omissão da mídia pode ser positiva. Contudo, é negativa em situações relacionadas a desvios de verbas e descumprimento de obrigações políticas, visto que a sociedade permanece ignorante quanto a tais atos e não poderá reivindicar mudanças de comportamento. Mas será negativa em situações que envolvem alguns indivíduos, influenciando nos casos, na coleta de provas, na decisão sobre a prisão do sujeito, trazendo um pano de fundo a esse caso com efeitos irreversíveis.

Como a opinião pública não é construída livremente, a mídia se coloca como representante dela, ou seja, a voz do público, embora seja curioso como aquela acaba direcionando e atuando sobre o público, provocando um consenso de opinião.[16] Por conseguinte, a mídia é considerada responsável por propagar as ideias que são convenientes. O papel desempenhado pelos cidadãos acaba sendo totalmente passivo. Conforme ressalta o filósofo Noam Chomsky, os telespectadores

> devem ficar sentados sozinhos diante da televisão, tendo suas cabeças marteladas pela mensagem que diz que os únicos valores da vida são possuir cada vez mais bens de consumo ou viver como aquela família de classe média alta a que você assistindo e cultuar os valores virtuosos como harmonia e americanismo. Isso é tudo na vida. Você pode pensar consigo mesmo que deve haver algo mais na vida além disso, mas como você está sozinho, diante do aparelho, você acha que está ficando louco, já que tudo que acontece se passa ali no vídeo.[17]

---

[14] MAGALHÃES, Nara. *Significados de violência em abordagens da mensagem televisiva*. Disponível em: <http://www.seer.ufrgs.br/index.php/sociologias/article/viewFile/8870/5111>. Acesso em: 02 abr. 2010.

[15] KESSLER, Cláudia Samuel; KESSLER, Márcia Samuel. *A diminuição da maioridade penal e a influência midiática na aprovação de leis*. Disponível em: <http://www.buscalegis.ufsc.br/revistas/index.php/buscalegis/article/viewFile/12949/12513>. Acesso em: 20 abr. 2010.

[16] VIEIRA, *op. cit.*, p. 59.

[17] CHOMSKY, Noam. *Controle da mídia*: os espetaculares feitos da propaganda. Tradução de Antonio Augusto Fontes. Rio de Janeiro: Graphia, 2003. p. 24.

Com isso, tem-se que a sociedade cada vez possui menos senso crítico. Se antes os livros eram os principais meios de acesso à informação e formação de um senso crítico, aliado a discussões em cátedras, hoje o principal meio "difusor de conhecimento" passou a ser a televisão. As crianças, desde pequenas, estão habituadas a acompanhar o que se passa por esse meio de comunicação, fazendo o mais absurdo papel de educador, de verdadeira companhia, enfim, um substituto de pais e outras pessoas que não tem tempo para a criação dessa criança.

De qualquer forma, não se pode retirar a responsabilidade da sociedade nesse processo. Se a mídia influencia é porque a sociedade o permite. Diante dos acontecimentos sociais e políticos, a justiça tem sido um dos objetos preferidos da mídia, ocupando nela posição de relevância. Está-se diante de uma cena política, com inúmeras investigações de crimes, envolvendo pessoas públicas, além de fatos relacionados a problemas sociais e humanos, como o caso de entorpecentes, homicídios e sequestros.[18] Assim,

> também o jornalismo tem deixado claro sua predileção pelos temas catastróficos e, dentre esses temas eleitos, que poderíamos chamar de 'escolhas de fim do mundo', alguns dos temas mais presentes dizem respeito a motivos míticos que envolvem a figura de Pan: catástrofes físicas (e econômicas), acidentes, estilhaçamentos, mortes trágicas, instabilidades, violências, perda de controle, etc.[19]

Acompanham-se de perto os casos concretos a partir de uma informação repassada pela mídia. É necessário, pois, refletir a respeito de como essa opinião pública pode influenciar nesse processo, pelo fato de que a cultura da mídia, assim como os discursos políticos, ajuda a estabelecer uma hegemonia de determinados grupos e projetos políticos.

Quando se fala em comunicação de massa, remonta-se à heterogeneidade, sem organização entre esse grupo, interesses comuns e anônimos. Fala-se em personagens despersonalizados, apáticos, de identidades empobrecidas, que se configuram como "esponjas de notícia".[20] E nesse sentido é possível influenciar na sensação do indivíduo, conforme essa enxurrada de informações que é passada à coletividade.

---

[18] VIEIRA, *op. cit.*, p. 60.

[19] CONTRERA, Malena Segura. *Mídia e pânico*: saturação da informação, violência e crise cultural da mídia. São Paulo: Fapesp, 2000. p. 27.

[20] VIEIRA, *op. cit.*, p. 27.

Contudo, é possível controlar esse tipo de informação, passando a impressão de que algum local é mais perigoso ou não, dependendo do interesse dos detentores do meio de comunicação.

Tal indivíduo é influenciado por esse conteúdo obtido na televisão, a qual apresenta a divisão de papéis do presente modelo. A responsabilidade pela segurança é atribuída ao Estado e a mídia funcionará como uma fiscal desse controle, ou seja, um termômetro se o Estado está a desempenhar seu papel. Caso não o faça, à própria mídia serão incumbidos os papéis de investigação. Contudo, nessa visão se perde de vista a real função do Estado, que, ao invés de servir como protetor dos direitos humanos, acaba dissipando um maior controle e intolerância.

4 A mídia e o controle penal

O pânico moral europeu em relação às violências urbanas culminou numa "pornografia securitária" na França, com um espetáculo midiático escuro. Com a canonização do direito à segurança, os jornais televisivos transformaram-se em noticiários judiciais, multiplicando as medidas de ostentação repressiva do governo.[21] O que se verifica não é uma preocupação na elaboração de conceitos, mas na construção de estereótipos, criação de mitos, estabelecimento de preconceitos que sejam considerados verdades, dividindo a população entre "nós (os cidadãos honrados e consumidores) e eles (os marginais violentos, perigosos e temíveis)".[22]

Existe todo um desejo de consumo por esse tipo de informação criminosa. Afirma-se que a violência apresenta-se como uma "obsessão temática".[23] Nesse sentido,

> exatamente por nossa sociedade se sentir insegura e clamar cada vez mais por segurança, proliferando câmaras de vigilância nas ruas, nos prédios e condomínios, grades cada vez mais altas, dentre tantas outras coisas para (tentar) suprir este medo difuso. É este medo social, e socializado, que gera a obsessão por consumo de relatos violentos e

---

[21] WACQUANT, Loïc. Sobre a "janela quebrada": contos sobre segurança vindos da América. Tradução de Cesar Eduardo Faria Coracini. *Revista Brasileira de Ciências Criminais*, ano 12, n. 47, p. 229-230, jan./fev. 2004.

[22] MARQUES, Bráulio. A mídia como filtro do fato social. *In*: FAYET JÚNIOR, Ney (Org.). *Ensaios em homenagem ao Professor Alberto Rufino Rodrigues de Sousa*. Porto Alegre: Ricardo Lenz, 2003. p. 164.

[23] CONTRERA, *op. cit.*, p. 89.

de notícias alarmistas sobre a violência que se concentram nos meios de comunicação.[24]

Ocorre uma fabricação de notícias justamente por se tratar a informação como mercadoria, sujeitando-a às leis de mercado, de oferta e demanda, e não a uma elucidação, ainda que parcial, da verdade sobre o fato ocorrido. Hoje, o questionamento é se a informação é rentável, pouco importando seu conteúdo de veracidade.[25] Assim, o perigo do papel da mídia consiste na forma de enxergar os problemas sociais, a partir de uma visão lógico-mercadológica que busca um "sucesso comercial".[26]

Nesse sentido "eis Estado, mercado e comunidade mimetizados na figura de um algoz máximo, onipresente e espetacular, mediados pelo poder tecnológico da mídia, emaranhado que entrega, a sua vez, o universo da política como espetáculo. E é esta mimetização, é este amálgama, que sustenta o avanço e a legitimação da punição".[27] Tem-se, então, um panorama em que a mídia acaba exercendo um papel significativo em um "mercado onipresente e excludente x Estado soberano, política e socialmente ausente, amalgamados por uma cultura individualista radicalizada".[28]

O problema está no fato de a mídia se colocar no lugar da neutralidade. A mídia é parcial e não há problema nisso, o problema reside justamente em mascarar essa parcialidade, configurando uma perversidade nesse processo. Assim, quando o sujeito tem notícia de um determinado fato, passa-se a ideia a ele de um simples e imparcial repasse das provas colhidas, muitas vezes, pela própria mídia, atinentes a um determinado caso pelos meios de comunicação para que esse sujeito receptor possa formar sua opinião. E ele acredita plenamente que é o responsável pela formação de sua opinião.[29] E tem outro fator. Não existe neutralidade por parte do receptor dessa notícia.[30] O que se

---

[24] LIVTIN, Juliana. Violência, medo do crime e meios de comunicação. *Revista IOB de Direito Penal e Processual Penal*, ano 7, n. 41, p. 80, dez./jan. 2007.

[25] *Ibidem*, p. 77.

[26] CALLEGARI, André Luis; WERMUTH, Maiquel Ângelo Dezordi. O papel do medo no e do direito penal. *Revista dos Tribunais*, ano 98, n. 888, p. 445, out. 2009.

[27] ANDRADE, *op. cit.*, p. 352.

[28] *Ibidem*, p. 342.

[29] Curioso é notar os apresentadores e repórteres de alguns jornais que, após a conclusão de alguma notícia, demonstram com uma discreta reação seu posicionamento em relação a assuntos tratados.

[30] MELLO, *op. cit.*, p. 189.

tem é uma verdadeira agência responsável por investigação dos fatos e julgamento. Disso questiona-se como esse "gigante da mídia" pode conduzir essa responsabilidade social e quais são os seus limites.[31]

Esse papel exercido pela mídia acaba por colocar em xeque todos os direitos conquistados até o presente momento. Os direitos previstos no texto magno não são fruto de uma conversa na qual direitos e deveres foram escolhidos livremente. Tudo isso é fruto de uma história, de lutas, de mortes, de guerras e revoluções. Quando surgiu a ideia de Estado sequer se falava em cidadão, mas em súdito, ressaltando a posição hierárquica ocupada pelo Estado em relação aos demais. Somente com o Estado Moderno é que se fez a "descoberta" de que o Estado serve ao cidadão, e não o contrário.

Diante de alguns direitos expostos, têm-se duas proteções confrontantes. De um lado, protegem-se os direitos individuais, enquanto de outro ocorre uma proteção mais abrangente, ou seja, legitima-se uma proteção coletiva. E nesse ponto se fala na possibilidade de ponderação de princípios, tendo em vista a necessidade de se preservar direitos, conforme o caso.[32]

Com esse quadro, ocorre uma erosão, em especial no âmbito penal. As garantias tanto do direito material como do processual estão em processo de autodestruição com a inclusão de novos "julgadores", a exemplo do papel midiático no atual contexto, de forma que os julgamentos de eventos de grande repercussão social não passam de grandes espetáculos, e aqui retorna-se aos tempos de Roma Antiga e das Inquisições, em que a sociedade se vê impelida a participar dessa punição estatal. Não é mais exclusivo das academias e tribunais as discussões sobre os crimes cometidos, bem como das investigações. A comunidade se vê como um Grande Júri para analisar as condutas perpetradas pelas pessoas, esquecendo-se de garantias mínimas como o direito à dignidade, a não produzir prova contra si mesmo, a não punição antes do trânsito em julgado da sentença.

Por conseguinte, é necessário repugnar essa influência repassada pela mídia, a qual, sob um discurso de veracidade, apresenta uma correspondência aos fatos.[33] A figura da parcialidade está presente e não deve ser mascarada, até porque, tendo em vista a velocidade da mídia, sequer é necessário apurar com maior cautela os fatos.[34]

---

[31] VIEIRA, *op. cit.*, p. 62-63.

[32] Sobre colisão de direitos fundamentais cf. SARLET, Ingo Wolfgang. *A eficácia dos direitos fundamentais*. 4. ed. rev. atual. e ampl. Porto Alegre: Livraria do Advogado, 2004.

[33] VIEIRA, *op. cit.*, p. 46.

[34] *Idem.*

Confrontando a questão de repasse de notícias com o direito constitucional, tem-se que as garantias constitucionais perdem importância em prol dessa informação, caindo por terra o princípio da presunção de inocência em determinados casos. Isso provoca situações de todo conflitantes com o direito, pois sequer há o cuidado de diferenciar na mídia o suspeito e o condenado, proporcionando uma constante afronta ao referido princípio.[35]

5 Óbices à efetivação do princípio da presunção de inocência e as influências legislativas

A existência de um processo penal utilitário e garantista irá depender do correspondente texto constitucional. Não se pode ter um processo penal garantista sem Constituição. A doutrina costuma dividir os princípios em, especificamente, penais e princípios constitucionais que influenciam em matéria penal. A Constituição brasileira contempla um sistema de garantias fundamentais objetivando proteger os direitos fundamentais, estabelecendo uma área de indisponibilidade no que tange a decisões de política criminal, devendo o Direito Penal observar essas garantias.[36]

Afirma-se que o Direito Penal é o "braço armado" da Constituição nacional, caracterizando-se como um último guardião da juridicidade.[37] As Constituições reforçam o vínculo existente entre política e Direito Penal, as garantias constitucionais, tanto no plano formal, quanto no material, tendo a dignidade da pessoa humana como valor a ser buscado, a partir da limitação do Estado.[38] A intervenção constitucional na esfera penal pode ocorrer por uma via legislativa ou pela via judicial.[39] Isso quer dizer que as garantias constitucionais devem estar presentes a todo o momento, e se uma instituição falhar nessa percepção, outra deverá cumprir essa tarefa. Com o sistema de tripartição de poderes,[40] o importante é preservar os direitos dos cidadãos.

---

[35] *Ibidem*, p. 168.
[36] BITENCOURT, César Roberto. Prefácio. *In*: BUSATO, Paulo César; HUAPAYA, Sandro Montes, *op. cit.*, p. xvi-xvii.
[37] PEREZ, Luiz Carlos *apud* QUEIROZ, Paulo de Souza, *op. cit.*, p. 39-59.
[38] PALAZZO, Francesco Carlo. *Valores constitucionais e direito penal.* Tradução de Gérson Pereira dos Santos. Porto Alegre: Sergio Antonio Fabris, 1989. p. 17-18.
[39] *Ibidem*, p. 30.
[40] Sobre separação de poderes cf. MONSTESQUIEU, Charles Louis de Secondat, Baron de. *O espírito das leis*: as formas de governo, a divisão dos poderes, presidencialismo *versus* parlamentarismo. Tradução de Pedro Vieira Mota. São Paulo: Saraiva, 1994.

Nesse sentido, o processo penal é marcado pela presença de princípios ligados à proteção do indivíduo. Um deles corresponde ao princípio da presunção de inocência, previsto em diversas cartas políticas, com vistas à proteção ao indivíduo, para que não seja considerado culpado sem um devido processo legal.

Assim, essa proteção jamais pode desaparecer no curso de um caso concreto. Independentemente do crime cometido, existem garantias mínimas a serem observadas e que demandam especial atenção. Contudo, com essa intervenção mais presente da mídia, alguns desses direitos são deixados de lado. Em nome da "justiça" tão almejada pela sociedade busca-se a condenação, o cerceamento de direitos, a prisão provisória, a exposição do sujeito a todo tempo.

O acompanhamento desses fatos pela mídia sugere uma prévia condenação, em que se tem uma situação na qual o sujeito que ainda sequer foi denunciado já é considerado culpado. Está-se diante de uma catarse coletiva, em que o papel da mídia passa a ser o de legitimar esse mecanismo executório informal do sistema penal, ao mesmo tempo em que a prisão se torna um mecanismo exterminador.[41]

> Sem embargo de órgãos e jornalistas que, isolada e eventualmente, perceberam e profligraram as opressões penais, a imprensa legitimou intensamente o poder punitivo exercido pela ordem burguesa, assumindo um discurso defensivista-social que, pretendendo enraizar-se nas fontes liberais ilustradas, não lograva disfarçar seu encantamento com os produtos teóricos do positivo criminológico, que naturalizava a inferioridade biológica dos infratores.[42]

A questão é que uma vez inserida como notícia, isso passa a ser público e comentado por todos. Se for verdade ou não, pouco importa. Se o sujeito é culpado ou não, não faz qualquer diferença. Nesse mesmo sentido, reclama-se uma mídia, uma objetividade, como se ela existisse em sua forma pura. Conforme menciona Ana Lúcia Menezes Vieira, a informação é elaborada sempre por meio de um juízo, ou seja, impossível se desviar dessa carga valorativa. Todavia, é necessário impor fatores para a redução disso.[43]

---

[41] ANDRADE, Vera Regina Pereira de. O controle penal no capitalismo globalizado. *Revista Brasileira de Ciências Criminais*, ano 17, n. 81, p. 345, nov./dez. 2009.

[42] BATISTA, Nilo. *Op. cit.*, p. 244.

[43] VIEIRA, *op. cit.*, p. 49.

Evidentemente que o interesse, seja do jornal, da rádio ou da televisão, é um interesse econômico, ou seja, busca-se ibope, maior venda de jornais, maior audiência, e isso se justifica pela necessidade de se autossustentar. Fato é que existem atores detrás desses processos, que, por sua vez, possuem outros interesses e acabam sendo responsáveis por grande parte dos salários das pessoas envolvidas com a mídia. Existem auxílios públicos, mas a grande maioria dos gastos é bancada por particulares. Interesses particulares são levados em consideração. Os gastos não são pequenos, mas existem pessoas dispostas a induzir a condução de um determinado pensamento.[44]

Questões como matar os pais, os filhos, seus esposos, provocam uma acidez social e isso é muito bem utilizado pela mídia para conseguir ibope no processo penal do espetáculo, de modo que a sociedade se vê legitimada a participar ativamente dessas questões. A exposição desses sujeitos traz efeitos devastadores. Primeiro, porque autoridades ligadas ao caso e outras que detêm certo conhecimento de algo que seja relevante para isso, no âmbito extrajudicial, acabam se promovendo. Segundo, porque isso traz uma influência significativa para o cidadão, que passa a ter medo da prática do crime narrado e com isso deseja mais punição, mais proteção, legitimando um Estado ainda mais policial. A busca pelo sensacional, pelo espetacular, convida a televisão para uma dramatização, aferindo outra importância, gravidade às cenas divulgadas.[45]

Tudo isso leva a outro movimento de controle social, de reclamos por respostas penais, de apontar a sociedade como auxiliar na "caça aos criminosos". No contexto brasileiro, cabe ressaltar como amostra de todo o referido o chamado fenômeno *Tropa de Elite*. O filme produzido em 2007 sob a direção de José Padilha mostra as dificuldades vividas nos morros e como um grupo policial age com essas pessoas, com uma violência fora dos padrões sociais. E ao invés de a plateia que assistiu ao filme criticar esse tipo de prática, o envolvimento desse público foi completamente diferente, legitimando tais práticas, com a

---

[44] "Certamente na TV brasileira um grande exemplo desse processo obsessivo: preocupada com os índices de audiência e com uma programação que corresponda ao tempo moderno da produção serial, a TV não tem se preocupado em aprofundar as questões que propõe, e a única forma de 'revisão' que pratica é através de programas que por meio de *flashbacks* se prestam mais a manter vivos na memória do público seus ícones de identificação e consumo numa atitude escancaradamente narcisista, do que a retomar seriamente algum tema a fim de promover um aprofundamento sobre ele" (CONTRERA, *op. cit.*, p. 101).

[45] BOURDIEU, Pierre. *Sobre a televisão*. Tradução de Maria Lúcia Machado. Rio de Janeiro: Jorge Zahar, 1997. p. 23.

consequente difusão dela em outros lugares e não somente nas favelas do Rio de Janeiro, sob o comando do Capitão Nascimento, personagem hostil representado pelo ator Wagner Moura, policial considerado "incorruptível", tornando-se comandante de um esquadrão do Batalhão de Operações Policiais Especiais (BOPE).[46][47]

Diz-se que o Estado é, ao mesmo tempo, gigante e anão, correspondente à noção de gigante punitivo e anão político. O Estado é refém, seja do poder econômico, seja do poder penal e social, assumindo sua fragilidade na forma de um "Estado espetáculo", cujo centro é ocupado pelo "Estado penal e política criminal" e também porque o espetáculo midiático é acionado com uma criminalização da pobreza.[48][49] Conforme aponta Ana Lúcia Menezes Vieira, "entre nós, programas como o *Cidade Alerta*, *Linha Direta*,[50] *Brasil Urgente*, de emissoras brasileiras de televisão utilizam-se dessa técnica nos anúncios — chamadas — sobre as reportagens de crimes violentos, criando um clima não só de tensão, mas também de curiosidade".[51][52]

A mídia exerce tanta influência no processo penal, como também na tramitação de projetos de leis penais no processo legislativo, conforme anteriormente mencionado. Então, além de se verificar toda uma pressão no que tange à condenação de sujeitos apontados como culpados, trará reflexos no âmbito do poder legiferante também.

---

[46] Sobre essa temática KELLNER, Douglas. *Op. cit.*, p. 81.

[47] Sobre a utilização no cinema, cabe mencionar uma passagem a qual destaca que "confeccionadas sob a égide da denúncia, do esclarecimento e da retificação, as encenações da juventude suscetível ou da juventude perigosa lançam mão de distintas estruturas narrativas e retóricas para dramatizar abrangentes fenômenos e patologias sociais — da *débâcle* moral à violência urbana; dos reveses do desenvolvimento econômico à carência do sentido existencial. No caso dos títulos mais ilustres ou infames, um copioso entorno discursivo ajuda a incitar sentimentos de compaixão, culpa, espanto e repugnância, entre públicos de composição etária variável" (FREIRE FILHO, João; MARQUES, Carla. Sob o domínio do medo: a construção de sujeitos temíveis e de sujeitos temerosos na mídia. *In*: COUTINHO, Eduardo Granja; FREIRE FILHO, João; PAIVA, Raquel (Org.). *Mídia e poder.* Rio de Janeiro: Mauad X, 2008. p. 81).

[48] WACQUANT, *op. cit.*, p. 25.

[49] ANDRADE, *op. cit.*, p. 353.

[50] Destaca Juliana Litvin que "este programa silencia a voz do suposto criminoso já que não lhe dá sequer som quando da filmagem de sua prisão, mas sim consegue enfatizar seu cinismo e sua frieza, bem como não retrata nada do seu passado, tão somente os seus antecedentes criminais que colaborarão para construir o terreno daquele crime que está sendo reconstituído" (LITVIN, *op. cit.*, p. 74).

[51] VIEIRA, *op. cit.*, p. 54-55.

[52] A sociedade chegou a um nível tão significativo de necessidade de vigilância que inclusive chegou ao ponto de produzir programas com base nesse elemento. Um exemplo disso é o programa *Big Brother*, com a competição entre indivíduos (COUTINHO, Eduardo Granja; FREIRE FILHO, João; PAIVA, Raquel (Org.). *Mídia e poder.* Rio de Janeiro: Mauad X, 2008. p. 33-36).

Nesse passo, necessário pontuar a existência de uma pressão exercida pela mídia, a qual impulsiona, ou no mínimo auxilia, em relação à alteração de leis penais e criminalização de novas condutas. No Brasil, a lei de crimes hediondos e o novo procedimento do júri são apenas alguns exemplos de alterações legislativas ocasionando um enrijecimento do Direito Penal, a partir de casos concretos, nos quais a sociedade exigiu um maior rigor dessas tratativas.

Os fatos de grande repercussão apresentados pela mídia se desenrolam no fornecimento de agenda aos gestores. A notícia funciona como uma agenda de prioridades a serem observadas pelos governantes, ao invés de se discutir direitos sociais previstos no texto constitucional.[53]

No campo penal, conforme menciona Nilo Batista "o novo credo criminológico da mídia tem seu núcleo irradiador na própria ideia de pena: antes de mais nada, creem na pena como rito sagrado de solução de conflitos. Pouco importa o fundamento legitimante (...). Todo e qualquer discurso legitimante da pena é bem aceito e imediatamente incorporado à massa argumentativa de editoriais e crônicas".[54]

É possível vislumbrar, após escândalos noticiados com suas correspondentes condenações, uma maior facilidade no que tange à tramitação e aprovação de leis com o objetivo de enrijecer ainda mais o sistema penal, por conta de "injustiças" noticiadas diariamente.

A sociedade não se conforma com a prática de determinados atos. Se revolta, deseja punição, exige justiça do Estado. Retorna o discurso da pena de morte, da prisão perpétua, da possibilidade de tratamento desumano com aqueles sujeitos considerados inimigos da sociedade, que fazem mal a seus pais, a crianças, a idosos e pessoas de boa índole. Resgata-se a divisão em homens bons e ruins, havendo um discurso que os últimos não estão cobertos por qualquer garantia, por um processo devido, composto de partes equidistantes, assegurando-se os princípios do Direito Penal e do processo penal. Dessa forma "lugares comuns e chavões passam a ser como base de interpretação de fenômenos complexos e heterogêneos, reforçando ainda mais os inúmeros estereótipos existentes".[55]

---

[53] BEATO, Cláudio. A mídia define as prioridades da segurança pública. *In*: RAMOS, Silvia; PAIVA, Anabela (Coord.). *Mídia e violência*: novas tendências na cobertura de criminalidade e segurança no Brasil. Rio de Janeiro: Iuperj, 2007. p. 34.

[54] BATISTA, Nilo. *Op. cit.*, p. 245.

[55] BEATO, *op. cit.*, p. 34.

E isso é o reflexo da sociedade atual. Uma sociedade sem valores, altamente influenciável, que tem medo de tudo e busca soluções rápidas e eficazes, ao mesmo tempo em que se preocupa com tudo, sem se preocupar com nada. Em questão de meses, senão semanas ou dias, toda a comoção social deixa de existir, elegendo-se algo novo para concentração desse movimento.

6 Considerações finais

Após algumas reflexões, necessário mencionar algumas proposições. Embora o Direito Penal esteja em pleno desenvolvimento, é necessário abordar outras searas do conhecimento, para melhor compreender sua aplicação e o caminho que toma. Por isso, abordou-se a questão do medo do crime na sociedade e como isso pode nela refletir, na mudança de hábitos, na elaboração de legislações penais mais rigorosas, na alteração comportamental de instituições, no julgamento dos casos, no acompanhamento de casos práticos pela sociedade, enfim tudo isso demanda uma análise que não pertence ao Direito Penal, mas, sim, a outros ramos do conhecimento.

O medo é uma sensação presente em toda a história da humanidade e pode ser analisado sob vários pontos de vista, embora o escopo do presente trabalho tenha sido trabalhar a questão do medo do crime. Esse medo, conforme mencionado no decorrer do trabalho, está restrito a situações, principalmente, envolvendo hipóteses em que a violência está presente.

Contudo, a sensação do medo do crime não necessariamente traduz na real periculosidade de um determinado local, ou de uma determinada situação. Por isso se abordou a questão da diferença entre representação *versus* realidade, tendo em vista a possibilidade de elementos responsáveis por essa difusão do medo. A sociedade se desenvolve em meio a uma cultura do medo, com carros blindados, condomínios fechados, evitando contatos com desconhecidos para não se submeter a situações de risco.

E caso esses novos hábitos não consigam afastar esse perigo existente nas cidades, o que por certo ocorre, o Direito Penal assume esse papel social de dividir a sociedade entre bons e ruins, afastando essas pessoas, mas, talvez o mais grave, permitindo práticas de todo ofensivas ao ser humano para aliviar o sentimento da sociedade para com essas pessoas, que não merecem sequer ser tratadas como pessoas e inocentes.

Embora existam diversos sujeitos responsáveis por essa propagação do medo, abordou-se a influência da mídia nesse processo, tendo em vista o acompanhamento verificado quanto a essa agência em específico. A televisão como um todo tem sido responsável pela propagação desse medo, seja por meio de reportagens sobre o aumento da criminalidade, seja por notícias referentes a casos concretos, seja por programas como *Linha Direta*, novelas, filmes, séries policiais, enfim, toda uma gama que contribui para esse movimento.

E isso vem se encaixar de forma peculiar no sentido de que a mídia difunde a sensação de medo no indivíduo. Embora esse medo provoque mudanças nos hábitos, esse indivíduo acompanha de perto as notícias sobre práticas criminosas. Quando noticiado um caso de crime violento pela mídia, esse sujeito (representando aqui uma coletividade) deseja a punição do indivíduo apontado como culpado na mídia. Isso exerce influência na conduta da polícia, do magistrado, dos peritos, do Ministério Público, do Conselho de Sentença (quando presente o júri) e, em última análise, do Poder Legislativo, que busca saciar esse sentimento de medo e impunidade.

Assim, todas as garantias constitucionais previstas no âmbito do direito e processo penal desaparecem em prol de uma maior proteção social. A segurança social passa a ser um elemento de maior relevância, de modo que o cidadão deixa de sê-lo, por conta desses fatores. Nesse sentido, o princípio da presunção de inocência deixa de existir em determinados casos, em virtude desse papel executado pela mídia e a influência em relação ao julgamento dos casos. Isso influencia no processo desde decisões como aceite de testemunhas ou a prisão provisória até as sentenças efetivamente.

A reflexão sob o ponto de vista da mídia traz diversos reflexos. Isso pode alterar a conduta da sociedade como um todo, alimentando um sentimento de vingança e de justiça contra aqueles responsáveis por desequilibrar as relações, mas talvez a influência mais grave ocorra com os operadores do direito, quando esses se submetem ao anseio social pelos desejos mencionados, em situações em que um policial cumpre um mandado de prisão, ou quando um promotor oferece a denúncia, ou ainda quando um magistrado condena. Sobre o papel do advogado, nem uma postura imparcial dele é exigida. Enfim, todos os preceitos constitucionais aplicados ao direito e processo penal caem por terra quando promotores, juízes, bem como policiais podem se promover com situações como essas, salvando a sociedade de agentes nocivos, dispensando as garantias constitucionais.

A influência da mídia também chega ao Poder Legislativo. Com comoções sociais fica menos burocrático aprovar um projeto de lei buscando um enrijecimento do sistema penal. A sociedade quer se ver protegida de práticas como as mencionadas pela mídia, como se uma previsão de sanção pudesse proporcionar isso, e assim diversos tipos penais costumam ser costumeiramente "inventados" e retorna-se ao discurso da possibilidade de penas de morte, perpétua e a diminuição da maioridade penal.

Enfim, a posição da mídia em relação a esses crimes tidos como absurdos e a recepção da sociedade, com um significativo desejo social por acompanhar essas notícias, desejando a punição dos sujeitos responsáveis pelas "atrocidades" cometidas contra crianças, idosos, enfim, com "pessoas de bem", acabam legitimando um modelo paralelo e inadequado ao Estado Democrático de Direito.

Referências

ADORNO, Sérgio. *A gestão urbana do medo e da insegurança*: violência, crime e justiça penal na sociedade brasileira contemporânea. Tese (Livre-Docência) – FFLCH/USP, São Paulo, 1996.

ANDRADE, Vera Regina Pereira de. O controle penal no capitalismo globalizado. *Revista Brasileira de Ciências Criminais*, ano 17, n. 81, p. 315-371, nov./dez. 2009.

ANITUA, Gabriel Ignacio. *História dos pensamentos criminológicos*. Tradução de Sérgio Lamarão. Rio de Janeiro: Revan, 2008.

BATISTA, Vera Malaguti. Você tem medo do quê?. *Revista Brasileira de Ciências Criminais*, ano 13, n. 53, p. 367-378, mar./abr. 2005.

BAUMAN, Zygmunt. *Medo líquido*. Tradução de Carlos Alberto Medeiros. Rio de Janeiro: Zahar, 2008.

BAUMAN, Zygmunt. *Modernidade líquida*. Tradução de Plínio Dentzien. Rio de Janeiro: Zahar, 2007.

BAUMAN, Zygmunt. *Tempos líquidos*. Tradução de Carlos Alberto Medeiros. Rio de Janeiro: Zahar, 2007.

BEATO, Cláudio. A mídia define as prioridades da segurança pública. *In*: RAMOS, Silvia; PAIVA, Anabela (Coord.). *Mídia e violência*: novas tendências na cobertura de criminalidade e segurança no Brasil. Rio de Janeiro: Iuperj, 2007.

CALLEGARI, André Luis; WERMUTH, Maiquel Ângelo Dezordi. O papel do medo no e do direito penal. *Revista dos Tribunais*, ano 98, n. 888, p. 440-459, out. 2009.

CHOMSKY, Noam. *Controle da mídia*: os espetaculares feitos da propaganda. Tradução de Antonio Augusto Fontes. Rio de Janeiro: Graphia, 2003.

CONTRERA, Malena Segura. *Mídia e pânico*: saturação da informação, violência e crise cultural da mídia. São Paulo: Fapesp, 2000.

COUTINHO, Eduardo Granja; FREIRE FILHO, João; PAIVA, Raquel (Org.). *Mídia e poder*. Rio de Janeiro: Mauad X, 2008.

GLASSNER, Barry. *Cultura do medo*. Tradução de Laura Knapp. São Paulo: Francis, 2003.

KESSLER, Cláudia Samuel; KESSLER, Márcia Samuel. *A diminuição da maioridade penal e a influência midiática na aprovação de leis*. Disponível em: <http://www.buscalegis.ufsc.br/revistas/index.php/buscalegis/article/viewFile/12949/12513>. Acesso em: 20 abr. 2010.

LITVIN, Juliana. Violência, medo do crime e meios de comunicação. *Revista IOB de Direito Penal e Processual Penal*, ano 7, n. 41, p. 73-87, dez./jan. 2007.

MAGALHÃES, Nara. *Significados de violência em abordagens da mensagem televisiva*. Disponível em: <http://www.seer.ufrgs.br/index.php/sociologias/article/viewFile/8870/5111>. Acesso em: 02 abr. 2010.

MARQUES, Bráulio. A mídia como filtro do fato social. *In*: FAYET JÚNIOR, Ney (Org.). *Ensaios em homenagem ao Professor Alberto Rufino Rodrigues de Sousa*. Porto Alegre: Ricardo Lenz, 2003.

MELLO, Silvia Leser. A cidade, a violência e a mídia. *Revista Brasileira de Ciências Criminais*, ano 6, n. 21, p. 189-195, jan./mar. 1998.

VIEIRA, Ana Lúcia Menezes. *Processo penal e mídia*. São Paulo: Revista dos Tribunais, 2003.

WACQUANT, Loïc. Sobre a "janela quebrada": contos sobre segurança vindos da América. Tradução de Cesar Eduardo Faria Coracini. *Revista Brasileira de Ciências Criminais*, ano 12, n. 47, p. 228-251, jan./fev. 2004.

ZAFFARONI, Eugenio Raúl. *O inimigo no direito penal*. 2. ed. Tradução de Sérgio Lamarão. Rio de Janeiro: Revan, 2007.

Informação bibliográfica deste texto, conforme a NBR 6023:2002 da Associação Brasileira de Normas Técnicas (ABNT):

PALADINO, Carolina de Freitas. Medo do crime, mídia e controle penal: óbices à efetivação do princípio da presunção da inocência no processo penal do espetáculo. *In*: AFFORNALLI, Maria Cecília Naréssi Munhoz; GABARDO, Emerson (Coord.). *Direito, informação e cultura*: o desenvolvimento social a partir de uma linguagem democrática. Anais do Simpósio Comunicação, Cultura de Massas, Globalização e Direito: II Congreso Ciencias, Tecnologías y Culturas. Diálogo entre las disciplinas del conocimiento. Mirando al futuro de América Latina y el Caribe. Belo Horizonte: Fórum, 2012. p. 31-50. ISBN 978-85-7700-563-5.

ORIGINALIDADE NA MÚSICA POP DE MASSA: EM BUSCA DE UMA ABORDAGEM EQUILIBRADA

CÉSAR AUGUSTO NARÉSSI MUNHOZ

1 Introdução

> *Como nota Consuelo Lins em seu artigo "O ensaio no documentário e a questão da narração em off", que traz uma reflexão sobre a estética do documentário ensaístico, "o que importa não são as coisas, mas a relação entre elas".*[1]

Este artigo começa com a citação de uma citação, retirada do início de outro artigo acadêmico. Referência à referência, dois graus distante da origem verdadeira, que também é um trabalho de pesquisa que faz uso de outras referências. A citação da citação é algo não muito bem aceito em artigos acadêmicos, mas esta citação (na forma e no conteúdo) faz-se útil para ilustrar a inquietação que motivou o objeto de estudo do presente texto: a originalidade na cultura pop de massa, mais especificamente na música. Estamos falando de artistas de

---

[1] PEREIRA, Luís Fernando dos Reis. A cultura mediada. *Galáxia*, São Paulo, n. 16, p. 157, dez. 2008.

grande alcance, reconhecimento internacional e alta rentabilidade, que atingem bilhões de pessoas e dos quais é praticamente impossível não ter conhecimento, uma vez que seus nomes, imagens e músicas estão em todos os lugares.

Há quem não veja valor em prestar atenção na música pop de massa, julgando-a como um arremedo de tudo o que já houve e há, um som sem identidade, dissolvido e açucarado. *"Water it down. Sugar it up"* (do inglês, "dissolva e adoce"), ensinam Jimmy Cauty e Bill Drummond no polêmico *The Manual*,[2] livro no qual dizem entregar a receita do sucesso para emplacar um *hit*. O fato é que ignorar a cultura predominante nos *mp3 players* constitui um ato voluntário de cegueira em relação aos valores das gerações que comandarão este século. Para Bettina Fritzche, o consumo dos produtos midiatizados é cada vez menos "um processo isolado de codificação", e merece ser visto como um fenômeno que faz parte do dia a dia, não menos que escovar os dentes, trabalhar, fazer compras e comer. Esta incorporação do consumo pop no cotidiano é intensificada nos dias atuais, porém, não é novidade, como atesta o cofundador da revista *Rolling Stone*, Michael Lydon: "Discos (...) se tornaram marcos da mudança de mentalidade de uma época e referência na vida de milhões de pessoas: éramos a música que escutávamos. Acompanhávamos os debates culturais agitados dos anos 60 por meio dos álbuns (...)".[3]

2 O *pop* e o pós-moderno

A cultura *pop* é um campo onde o poder criativo reside na associação de ideias, na apropriação, dissolução e transfiguração de valores e na formatação de tudo isso em estruturas reconhecíveis, familiares. Não se está falando necessariamente de semelhança, de uma relação direta de parecença entre produtos, ou de elementos desses produtos. Está-se falando de uma visão comum de construção de produtos musicais que consiste numa estrutura cujo resultado sonoro flerta com desejos e medos de si mesmo, com origens individuais, com

---

[2] CAUTY, Jimmy; DRUMMOND, Bill. *The Manual*: How to Have a Number One the Easy Way. Londres: KLF Publications, 1988. Misto de "bíblia" e sátira, o livro escrito pela dupla de compositores responsável pelo grupo The KLF traz um passo a passo de questões de composição, gravação e venda e prometia devolver ao leitor o dinheiro investido na compra do livro caso este seguisse à risca as regras e não conseguisse o feito de chegar ao topo das paradas.

[3] DIMERY, Robert (Org.). *1001 Discos para ouvir antes de morrer*. Tradução de Carlos Irineu da Costa e Eliane Azevedo. Rio de Janeiro: Sextante, 2007. p. 7.

as origens do homem de maneira geral e com as origens da própria música. Essa estrutura, simplificada, rítmica e cada vez mais próxima do ruído, está presente tanto no *pop* de massa — especialmente a música dançante — quanto nos primeiros registros que temos da presença da música na história do homem, a música primitiva. São duas situações distantes pelo tempo, porém, igualmente ritualísticas, como mostra o artista Claudinho Brasil, cujo foco de estudo e prática é a relação entre a música primitiva e a música contemporânea, especialmente a música dançante, típica do universo das festas *rave*. "Acredito que essa música contemporânea, por ser ruidosa, confronta-se com o que há de mais primitivo no homem: a pulsão de vida e morte, os instintos sexuais, traumas, desejos e deste modo penetra mais fundo na nossa capacidade emocional."[4] É, portanto, uma manifestação cultural de grande alcance e com capacidade de nos atingir profundamente e independentemente do julgamento que possamos ter em relação a ela (e o julgamento que normalmente temos em relação a ela é a de ser superficial e excessivamente fragmentada). É uma manifestação abraçada e exacerbada pelos tempos pós-modernos.

Vale recapitular alguns dos conceitos fundamentais relacionados à pós-modernidade, conforme enumerados por Jair Ferreira dos Santos: o cotidiano estetizado pela presença do *design* em toda a gama de utensílios domésticos, da roupa ao garfo, bem como fora de casa, nos carros, prédios, placas de sinalização e pontos de ônibus;[5] o universo da arte, por outro lado, é sacudido pela desestetização, pelas manifestações de antiarte, pela arte que valoriza o processo tanto quanto — ou mais que — o resultado final, a busca de uma nova forma de gerar significação pelo uso dos recursos do pastiche e do humor;[6] consequentemente, a desvalorização da obra e do autor, bem como da relação de um com o outro.

Neste ambiente, distinções precisas, principalmente no campo das artes, deixam de fazer sentido "e tudo pode muito bem parecer seu contrário", como ilustra Edival Perrini. "A ironia se torna a sensação

---

[4] BRASIL, Claudinho. A modernização da música primitiva. *In*: BRASIL, Claudinho (Org.). *A modernização da música primitiva*. Curitiba: Gramophone, 2007. p. 107.

[5] "O artista Pop pode diluir a arte na vida porque a vida já está saturada de signos estéticos massificados" (SANTOS, Jair Ferreira dos. *O que é pós-moderno*. São Paulo: Brasiliense, 2006. p. 36).

[6] "(...) pela singularização do banal (quando Andy Warhol empilha caixas de sabão dentro de uma galeria e diz que é escultura) ou pela banalização do singular (quando Roy Lichtenstein repinta em amarelo e vermelho, cores de massa, a Mulher com o Chapéu Florido, de Picasso). Elite e massa se fundem na antiarte" (SANTOS, Jair Ferreira dos. *O que é pós-moderno*. São Paulo: Brasiliense, 2006. p. 37).

perpétua de que as coisas poderiam ser diferentes, ainda que nunca fundamental e radicalmente diferentes", conclui.[7] É o espaço perfeito para o desenvolvimento de uma manifestação cultural tão indefinível quanto a música *pop*. Indefinível porque não se atém a gêneros musicais, não é centrada na produção musical propriamente dita (como veremos a seguir, a imagem e o comportamento têm tanto peso quanto o produto sonoro) e é baseada em diluição e transfiguração de elementos deste e de outros tempos, sempre girando em torno de uma estrutura reconhecível (composta de refrão, ponte, batida marcada) e pronta para consumo imediato, como poderemos constatar nas citações a seguir.

> (...) no campo da cultura, e principalmente no da indústria cultural massiva pós-moderna, 'os macacos' costumam circular de galho em galho para sobreviver, defendendo e negociando eternamente seus espaços e modos de ser.[8]

> Unwrap pop's layers and what we are left with is the same old plate of meat and two veg that have kept generations of pop pickers well satisfied (...) All records in the Top Ten (especially those that get to Number One) have far more in common with each other than with whatever genre they have developed from or sprung out of (...).
> [Retire as camadas mais superficiciais do pop e o que nos resta é o mesmo velho prato de carne e dois vegetais que tem mantido gerações de consumidores de pop bastante satisfeitas (...) Todos os discos na lista dos dez mais vendidos (especialmente aqueles que atingem o primeiro lugar) têm mais em comum entre eles mesmos do que com qualquer que seja o gênero musical que os originou.][9]

> (...) sociedade industrial descende da máquina, produtora de artigos em série padronizados. Sua canção é uma só; *boom* — explodir, expandir.[10]

Veredito: a cultura *pop* é, portanto, um arremedo de ontem e de hoje, açucarado e penetrante. Como encarar, neste contexto, a questão da originalidade?

---

[7] PERRINI, Edival. O primitivo no homem. *In*: BRASIL, Claudinho (Org.). *A modernização da música primitiva*. Curitiba: Gramophone, 2007. p. 20-32.

[8] LEME, Mônica. "Segure o Tchan!": identidade na "Axé Music" dos anos 80 e 90. *Cadernos do Colóquio*, Rio de Janeiro, ano 1, p. 52, ago. 2003.

[9] CAUTY, Jimmy; DRUMMOND, Bill. *The Manual*: how to Have a Number One the Easy Way. Londres: KLF Publications, 1988. p. 7. [tradução livre realizada pelo pesquisador].

[10] SANTOS, Jair Ferreira dos. *O que é pós-moderno*. São Paulo: Brasiliense, 2006. p. 21.

3 Definições de originalidade

O que é ser original? Um artista é original pelo caráter de sua obra, de sua *persona*, dos dois juntos e do que mais? Original é sinônimo de inédito ou de diferente? Uma obra pode deixar de ser original com o passar do tempo? Existe uma escala gradativa de originalidade, ou seja, é possível um ser mais original que o outro? Pesquisadores em todo o mundo procuram formas de identificar o "fator originalidade" em artistas e suas obras. Uma breve pesquisa nos mostra a variedade de caminhos percorridos e os resultados obtidos por aqueles que se aventuram nessa empreitada.

O *Dicionário Houaiss da Língua Portuguesa* define original como aquele que "constitui a origem", "início", "novo" e "autêntico" e "o que existia antes ou no princípio". Para a segurança curitibana Sandra Moreira, 24 anos, entrevistada para este estudo, original é "o novo, algo que ninguém viu até hoje em lugar nenhum". Já para o músico Claudinho Brasil, ser original não é diferenciar-se dos outros no sentido de ser absolutamente novo, mas sim estar aberto para descobrir a própria origem.[11]

Entre os casos curiosos encontrados — pela impenetrabilidade do caminho e dos resultados para o público que não tem conhecimentos específicos da área de estudo do autor — é o de Dean Simonton,[12] que submeteu 15.618 temas musicais, de 479 compositores clássicos, a uma bateria de testes computadorizados para determinar de que forma a originalidade da melodia de um tema pode estar associada à sua própria fama, bem como à idade do compositor e seu contexto histórico.

Csikszentmihalyi e Getzels observaram 31 estudantes de arte para identificar se haveria relação entre originalidade e comportamento.[13] Os resultados mostraram que sim: mais obras tidas como originais surgiram de pessoas portando um comportamento *discovery-oriented* (do inglês, em tradução livre, "comportamento direcionado para a descoberta"), principalmente quando esse comportamento era demonstrado no início do processo criativo. De acordo com o estudo, esse

---

[11] BRASIL, Claudinho. A modernização da música primitiva. *In*: BRASIL, Claudinho (Org.). *A modernização da música primitiva*. Curitiba: Gramophone, 2007. p. 100.

[12] SIMONTON, Dean K. Thematic Fame, Melodic Originality, and Musical Zeitgeist: a Biographical and Transhistorical Content Analysis. *Journal of Personality and Social Psychology*, v. 38, n. 6, p. 972-983, 1980.

[13] CSIKSZENTMIHALYI, M.; GETZELS, J. W. Discovery-Oriented Behavior and the Originality of Creative Products: a Study with Artists. *Journal of Personality and Social Psychology*, v. 19, n. 1, p. 47-52, July 1971.

comportamento desbravador teria mais relação com a originalidade que a competência técnica do artista.

Gerard Lemaine, do Laboratório de Psicologia da Universidade de Paris, parte para a observação tanto de crianças em acampamentos quanto de grupos de artistas como exemplos de contextos em que a visibilidade é um fator decisivo para a valorização do indivíduo no grupo, condição típica do universo da cultura *pop*.[14] O estudo de Lemaine, publicado inicialmente em 1974, mostra-se atual e útil para o presente estudo, uma vez que aponta para indivíduos preocupados com a imagem que passam de si mesmos e, mais que isso, preocupados em garantir que essa imagem se diferencie e destaque das demais, num processo Darwiniano (na concepção do próprio Lemaine) de ocupação de "espaços vazios" na grade de personalidades que compõem uma turma. Todos querem ser únicos, diferentes, adjetivos comumente ligados à ideia de originalidade. É possível adaptar este conhecimento para o presente estudo na análise do conceito de *attitude gloss*, presente no universo da música *pop*.

Finalmente, pode ser encontrado em Sueli Cavendish[15] — mais especificamente no artigo em que analisa o fazer arte na contemporaneidade nas palavras de Giorgio Agamben — a presença de Marcel Duchamp como figura decisiva na revolução dos conceitos de arte, originalidade e reprodutibilidade da arte. Ele tanto se apropria de um produto industrializado, assina e expõe, quanto sugere o uso de uma tela de Rembrandt como utensílio doméstico (tábua de engomar roupas).

Voltando à fala de Lydon sobre como discos de música eram veículos para inquietações sociopolíticas nos anos 1960, é possível tocar em um dos pontos que preocupam no *pop* de hoje e que tangem a questão da originalidade. O estrelato hoje tem contornos bem diferentes daqueles de cinco décadas atrás. Vive-se agora o tempo do estrelato fabricado, dos grupos "montados", que reúnem rostos, vozes e corpos de acordo com o que parece ser mais bem aceito pelo mercado no momento. "São empresas, têm razão social, os artistas são empregados e podem ser demitidos, é um emprego como qualquer outro", detalha o artista visual, DJ e pesquisador musical Fernando Ribeiro, em entrevista concedida para este artigo. Não cabe ao presente

---

[14] LEMAINE, Gerard. Social Differentiation and Social Originality. *European Journal of Social Psychology*, v. 4, n. 1, p. 17-52, Jan. 1974.

[15] CAVENDISH, Sueli. Poiésis, negatividade e a condição moderna da arte em Giorgio Agamben. *In*: I Colóquio de Estudos Literários, 2006, Recife. *Anais do I Colóquio de Estudos Literários da UFPE*, Recife, 2006.

texto questionar o ineditismo da prática, nem seu caráter saudável ou nocivo, é uma constatação que ela aumenta e domina cada vez mais as paradas de sucesso. Aceite-se ou não, são casos em que se leva às últimas consequências a já compreendida fórmula da música *pop* como produto assumidamente estruturado para consumo, como exemplifica Bettina Fritzche, ao comentar o caso das Spice Girls, grupo surgido em 1994: "(...) são um grupo musical organizado conforme estratégias de mercado. As jovens são celebridades sem história, catapultadas para um estrelato que parecia já estar lá, esperando por elas". O caso das Spice Girls encontra paralelo na axé music brasileira, uma indústria que, para Milton Araújo Moura (citado por Mônica Leme), é "um repertório misturado para ser consumido no carnaval e shows pelo Brasil e depois para ser exportado".[16]

O debate político aparece, sim, no *pop* contemporâneo de massa, mas muitas vezes no formato de verniz (diluído, translúcido, superficial), visão apoiada no conceito chamado de *attitude gloss* (do inglês, "verniz de atitude") por Cauty e Drummond.[17] Na opinião do duo, as paradas de sucesso trazem, em sua essência, sempre a mesma coisa, cada vez com uma roupagem diferente, de acordo com a subcultura predominante da época. Tome-se o exemplo de Lady Gaga, surgida no auge de uma época em que todo e cada ser humano (feio e bonito, criança e adulto, hétero, homo ou bissexual, oprimido ou *bully*) portando um computador, acesso à internet e uma câmera pode obter fama internacional da noite para o dia. Gaga abraça este público como sua cria (chama-os de *my little monsters*, do inglês, "meus monstrinhos" e se intitula *mama monster*), escreve músicas e manifestos a seu favor, assume uma *persona* extravagante em ocasiões públicas, encontrando, assim, o *attitude gloss* perfeito para o momento. Ao apoderar seus fãs e relacionar-se diretamente com eles por meio das redes sociais, Gaga nos lembra de outra máxima do *pop* de massa, a do seu papel no estabelecimento de laços afetivos. Um apoderamento que não pode ser caracterizado como resistência, nem como incorporação ideológica,[18] por uma série

---

[16] MOURA, Milton Araújo. World of Fantasy, Fantasy of World: Geographic Space and Representation of Identity in the Carnival of Salvador, Bahia. *In*: STOKES, Martin (Ed.). Ethnicity, Identity and Music: the Musical Construction of Place. Oxford: Berg, 1994. Citado em: LEME, Mônica. "Segure o Tchan!": identidade na "Axé Music" dos anos 80 e 90. *Cadernos do Colóquio*, Rio de Janeiro, ano 1, p. 49, ago. 2003.

[17] CAUTY, Jimmy; DRUMMOND, Bill. *The Manual*: how to Have a Number One the Easy Way. Londres: KLF Publications, 1988. p. 9.

[18] FRITZCHE, Bettina. Negociando o feminismo pop na cultura jovem feminina: um estudo empírico com fãs de grupos femininos. *Estudos Feministas*, Florianópolis, 12[2], p. 112, maio/ago. 2004.

de motivos, sendo o principal deles o de que nem resistência, nem incorporação ideológica absoluta são conceitos aplicáveis à pós-modernidade. Outro motivo, na opinião compartilhada (com diferenças sutis) de Jorge Cardoso Filho, Cauty e Drummond e Michael Lydon, é o de que o apoderamento do fã pelo *popstar* exige que aquele negocie os limites de sua própria liberdade com as regras da(s) subcultura(s) relacionada(s) com a estrela objeto de culto.

> (...) ouvir esse gênero musical implica a aceitação de determinadas convenções, de normas estabelecidas por atores da comunidade de ouvintes e da música popular massiva.[19]

> (...) Great Britain has been pretty good at coming up with os reinterpreting (...) entertaining subcults that young people can either lose or find themselves in. With most of these subcults comes some kind of music. Our cult-hungry media grabs whatever it is and splatters it all over the place. (...) a process will begin in an attempt to transform whatever noise that was made by the ensembles into something that will fit The Golden Rules of chart pop.

> [A Grã Bretanha tem sido hábil em favorecer o surgimento ou a reinterpretação de (...) subculturas divertidas/interessantes nas quais os jovens podem tanto se perder ou se achar. A maioria dessas subculturas está associada a algum tipo de música. Nossa mídia faminta por cultos/culturas agarra qualquer que seja essa música e a esguicha por todo canto. (...) começa um processo na tentativa de transformar qualquer que seja o barulho feito pelos grupos em algo que se encaixe nas Regras Douradas do pop feito para as paradas.][20]

> Quando um álbum entra em sintonia com seu tempo, sua música escorre por uma rede de comunicação interligada e chega a milhões de ouvintes, lançando tendências de moda e linguagem (...).[21]

Adicione a esta receita as manifestações de mimetismo (coreografias, frases de efeito e figurino) presentes no universo de Lady Gaga e Spice Girls e estabelece-se então um relacionamento religioso. O que ajuda a entender outro ponto da discussão sobre originalidade: o da troca de acusações de cópia.

---

[19] CARDOSO FILHO, Jorge Luiz Cunha. Afeto na análise dos grupamentos musicais. *ECO-PÓS*, Rio de Janeiro, v. 7, n. 2, p. 5, ago./dez. 2004.

[20] CAUTY, Jimmy; DRUMMOND, Bill. *The Manual*: how to Have a Number One the Easy Way. Londres: KLF Publications, 1988. p. 8 [tradução livre realizada pelo pesquisador].

[21] DIMERY, Robert (Org.). *1001 Discos para ouvir antes de morrer*. Tradução de Carlos Irineu da Costa e Eliane Azevedo. Rio de Janeiro: Sextante, 2007. p. 9.

4 Mais ou menos original?

O universo das redes sociais — manifestação máxima (mais democrática, pelo menos) da era da produção de conteúdo colaborativo — é o espaço ideal para que fãs e *popstars* se identifiquem e se comuniquem. É o novo espaço para a antiga cultura dos fã-clubes, que antes se correspondiam por cartas e encontros presenciais e agora conspiram a favor de seus ídolos (e contra seus concorrentes) via rede mundial de computadores.

Veja-se o exemplo a seguir, pinçado da página do blogueiro português Filipe Sousa: "Borat é clone de 'tuga'", carimba Sousa em *post* publicado no dia 03 de abril de 2009, enquanto compara cena do filme *Borat*, estrelado pelo comediante inglês Sacha Baron Cohen, e a capa de um disco do cancioneiro e humorista lusitano Quim Barreiros. Ambos aparecem quase nus em trajes parecidos e têm semelhança física. Uma pesquisa mais aprofundada sobre Quim revela que ele também poderia ser chamado de clone de outrem, uma vez que boa parte de seus sucessos são versões de canções típicas do forró brasileiro.[22]

No *site* Território da Música, uma notícia sobre o grupo britânico Iron Maiden vira campo para um debate curioso: entre os comentários, fãs discutem se o som da banda algum dia já mereceu a alcunha de original, e se hoje, após 36 anos de estrada, ainda poderia ser considerado original. "O Maiden só é original porque forjou um estilo ao longo dos anos. Entretanto, a banda ficou presa nisso depois de atingir seu ápice criativo", sentencia o leitor que assina sob o pseudônimo de *Willard*. O debate cresce em tensão, até que a leitora identificada como *katy* encerra a discussão "Todas as bandas têm seus altos e baixo... Mas Iron vai ser sempre IRON".[23] Igualmente interessante é o debate oportunizado pelo *site* Scream & Yell[24] acerca do disco "Different Gear, Still Speeding", da banda Beady Eye, que, na concepção do editor do *site*, Marcelo Costa, é composto de "... rockzinhos que clonam Jerry Lee Lewis, velhas baladas a la Beatles, blues rock a la Who/Stones (com vocal enterrado na mixagem), e um monte de coisas que você já ouviu antes, e melhor". Concluindo, Marcelo classifica o disco como "datado". Uma das respostas mais contundentes vem do leitor Ruy Rocker:

---

[22] BORAT é clone de "tuga". *In: Blog Dispenso*. Disponível em: <http://dispenso.blogspot.com/2009/04/borat-copia-exemplo-tuga.html>. Acesso em: 30 abr. 2011.

[23] IRON Maiden disponibiliza nova música na internet. *In: Território da música*. Disponível em: <http://www.territoriodamusica.com/noticias/?c=23096>. Acesso em: 27 abr. 2011.

[24] CDs: Beady Eye, PJ Harvey, Radiohead. *In: Scream & Yell*. Disponível em: <http://screamyell.com.br/site/2011/02/28/cds-beady-eye-pj-harvey-radiohead/>. Acesso em: 27 abr. 2011.

"as influências e sonoridades (...) apenas são um reflexo natural da formação dos músicos (...) muito melhor que o pseudodiferente Arcade Fire". Ainda em torno do Beady Eye, *Mac* e *Dum* discutem sobre o que seria original e datado: "...o que é original hoje?", "...qual a banda que não usa de suas influências?", "...esse papo de datado não cola mais hoje em dia", "não ser original é uma coisa, ser datado é outro (...) soar como algo que já foi feito (...) vai de como cada um entende a reverência. Pra mim, (...), é uma merda (principalmente quando é reverência pura e simples, como o Beady Eye)".

Outro exemplo: no *blog* "Cher Brasil", mantido por fãs da cantora Cher, o *post* "Há muita semelhança!",[25] de 23 de maio de 2010, propõe uma comparação aos moldes dos jogos de sete erros entre imagens da estrela objeto de culto do veículo e Lady Gaga. "A estrela da música *pop* atual Lady Gaga tem sido alvo de acusações por conta da semelhança de seus *looks* com os da lendária Cher." Segue-se uma lista de comparações, devidamente ilustradas, apontando parecença nas poses, maquiagem, cabelo, fotografias. Ressalto o uso da palavra "acusação", em nosso imaginário associada ao julgamento de casos graves, frequente em textos relacionados à prática de crimes, o que nos leva à questão do que constitui ou não plágio no universo *pop* atual.

De fato, as fotos comparadas pelos fãs no *blog* dedicado a Cher se parecem, mas não se sabe a profundidade da implicação jurídica disso, se houve intenção de cópia direta ou se as fotos de Cher foram vistas ou não pela equipe de criação de Lady Gaga, nem se Cher estaria preocupada em mover processos contra a estrela mais jovem, nem mesmo se a foto de Cher já não seria uma cópia, apropriação ou releitura de outra obra que precede a sua. O fato é que, para o fã de Cher — aquele que mantém uma relação religiosa com a *persona* da cantora, ao saber tudo sobre sua vida e obra e repetir seus passos e trejeitos —, é cópia sim, e que essa cópia incomoda, fere a honra de Cher e torna Lady Gaga "menos original".[26] Estabelece-se um jogo que usa critérios absolutos (as semelhanças, analisadas minuciosamente pelos fãs) e resulta em um julgamento que é a cara da pós-modernidade: "menos original que".

Bettina Fritzche lembra que a briga de quem é "mais ou menos original" não é nova e que acontece também nos veículos especializados

---

[25] HÁ muita semelhança. *In: Blog Cher Brasil*. Disponível em: <http://www.cherbrasil.com.br/2010/05/ha-muita-semelhanca.html>. Acesso em: 18 set. 2010.

[26] Fã e popstar encarnam o que Jair Ferreira dos Santos chama de "indivíduo pós-moderno em suas três apoteoses — consumista, hedonista, narcisista" (*O que é pós-moderno*. São Paulo: Brasiliense, 2006. p. 86).

em música e na academia, quando diz que as Spice Girls "foram acusadas de não apresentar nada mais do que uma versão tépida e comercializada de um estilo já introduzido por predecessoras como Madonna e Riot Grrrls".[27] E Madonna foi acusada de misturar e diluir Michael Jackson, Elvis Presley e personalidades da política e das artes visuais. E cada um destes já foi acusado de copiar uma miríade de outros artistas, e todos estes outros também foram comparados e tidos como menos originais que seus antecessores. Ou seja, faz sentido comparar? Se sim, com que critérios e até que ponto vale a pena investir tempo e fosfato na tarefa?

5 Conclusão

Ao assumir que não apenas a cultura *pop*, assim como toda e qualquer produção cultural, é alimentada pelo passado (bem como pelo presente e pelo imaginário do futuro), realizadores e teóricos buscam uma visão equilibrada de como encarar a ideia de originalidade. A começar pela pergunta "original em que sentido?", lançada por Fernando Ribeiro. "Original por ser novo ou por ser diferente na forma como associa suas referências?" Na avaliação do que é ser diferente, a investigação histórica ajuda a situar o pesquisador, mas o veredito estará sempre e inevitavelmente associado à subjetividade do jurado. Para a doutora em história Mônica Leme, por exemplo, há substância suficiente no grupo "É o Tchan" (tachado pela imprensa especializada de "bunda music") para que seja considerado como original.

> A produção musical realizada pelo estúdio WR (...) na qual a música do "É o Tchan" se destacou (...) está firmemente fundada sobre matrizes culturais históricas (...) do "realismo grotesco", da "cultura do circo", do mito da sensualidade da "mestiça nacional", do gênero lundu na sua forma popular, revelada pela sua ligação com o samba-de-roda. Sua música, portanto, evoca e organiza a memória coletiva (...).[28]

Da mesma forma que para o produtor musical Carlos Eduardo Miranda, conhecido por descobrir grande parte da cena rock surgida na

---

[27] FRITZCHE, Bettina. Negociando o feminismo pop na cultura jovem feminina: um estudo empírico com fãs de grupos femininos. *Estudos Feministas*, Florianópolis, 12[2], p. 107, maio/ago. 2004.

[28] LEME, Mônica. "Segure o Tchan!": identidade na "Axé Music" dos anos 80 e 90. *Cadernos do Colóquio*, Rio de Janeiro, ano 1, p. 46, ago. 2003.

década de 1990 no Brasil, há essência na forma como o grupo musical Calypso, bem como os movimentos do funk carioca e do tecnobrega, se apropriam de elementos das mais diversas origens.

> O Chimbinha, da Calypso, é um grande guitarrista. E a Joelma, mulher dele, um dia veio me dizer que o estilo dela de cantar foi totalmente inspirado no rock. Ela imita a Cyndi Lauper, o Axl Rose. Lógico! Isso é aculturação mesmo, um processo natural. As pessoas é que não entendem, e aí vem o preconceito. Quando o pobre daqui teve acesso à tecnologia, o que ele inventou? O funk carioca, o tecnobrega, coisas simples, mas loucas, diferentes.[29]

E, nas palavras de Chico Science, figura que esteve no cerne do *manguebeat*, um dos movimentos mais originais (com e sem aspas) da música *pop* mundial,

> a música é uma coisa que você recicla. Você pega o velho e faz o novo. Pega o velho e faz o novo. É um pouco como a teoria do caos. (Chico Science, 1994, em entrevista a Paulo Paniago para o Jornal de Brasília).[30]

Concluindo, o debate sobre originalidade na música *pop* encontra uma posição equilibrada em pensadores que oferecem uma abordagem pragmática sobre a arte. Destes, escolhemos destacar Richard Shusterman, que considera impossível e indesejável a análise das propriedades do artefato em si, chamando esse tipo de avaliação de *wrapper definitions*, do inglês, "definições empacotadoras", porque são excessivamente classificatórias e utilizam critérios baseados em rótulos limitados, incapazes de abarcar o que, na opinião dele, verdadeiramente caracteriza a experiência de consumir arte. Aliás, experiência é palavra-chave no trabalho de Shusterman, que considera que, mais importante do que a cobertura e a compreensão conceitual do produto artístico, é preciso levar em conta a experiência da apreciação da obra, a interação entre o sujeito e o objeto, entre o consumidor e o produto. A visão de Shusterman encontra-se bem resumida no título de um de seus livros fundamentais: *Living Beauty, Rethinking Art*, do inglês, "Viver a beleza, repensar a arte". Paradoxalmente, em um *insight* típico do pós-modernismo, a linha que recebe o nome de "pragmática" é a que nos

---

[29] MIRANDA, Carlos Eduardo. O músico precisa ser amigo do fã. *Bravo!*, São Paulo, jun. 2009. Entrevista concedida a José Flávio Júnior.

[30] TELES, José. *Do frevo ao manguebeat*. São Paulo: Ed. 34, 2000. p. 330.

liberta do racionalismo exagerado (que leva à comparação simplista e a uma interpretação infantil do sentido de originalidade) e nos deixa livres para sentir, viver, consumir o *pop*.

Referências

BORAT é clone de "tuga". *In*: *Blog Dispenso*.... Disponível em: <http://dispenso.blogspot.com/2009/04/borat-copia-exemplo-tuga.html>. Acesso em: 30 abr. 2011.

BRASIL, Claudinho. A modernização da música primitiva. *In*: BRASIL, Claudinho (Org.). *A modernização da música primitiva*. Curitiba: Gramophone, 2007.

CARDOSO FILHO, Jorge Luiz Cunha. Afeto na análise dos grupamentos musicais. *ECO-PÓS*, Rio de Janeiro, v. 7, n. 2, p. 111-119, ago./dez. 2004.

CAUTY, Jimmy; DRUMMOND, Bill. *The Manual*: how to Have a Number One the Easy Way. Londres: KLF Publications, 1988.

CAVENDISH, Sueli. Poiésis, negatividade e a condição moderna da arte em Giorgio Agamben. *In*: I Colóquio de Estudos Literários, 2006, Recife. *Anais do I Colóquio de Estudos Literários da UFPE*, Recife, 2006.

CDs: Beady Eye, PJ Harvey, Radiohead. *In*: *Scream & Yell*. Disponível em: <http://screamyell.com.br/site/2011/02/28/cds-beady-eye-pj-harvey-radiohead/>. Acesso em: 27 abr. 2011.

CSIKSZENTMIHALYI, M.; GETZELS, J. W. Discovery-Oriented Behavior and the Originality of Creative Products: a Study with Artists. *Journal of Personality and Social Psychology*, v. 19, n. 1, p. 47-52, July 1971.

DIMERY, Robert (Org.). *1001 Discos para ouvir antes de morrer*. Tradução de Carlos Irineu da Costa e Eliane Azevedo. Rio de Janeiro: Sextante, 2007.

FRITZCHE, Bettina. Negociando o feminismo pop na cultura jovem feminina: um estudo empírico com fãs de grupos femininos. *Estudos Feministas*, Florianópolis, 12[2], p. 106-115, maio/ago. 2004.

HÁ muita semelhança. *In*: *Blog Cher Brasil*. Disponível em: <http://www.cherbrasil.com.br/2010/05/ha-muita-semelhanca.html>. Acesso em: 18 set. 2010.

IRON Maiden disponibiliza nova música na internet. *In*: *Território da música*. Disponível em: <http://www.territoriodamusica.com/noticias/?c=23096>. Acesso em: 27 abr. 2011.

LEMAINE, Gerard. Social Differentiation and Social Originality. *European Journal of Social Psychology*, v. 4, n. 1, p. 17-52, Jan. 1974.

LEME, Mônica. "Segure o Tchan!": identidade na "Axé Music" dos anos 80 e 90. *Cadernos do Colóquio*, Rio de Janeiro, ano 1, p. 45-53, ago. 2003.

MIRANDA, Carlos Eduardo. O músico precisa ser amigo do fã. *Bravo!*, São Paulo, jun. 2009. Entrevista concedida a José Flávio Júnior.

PEREIRA, Luís Fernando dos Reis. A cultura mediada. *Galáxia*, São Paulo, n. 16, p. 157-162, dez. 2008.

PERRINI, Edival. O primitivo no homem. *In*: BRASIL, Claudinho (Org.). *A modernização da música primitiva*. Curitiba: Gramophone, 2007.

SANTOS, Jair Ferreira dos. *O que é pós-moderno*. São Paulo: Brasiliense, 2006.

SHUSTERMAN, Richard. *Pragmatist Aesthetics*: Living Beauty, Rethinking Art. Lanham: Rowman & Littlefield, 2000.

SIMONTON, Dean K. Thematic Fame, Melodic Originality, and Musical Zeitgeist: a Biographical and Transhistorical Content Analysis. *Journal of Personality and Social Psychology*, v. 38, n. 6, p. 972-983, 1980.

TELES, José. *Do frevo ao manguebeat*. São Paulo: Ed. 34, 2000.

Informação bibliográfica deste texto, conforme a NBR 6023:2002 da Associação Brasileira de Normas Técnicas (ABNT):

MUNHOZ, César Augusto Naréssi. Originalidade na música pop de massa: em busca de uma abordagem equilibrada. *In*: AFFORNALLI, Maria Cecília Naréssi Munhoz; GABARDO, Emerson (Coord.). *Direito, informação e cultura*: o desenvolvimento social a partir de uma linguagem democrática. Anais do Simpósio Comunicação, Cultura de Massas, Globalização e Direito: II Congreso Ciencias, Tecnologías y Culturas. Diálogo entre las disciplinas del conocimiento. Mirando al futuro de América Latina y el Caribe. Belo Horizonte: Fórum, 2012. p. 51-64. ISBN 978-85-7700-563-5.

LIBERDADE DE EXPRESSÃO E DIREITO À INFORMAÇÃO: UM CONTRAPONTO À VIOLAÇÃO DOS DIREITOS E GARANTIAS FUNDAMENTAIS E À PRESERVAÇÃO DA DIGNIDADE DA PESSOA HUMANA

DÉBORA VENERAL

1 Introdução

A constante evolução da sociedade propicia aos cidadãos os mais diversos tipos de acessos a informações sobre os fatos ocorridos no cotidiano social. Trata-se de dar efetividade ao disposto na Carta Constitucional no tocante ao direito de informação, à liberdade de expressão e de pensamento, de modo a cumprir com um dos fundamentos da República Federativa do Brasil, qual seja, a dignidade da pessoa humana.

Entretanto, algumas questões fundamentais não podem ser olvidadas, sobretudo quando se transformam em causas de repercussão que envolvem individual ou coletivamente os cidadãos, tomando desmedidas proporções por intermédio dos meios de comunicação.

De um lado, temos o exercício das liberdades individuais e coletivas em expressar e manifestar o pensamento. De outro, dividido por uma linha tênue, previstos na própria Constituição Federal, os limites impostos ao direito de expressão e informação, aliados à garantia da preservação da dignidade humana, envoltos pela possibilidade de indenização em caso de violação dos dispositivos legais.

A constante evolução do acesso a informações, considerando os aspectos legais e constitucionais previstos na Carta Magna de 1988, e as influências midiáticas das informações lançadas pelos meios de comunicação aos cidadãos, bem como as consequências destas em relação à preservação dos direitos e garantias constitucionais individuais e coletivos têm sido motivo de preocupação na sociedade contemporânea.

Imprescindível, também, uma breve digressão para observar o interesse geral, que, sopesado ao interesse particular, deve restar sucumbido em prol daquele, sobretudo quando se trata de bens e direitos inalienáveis. A utilização do bom senso e a aplicação dos princípios da razoabilidade e da proporcionalidade figuram de bom alvitre, uma vez que a liberdade de expressão não é permeada pelo limite absoluto da preservação de direito individual quando se trata de questão de interesse geral.

A liberdade de expressão é um dos pilares de maior relevância da sociedade democrática. Todavia, não se pode deixar de propor uma reflexão acerca da necessidade, por precaução, da filtragem das informações repassadas à sociedade pela mídia, de modo a evitar ou minorar consequências avassaladoras dos aspectos morais, sociais, financeiros e, sobretudo, a dignidade da pessoa humana, que é um dos fundamentos do Estado Democrático de Direito, sob pena de violação aos princípios constitucionais.

2 A evolução histórica e constitucional da liberdade de expressão e do acesso às informações no Estado Democrático de Direito

A Revolução Francesa, 1789, foi um marco no que concerne à liberdade e ao respeito aos direitos humanos em todo o mundo. Verifica-se sua influência nas Constituições democráticas, sob o lema, liberdade, igualdade, fraternidade.

No Brasil, a liberdade de expressão, prevista desde a Constituição do Império e preservada até 1937, deixou de existir durante o governo do Presidente Vargas, momento em que deu lugar à censura como meio impeditivo de acesso às informações. Em 1946, em um período de redemocratização, a liberdade de pensamento incorporou o novo ordenamento jurídico. Na Constituição de 1967 houve uma limitação à aplicação do princípio da liberdade de pensamento e a imposição de sanções jurídicas.

Assim, com base nos ideais da Revolução Francesa, a Constituição brasileira de 1988 consagrou em seu texto um extenso rol de direitos e garantias constitucionais aos cidadãos, incluindo os princípios a partir de grandes conquistas da civilização, considerando a Magna Carta de 1215, a Constituição dos Estados Unidos da América e a Declaração Francesa dos Direitos do Homem e do Cidadão, ambas de 1789, bem como outros diplomas que consagram a separação dos poderes, seguindo para os direitos e garantias individuais e coletivos, políticos e sociais.

Todavia, a liberdade de expressão e o direito a informação previstos na Constituição Federal de 1988, bem como em declarações internacionais, não são considerados absolutos porque limitados pela própria carta constitucional, uma vez que existe uma linha tênue entre direito a informação de um lado e os direitos e garantias fundamentais, de outro, alicerçados no princípio da dignidade da pessoa humana.

Atualmente e cada vez mais, as pessoas têm acesso a informações oriundas dos mais diversos meios de comunicação. Dada a velocidade com que os conteúdos são divulgados, surge a preocupação com a veracidade, a influência e a repercussão que tais informações podem causar tanto para a vida privada quanto na própria sociedade. Por isso, o conflito jurisdicional emerge quando se tem, de um lado, o direito de ser informado e de outro a privacidade, a honra e a imagem das pessoas. Nos dias atuais, quem é detentor de informação detém o poder, inclusive de influenciar comportamentos ou até mesmo antecipar-se a estes.

As informações, além de divulgadas, são inseridas em *sites*, publicadas em forma de artigos, noticiários, jurisprudências, *blogs*, na mídia falada e escrita; enfim, chegam aos cidadãos por meio dos mais diversos meios tecnológicos. No entanto, o que não se consegue precisar, ao menos instantaneamente, é a real veracidade dos conteúdos divulgados.

Há que se considerar neste caso o critério interpretativo do binômio recebimento/repasse das informações, sobretudo, quando se trata do mesmo assunto. Diante disso, relevante se torna a manutenção da fidedignidade dos conteúdos angariados e instantaneamente veiculados, não sem antes submetê-los a um confronto a fim de aferir sua verdadeira essência.

> A liberdade de expressão constitui um dos fundamentos essenciais de uma sociedade democrática e compreende não somente as informações consideradas como inofensivas, indiferentes ou favoráveis, mas também aquelas que possam causar transtornos, resistência, inquietar pessoas,

pois a Democracia somente existe a partir da consagração do pluralismo de idéias e pensamentos, da tolerância de opiniões e do espírito aberto ao diálogo.[1]

Inclusive, note-se que a liberdade de expressão é direito fundamental intransferível, inerente a todas as pessoas, incorporando-a, e confundindo-se em si mesma, como o conceito de dignidade da pessoa humana, conforme preleciona José Afonso da Silva, a partir da filosofia de Kant: "(...) dignidade é atributo intrínseco, da essência, da pessoa humana, único ser que compreende um valor interno, superior a qualquer preço, que não admite substituição equivalente. Assim a dignidade entranha e se confunde com a própria natureza do ser humano".[2]

A Constituição Brasileira de 1988 previu no artigo 5º e seus incisos alguns dispositivos que fundamentam o exercício da liberdade de informação e de manifestação do pensamento: "IV – é livre a manifestação de pensamento, sendo vedado o anonimato; IX – é livre a expressão da atividade intelectual artística, científica e de comunicação, independentemente de censura ou licença; X – são invioláveis a intimidade, a vida privada, a honra e a imagem das pessoas, assegurado o direito à indenização pelo dano material ou moral decorrente de sua violação; XXXIII – todos têm direito a receber dos órgãos públicos informações de seu interesse particular, ou de interesse coletivo ou geral, que serão prestadas no prazo da lei, sob pena de responsabilidade, ressalvadas aquelas cujo sigilo seja imprescindível à segurança da sociedade e do Estado".

Neste sentido, temos que, embora imprescindível a proteção da liberdade de expressão e direito a informação descritos na Carta Constitucional, esta também previu a proteção de outros bens jurídicos tais como a privacidade, a intimidade, a vida privada, a honra e a imagem das pessoas.

Assim, a reflexão sobre o assunto resulta, conforme escreveu Zulmar Fachin, no seguinte: "o exercício da liberdade de manifestação do pensamento pode comprometer o respeito ao *right of privacy*, que é o direito ao resguardo na tradição anglo-saxônica, correspondente da *riservatezza*, do direito italiano. Há um espaço, pertencente ao poder

---

[1]   MORAES, Alexandre de. *Direitos humanos fundamentais*: teoria geral: comentários aos artigos 1º a 5º da Constituição da República Federativa do Brasil: doutrina e jurisprudência. 7. ed. São Paulo: Atlas, 2006. p. 113.

[2]   SILVA, José Afonso da. A dignidade da pessoa humana como valor supremo da democracia. *Revista de Direito Administrativo*, Rio de Janeiro, n. 212, p. 90, abr./jul. 1998.

exclusivo da pessoa, que não pode ser devassado pelo particular e nem pelo Estado".[3]

A dignidade da pessoa deve ser preservada quando se trata de divulgação de informações, sob pena de criar um direito oposto, qual seja, o direito de ser indenizado pela divulgação indevida desta informação.

Neste sentido, uma sociedade civil bem informada tem possibilidade de participar da vida pública, desde que amparada em informações claras e precisas oriundas dos governantes e obedecido o princípio da publicidade dos atos da administração pública, a fim de propiciar aos cidadãos acesso aos atos praticados por seus escolhidos, o que conduz com base na doutrina à seguinte reflexão:

> O direito de receber informações verdadeiras é um direito de liberdade e caracteriza-se, essencialmente, por estar dirigido a todos os cidadãos, independentemente de raça, credo ou convicção político-filosófica, com a finalidade de fornecimento de subsídios para a formação de convicções relativas a assuntos públicos.[4]

Assim, um Estado que não dá conhecimento a seu povo dos atos praticados, cerceando-o das informações, torna-se autoritário e, portanto, prejudica a prevalência da verdadeira democracia e o advento de novas ideias que possam advir em prol do crescimento Estatal, pois a liberdade de expressão e de pensamento são componentes do Estado Democrático de Direito.

No que concerne ao direito do cidadão de ser informado sobre as atividades desempenhadas pelos seus governantes, decidiu recentemente o Supremo Tribunal Federal nos seguintes termos:

> Todo agente público está sob permanente vigília da cidadania (é direito do cidadão saber das coisas do poder, ponto por ponto), exposto que fica, além do mais, aos saneadores efeitos da parábola da 'mulher de César: não basta ser honesta; tem que parecer.[5]

Sobre a liberdade de expressão e de pensamento diz Kant, citado por Jorge Miranda, "há quem diga: a liberdade de falar ou de escrever

---

[3] FACHIN, Zulmar. Liberdade de manifestação do pensamento versus privacidade: aplicação do princípio da proporcionalidade. *Cadernos Jurídicos*, OAB/PR, 17 abr. 2011.

[4] MORAES. *Direitos humanos fundamentais...*, p. 159.

[5] STF. ADPF nº 130, Relator (a): Min. Carlos Britto, Tribunal Pleno, julgado em 30.04.2009, *DJe*-208 DIVULG 05-11-2009 PUBLIC 06-11-2009.

pode-nos ser tirada por um poder superior, mas não a liberdade de pensar".[6]

Portanto, se as informações não são adequadamente repassadas ao povo, isso lhes avaliza o direito de pensar e criar as mais diversas opiniões sobre os assuntos relacionados aos atos da administração pública. Assim, corre-se um sério risco de os administrados emitirem um juízo de valor negativo da Administração Pública em razão da ausência de acesso das informações.

Em se tratando do acesso aos pensamentos externados por meio da escrita, considerando a inovação tecnológica, Carvalho relata a velocidade com que a transmissão das informações evoluiu:

> Para eternizar-se, a palavra precisava de rapidez, precisava estar em todos os lugares ao mesmo tempo e ser ouvida por todos no mesmo momento. Carecia inventar algo que a transportasse com rapidez. Nessa onda vieram o jornal, o rádio, a televisão... Mas nada disso foi suficiente para conter a angústia humana por afastar as barreiras físicas entre os semelhantes. A impressão do jornal é lenta; as ondas de radiodifusão são limitadas no espectro e no alcance. A palavra tinha de ser transmitida em tempo real, na mesma hora que produzida e para o mundo todo, e, assim, o final do século XX assiste a afirmação e a popularização da televisão a cabo e da internet, esta última o grande instrumento de comunicação jamais imaginado pelo mais profético dos futuristas.[7]

Não obstante a evolução tecnológica na divulgação das informações, não se pode olvidar da preservação dos direitos fundamentais do homem previstos e consagrados pela Constituição Federal.

3 A influência das informações lançadas pelos meios de comunicação em cumprimento ao dever de informar contrapondo-se ao direito constitucional de ser informado

No cotidiano, verifica-se que a propagação de conteúdos inverídicos causa repercussão negativa ante a comprovação de que as informações negativas andam à velocidade da luz frente às positivas. Ocasionar um dano de violação à intimidade, à vida privada e à imagem

---

[6] MIRANDA, Jorge. *Manual de direito constitucional*. 4. ed. Coimbra: Coimbra Ed., 1990. p. 399.

[7] CARVALHO, L. G. G. *Direito de informação e liberdade de expressão*. 2. ed. São Paulo: Renovar, 1999. p. 97.

das pessoas não é demasiado escasso, sobretudo em caso de omissão na adoção dos procedimentos adequados precedentes à divulgação das informações.

Outrossim, não se pode confundir a divergência de ideias com informações dissonantes. Enquanto aquela pode se considerar expressão do Estado Democrático de Direitos, a dissonância das informações, dependendo de sua descrição, pode se configurar conduta caluniosa. Por isso, a importância da autenticidade do conteúdo no que se refere à manutenção de sua essência, a fim de que possa chegar límpido e manter seu caráter fidelíssimo ao seu receptor.

A Constituição Federal de 1988 descreve, em seu artigo 5º, direitos e garantias fundamentais ao cidadão que, muitas vezes, são conflitantes quando de sua aplicação a um mesmo caso concreto e, neste sentido, Alexandre de Moraes afirma:

> A proteção constitucional engloba não só o direito de expressar-se, oralmente, ou por escrito, mas também o direito de ouvir, assistir e ler. Conseqüentemente, será inconstitucional a lei ou ato normativo que proibir a aquisição ou o recebimento, de jornais, livros, periódicos; a transmissão de notícias e informações seja pela imprensa falada, seja pela imprensa televisiva.[8]

Assim, em se tratando da liberdade de expressão, esta, segundo Jorge Miranda, abrange:

> Qualquer exteriorização da vida própria das pessoas: crenças, convicções, idéias, ideologias, opiniões, sentimentos, emoções, actos de vontade. E pode revestir quaisquer formas: a palavra oral ou escrita, a imagem, o gesto, o silêncio". Por sua vez, a liberdade de informação tem em vista "a interiorização de algo externo: consiste em apreender ou dar a apreender factos e notícias e nela prevalece o elemento cognoscitivo.[9]

No Brasil, nos deparamos cotidianamente com situações fáticas passíveis de influência e exteriorização midiática e interiorização baseada nos elementos cognoscitivos do cidadão, sobretudo, quando se refere a questões que causam repercussão social. Em regra, a influência acontece quando os fatos ocorridos, especialmente os crimes contra a vida, causam repercussão e comoção social, infringindo valores éticos e morais ultrapassando os limites de bom senso do ser humano.

---

[8] MORAES. *Direitos humanos fundamentais...*, p. 113.
[9] MIRANDA. *Manual de direito constitucional*, p. 453-455.

Em se tratando, por exemplo, da prática de um fato criminoso, de um lado, ainda na fase do inquérito policial, se tem um acusado, que já é visto como culpado pelo crime, e de outro, o Poder Judiciário, que por não atender de imediato aos anseios da sociedade em puni-lo, em razão muitas vezes da obediência aos procedimentos legais, é visto como injusto e desacreditado.

Verifica-se que a mídia, eivada de euforia e pressão social, bem como no intuito de elevar o ibope e divulgar os fatos em primeira mão, visando promoção patrimonial aliada à satisfação pessoal dos interessados, acaba por lançar ao ar, muitas vezes, informações inverídicas, laudos contestáveis e provas obtidas por meios ilícitos, passíveis de nulidade.

E não é nenhuma novidade a influência exercida pela imprensa e pela mídia sobre a opinião pública, em especial sobre os casos levados a julgamento, como no Tribunal do Júri, onde os jurados, como representantes do povo naquele plenário, também sentem o peso e a responsabilidade e obrigatoriedade de fazer justiça, ainda que aos olhos da sociedade seja esta distante da verdade real. No que se refere a limitação e veracidade das informações divulgadas, manifesta-se a doutrina:

> (...) a liberdade de imprensa, mesmo no caso de pessoa famosa, tem limites, inclusive constitucionais, tais como a divulgação de informações verídicas e que tenham interesse relevante e não, sensacionalista, que não ofendam a imagem pessoal e a honra da "celebridade" e, principalmente, das pessoas envolvidas que nem sempre são "famosas".[10]

No que se refere ao comportamento e papel da imprensa frente à realidade dos fatos, apenas como espelho reflexivo dos acontecimentos, escreveu Márcio Thomaz Bastos:

> Nada é mais falso do que essa visão mecanicista, simplista e deformadora. Ao contrário, o que se verifica hoje, tanto nos países centrais como periféricos, é que a mídia não é apenas uma cronista da realidade; ela se torna, cada dia mais, a protagonista da realidade, influindo, modificando e construindo os fatos, interagindo com os atores da vida real a ponto de constituir uma outra realidade — diferente da vida real.[11]

---

[10] ANTUNES, Anassílvia Santos; NALIN, Paulo; POPP, Májeda D. Mohd (Coord.). *In*: *Coleção Direito em Movimento*. Curitiba: Juruá, 2008. v. 8, p. 17.

[11] BASTOS, Márcio Thomaz. Mídia e júri. *In*: TUCCI, Rogério Lauria (Org.). *Tribunal do júri*: estudos sobre a mais democrática instituição jurídica brasileira. São Paulo: Revista dos Tribunais, 1999. p. 113.

Estamos na chamada era da comunicação de massa, por intermédio dos programas de rádio, televisão, jornais, internet e outros meios postos mundialmente à disposição das pessoas. Portanto, haverá um clamor pela inconstitucionalidade de qualquer lei ou ato normativo que venha a coibir o acesso a informação por parte da sociedade.

Diante do acontecimento de um fato relevante, a sociedade, sedenta por uma solução, requer dos meios de comunicação uma resposta ágil e de eficácia conclusiva, o que muitas vezes atropela a investigação pela busca da verdade real dos fatos. E, como é imanente do próprio ser humano, algumas diretrizes informativas são suficientes para a massa populacional concretizar sua tese e formular sua resposta conclusiva ao fato praticado.

No Brasil, a condenação antecipada, pelo menos em tese, apenas com base no "ouvi dizer que" oriundo de informações midiáticas, se dá tanto nos casos que tratam de investigações realizadas pelas Comissões Parlamentares de Inquérito das instâncias legislativas, relativas a questões econômicas, violação de sigilo e desvio de verbas públicas por meio de rombos monstruosos, que acontecem por conta da miopia congênita que contaminou alguns integrantes dos órgãos públicos, como nos crimes dolosos contra a vida, onde a investigação nem sequer resultou concluída.

Verifica-se nos dias atuais que o homem não tem titularidade sobre seu espaço, as modernas tecnologias ensejam ações dotadas de controle na vida das pessoas, e, consequentemente, quanto mais acesso à vida privada, mais amplas e subjetivas tornam-se as opiniões emitidas.

Diante disso, é possível constatar que os órgãos dos Poderes Executivo, Legislativo e Judiciário, cujos limites e atribuições estão previstos constitucionalmente, muitas vezes não se detêm na função incumbida e propagam informações que extrapolam os parâmetros da moralidade e da legalidade, sobretudo, no aspecto da promoção político-social.

Ao mencionar a plenitude de liberdade de informação, é de extrema relevância abordar os três níveis, o da liberdade de informar, de ser informado e de se informar, de modo a concretizar a realização dos preceitos constitucionais.

Com base no artigo 220 da Constituição Federal, Rizzato Nunes entende que a liberdade de informar "é uma prerrogativa constitucional (uma permissão) concedida. A lei maior é clara em dizer que, dentro dos limites de seu próprio texto, a manifestação do pensamento, a criação, a expressão e a informação, sob qualquer forma, processo ou veículo não sofrerão qualquer restrição".[12]

A liberdade de ser informado engloba o princípio da publicidade anteriormente mencionado, uma vez que "Os órgãos públicos têm não só a obrigação de prestar informações como também a de praticar seus atos de forma transparente, atendendo ao princípio da publicidade (art. 5º CF, XXXIII e art. 37, *caput*).[13]

E, por fim, a liberdade de se informar "é uma prerrogativa concedida às pessoas. Decorre do fato da existência da informação. Mas esse direito está limitado pelo sigilo da fonte, quando necessário ao exercício profissional, e pelas demais garantias constitucionais"[14] (CF, art. 5º, XI).

Deve-se, acima de tudo, considerar o conjunto de fatores relativos às informações e quais são as pessoas envolvidas no contexto. Sabe-se que o interesse pode ser público ou particular e, em cada caso concreto, é preciso trazer a lume os princípios constitucionais e confrontá-los com os direitos e deveres dos cidadãos no que concerne liberdade de informar e ser informado.

Assim, não se pode olvidar em salientar a relevância dos meios de comunicação, que, fundamentados no direito de acesso à informação, na liberdade de expressão e de pensamento aliados ao princípio da publicidade, exercem bravamente seu papel informativo para com a sociedade.

Verifica-se que contraposta à liberdade de informação/comunicação está a proteção constitucional da divulgação de conteúdos inverídicos que causem dano à pessoa, passível de indenização e reparação no que tange ao aspecto material e moral.

Então, quando falamos em preservação de direito à privacidade, de um lado, e o dever de informar, de outro, surge o conflito em razão dos valores normativos. Neste sentido, em relação à constituição portuguesa, a doutrina manifesta-se sobre o tema: "haverá colisão ou conflito sempre que entender que a Constituição protege simultaneamente dois valores ou bens em contradição concreta".[15]

---

[12] NUNES, Rizzato. *O caso Isabella*: o direito de informar, de ser informado, a intimidade e o interesse público. Disponível em: <http://rizzattonunes.blogspot.com/2008/04/o-caso-isabella-o-direito-de-informar.html>. Acesso em: 12 set. 2010.

[13] NUNES. *O caso Isabella...*

[14] NUNES. *O caso Isabella...*

[15] ANDRADE, José Carlos Vieira de. *Os direitos fundamentais na Constituição Portuguesa de 1976*. Coimbra: Almedina, 1987. p. 220.

Assim, os valores constitucionais devem ser ponderados, adequando-os de modo a evitar colisão entre estes. Sobre a preponderância ou não de um valor sobre o outro, preceitua Luís Roberto Barroso:

> não existe um critério abstrato que imponha a supremacia de um sobre o outro, deve-se à vista do caso concreto, fazer concessões recíprocas, de modo a produzir um resultado socialmente desejável, sacrificando o mínimo de cada um dos princípios ou direitos fundamentais em oposição.[16]

Cabível perquirir qual a solução para o surgimento de tais conflitos, se ambos são protegidos? Verifica-se que a base para a solução de muitas situações, sobretudo quando envolvem o aspecto social e de direitos constitucionais, é o chamado equilíbrio, ou seja, o razoável. Nessa esteira, se inicia o caminho a trilhar em busca deste equilíbrio entre o direito do ser humano em expressar-se ou informar-se e, de outro lado, os direitos da sociedade em se manter preservada de certas informações cujo conteúdo possa ser destrutivo.

4 Repercussão e as consequências das informações lançadas aos meios de comunicação e os danos causados à intimidade, à vida privada, à honra e à imagem das pessoas

Na sociedade contemporânea, que caminha a passos largos quando o assunto é evolução tecnológica, importante não olvidar que por maiores e melhores que sejam as inovações, não se pode descuidar de preservar a viga mestra que acompanha o ser humano em sua trajetória e o mantém firme em seu propósito, qual seja, a preservação de sua dignidade.

Neste momento, é oportuno lembrar as informações divulgadas pela chamada "imprensa marrom", que é aquela que direciona o assunto sempre ao interesse de terceiros, sejam eles vinculados a órgãos públicos ou privados, demonstrando em tal atitude falta de ética e resultando em patente violação dos princípios da clareza, objetividade e parcialidade, peculiares ao jornalismo profissional. Por isso, há que se distinguir entre a divulgação de informações pela imprensa séria,

---

[16] BARROSO, Luís Roberto. *Temas de direito constitucional*. Rio de Janeiro: Renovar, 2001. p. 265.

coerente, imparcial daquela simplesmente sensacionalista. Neste sentido, ensina Ciro Marcondes Filho:

> (...) a imprensa sensacionalista jamais informa, muito menos forma o público... As manchetes não oferecem 'a verdade' vende-se aquilo que a informação interna não irá desenvolver melhor do que a manchete. Esta está carregada de apelos às carências psíquicas das pessoas e explora-as de forma sádica, caluniosa e ridicularizadora.[17]

Em se tratando das consequências oriundas das violações dos direitos atingidos por divulgação de informações inverídicas, importante ressaltar a aplicação do princípio da proporcionalidade com o objetivo de sopesar os bens colidentes de modo a coibir ou minorar o conflito existente entre os direitos e garantias fundamentais.

I – Os direitos de informação e de livre expressão sofrem as restrições necessárias à coexistência, em sociedade democrática, de outros direitos como os da honra e reputação das pessoas.

II – Há que procurar, antes do mais, a "concordância prática" desses direitos, de informação e livre expressão, por um lado, e à integridade moral e ao bom nome e reputação, por outro, mediante o sacrifício indispensável de ambos.

III – Em último termo, o reconhecimento da dignidade humana como valor supremo da ordenação constitucional democrática impõe que a colisão desses direitos deva, em princípio, resolver-se pela prevalência daquele direito de personalidade (n.º 2 do art. 335º do CC), só assim não sucedendo quando, em concreto, concorram circunstâncias susceptíveis de, à luz de relevante interesse público, justificar a adequação da solução oposta.

IV – Existindo verdadeiro interesse público em que a comunidade seja informada sobre certas matérias, o dever de informação prevalece sobre a discrição imposta pelos interesses pessoais.

V – Sempre, no entanto, será de exigir o respeito por um princípio, não apenas de verdade, necessidade e adequação, mas também de proporcionalidade (ou razoabilidade).[18]

---

[17] MARCONDES FILHO, Ciro. *O capital da notícia*: jornalismo como produção social da segunda natureza. São Paulo: Ática, 1986. p. 93.

[18] <http://www.stj.pt/nsrepo/cont/JurTematica/>. Revista n.º 184/02 – 7.ª Secção – Oliveira Barros (Relator), Miranda Gusmão e Sousa Inês Liberdade de imprensa – Direito de personalidade – Colisão de direitos – Sumários de acórdãos das Secções Cíveis – Gabinete dos Juízes Assessores –Supremo Tribunal de Justiça.

Resta claro que das atividades informativas não são exigidas verdades absolutas, todavia, o mínimo de precaução na divulgação de cada situação se faz necessário. Neste sentido decidiu o Superior Tribunal de Justiça:

> É evidente que não se permite a leviandade por parte de quem informa e a publicação absolutamente inverídica que possa atingir a honra de qualquer pessoa, porém não é menos certo, por outro lado, que da atividade informativa não são exigidas verdades absolutas, provadas previamente em sede de investigações no âmbito administrativo, policial ou judicial. Exige-se, em realidade, uma diligência séria que vai além de meros rumores, mas que não atinge, todavia, o rigor judicial ou pericial, mesmo porque os meios de informação não possuem aparato técnico ou coercitivo para tal desiderato.[19]

Leciona Rui Stocco "pacificado, hoje, o entendimento de que o dano moral é indenizável e afastadas as restrições, o preconceito e a má vontade que a doutrina pátria e alienígena impunha à tese, com o advento da nova ordem constitucional (CF/88), nenhum óbice se pode, a priori, antepor à indenizabilidade cumulada".[20]

Assim, havendo dano, surge o direito a indenizar tanto a pessoa física quanto a jurídica, titulares de direitos e garantias fundamentais.

5 Seletividade das informações em cumprimento ao dever de informar e o direito de receber informações, aliado à preservação da dignidade humana no Estado Democrático de Direito

Atualmente é comum a verbalização da expressão a "era da comunicação de massa", representada por intermédio dos programas de rádio, televisão, jornais, internet e outros meios postos mundialmente à disposição das pessoas.

Diante da ocorrência, sobretudo de um fato relevante, a sociedade, sedenta por uma solução, cobra dos meios de comunicação uma resposta ágil e de eficácia conclusiva, o que, muitas vezes, atropela a investigação pela busca da verdade real dos fatos.

---

[19] STJ. REsp nº 1193886/SP, Rel. Ministro Luis Felipe Salomão, Quarta Turma, julgado em 09.11.2010, *DJe*, 07 fev. 2011.

[20] STOCCO, Rui. *Responsabilidade civil e sua interpretação jurisprudencial*. São Paulo: Atlas, 1995. p. 444.

E, como é imanente do próprio ser humano, algumas diretrizes informativas são suficientes para a massa populacional concretizar sua tese emitindo sua opinião sobre os mais diversos assuntos.

Portanto, não é demais salientar a importância dos meios de comunicação, os quais, fundamentados no direito de acesso à informação, na liberdade de expressão e de pensamento aliados ao princípio da publicidade, exercerem seu papel informativo para com a sociedade.

Por outro lado, se contrapõe a liberdade de informação à proteção constitucional da divulgação de informações inverídicas que causem dano a pessoa, passível de indenização e reparação no que tange ao aspecto material, moral ou à imagem.

A filtragem das informações repassadas aos cidadãos pela imprensa e demais órgãos de comunicação envolvendo a telemática, informática e outras mídias se tornam uma forma de limitação necessária e de precaução, haja vista a possibilidade de extrapolação das garantias constitucionais do Estado Democrático de Direito. Assim, consoante preconiza a doutrina: "O direito à vida privada, à intimidade, à honra, à imagem, dentre outros, aparece como conseqüência imediata da consagração da dignidade da pessoa humana como fundamento da República Federativa do Brasil".[21]

A filtragem das informações ou seletividade destas, pela teoria da busca da verdade onde se defendeu a liberdade de expressão ao fundamento de que o silêncio traz prejuízo à humanidade, se fundamenta na doutrina no seguinte sentido:

> Nem sempre é fácil distinguir entre o verdadeiro e o falso, o que dificulta a aptidão dessa teoria para justificar todo tipo de manifestação do direito de expressão. É o caso, por exemplo, daquelas manifestações que não recaem sobre situações fáticas, mas constituem juízos de valor ou de opinião, cujos conteúdos contêm alta dose de subjetividade e, por esta razão, mesmo verdadeiros, podem colidir com outros direitos fundamentais também assegurados na Constituição. Pode-se, também, indagar a quem caberia a missão de estabelecer o que é verdadeiro e falso, assim como o momento ideal para realizar tal tarefa (antes ou depois da manifestação de expressão), e, ainda, se isso efetivamente seria suficiente para reparar as conseqüências do abuso do direito à liberdade de expressão.[22]

---

[21] MORAES. *Direitos humanos fundamentais...*, p. 48.
[22] RODRIGUES JUNIOR, Álvaro. *Liberdade de expressão e liberdade de informação*: limites e formas de controle. Curitiba: Juruá, 2008. p. 66-67.

Sobre a preservação da dignidade humana, manifestou-se o Superior Tribunal de Justiça fundamentadamente em recurso especial, nos seguintes termos:

> (...) É que a Constituição da República Federativa do Brasil, de índole pós-positivista e fundamento de todo o ordenamento jurídico expressa como vontade popular que a mesma, formada pela união indissolúvel dos Estados, Municípios e do Distrito Federal, constitui-se em Estado Democrático de Direito ostentando como um dos seus fundamentos a dignidade da pessoa humana como instrumento realizador de seu ideário de construção de uma sociedade justa e solidária. (...) O reconhecimento da dignidade humana, outrossim, é o fundamento da liberdade, da justiça e da paz, razão por que a Declaração Universal dos direitos do homem, inaugura seu regramento superior estabelecendo no art. 1º que "todos os homens nascem livres e iguais em dignidade e direitos". Deflui da Constituição Federal que a dignidade da pessoa humana é premissa inarredável de qualquer sistema de direito que afirme a existência, no seu corpo de normas, dos denominados direitos fundamentais e os efetive em nome da promessa da inafastabilidade da jurisdição, marcando a relação umbilical entre os direitos humanos e o direito processual. 15. Deveras, à luz das cláusulas pétreas constitucionais, é juridicamente sustentável assentar que a proteção da dignidade da pessoa humana perdura enquanto subsiste a República Federativa, posto seu fundamento. (...) O direito à liberdade compõe a gama dos direitos humanos, os quais, segundo os tratadistas, são inatos, universais, absolutos, inalienáveis e imprescritíveis. Por isso que a exigibilidade a qualquer tempo dos consectários às violações dos direitos humanos decorre do princípio de que o reconhecimento da dignidade humana é o fundamento da liberdade, da justiça e da paz.[23]

Considerando os aspectos jurídicos a partir das relações voltadas ao desenvolvimento do ser humano, a doutrina entende que:

> Conceber a dignidade da pessoa humana como fundamento da República significa admitir que Estado brasileiro se constrói a partir da pessoa humana, e para servi-la. Implica, também, reconhecer que um dos fins do Estado brasileiro deve ser o de propiciar as condições materiais mínimas para que as pessoas tenham dignidade.[24]

---

[23] STJ. REsp nº 872.630/RJ, Rel. Ministro Francisco Falcão, Rel. p/ Acórdão Ministro Luiz Fux, Primeira Turma, julgado em 13.11.2007, *DJe*, 26 mar. 2008.

[24] MARTINS, Flademir Jerônimo Belinati. *Dignidade da pessoa humana*: princípio constitucional fundamental. Curitiba: Juruá, 2003. p. 72.

Cotidianamente é possível vislumbrar a violação à intimidade das pessoas e a inaplicabilidade dos princípios constitucionais limitadores desta, justificada pela liberdade de divulgação e o acesso imensurável às informações.

O Superior Tribunal de Justiça, considerando, de um lado, a premente necessidade de averiguação das informações a serem transmitidas para a coletividade, e de outro, o interesse público aliado à liberdade de imprensa, manifestou-se o sobre o tema nos seguintes termos:

> A liberdade de informação deve estar atenta ao dever de veracidade, pois a falsidade dos dados divulgados manipula em vez de formar a opinião pública, bem como ao interesse público, pois nem toda informação verdadeira é relevante para o convívio em sociedade. – A honra e imagem dos cidadãos não são violados quando se divulgam informações verdadeiras e fidedignas a seu respeito e que, além disso, são do interesse público. – O veículo de comunicação exime-se de culpa quando busca fontes fidedignas, quando exerce atividade investigativa, ouve as diversas partes interessadas e afasta quaisquer dúvidas sérias quanto à veracidade do que divulgará. – O jornalista tem um dever de investigar os fatos que deseja publicar. Isso não significa que sua cognição deva ser plena e exauriente à semelhança daquilo que ocorre em juízo. A elaboração de reportagens pode durar horas ou meses, dependendo de sua complexidade, mas não se pode exigir que a mídia só divulgue fatos após ter certeza plena de sua veracidade. Isso se dá, em primeiro lugar, porque os meios de comunicação, como qualquer outro particular, não detém poderes estatais para empreender tal cognição. Ademais, impor tal exigência à imprensa significaria engessá-la e condená-la a morte.[25]

A revolução tecnológica é caracterizada pela informação e pelo conhecimento, por isso diz-se "era da informação", e o binômio informação/conhecimento somente poderá divulgado se revestido de fidedignidade, uma vez que tais informações têm o condão de produzir repercussão nos aspectos sociais, econômicos, educacionais sem alijar as diferentes culturas presentes no país.

Não obstante a dimensão territorial que a informação possa alcançar, a ética deve ser preservada e o direito ponderado entre os interesses

---

[25] STJ. REsp nº 984803/ES, Rel. Ministra Nancy Andrighi, Terceira Turma, julgado em 26.05.2009, *DJe*, 19 ago. 2009.

que o permeiam, de modo a manter o equilíbrio, a proporcionalidade e a razoabilidade entre as garantias constitucionais do ser humano e da sociedade como parte integrante do Estado.

6 Conclusão

No Brasil, a democracia efetivou a coroação do direito à informação, da liberdade de expressão e de manifestação do pensamento. A divulgação de informações para que atenda ao fim social a que se destina, diante do papel relevante que assume na sociedade, deve ser precedida do mínimo possível de averiguação e checagem, a fim de evitar infringência aos direitos e garantias fundamentais.

Os meios de comunicação devem agir de modo a cumprir a função de informar e expressar coerentemente suas opiniões. Verifica-se a necessidade premente de balizar, de um lado, o direito à informação, o direito de informar e de ser informado, e, de outro, a preservação da privacidade, da intimidade, da honra e imagem das pessoas, de modo a salvaguardar o interesse público, bem como a dignidade humana.

Assim, conforme exposto, entendemos que havendo colisão entre o direito à liberdade de expressão e o direito à intimidade privada, bem como choque entre outros direitos e garantias fundamentais, é de se buscar a aplicabilidade do princípio da razoabilidade e proporcionalidade para chegar ao resultado justo e equilibrado, observando o aspecto valorativo atribuído ao caso concreto.

Outrossim, no que se refere ao critério veracidade das informações divulgadas pelos mais diversos meios de comunicação, defendemos a filtragem destas, aliadas ao bom senso e cumprimento dos preceitos constitucionais, sobretudo, a fim de evitar danos morais e patrimoniais decorrentes da má utilização/divulgação de tais informações, sobretudo no âmbito privado, ressalvado o interesse público.

O fato é que os meios de comunicação fazem parte nos dias de hoje de um poder incontrolável, o poder da palavra, que, lançada ao individual ou coletivo sem as devidas limitações, pode resultar em efeito contrário ao resultado pretendido.

Por isso, imprescindível a existência de mecanismos limitadores no que tange ao aspecto espacial, temporal e qualitativo da divulgação das informações, de modo a especificar cada ato e sua consequência, permitindo, assim, que o direito de informar e ser informado seja efetivamente cumprido no Estado Democrático de Direito, sobretudo, acobertado pelo manto da sagrada dignidade humana prevista na Declaração Universal dos Direitos do Homem.

Referências

<http://www.stj.pt/nsrepo/cont/JurTematica/Cadernodedireitosdepersonalidadeeliberd adedeimprensa.pdf>. Acesso em: 12 maio 2011.

ANDRADE, José Carlos Vieira de. *Os direitos fundamentais na Constituição Portuguesa de 1976*. Coimbra: Almedina, 1987.

ANTUNES, Anassílvia Santos; NALIN, Paulo; POPP, Májeda D. Mohd (Coord.). *In: Coleção Direito em Movimento*. Curitiba: Juruá, 2008. v. 8.

BARROSO, Luís Roberto. *Temas de direito constitucional*. Rio de Janeiro: Renovar, 2001.

BASTOS, Márcio Thomaz. Mídia e júri. *In:* TUCCI, Rogério Lauria (Org.). *Tribunal do júri*: estudos sobre a mais democrática instituição jurídica brasileira. São Paulo: Revista dos Tribunais, 1999.

CARVALHO, L. G. G. *Direito de informação e liberdade de expressão*. 2. ed. São Paulo: Renovar, 1999.

FACHIN, Zulmar. Liberdade de manifestação do pensamento versus privacidade: aplicação do princípio da proporcionalidade. *Cadernos Jurídicos*, OAB/PR, 17 abr. 2011.

MARCONDES FILHO, Ciro. *O capital da notícia*: jornalismo como produção social da segunda natureza. São Paulo: Ática, 1986.

MARTINS, Flademir Jerônimo Belinati. *Dignidade da pessoa humana*: princípio constitucional fundamental. Curitiba: Juruá, 2003.

MIRANDA, Jorge. *Manual de direito constitucional*. 4. ed. Coimbra: Coimbra Ed., 1990.

MORAES, Alexandre de. *Direitos humanos fundamentais*: teoria geral: comentários aos artigos 1º a 5º da Constituição da República Federativa do Brasil: doutrina e jurisprudência. 7. ed. São Paulo: Atlas, 2006.

NUNES, Rizzato. *O caso Isabella*: o direito de informar, de ser informado, a intimidade e o interesse público. Disponível em: <http://rizzattonunes.blogspot.com/2008/04/o-caso-isabella-o-direito-de-informar.html>. Acesso em: 12 set. 2010.

RODRIGUES JUNIOR, Álvaro. *Liberdade de expressão e liberdade de informação*: limites e formas de controle. Curitiba: Juruá, 2008.

SABATOVSKI, E.; FONTOURA, I. P. *Constituição da República Federativa do Brasil*. 18. ed. Curitiba: Juruá, 2010.

SILVA, José Afonso da. A dignidade da pessoa humana como valor supremo da democracia. *Revista de Direito Administrativo*, Rio de Janeiro, n. 212, p. 90, abr./jul. 1998.

STF. ADPF 130, Relator (a): Min. Carlos Britto, Tribunal Pleno, julgado em 30.04.2009, *DJe*-208 DIVULG 05-11-2009 PUBLIC 06-11-2009.

STJ. REsp 1193886/SP, Rel. Ministro Luis Felipe Salomão, Quarta Turma, julgado em 09.11.2010, *DJe*, 07 fev. 2011.

STJ. REsp 872.630/RJ, Rel. Ministro Francisco Falcão, Rel. p/ Acórdão Ministro Luiz Fux, Primeira Turma, julgado em 13.11.2007, *DJe*, 26 mar. 2008.

STJ. REsp 984803/ES, Rel. Ministra Nancy Andrighi, Terceira Turma, julgado em 26.05.2009, *DJe*, 19 ago. 2009.

STOCCO, Rui. *Responsabilidade civil e sua interpretação jurisprudencial*. São Paulo: Atlas, 1995.

Informação bibliográfica deste texto, conforme a NBR 6023:2002 da Associação Brasileira de Normas Técnicas (ABNT):

VENERAL, Débora. Liberdade de expressão e direito à informação: um contraponto à violação dos direitos e garantias fundamentais e à preservação da dignidade da pessoa humana. *In*: AFFORNALLI, Maria Cecília Naréssi Munhoz; GABARDO, Emerson (Coord.). *Direito, informação e cultura*: o desenvolvimento social a partir de uma linguagem democrática. Anais do Simpósio Comunicação, Cultura de Massas, Globalização e Direito: II Congreso Ciencias, Tecnologías y Culturas. Diálogo entre las disciplinas del conocimiento. Mirando al futuro de América Latina y el Caribe. Belo Horizonte: Fórum, 2012. p. 65-83. ISBN 978-85-7700-563-5.

A FORMAÇÃO DO IMAGINÁRIO VISUAL URBANO: INFLUÊNCIAS NO *DESIGN* GRÁFICO VERNACULAR

DIEGO WINDMÖLLER

1 Introdução

Desde que começou a viver em centros urbanos, o homem passou a alterar a paisagem natural onde vive. É ele que constrói, modifica e adapta para seu uso um ambiente artificial, onde convive coletivamente com outros indivíduos. E, desde que estes centros começaram a crescer e a multiplicar seu número de habitantes, sentiu a necessidade de comunicar-se através de uma maneira menos efêmera da que até então era tida, normalmente pela fala ou por meio de gestos — tratos mais pessoais, mensagens que acabavam se perdendo no tempo, visto que eram transmitidas apenas ao grupo que estivesse próximo ao comunicante no momento de sua emissão.

A comunicação gráfica, em verdade, existe desde os primórdios da humanidade, mas o seu uso ainda era restrito, e os sinais utilizados não eram comerciais, tampouco estudados como escola. Quando esta comunicação tornou-se presente na vida da sociedade, surgiu também a necessidade de estudá-la e conhecer melhor este fenômeno — houve, então, a criação das primeiras escolas de *design*. Ao mesmo tempo em que a comunicação gráfica era produzida por aqueles que se especializavam, tornou-se também um exercício popular, dada a sua eficiência e massificação. Vernáculo, exercício do povo, esta forma de comunicação que também pode ser considerada *design* gráfico, produz no ambiente urbano formas visuais carregadas de subjetividade e ricas em sua simbologia. Como tatuagens urbanas, não se pode negar sua eficiência enquanto mensagem, mas também deve ser considerada a sua linguagem enquanto forma de expressão da cultura local e que, ainda, se faz presente no inconsciente coletivo.

Nesta pesquisa, o olhar acadêmico se volta para analisar esta prática vernacular, visando realizar um cruzamento das práticas através da análise de suas manifestações. O *design* gráfico deve falar em uma linguagem compreensível para cumprir seus fins comunicacionais, e desconsiderar as formas visuais que se fazem presentes nas cidades é um erro.

Busca-se aqui uma transição de linguagens, fomentando a discussão sobre práticas acadêmicas e não acadêmicas, e, através da análise das formas vernaculares, repensar a própria prática do *designer* gráfico, construindo um diálogo entre cultura erudita e cultura popular.

2 As primeiras manifestações: um breve relato sobre a história da comunicação gráfica

Comunicar é uma necessidade do ser humano. Sendo este uma espécie animal racional, necessita enviar sinais que serão compreendidos e assimilados por outros seres humanos. Esta comunicação se dá através de três objetos: emissor, mensagem e receptor. Emissor é o ser que quer comunicar; mensagem, o suporte do qual se utiliza; e receptor é aquele que compreende o conteúdo da última, por falar a mesma linguagem. De acordo com Flusser,

> A comunicação humana é um processo artificial. Baseia-se em artifícios, descobertas, ferramentas e instrumentos, a saber, em símbolos organizados em códigos. Os homens comunicam-se uns com os outros de uma maneira não 'natural': na fala não são produzidos sons naturais, como, por exemplo, no canto dos pássaros, e a escrita não é um gesto natural como a dança das abelhas.[1]

---

[1] FLUSSER, Vilém. *O mundo codificado*: por uma filosofia do *design* e da comunicação. Organização de Rafael Cardoso Denis. Tradução de Raquel Abi-Sâmara. São Paulo: Cosac Naify, 2007. p. 89.

De início, a transmissão de mensagens se dava através da emissão de sons ou sinais gestuais. Todavia, já no período paleolítico, há registros de pinturas rupestres ainda preservadas, situadas no interior de cavernas. Seu objetivo, até hoje, é incerto: descrever uma caça, marcar território ou feitas simplesmente como prática de ritual para garantir boas caçadas, são algumas das hipóteses levantadas por historiadores. Estes registros são considerados os primeiros sinais do homem utilizando-se da comunicação gráfica para transmitir suas mensagens.

Posteriormente, com a descoberta da agricultura, o homem passou a viver em comunidades fixas e socialmente organizadas. A partir daí, as manifestações visuais tornam-se mais presentes na vida do homem, que passa a aprimorar suas técnicas de concepção. As sociedades começam a desenvolver-se cada vez mais e se inicia, neste período, uma intensa troca de mercadorias entre diferentes regiões. Nos produtos, os fabricantes inseriam sinais gráficos com indicação de procedência, em um processo semelhante ao que acontece, atualmente, na marcação de gado. Nota-se, então, o surgimento dos primeiros símbolos utilizados para identificação do produto com o seu local de origem. Mais tarde, na Idade Média, surgem corporações de construtores (guildas), que marcavam, cada qual com seu sinal próprio, suas realizações arquitetônicas, para serem identificadas por aqueles que se interessassem pelo seu trabalho e tivessem intenções de contratá-las.

As sociedades da época organizavam-se em feudos, que passam a constituir microestados com jurisdição própria. Há, cada vez mais, utilização de sinais para identificar os produtos, surgindo as primeiras marcas comerciais e, com a intensificação das trocas comerciais, o reconhecimento da procedência através dos sinais inseridos.

Uma vez que as cidades ainda eram pequenas e os seus habitantes sabiam onde encontrar os produtos que desejavam, a utilização de sinais gráficos para identificar um estabelecimento ainda ocorria de forma tímida, visto que os tratos eram mais pessoais. Estes sinais, entretanto, já apresentavam as três funções do *design* gráfico apresentadas por Hollis:

> Ao longo dos vários séculos, as três funções básicas das artes gráficas sofreram tão poucas alterações quanto o alfabeto romano, e qualquer design pode ser usado de todas as três maneiras. A principal função do design gráfico é **identificar**: dizer o que é determinada coisa, ou de onde ela veio (letreiros de hotéis, estandartes e brasões, marcas de construtores, símbolos de editores e gráficos, logotipos de empresas, rótulos em embalagens). Sua segunda função, conhecida no âmbito profissional como Design de Informação, é **informar** e **instruir**, indicando a relação

de alguma coisa com outra quanto à direção, posição e escala (mapas, diagramas, sinais de direção). A terceira função, muito diferente das outras duas, é **apresentar** e **promover** (pôsteres, anúncios publicitários); aqui, o objetivo do design é prender a atenção e tornar sua mensagem inesquecível.[2]

A partir da Revolução Industrial, as cidades partiram para um novo processo de desenvolvimento. As populações rurais dirigem-se às cidades em busca de emprego nas crescentes indústrias. O ritmo de vida torna-se intenso. As ruelas estreitas não mais comportam o crescente tráfego de veículos, necessitando uma reurbanização, resultando no surgimento de largas e movimentadas avenidas em algumas cidades da Europa. Os tratos tornam-se cada vez menos pessoais, surgindo, então, o anonimato. Neste momento, o homem passa a utilizar-se cada vez mais da comunicação gráfica. A técnica passa a ser aperfeiçoada, surgindo as primeiras escolas do que ficou conhecido como *design* gráfico — que, entretanto, continua a ser praticado fora do ambiente acadêmico, visto que, com o surgimento de profissionais especializados na área, a prestação do serviço por estes fica mais cara. Convencionou-se chamar esta forma de comunicação visual produzida fora da academia, e prática recorrente no ambiente urbano, de *design* gráfico vernacular.

3 O *design* gráfico vernacular – Formas e efeitos

3.1 O que é *design* gráfico?

Segundo a Associação dos *Designers* Gráficos (ADG),"Design gráfico é um processo técnico e criativo que utiliza imagens e textos para comunicar mensagens, idéias e conceitos, com objetivos comerciais ou de cunho social".[3] Desde o nascimento das primeiras escolas de *design* até hoje em dia, muito se estudou e se estabeleceram teorias acerca dos tantos movimentos que surgiram na área, bem como sobre as formas corretas de se produzir *design*. O número de profissionais da área cresce a cada ano, tornando esta prática mais comum. Porém, ainda é considerada uma tarefa supérflua e custosa para grande parcela da população.

Muito já se avançou em busca de se definir as funções e especificidades do *design* gráfico, e sobre quais métodos são condizentes

---

[2] HOLLIS, Richard. *Design gráfico*: uma história concisa. Tradução de Carlos Daudt. 2. ed. São Paulo: Martins Fontes, 2005. p. 4.

[3] <http://www.designgrafico.art.br/abreaspas/index.htm>. Acesso em: 23 set. 2007, às 19:30h.

com a profissão. Várias definições foram estabelecidas, mas ainda é um campo muito aberto e passível de exploração. Os limites são tênues, e qualquer tentativa de definir o *design* (que ainda é muito confundido com o desenho/ato de desenhar) acabaria por limitá-lo a um ato isolado de produzir dentro de determinados parâmetros preestabelecidos. O que se tem, em grande parte, são explanações sobre o ato de fazer *design*. Para Flusser, *design* é aquilo que está por trás da arte e da técnica, ou seja, é a junção das duas, após a quebra da barreira que as separava. Ou também, uma malícia, um artefato feito para "enganar a natureza por meio da técnica, substituir o natural pelo artificial...".[4] Para Villas-Boas, a prática profissional do *designer* utiliza-se de uma metodologia projetual para a produção de seus trabalhos.[5] Estas definições, porém, ainda são muito abertas, ou restritas em demasiado. *Design* é uma área da comunicação gráfica que surge do empirismo e da experiência e que tem o objetivo de transmitir uma mensagem. A prática torna-se escola muito depois de ter surgido, e por isso é perigoso denominar *design* unicamente aquilo que foi produzido por alguém que tenha passado pela academia. Por estas razões é que se adotará neste estudo a denominação *"design* gráfico profissional" para as formas de manifestação da prática que passaram pelas mãos de um *designer* com formação e titulação na área.

3.2 *Design* gráfico vernacular

Sendo livre de uma formação acadêmica, o *design* gráfico vernacular torna-se um reflexo da cultura e do modo de vida do local onde é produzido. Tem-se, então, uma forma de manifestação gráfica genuína, popular, mantendo os traços de quem o produz e de seu *locus* temporal. Existe paralelamente ao *design* profissional, sem que haja disputa de espaço: é destinado a quem não tem condições de recorrer a este, seja pela falta de mão de obra especializada ou de recursos. Segundo Lupton, esta forma vernacular de *design* não deve ser tratada como um produto inferior, "mas como um amplo território onde seus habitantes falam um tipo de dialeto local..." (*apud* DONES[6]), participando da construção de muitas linguagens visuais, originando uma grande variedade de dialetos, novos idiomas gráficos.

---

[4] FLUSSER. *O mundo codificado...*, p. 184.
[5] VILLAS-BOAS, André. *O que é e o que nunca foi*: The Dubremix. Rio de Janeiro: 2AB, 1999.
[6] DONES, Vera Lúcia. *As apropriações do vernacular pela comunicação gráfica*. Trabalho apresentado ao NP 017 – Folkcomunicação, do IV Encontro dos Núcleos de Pesquisa da Intercom. São Paulo, nov. 2004. p. 2.

Cada país possui uma forma de falar este dialeto. É uma questão intimamente ligada às origens, à história e ao desenvolvimento do povo. Uma atividade levada adiante pelas gerações, rica em seu simbolismo, construtora e definidora do imaginário urbano, da linguagem visual que afeta os habitantes das cidades diariamente e faz-se presente no inconsciente coletivo. Logo, gera reflexos no modo de agir das pessoas. Uma linguagem que destoe desta corre o risco de não ser aceita pelo público a quem tenta se dirigir.

Cabe ressaltar que é ainda polêmico para muitos categorizar estas formas de expressão enquanto *design* gráfico. Entretanto, cumprem as funções conforme definiu Hollis, quais sejam: identificar, informar/instruir e apresentar/promover, utilizando-se da organização de texto e signos para transmissão de uma mensagem.[7] O que diferencia primeiramente o *design* vernacular do *design* profissional seria, então, a formação acadêmica. O método de trabalho de cada um destes meios também pode distingui-los: o *designer* gráfico profissional trabalha dentro de um projeto, estabelece parâmetros para seguir e para realizar um objeto sem falhas técnicas, além da realização de uma pesquisa em busca de um resultado final eficaz (que não reitere linguagens, e que seja assimilado e comunique). Questões qualitativas são muito subjetivas e não serão aqui utilizadas (embora saiba-se que, por questões de custo, os materiais e a experiência do profissional vão depender dos recursos disponíveis e, consequentemente, do resultado final obtido).

Uma mensagem é enviada em códigos. Tais códigos não são decifráveis por qualquer pessoa, mas apenas por aqueles que conhecem aquela forma de linguagem específica. A utilização do *design* gráfico vernacular é, em suma maioria, feita pelas camadas mais pobres, com menor nível de instrução e cujo vocabulário gráfico é reduzido em relação às demais classes. Logo, a capacidade de abstração também é reduzida. As imagens utilizadas nestas formas de manifestação, então, acabam por ser tentativas de reprodução de um objeto existente (signos motivados,[8] segundo a semiótica greimasiana[9]) e frequentemente

---

[7] HOLLIS. *Design gráfico:* uma história concisa.

[8] A. J. Greimas se refere a "signos motivados" como aqueles que se definem por uma relação de semelhança com os objetos do mundo natural. Na semiótica americana, também bastante difundida no Brasil, corresponderia aos "signos icônicos". No entanto, não será apenas sobre tal relação de semelhança dos signos que se fundarão os princípios semióticos para o entendimento da visualidade, mas nos distintos níveis de significação das imagens e que compreendem tanto seu grau de figuratividade, quanto suas propriedades plásticas.

[9] GREIMAS, Algirdas Julien. Semiótica figurativa e semiótica plástica. Tradução de I. Assis da Silva. *Significação – Revista Brasileira de Semiótica*, Araraquara, p. 19-46, jun. 1984.

acabam caindo no óbvio. Não são inexpressivos, transmitem uma impressão, um modo de ver o objeto. Como o *design* vernacular se faz basicamente pela construção manual, estas formas de traduzir o objeto são subjetivas (pois demonstram o olhar de uma pessoa, que o realiza, com interferências dos materiais disponíveis e das habilidades que possui), construções de um indivíduo situado em um meio cultural que imprimiu neste as suas características.

Tem-se, pois, uma prática formadora e definidora do imaginário urbano, exercício popular (feito do povo para o povo) e reflexo do seu modo de vida. Presente no inconsciente da população, linguagem particular, própria de seu local, geradora e/ou formadora de características identitárias de seu espaço. Fonte para estudos antropológicos, sociológicos e culturais de uma nação. "E há os que percebem nesta uma rede simbólica dúctil, vivaz e resistente à coisificação das relações humanas operada pela universalização da mercadoria."[10]

Várias características formais são encontradas dentro do *design* gráfico vernacular, mas algumas são mais presentes. Pelo fato de sua construção ser prioritariamente manual (através de pintura), o que se pode perceber é que, mesmo nos casos onde é possível notar a tentativa de se estabelecer um estilo tipográfico, as letras e símbolos utilizados apresentam pequenas variações entre si, seja na espessura da haste, na altura do tipo, ou na forma como um todo. Afinal, este processo não é maquinal, ou seja, não é realizado por uma máquina, que vai sempre se utilizar de um modelo único para ser repetido. Tem-se, neste caso, um ideal de forma, um esqueleto ao qual se tenta ser fiel a cada nova forma, mas que sempre vai apresentar alguma diferença do anterior (as variáveis técnicas são grandes). Esta irregularidade, porém, é uma característica intrínseca ao *design* gráfico vernacular, pois não existe um projeto preciso que possa definir o tamanho exato de cada elemento, e estes acabam, ao final, tendo que se adaptar ao suporte (diminuir ou aumentar de tamanho).

Ainda, dentro do *design* gráfico vernacular, há aqueles que se especializam na técnica de produção, fazendo disso uma profissão. É possível encontrar muitos trabalhos que possuem assinatura do profissional, para contatos de quem necessite do trabalho. Contudo, há quem resolve se arriscar sozinho na construção de sua mensagem. No último caso, as variáveis formais são maiores que nos primeiros. Pode-se categorizar estes objetos em *design* gráfico vernacular profissional e

---

[10] BOSI, Alfredo. *Cultura brasileira*: temas e situações. 4. ed. São Paulo: Ática, 1999. p. 375.

design gráfico vernacular não profissional, respectivamente. O primeiro, com preocupação maior na forma, e o segundo, no conteúdo. Para Baldwin e Roberts:

> Es falso creer que un buen diseño sólo debe ser creado por los profesionales según los estándares. Basta con mirar alrededor para ver cuánta información se transmite bajo formas que no ganarían nunca un premio de diseño, pero que puntúan muy alto en cuanto a efectividad. El diseño vernáculo es otra forma de lenguaje visual. Puede ser rudimental, pero funciona.[11]

Busca-se, aqui, não observar as causas, mas pesquisar os efeitos que o *design* gráfico vernacular, tão presente no ambiente urbano — e formador de sua visualidade —, e que estas formas visuais têm na construção de um imaginário, de uma forma de enxergar a cidade, e identificá-la como tal.

4 A cidade, elemento plural

A cidade é um elemento plural. Composta por um grupo que, embora congregue alguns elementos em comum (idioma e nacionalidade, por exemplo), apresenta uma heterogeneidade em suas ambições e gostos pessoais. Estas distinções ocorrem por inúmeras questões às quais o sujeito é posto à frente desde seu nascimento, sejam elas sociais, políticas ou psicológicas. O ambiente, então, é construído de forma a comportar estas diferentes formas de pensar e agir, criando uma estrutura subdividida em diferentes espaços.

O crescimento das cidades acontece de uma maneira social, na direção do centro para a periferia. Classes economicamente ativas localizam-se nas regiões centrais e de comércio e que, por sua boa localização, apresentam custos de moradia mais elevados. Classes com menor poder econômico vão se concentrando nas periferias, locais menos disputados e mais desvalorizados, seja por questões locacionais, de ambientação (locais próximos a rios, depósitos) ou de emprego — as indústrias concentram-se em regiões periféricas e atraem os trabalhadores para os seus arredores. Para Silva,

> As noções de centro e periferia interessam-me para ressaltar o fluxo social da cidade. O centro alude ao que é cêntrico e focal, ponto de

---

[11] BALDWIN, Jonathan; ROBERTS, Lucienne. *Comunicación visual*: de la teoría a la práctica. Barcelona: Parramón, 2007. p. 146.

vista ou de uso, com base no qual o que me rodeia, em maior ou menor distância, chamar-se-á periférico. O periférico alude ao que margeia o centro. Mas o que nos importa é destacar é que centro e periferia estão em constante deslocamento. Não só o centro em seu sentido físico, como o centro da cidade se desloca permanentemente, mas o centro de poder ideológico.[12]

Há, então, um grande ambiente que, embora unificado politicamente, encontra-se fragmentado em vários novos ambientes. Há uma divisão por bairros: artifícios criados para melhor localização e distribuição deste ambiente. Estes, decididos por questões de localização, que também define (na grande maioria dos casos) a classe social dos seus habitantes. O crescimento desta cidade é definido por um plano diretor, que prevê para onde a cidade pode se estender, levando em consideração as questões ambientais. O mapa primitivo desta urbe não previa o crescimento e o avanço tecnológico que faz a cada dia o ritmo de vida (e dos carros) aumentar. Logo, apresentava vias estreitas e, em alguns casos, desenhos de ruas confusos. A urbanização e a velocidade obrigaram a repensar este ambiente, muitas vezes modificando este mapa para abrirem-se vias de tráfego que suportassem o fluxo. Com isto, criam-se vias de ligação entre as diversas regiões desta cidade, que buscam facilitar o acesso aos lugares desejados. Estas ruas, então, tornam-se referências para a locomoção dentro deste espaço e, muitas vezes, devido ao grande tráfego de carros e à poluição sonora que estes causam, acabam se tornando centros unicamente comerciais, já que são desconfortáveis para moradia. Devido à velocidade e às questões comerciais, estas vias acabam sendo dominadas pelo aparato publicitário dos estabelecimentos, de grandes proporções para ser devidamente absorvido pelo passante.

A partir de relatos de antropólogos, por exemplo, deduzimos que, em geral, o homem primitivo é profundamente ligado à paisagem em que vive; ele distingue e dá nomes às suas partes menores. Os observadores se referem à grande profusão de nomes de lugares, mesmo em países desabitados, e ao extraordinário interesse pela geografia. O meio ambiente é parte integrante das culturas primitivas; as pessoas trabalham, criam e interagem em harmonia com sua paisagem. Na maior parte dos casos, sentem-se completamente identificadas com ela e relutam em deixá-la; ela representa a continuidade e a estabilidade num mundo incerto.[13]

---

[12] SILVA, Armando. *Imaginários urbanos*. São Paulo: Perspectiva, 2001. p. 25.
[13] LYNCH, Kevin. *A imagem da cidade*. Tradução de Jefferson Luiz Camargo. São Paulo: Martins Fontes, 2006. p. 139.

A cidade, então, apresenta uma oposição entre áreas comerciais e áreas habitacionais. As primeiras são dominadas pela publicidade e pelo tráfego de pessoas, onde o indivíduo divide o seu espaço com outros em um meio impessoal e busca cumprir os seus objetivos. As últimas são regiões mais pacatas, sem a presença massiva da publicidade, com dominância de residências, onde existem grupos de relacionamentos pessoais (criados por localização e afinidades) e que permitem ao habitante estabelecer uma relação mais íntima com o ambiente. A movimentação por entre estes ambientes acaba, com o tempo, tornando-se um processo inconsciente: nas primeiras vezes em que se percorre a rota, há um cuidado maior com a localização e a direção que deve seguir. Este caminho geralmente é decidido por marcos simbólicos (geográficos ou visuais), como por exemplo, tomar por orientação o "grande prédio amarelo", já que este é um ponto de referência mais facilmente memoriável do que "dobrar na esquina da Rua Princesa Isabel com a Rua Dom Pedro II", por exemplo. Porém, quanto mais se percorre este caminho, menos consciente ele se torna. Com o tempo, não precisa mais lembrar de seguir até o prédio amarelo para dobrar, já que este caminho está na memória e ativa o senso de localização. E assim acontece com todos os elementos visuais presentes neste caminho percorrido. Cria-se um costume com a visualidade do ambiente, que não mais causa impacto ao transeunte: não existe a novidade, e sim o caminho que está na memória. Esta imagem que se tem da cidade torna-se inconsciente. Para Venturi *et al.*, a cidade afeta os seus habitantes com três tipos de mensagens, as funcionais (de caráter informativo), as simbólicas (de caráter emocional) e as persuasivas (de caráter comercial). Cada habitante da cidade constrói a sua própria imagem do ambiente, de acordo com as suas necessidades ou vivências através destes tipos de mensagens.[14]

A visão desta cidade é dada, geralmente, de duas maneiras: uma externa e uma interna. A visão externa é a realizada pelo não habitante desta cidade, o turista ou aquele que nela reside ainda há pouco tempo. Esta tem seu início no centro da cidade, e seu interesse percorre justamente estas regiões mais movimentadas (que para este são mais fáceis de se localizar, já que são, em maioria, bem sinalizadas) e pontos turísticos. Sofre um bombardeamento de informações, afinal, todos os elementos visuais ali presentes não o são conhecidos. A outra visão, a interna, é a realizada pelo habitante da cidade. A este, não existe

---

[14] VENTURI, Robert; BROWN, Denise Scott; IZENOUR, Steven. *Aprendendo com Las Vegas.* Tradução de Pedro Maia Soares. São Paulo: Cosac Naify, 2003. p. 100.

a novidade, já que o que conhece sempre foi (ou ao menos há certo tempo é) do modo que vê. Ele participa do processo de construção deste ambiente, e se localiza bem dentro dele. Sua visão geralmente parte da periferia (ou do local que habita) para o centro (ponto de interesse — não turístico, mas comercial). Está intimamente relacionado com este ambiente, e suas imagens já foram tão absorvidas que estão presentes no seu inconsciente. É territorial. Cada habitante da cidade constrói a sua própria imagem do ambiente, de acordo com as suas necessidades ou vivências através destes tipos de mensagens.

> A criação da imagem ambiental é um processo bilateral entre observador e observado. O que ele vê é baseado na forma exterior, mas o modo como ele interpreta e organiza isso, e como dirige sua atenção, afeta por sua vez aquilo que ele vê. O organismo humano é extremamente adaptável e flexível, e grupos diferentes podem ter imagens muitíssimo diferentes da mesma realidade exterior.[15]

A forma exterior é sempre a mesma, mas o modo de detecção desta é individual. Uma pessoa que foi assaltada na rua X, por exemplo, terá impressões negativas da mesma, ao contrário de uma pessoa que sempre morou nesta rua e exercita com ela laços sentimentais. Desta maneira, são criadas diversas imagens, ou fantasmagorias urbanas.[16] Algumas coletivas, outras individuais.

Questões culturais também estão envolvidas no modo como a cidade vai se desenvolver e exercer a sua visualidade. São influências arquitetônicas e da comunicação gráfica. Silva lança o conceito de cultura mosaico, que é aquela composta por várias visualidades situadas lado a lado. Uma experiência da mescla, física e simbólica.[17]

> Desde o século 18, com o processo de industrialização, a cidade consagrou-se como um campo comunicativo de natureza complexa formal e informal. Na cidade, escreve-se a história de uma cultura que se constrói com os signos materiais do próprio desenvolvimento tecnológico, que a indústria permite e acelera, porém seu processo comunicativo vai da troca e do diálogo até as formas mais individuais da violência e da tirania. Esta comunicação espontânea, mais híbrida, encontra-se em uma área crepuscular e, por isso, não tem merecido atenção teórica ou analítica.[18]

---

[15] LYNCH. *A imagem da cidade*, p. 149.
[16] SILVA. *Imaginários urbanos*.
[17] SILVA. *Imaginários urbanos*.
[18] FERRARA, Lucrecia D'Alessio. *Design em espaços*. São Paulo: Rosarj, 2002. p. 137.

A cidade, pois, é um ambiente complexo. Um todo composto por inúmeros fragmentos, que se interferem mutuamente e ajudam a construir a ideia de ambiente do indivíduo que a habita. Expressa-se de várias maneiras, principalmente na forma visual. É através da compreensão deste ambiente e de como se dá a percepção coletiva dele que é possível estabelecer uma comunicação mais eficiente e direcionada. Inserir um elemento com o qual a população não está acostumada é como falar em um outro idioma: a ideia (embora possa ser levemente transmitida) não vai ser compreendida e assimilada de maneira adequada. Existe um imaginário, uma visualidade da cidade, e é a partir desta que os seus habitantes vão buscar a identificação com os objetos que entrarão em contato. Lynch define como imaginabilidade:

> [...] a característica, num objeto físico, que lhe confere uma alta pro-babilidade de evocar uma imagem forte em qualquer observador dado. É aquela forma, cor ou disposição que facilita a criação de imagens mentais claramente identificadas, poderosamente estruturadas e extremamente úteis ao ambiente.[19]

Ou seja, um objeto que será inserido no ambiente urbano deve despertar no inconsciente das pessoas uma imagem que se associe a alguma memória visual, com a qual estes possam se identificar, prefe-rencialmente de uma forma positiva, para então entrar em conjunção com ele.

Conforme Santos, pode-se fazer uma análise do ambiente divi-dindo-se este em espaço e paisagem.[20] Paisagem seria o conjunto das formas que compõem o local, e espaço abrangeria, além das formas presentes, a vida que anima estas formas, o cotidiano. Considerando-se esta relação dialética entre o espaço e a vida, ele torna-se condição e resultado para a reprodução social, ou seja, sem o espaço, não há resultado (espaço-mercadoria, consumido pela sociedade). Diferen-temente das concepções de espaço absoluto (visões das disciplinas tradicionais), onde este é considerado apenas suporte para os acon-tecimentos, na visão de espaço relativo (concepções das quais partilham Einstein, Marx, além da física e geografia modernas), este dialoga com a vida. Logo, este espaço é a intrusão da sociedade na paisagem, fazendo com que esta se modifique e se transforme novamente. O espaço é transtemporal, pois carrega vários tempos simultâneos. A paisagem

---

[19] LYNCH. *A imagem da cidade*, p. 11.
[20] SANTOS, Milton. *A natureza do espaço*: técnica e tempo: razão e emoção. São Paulo: Hucitec, 1996.

possui tempo determinado, pois ela reflete o período, com suas técnicas, concepções, economia. Dentro do espaço urbano, podemos encontrar diferentes marcas que o tempo deixou, de épocas recentes e antigas, sejam elas na arquitetura, urbanismo ou mesmo nos sinais da comunicação gráfica inscritos em suas paredes. Considerando que este espaço realiza um diálogo com a vida inserida nele, tem-se o *design* gráfico vernacular (bem como o profissional) tornando-se condição e resultado do seu momento, e este resultado obtido sendo novamente condição, desta vez para outros resultados, e assim em um ciclo infinito.

Pode-se, ainda, observar uma relação de oposição, em níveis semióticos fundamentais, no ambiente urbano, que distingue centro e periferia através de fatores sociais, econômicos e visuais. No centro, encontra-se a linguagem impessoal e objetiva, a visualidade que necessita ser compreendida pelo grande público. É um ambiente voltado ao comércio, onde se faz necessário um aparato publicitário que prime pela valorização do produto, por tornar o consumidor ciente daquilo que poderá obter em seu estabelecimento — querer ser visto. Em locais periféricos, as relações interpessoais são, em grande parte, subjetivas. Há um conhecimento do local que, em grande maioria, é movimentado apenas por residentes. As trocas comerciais destas regiões são realizadas por estes habitantes, que recorrem a eles por exigirem um menor deslocamento, além de terem o conhecimento do território e saber onde comprar. Há uma competitividade menor entre estabelecimentos, e geralmente para estes existem clientes fixos. As vendas são menores, logo, os recursos que dispõe para recorrer a um projeto profissional de *design* gráfico também o são. Recorrem para o *design* gráfico vernacular, soluções menos custosas e que, para eles, cumpre o objetivo comunicacional necessário. É importante salientar que isto não é uma regra geral, e que se pode encontrar *design* gráfico vernacular no centro, bem como *design* gráfico profissional na periferia.

Há, em vista disso, um ponto fundamental dentro do *design* gráfico. Sua função é comunicativa e, na maioria das vezes, destina-se para o interior deste ambiente urbano. Logo, este deve tomar cuidado para que consiga transmitir sua mensagem no dialeto falado dentro do mesmo. A cidade comunica e está, dentro desta cultura mosaico, povoada por diversas formas de expressão gráfica, presentes no inconsciente coletivo. O *design* gráfico inserido neste meio não deve almejar suprimir esta cultura e imbuí-la aos seus parâmetros. Deve, pois, estabelecer um diálogo com este imaginário, de forma a melhorar as condições ambientais, dentro de padrões éticos. Primar pela preservação da cultura, e não pela subversão dela.

4.1 O *design* e sua responsabilidade cultural

Muito pouco se tem buscado realizar um diálogo com a cultura local, permitindo arrecadar novas concepções e novos resultados para o *design* gráfico. A reflexão do ambiente urbano, a análise do seu espaço (compreendendo neste, a vida) torna-se fundamental, visto que muito preocupa-se com a forma, mas a mesma preocupação não parece ocorrer sobre como esta forma será interpretada e assimilada por aqueles que são dela o objetivo.

Há uma tendência da academia de manter em níveis muito distantes aqueles que a frequentam do restante da sociedade. Esquece-se que a cultura é construída por todos e que uma comunicação em massa não deve deixar ninguém de fora. O ideal para que um objeto se insira em um ambiente é que ele promova o diálogo com o seu entorno. Caso isso não ocorra, corre-se o risco de torna-lo ilhado e não visto — o *design* gráfico é pensado para, e necessita ser visto.

As sociedades evoluíram, o pensamento evoluiu. Hoje em dia, não se compra mais o elemento isolado. Um *show*, por exemplo, torna-se um evento que congrega a arquitetura do local, os espetáculos de luz, performances ocasionais, dentre outros. Há uma nova ordem espaço-temporal, onde nada é isolado, tudo influencia e torna-se interdependente. O espaço é o mesmo, mas a nossa maneira de nos orientarmos e comportarmos dentro dele é diferente.

> reiteramos que si algo nos recuerda permanentemente la ciudad es que frente a la realidad aparece la posibilidad; frente a la unidad, la fragmentación; frente a la quietud, la movilidad; ¿a qué entonces nuestra especie de veneración religiosa por lo inmutable y, con ella, nuestro anhelo de atrapar lo eterno a través de lo que decae?, ¿inmanencia o trascendencia?, ¿está hecha la historia de instantes o acaso de eternidad? ¿es la eternidad una sucesión de instantes o los instantes una trampa que ponemos a la eternidad? El resquebrajamiento de la idea de unidad ha develado la existencia bajo la piel de una máquina que no para: la ciudad, una máquina recalentada como querrían Deleuze y Guatarri; convulso y conmocionado espacio repleto de fragmentos por todas partes, ¿Cómo ubicar allí un monumento?, más aún, ¿cómo llamar aquello que allí, cargado de ruido, nos sirve de orientación?, ¿fin de la historia, o acaso fin de la geografía?, ¿por qué no pensar en nuevas formas de orientación? […].[21]

---

[21] YORI, Carlos Mario. *Del monumento a la ciudad*: el fin de la idea de monumento en el nuevo orden espacio-temporal de la ciudad. Bogotá: Centro Editorial Javeriano, 2002. p. 16-17.

5 Conclusão

O centro de interações sociais — a cidade — tornou-se, quanto maior em tamanho, mais povoado por estas formas gráficas que transmitem aos seus habitantes uma intensa quantidade de informações diariamente. Uma simples saída para a rua, e o sujeito está à mercê de milhares de informações visuais, que acabam sendo absorvidas por ele e orientando as suas ações. Com o tempo, elas deixam de ser percebidas de maneira consciente, pois já fora criada uma memória, um costume com essas formas visuais. Este inconsciente, gerado por estas tantas informações visuais, ajuda a formar uma imagem, um imaginário deste ambiente urbano.

Propõe-se, com este texto, fomentar a discussão sobre o que é *design* gráfico, quais são suas especificidades, e como é possível, utilizando-se das formas vernaculares (muitas vezes consideradas inferiores), arrecadar subsídios que ajudem a criar novas estratégias visuais que possam comunicar de uma maneira eficaz, de acordo com o público ao qual se dirigem. O *design* gráfico deve falar em uma linguagem compreensível para cumprir seus fins comunicacionais, e desconsiderar estas formas visuais tão presentes no ambiente urbano é um erro. Busca-se, pois, uma transição de linguagens, fomentar a discussão sobre práticas acadêmicas e não acadêmicas, bem como repensar a própria prática do *designer* gráfico, construir e manter um diálogo entre cultura erudita e cultura popular.

Referências

<http://www.designgrafico.art.br/abreaspas/index.htm>. Acesso em: 23 set. 2007.

BALDWIN, Jonathan; ROBERTS, Lucienne. *Comunicación visual*: de la teoría a la práctica. Barcelona: Parramón, 2007.

BOSI, Alfredo. *Cultura brasileira*: temas e situações. 4. ed. São Paulo: Ática, 1999.

DONES, Vera Lúcia. *As apropriações do vernacular pela comunicação gráfica*. Trabalho apresentado ao NP 017 – Folkcomunicação, do IV Encontro dos Núcleos de Pesquisa da Intercom. São Paulo, nov. 2004.

FERRARA, Lucrecia D'Alessio. *Design em espaços*. São Paulo: Rosarj, 2002.

FERRARA, Lucrecia D'Alessio. *Leitura sem palavras*. 4. ed. São Paulo: Ática, 1997.

FLUSSER, Vilém. *O mundo codificado*: por uma filosofia do *design* e da comunicação. Organização de Rafael Cardoso Denis. Tradução de Raquel Abi-Sâmara. São Paulo: Cosac Naify, 2007.

FRUTIGER, Adrian. *Sinais e símbolos*: desenho, projeto e significado. Tradução de Karina Jannini. São Paulo: Martins Fontes, 2001.

GREIMAS, Algirdas Julien. Semiótica figurativa e semiótica plástica. Tradução de I. Assis da Silva. *Significação – Revista Brasileira de Semiótica*, Araraquara, p. 19-46, jun. 1984.

HOLLIS, Richard. *Design gráfico*: uma história concisa. Tradução de Carlos Daudt. 2. ed. São Paulo: Martins Fontes, 2005.

LYNCH, Kevin. *A imagem da cidade*. Tradução de Jefferson Luiz Camargo. São Paulo: Martins Fontes, 2006.

NÖTH, Winfried. *A semiótica no século XX*. São Paulo: Annablume, 1996.

OLIVEIRA, Ana Claudia (Org.). *Semiótica plástica*. São Paulo: Hacker, 2004.

SANTOS, Milton. *A natureza do espaço*: técnica e tempo: razão e emoção. São Paulo: Hucitec, 1996.

SILVA, Armando. *Imaginários urbanos*. São Paulo: Perspectiva, 2001.

VENTURI, Robert; BROWN, Denise Scott; IZENOUR, Steven. *Aprendendo com Las Vegas*. Tradução de Pedro Maia Soares. São Paulo: Cosac Naify, 2003.

VILLAS-BOAS, André. *O que é [e o que nunca foi] design gráfico*. 4. ed. Rio de Janeiro: 2AB, 2001.

VILLAS-BOAS, André. *O que é e o que nunca foi*: The Dubremix. Rio de Janeiro: 2AB, 1999.

YORI, Carlos Mario. *Del monumento a la ciudad*: el fin de la idea de monumento en el nuevo orden espacio-temporal de la ciudad. Bogotá: Centro Editorial Javeriano, 2002.

Informação bibliográfica deste texto, conforme a NBR 6023:2002 da Associação Brasileira de Normas Técnicas (ABNT):

WINDMÖLLER, Diego. A formação do imaginário visual urbano: influências no *design* gráfico vernacular. *In*: AFFORNALLI, Maria Cecília Naréssi Munhoz; GABARDO, Emerson (Coord.). *Direito, informação e cultura*: o desenvolvimento social a partir de uma linguagem democrática. Anais do Simpósio Comunicação, Cultura de Massas, Globalização e Direito: II Congreso Ciencias, Tecnologías y Culturas. Diálogo entre las disciplinas del conocimiento. Mirando al futuro de América Latina y el Caribe. Belo Horizonte: Fórum, 2012. p. 85-100. ISBN 978-85-7700-563-5.

EL USO DE LA TELEVISIÓN Y EL FENÓMENO DE LA INMIGRACIÓN EN EUROPA

ELAINE JAVORSKI

1 Introducción

Europa occidental vive hoy un fenómeno que, hace muchos años, era hecho al revés. Al principio del siglo XIX, muchos ciudadanos europeos dejaron sus países para emigrar. Las razones: los descubrimientos y colonizaciones, pestes, guerras y problemas económicos y políticos. Hoy, millones de personas llegan a Europa para buscar una vida mejor a través del trabajo, de los estudios o simplemente para refugiarse de problemas políticos y económicos de sus países. La mayoría viene de ex-colonias o países en desarrollo. Desde 1973 la inmigración en Europa es considerada un problema al cual se debe ofrecer respuestas del estado. En 1985, la Comisión Europea ha empezado a plantear la necesidad de formular políticas de inmigración comunitaria. Sin embargo, este asunto no ha hecho parte de la agenda de la UE hasta la década siguiente. Hoy, este tema es, a diario, asunto en la Comisión Europea y en los medios de comunicación de todo el continente.

Preocupados con las vías y maneras de acogimiento de estas personas, los gobiernos, en conjunto con la Unión Europea, han procurado crear estrategias para combatir el flujo de inmigrantes ilegales, avanzar con la regularización de los que se pueden legalizar y promover la integración (respetando los derechos de los inmigrantes) de quién ya vive entre los autóctonos. Para trabajar este ultimo punto, los gobiernos tienen la ayuda de los medios de comunicación.

Portugal es uno de los países que ha encontrado en la cadena de televisión pública el medio que necesitaban para empezar a tratar el tema de la inmigración fuera de los estereotipos y prejuicio de los telediarios. Así, en 2004, el gobierno portugués (a través del ACIME – Alto Comissariado para Imigração e Minorias Étnicas[1]) en asociación con la cadena pública portuguesa RTP iniciaran la transmisión del programa *Nós*. El objetivo, como el propio ACIME reconoce en la presentación del programa en su página *web*, es procurar "crear una ponte de información con la sociedad civil a través de la presentación de un conjunto de entrevistas y debates sobre temas actuales; piezas informativas sobre los derechos y deberes de los ciudadanos inmigrantes; enlace con las asociaciones de inmigrantes y servicios dispuestos por la sociedad civil y Estado; además de promover la riqueza cultural y social que las distintas comunidades traen al país a través de historias de vida, gastronomía, deporte, cultura, etc.". Además de este programa, existieran otros proyectos semejantes en Portugal. Aún en la cadena pública, se emitió O Mundo Aquí desde 2004 y hasta 2006, iniciativa de una productora audiovisual local, que pretendía mostrar la multiculturalidad a través de cuatro historias de vida exhibidas en media hora de programa semanal. Un formato donde no hay presentador y los personajes hablan por si propios sin la necesidad de la *voz off* del reportero. Otro programa que ha tratado de este tema es Etnias, emitido por una cadena privada portuguesa: SIC des de 2004 hasta hoy. Es semanal y tiene la duración de 30 minutos.

Este informe pretende hacer, además de esta somera descripción de los programas en cuestión, un breve análisis de los programas sobre inmigración en Portugal, especialmente el programa *Nós,* haciendo un esquema del tema y su tratamiento en este país. En el marco teórico hablamos de la televisión y su influencia en la sociedad contemporánea. Además, vislumbraremos el poder de la imagen y la fuerza que tiene este medio de comunicación también en la construcción de la realidad. Para empezar a hablar del tema de la inmigración en Portugal es indispensable ver el contexto en que estos proyectos son desarrollados.

---

[1] En 2007, el ACIME pasó a ser un instituto público y a llamarse ACIDI – Alto Comissariado para a Imigração e Diálogo Intercultural.

Así que primeramente haremos un análisis de las funciones de los medios de comunicación portugueses para contextualizar el tema en la programación televisiva. Por medio de análisis de contenido, observación participativa y entrevistas con la producción del *Nós*, nos acercaremos de las rutinas productivas del programa. La idea es analizar como los inmigrantes son vistos (de manera general) en Portugal por los media (especialmente por la televisión) y, consecuentemente, por la población autóctona.

2 La influencia de la televisión en la vida cotidiana

La influencia de la televisión en la sociedad es un tema discutido hace décadas por sociólogos, psicólogos, comunicólogos, periodistas y tantos otros profesionales. Unos, desde un punto de vista optimista, ven la televisión como un medio de democratización de las masas, como Dominique Wolton. Otros, observan la televisión como un peligro para la democracia. Karl Popper y Pierre Boudieu, por ejemplo.

Para Dominique Wolton, la televisión es la señal más vibrante de la democracia. Primero porque cada uno puede "ligarse" a ella cuando quiera, sin tener que justificar la elección.[2] Además, es un medio igualitario y libre porque toda la gente ve lo mismo y —así mismo— no existe una interpretación obligatoria y homogénea. Para él, la televisión funciona como un vínculo social, como un enlace invisible entre el espectador y el público (grandioso y anónimo) que la ve en simultáneo.

Democracia, para Wolton, es elegir lo que se quiere consumir en la televisión y, más aún, poder verla de manera única y particular con referencias de nuestro pasado, nuestra historia y nuestros intereses. Al contrario de Wolton, Karl Popper ve la televisión como un peligro eminente para la democracia.[3] Según él, el objetivo de la democracia es elevar el nivel de educación, llevar a todos los telespectadores mejores posibilidades y oportunidades. Pero eso no es posible por intereses comerciales. Giovanni Sartori[4] también camina por esta ruta pesimista sobre la televisión. Para él, el hombre acredita con más intensidad en todo lo que ve, diferente de cuando oye o le. La imagen condiciona la veracidad de los hechos. La televisión es como un porta-voz de una opinión publica que, en verdad, es el eco que devuelve a su propia voz.

---

[2]   WOLTON, Dominique. *Elogio ao grande público*: uma teoria crítica da televisão. Porto: Asa, 1994.

[3]   POPPER, Karl; CONDRY, John. *Televisão*: um perigo para a democracia. Lisboa: Gradiva, 1995.

[4]   SARTORI, Giovanni. *Homo videns*: televisão e pós-pensamento. Lisboa: Terramar, 2000.

Pierre Bourdieu[5] defiende la gestión del tiempo como el más grande problema para una televisión realmente democrática. A cuenta de tiempo, se producen discursos con frases cortas, difíciles de ser captadas totalmente. Todo esta hecho de manera sencilla para que la información llegue a más personas posibles. Además del gran flujo de información circulante y potencialmente accesible, el público reclama informaciones todavía más simplificadas, de manera que puedan ser recibidas sin mucho esfuerzo, acerca de problemas sociales cada vez más complejos.

Según Wolf[6] el gran problema del espacio mediatizado es la creciente contradicción entre la rapidez da la información y, de otro lado, la complejidad de los problemas sociales que dichas noticias pretender clarificar. Los productores de noticia tienden a eliminar cualquier tipo de barrera entre la información y el receptor tratando las noticias de manera más sencilla posible, perjudicando así el contenido de la misma. En materia de inmigración ocurre lo mismo, o sea, un tema complejo como este no llega un punto más profundo de discusión. Si se habla de él, es de forma superficial. No hay tiempo para explicar los motivos y los problemas sociales que llevan la gente a inmigrar. Ni tampoco si puede profundizar el estilo de vida de los inmigrantes y sus costumbres que son muchas veces las causas de muchas divergencias entre ellos y los autóctonos.

3 La construcción de la realidad y de las identidades

La cultura de masas hace con que los medios de comunicación establezcan una serie de procedimientos sistemáticos capaces de homogeneizar las opiniones políticas además de crear necesidades y deseos del público con determinados objetos de consumo. Así, los programas temáticos también tienen la función de poner un asunto en discusión para la sociedad. En este caso, la inmigración se muestra como un asunto cada día más importante y actual para las sociedades receptoras. Los gobiernos intentan enseñar a los autóctonos como tratar el tema y desde que punto de vista mirarlo. De esta manera, los programas idealizados por instituciones públicas tienen más la función de sembrar una idea de que entretener el público con las buenas acciones de los inmigrantes. Este tipo de acción ocurre de forma muy discreta

---

[5] BOURDIEU, Pierre. *Sobre a televisão*. Oeiras: Celta, 1997.
[6] WOLF, Mauro. *Los efectos sociales de los media*. Barcelona: Paidós, 1994.

y atractiva. Como dice Martine Joly[7] hay una tendencia de la lógica de la seducción en lugar de la lógica de manipulación. Es decir, un formato atractivo, con recursos gráficos apropiados y tratamiento de la imagen, seduce. No hay la necesidad explícita de la manipulación. La seducción además de entretener también adiciona recuerdos e ideas en el subconsciente de los espectadores.

Castelló Mayo juzga necesario sustituir, en este contexto, la ambigua noción de 'medios de comunicación' (simples instrumentos de producción, difusión y mediación de acontecimientos) por Instituciones Generadoras de Discursos Sociales (IDGS).[8] En este mismo sentido Umberto Eco, considera la transformación de la televisión de "vehículo de hechos" en "aparato para la producción de hechos", consumando así la transformación de "espejo de la realidad" a "productor de la realidad".[9] Así, es imposible ver la comunicación como sencillo proceso de transmisión de mensajes ya que existen muchos elementos que pueden conformar o distorsionar la intención del proceso comunicativo.

Todas estas percepciones siguen el mismo camino: de que la comunicación —y más específicamente la televisión— son creadores de una realidad que, no siempre, será la realidad que vivimos. Desde la perspectiva gerbneriana,[10] la televisión se muestra como un omnipresente vehículo de aprendizaje de nuestro entorno. Es el principal proveedor de imágenes de la cultura popular y, además y mas importante, se ha transformado en una institución comercial que monopoliza la construcción de la realidad social, por encima de tradicionales instancias socializadoras como la familia, iglesia o escuela.

Con esto, la televisión pasa a ser un fuerte instrumento para ayudar a amenizar los efectos negativos de la inmigración en países donde esta es una problemática actual y muy discutida. Los programas temáticos sobre inmigración tienen el deber de mostrar el lado bueno y sano de la entrada de los extranjeros a un país. Tanto es así que una de las reglas básicas de programas como estos es ocultar el inmigrante que se ve en el telediario. Es decir, la realidad dejamos para las noticias. Estos programas tienen más la función de mostrar la otra realidad: de las personas que luchan y que, de una forma o de otra, realizan algo bueno para la sociedad autóctona.

---

[7] JOLY, Martine. *La Interpretación de la imagen*: entre memoria, estereotipo y seducción. Barcelona: Paidós, 2003.

[8] CASTELLÓ MAYO, Enrique. *La producción mediática de la realidad*. Madrid: Ediciones del Laberinto, 2004.

[9] ECO, Umberto. *Viagem na irrealidade quotidiana*. Lisboa: Cosmos, 1983.

[10] GERBNER, George. *Violence et terreur dans les médias*. Paris: Unesco, 1989.

Wolf[11] sigue en la dirección contraria afirmando que la hipótesis de que las distorsiones que la televisión produce en la realidad social influyen directamente en las construcciones de la realidad de los consumidores debería ser reformulada. Según él, tendríamos que preguntar de qué manera el individuo construye socialmente la realidad y que clase de procesos mentales y que tipos de experiencias del mundo real son necesarias para que la televisión pueda contribuir a la construcción de la realidad social. De cualquier forma, la televisión pública, en especial los programas temáticos sobre inmigración, ha tenido la función de representar la realidad des de una perspectiva distinta de los telediarios.

4 La construcción de la sociedad multicultural

Como ha constatado Joaquín Arango,[12] medir las migraciones no es una tarea fácil, tanto por limitaciones estadísticas como por la complejidad del fenómeno. Aún peor es intentar hacerlo con una amplitud mundial. Pero, a pesar de esto, la División de Población de las Naciones Unidas se ha atrevido a calcular el numero de personas inmigrantes en todo el planeta, o sea, personas que viven en un país que no lo suyo. En el año 2005 la cifra llegaba a 191 millones de personas. No parece mucho se constatamos que el mundo cuenta con una población de 6.500 millones de individuos. Esta estimación significaría que solo uno de cada 40 habitantes del mundo menos desarrollado vive en un país diferente del suyo. Así que, según Arango, los datos se contradicen tanto al saber convencional como a la principal teoría de las migraciones, la económica emanada del paradigma neoclásico. Para haber migraciones no basta que las personas tengan motivos o que quieran hacerlo. Es necesario poder hacerlo. La limitación de este acto se debe, por ejemplo, a las barreras impuestas por los países receptores, que intentan impedir la inmigración irregular. Pero, mismo con las barreras, muchos continúan intentando inmigrar. Y la tendencia es que la movilidad internacional aumente y se haga más diversa, sobretodo en término de orígenes nacionales. "Puede decirse que las migraciones internacionales se han mundializado".[13] La ruta migratoria

---

[11] WOLF, Mauro. *Los efectos sociales de los media*. Barcelona: Paidós, 1994.

[12] ARANGO, Joaquín. Las migraciones internacionales en un mundo globalizado. *La Vanguardia*, Barcelona, Dossier n. 22, ene./mar. 2007.

[13] ARANGO, Joaquín. Las migraciones internacionales en un mundo globalizado. *La Vanguardia*, Barcelona, Dossier n. 22, ene./mar. 2007. p. 10.

se ha multiplicado y los países involucrados también. Diez años atrás nueve de cada diez inmigrantes desembarcaba en cinco grandes países: Estados Unidos, Argentina, Brasil, Canadá y Australia. Ahora el número de países receptores es casi diez veces más grande y pueden ser agrupados en cuatro grandes sistemas migratorios internacionales: Norteamérica, Europa occidental, la región del golfo Pérsico y la cubeta occidental del Pacífico. ¿Y quién va a estos países? Hace un siglo, nueve de cada diez inmigrantes eran procedentes de Europa. Hoy los flujos migratorios provienen de Asia, América Latina y África.

Los motivos de la inmigración pueden ser los más diversos. Es un ciclo que se compone por tres procesos: ida, vinculación y retorno. De acuerdo con Carlos Jiménez Romero,[14] cuando hablamos de inmigración, las características que nos llegan a mente son casi siempre la necesidad, la libertad y la adaptación. Pero las migraciones son también impuestas, forzadas, inducidas y planificadas. Ejemplo de migración forzada: el tráfico de esclavos. De las migraciones inducidas: el aumento poblacional en América Latina. De las migraciones voluntarias: procesos contemporáneos de migración. Las migraciones actuales están fuertemente condicionadas por factores sociopolíticos y económicos. El autor sugiere algunas teorías que pueden justificar este campo de investigación de las migraciones:

- Teoría de la modernización: la unidad de análisis es el propio inmigrante y el objeto de estudio es la adaptación. El inmigrante contribuye para la modernización de la comunidad.
- Teoría de la dependencia: "desarrollo del subdesarrollo". Un país se desarrolla por que otros se subdesarrollan.
- Teoría de la articulación: migración como procesos complejos de configuración de vínculos, conexiones y redes de relaciones entre origen y destino.
- Teoría del transnacionalismo: campos sociales que transgreden la lógica de los Estados-nación. Son familias birresidenciales, con identidades mixtas o de adición.

Estas teorías hablan de los inmigrantes pero también de la consecuencia de una mezcla de culturas y su influencia en la comunidad que los acoge. Con los flujos migratorios y sus establecimientos en nuevas culturas, ha surgido un nuevo término para designar estas nuevas comunidades: el multiculturalismo. Se puede decir que los años noventa fue la década del multiculturalismo. Comienza a

---

[14] ROMERO, Carlos. *¿Que es la inmigración?*. Barcelona: RBA Integral, 2003.

introducirse el término en Europa y a utilizarse en círculos académicos, sociales y políticos. Era designado como un estado de cosas positivas: pluralismo, interculturalidad y diálogo entre culturas. En estos últimos años es posible visualizar un cambio semántico en el término. La multiculturalidad empieza a ser vista como una amenaza de los valores, inestabilidad e inseguridad. Y existen muchos factores que contribuyen para este cambio. Entre ellos, el florecimiento de discursos anti-inmigrantes por parte de partidos políticos en los años 2001-2002. Además, los sucesos del 11 de septiembre en los Estados Unidos tuvieran un impacto global. "Los sucesos del 11-S permiten tener un primer "dato empírico" para consolidar la construcción teórica de un Conflicto de Civilizaciones (Clash of civilisations) a nivel planetario."[15] Para este autor, lo que ocurre con la multiculturalidad es lo mismo que ha ocurrido con la globalización. Al principio el debate estaba polarizado entre los partidarios y sus detractores. Hoy es imposible negar la realidad de la globalización. Lo que se trata ahora es de discutir cómo gestionar el proceso. Lo mismo pasa con la multiculturalidad. Es un proceso que está vinculado directamente con el proceso de globalización y que tiene una característica en común: su inevitabilidad histórica. Además, es una consecuencia de los flujos inmigratorios. Joaquín Arango[16] también utiliza el término globalización para una comparación con las migraciones. Para el, la mundialización de las migraciones internacionales puede verse como la globalización en el terreno de la movilidad humana. Pero tiene una faceta distinta que el autor clasifica de fronterizada. "Es una globalización erizada de fronteras y barreras, una mundialización que se ha producido a pesar de éstas y no gracias a su eliminación; y con los costes y las implicaciones derivados de la necesidad de superar tales obstáculos".[17] Otros autores atribuyen esta mundialización de los flujos migratorios a la globalización específica de la economía. La 'teoría del sistema mundial' dice que las causas de las movilidades internacionales se deben a penetración de las economías más desarrolladas en los países menos desarrollados. Pero la faceta económica puede venir acompañada de otro factor fundamental para los flujos que son los transportes, las comunicaciones y la información, que han facilitado la movilidad en las últimas décadas.

---

[15] ZAPATA BARRERO, Ricard. *Multiculturalidad e inmigración*. Madrid: Sintesis, 2004. p. 71.

[16] ARANGO, Joaquín. Las migraciones internacionales en un mundo globalizado. *La Vanguardia*, Barcelona, Dossier n. 22, ene./mar. 2007.

[17] ARANGO, Joaquín. Las migraciones internacionales en un mundo globalizado. *La Vanguardia*, Barcelona, Dossier n. 22, ene./mar. 2007. p. 10.

Arango constata también que la mundialización de los flujos, y su consiguiente diversificación de orígenes, entraña una creciente heterogeneidad étnica en las sociedades receptoras. Este facto esta convirtiendo las sociedades tradicionales en sociedades pluriétnicas, lo que ya resulta en una transformación profunda. Pero, si miramos hacia atrás podemos percibir que todas las épocas históricas fueron compuestas por grandes transformaciones sociales, políticas y culturales. La grande diferencia es que el motor de esta transformación hoy se designa: multiculturalidad e inmigración.

5 La prensa portuguesa y el tema de la inmigración

Así como los medios de comunicación pueden reflejar una determinada realidad, también pueden crear algunos estereotipos que suelen influenciar el imaginario colectivo de una comunidad. Por otro lado, ¿quizás no son los estereotipos un reflejo del pensamiento de la sociedad? De acuerdo con Martine Joly, "si los estereotipos y los tópicos logran imponerse es porque, a su manera, expresan los valores del contexto sociocultural en cuyo seno se inscriben".[18] Así, el caso que a continuación presentamos puede ejemplificar el concepto del estereotipo creado o reflejado en la sociedad.

Una playa cerca de Lisboa, Carcavelos, fue el escenario para un acontecimiento, en junio de 2005, que ha dejado huellas en la percepción de la inmigración en Portugal: el *arrastão*. Este término es utilizado en Brasil para designar los robos en masa en las playas, principalmente en Rio de Janeiro. En Portugal, paso a ser utilizado en todos los medios de comunicación a partir de esta fecha. La playa de Carcavelos es conocida por ser frecuentada por inmigrantes de África y Brasil. Según los telediarios y periódicos el *arrastão* había sido, supuestamente, promovido por 500 jóvenes de zonas periféricas y problemáticas de Lisboa. Las "imágenes-pruebas" habían sido hechas desde teléfonos móviles. No existían muchas imágenes del momento en que hubo el supuesto robo en masa, pero había una historia: que centenas de chicos criminosos robaron todo lo que podían en la playa. Pero no hubo denuncias ni quejas de robos en la policía cercana. Es decir, los jóvenes solo corrían de la policía. Desde que la primera noticia sobre este asunto salió en la prensa a través la agencia de noticias *Lusa*, los hechos

---

[18] JOLY, Martine. *La interpretación de la imagen*: entre memoria, estereotipo y seducción. Barcelona: Paidós, 2003. p. 224.

se fueron agrandando y las propias fuentes (policías y observadores que estaban en la playa) acabaron por crear cada vez más historias y detalles que no existieron. La periodista Diana Andringa, en el video documental *Era uma vez um Arrastão*,[19] muestra la falta de datos que comprueben lo acontecido y como la prensa reprodujo los hechos.

Este facto ha generado cierta revuelta entre los portugueses. En el día después del ocurrido, en 11 de junio de 2005, lectores de la versión digital del periódico *Correio da Manhã* hicieran comentarios en el sitio. Fue visible la onda de insultos a los inmigrantes con términos y frases xenófobas. En una semana fueran registrados 86 comentarios. Cincuenta y uno contenían expresiones xenófobas como las siguientes:[20]

> "Ahora empiezo a comprender el voto de los franceses y holandeses (por la extrema derecha). Ha sido un voto contra la política de los miserables y la proliferación de inmigrantes de segunda categoría. Basura nosotros aquí ya tenemos, no necesitamos de basura del tercer mundo". (Julio Vasco, 10 de junio)

> "Me quedo indignado por saber que los policías han dado tiros para el aire... Sabiendo que tenían 500 objetivos donde apuntar". (Fernando Albuquerque, 10 de junio)

> "Africanos y brasileños son sinónimo de aumento de la criminalidad. Esto no se puede negar. No vengan con este asunto de que los problemas de integración se resuelven con atribución de subsidios. Envíenlos otra vez allá para aquellos lugares caóticos". (Peto, 10 de junio)

De los 86 comentarios, solamente dos defienden los inmigrantes diciendo que el problema de la violencia no tiene nada que ver con la raza o etnia. Días después del *arrastão*, la historia fue desmentida debido a presión de instituciones como la *Comissão para Igualdade e Contra a Discriminação Racial*. Los propios agentes policiales han admitido que nunca hubo un *arrastão*.

Los daños provocados por este error fueran fortísimos. Ochos días después hubo una manifestación xenófoba y racista en el centro de Lisboa. Además, a diario era posible percibir alteraciones en la convivencia de la comunidad africana en Portugal, de acuerdo con informes divulgados por el *Alto Comissariado para Imigração e Minorias Étnicas*

---

[19] Disponible en: <www.eraumavezumarrastao.net>.

[20] Traducción libre.

(ACIME). Un año después este mismo informe fue transformado en libro y editado por el ACIME.

Todas estas noticias estremecieron la prensa portuguesa haciéndola repensar y rever muchos de sus prejuicios. Pero, hasta hoy, hay quien piense que el *arrastão* realmente existió. Como dice Ignacio Ramonet, en *A tirania da comunicação*, "hoy un facto es verdadero no porque obedece a criterios objetivos, rigorosos y comprobados en la fuente, pero simplemente porque otros medios repiten las mismas informaciones y 'confirman'. (...) Si la televisión presenta una noticia y en seguida la prensa la reutiliza, esto basta para que sea creída como verdadera".[21]

Con esta pequeña muestra de algunos hechos emitidos en la televisión y en la prensa, es posible trazar un estrecho panorama de la inmigración en la prensa portuguesa en los primeros años de las transmisiones del programa *Nós*. Así, podemos ver en que contexto esta inserido dicho programa para que podamos analizar su función de "retratar el inmigrante que no se ve en los telediarios", como define la propuesta del *Alto Comissariado para Imigração e Minorias Étnicas*, institución gubernamental responsable por el magazín semanal.

6 El programa Nós: integración entre inmigrantes y autóctonos

O programa *Nós* es emitido de las 10h a las 11h da las mañanas de domingo por la *RTP2*. Tiene repetición en *RTP África, RTP Internacional*, y otros canales de la emisora. El programa siempre mantuvo la misma estructura básica de magazín, donde se debería mezclar información y entretenimiento con el objetivo de integración de los inmigrantes y tolerancia por parte de los autóctonos. Así, tiene entrevista en el plató con autoridades y especialistas, informaciones básicas para el inmigrante, historias de vida, espacio para asociaciones de inmigrantes, además de secciones con reportajes sobre costumbres y culturas.

Una de las maneras de estar cerca de los inmigrantes es tener en su equipo periodistas inmigrantes. Así que desde el principio hubiera extranjeros en la producción del programa. Una productora mexicana, una reportera brasileña y un reportero africano fueran los primeros inmigrantes del programa que agrupaba también otros portugueses. La idea del ACIME era facilitar el acercamiento con los inmigrantes y

---

[21] RAMONET, Ignácio. *A tirania da comunicação*. Petrópolis: Vozes, 1999. p. 67.

sus necesidades informativas. Como el magazín tiene informaciones útiles, historias de vida y debates, esta es una manera de los productores observaren la inmigración de manera muy cerca de la realidad. Mientras tanto, no era esta la realidad enseñada en la pantalla.

A través de una observación participativa y entrevistas con el personal de la producción del programa, fue posible constatar que una de las cuestiones mas importante tratadas en el programa *Nós* es la desmitificación del inmigrante. El proyecto ha querido desde el principio enseñar a la sociedad el inmigrante que no aparecía en los telediarios: el inmigrante que no roba, que no duerme en la calle, que no es "el pobrecito". Es decir, mostrar la realidad condicionada por los intereses de las instituciones públicas responsables por el programa. Diferente del telediario, donde se encuentran las historias policiales involucrando autóctonos y inmigrantes, situaciones de riesgo como *gangs* formadas por extranjeros, en el programa *Nós* la realidad es la inmigración que trabaja, que estudia y que intenta vivir sin causar problemas.

Como se afirma en varias ediciones, el programa no ha sido pensado solo para los inmigrantes; fue pensado también para que los portugueses conocieran a la gente que vive ahora en Portugal, sus costumbres y sus modos de vida. Portugal es un país de 10 millones de habitantes. En su territorio viven cerca de 454 mil inmigrantes. Los grupos más representativos son los brasileños, asiáticos y africanos.[22] La inmigración representa cerca de 5% de toda población portuguesa. Con este panorama es posible tener una idea de la problemática de la inmigración y la importancia de la busca por la integración. Pero es necesario definir *quién* se integra. Carlos Jiménez Romero, habla de dos concepciones sobre este tema. Según el, en los documentos oficiales, en los proyectos concretos y en el discurso público la persona que se integra es el inmigrante, pero el autor considera que no es así: "la integración es al menos cosa de dos: quien acaba de llegar o está en proceso de asentamiento y quien ya está instalado. Se integran autóctonos y foráneos".[23] Así que la sociedad receptora tiene también que hacer el esfuerzo de adaptarse y hacer los cambios necesarios para establecer una cohesión social con fin de lograr desarrollar la sociedad como un todo. "En esta concepción, los elementos de marginalización, inseguridad, conflicto no regulado y, en general, de insatisfacción que pueda haber

---

[22] Datos del SEF – Serviço de Estrangeiros e Fronteiras de Portugal de 2009.

[23] ROMERO, Carlos. *¿Que es la inmigración?*. Barcelona: RBA Integral, 2003. p. 77.

en la sociedad receptora van a ser definitivamente relevantes".[24] Estos conflictos de adaptación de ambas las partes, que muchas veces son enseñadas en los medios, son las consecuencias de la multiculturalidad y de su impacto en la sociedad autóctona.

7 Conclusión

Es posible percibir, en el análisis del *Nós*, que el programa siempre ha pretendido mostrar el inmigrante que está integrado, diferente de lo que se podría ver en la prensa generalista. Así la sociedad puede percibir que este es un individuo que ha venido para sumar, no para disminuir. Pero hay diferencias acerca del público ya que un programa semanal emitido a las 10 horas de la mañana de domingo no habla a las mismas personas que asisten a los telediarios. Además, hay probablemente muchos autóctonos que ni siquiera saben de la existencia de este programa. Entre la comunidad inmigrante quizás la divulgación sea más eficaz. A pesar de esto, es un espacio donde las instituciones gubernamentales pueden mostrar los inmigrantes y lo que pueden hacer por ellos.

El programa *Nós* intenta, según esta investigación, contribuir para un mayor conocimiento entre los autóctonos y los inmigrantes a través de la exposición de una realidad positiva. Y, por hora, no hay medio más eficaz que la televisión para este propósito. Una parte importante de lo que hacemos y sentimos se encuentra mediatizada. Tenemos una realidad creada y recreada todos los días por los medios de comunicación. Así, la función de ayudar en la creación y exposición de una realidad sobre la inmigración esta presente en las imágenes del *Nós* a través de la televisión pública portuguesa. Existe también el intento de hacer emerger los sentimientos positivos de los portugueses y también de los extranjeros en Portugal.

> Los medios de comunicación tienen influencia determinante en su función socializadora y como gestores de la opinión pública, pero también desempeñan una función legitimadora que suele desatenderse. Los medios (…) proporcionan argumentos para justificar discursos en torno a la inmigración y legitimar formas concretas de gestionar el proceso de multiculturalidad. En este sentido, su papel generador de argumentos para enfrentarse o acompañar el proceso de multiculturalidad es primordial.[25]

---

[24] ROMERO, Carlos. *¿Que es la inmigración?*. Barcelona: RBA Integral, 2003. p. 78.
[25] ZAPATA BARRERO, Ricard. *Multiculturalidad e inmigración*. Madrid: Sintesis, 2004. p. 172.

En muchos reportajes es posible observar la inclusión de un autóctono que habla positivamente del inmigrante. Es decir, mostrar a los inmigrantes que los autóctonos también tuvieran esta experiencia en el pasado y que ahora quieren acoger los que llegan.

La televisión tiene un papel fundamental en esta cuestión. Mientras tanto, no puede ser responsable por un cambio drástico en el pensamiento de la sociedad, sea para el lado bueno o malo. El hecho de que mirar la televisión es un acto solitario, puede hacer con que cada individuo cree sus propias percepciones sobre los asuntos colocados por la televisión. Pero no podemos tirar todas las responsabilidades de creación de una realidad para la televisión —y en este caso su utilización por el gobierno. Tenemos que percibir, como dice Doelker, "que cada individuo posee una imagen del mundo, imagen que se ha ido formando a tenor del modo en que dicho mundo ha accedido a sus conciencia".[26] Mismo que se intente mostrar una inmigración perfecta, nosotros vamos continuar teniendo nuestras propias percepciones diarias y constantes sobre este mundo que puede ser vivido por nuestro vecino o colega de trabajo pero que también puede ser vivido por nosotros cuando nos tornamos inmigrantes.

En siete años de trabajo, el Programa *Nós* ha pasado por muchas fases. Los cambios de gobierno siempre han despertado el temor por su término. La duda de la continuación del proyecto caminaba junto con una problemática que podría o no tener el interés del estado: la inmigración. La aceptación de la sociedad era importante pero más importante era la voluntad del estado de dar continuidad al proyecto. En este tiempo, el gobierno no solo tuvo más interés en prolongar el *Nós* como ha utilizado lo que se producía para adaptarlo a otros propósitos. Un ejemplo son las piezas del programa que fueran utilizadas en una serie de DVDs para uso didáctico en escuelas públicas de Portugal. El *Nós* se ha transformado en una plataforma de apoyo del ACIME y de todo el gobierno portugués.

Referências

ARANGO, Joaquín. Las migraciones internacionales en un mundo globalizado. *La Vanguardia*, Barcelona, Dossier n. 22, ene./mar. 2007.

BOURDIEU, Pierre. *Sobre a televisão*. Oeiras: Celta, 1997.

---

[26] DOELKER, Christian. *La realidad manipulada*: radio, televisión, cine, prensa. Barcelona: Gustavo Gili, 1982. p. 177.

CASTELLÓ MAYO, Enrique. *La producción mediática de la realidad.* Madrid: Ediciones del Laberinto, 2004.

DOELKER, Christian. *La realidad manipulada*: radio, televisión, cine, prensa. Barcelona: Gustavo Gili, 1982.

ECO, Umberto. *Viagem na irrealidade quotidiana.* Lisboa: Cosmos, 1983.

FERNÁNDEZ, Rafael R. *Medios de comunicación de masas*: su influencia en la sociedad y en la cultura contemporáneas. Madrid: Ed Siglo XXI, 1989.

GERBNER, George. *Violence et terreur dans les médias.* Paris: Unesco, 1989.

JOLY, Martine. *Introducción al análisis de la imagen.* Buenos Aires: La Marca, 1999.

JOLY, Martine. *La interpretación de la imagen*: entre memoria, estereotipo y seducción. Barcelona: Paidós, 2003.

POPPER, Karl; CONDRY, John. *Televisão*: um perigo para a democracia. Lisboa: Gradiva, 1995.

RAMONET, Ignácio. *A tirania da comunicação.* Petrópolis: Vozes, 1999.

ROMERO, Carlos. *¿Que es la inmigración?.* Barcelona: RBA Integral, 2003.

SARTORI, Giovanni. *Homo videns*: televisão e pós-pensamento. Lisboa: Terramar, 2000.

TCHUMAN, Gaye. *La producción de la noticia*: estudio sobre la construcción de la realidad. Barcelona: Gustavo Gili, 1983.

WOLF, Mauro. *Los efectos sociales de los media.* Barcelona: Paidós, 1994.

WOLTON, Dominique. *Elogio ao grande público*: uma teoria crítica da televisão. Porto: Asa, 1994.

ZAPATA BARRERO, Ricard. *Multiculturalidad e inmigración.* Madrid: Sintesis, 2004.

Informação bibliográfica deste texto, conforme a NBR 6023:2002 da Associação Brasileira de Normas Técnicas (ABNT):

JAVORSKI, Elaine. El uso de la televisión y el fenómeno de la inmigración en Europa. *In*: AFFORNALLI, Maria Cecília Naréssi Munhoz; GABARDO, Emerson (Coord.). *Direito, informação e cultura*: o desenvolvimento social a partir de uma linguagem democrática. Anais do Simpósio Comunicação, Cultura de Massas, Globalização e Direito: II Congreso Ciencias, Tecnologías y Culturas. Diálogo entre las disciplinas del conocimiento. Mirando al futuro de América Latina y el Caribe. Belo Horizonte: Fórum, 2012. p. 101-115. ISBN 978-85-7700-563-5.

CRIME, CULTURA, COMUNICAÇÃO E DEMOCRACIA – HORIZONTES CINEMATOGRÁFICOS DA CRIMINOLOGIA CULTURAL

ELIEZER GOMES DA SILVA
ELIANE BORGES DA SILVA

1 Introdução

Jock Young, ao registrar, em 1999, que seu livro *A sociedade excludente – exclusão social, criminalidade e diferença na modernidade recente* "começou como um livro sobre criminologia e acabou como um livro sobre estudos culturais e filosofia política",[1] parecia vaticinar o intenso desenvolvimento, nos últimos dez anos, do que hoje se chama de Criminologia Cultural, assim definida por alguns de seus principais divulgadores:

> A criminologia cultural explora as muitas maneiras nas quais as forças culturais se mesclam com a prática do crime e do controle do crime na sociedade contemporânea. Enfatiza a centralidade do significado, da representação e do poder na contestada construção do crime — seja o

---

[1] YOUNG, Jock. *A sociedade excludente*: exclusão social, criminalidade e diferença na modernidade recente. Rio de Janeiro: Revan, 2002. p. 9.

crime construído como um entretenimento registrado em videoteipe ou como protesto político, como um evento efêmero ou como subversão subcultural, como risco social ou violência sancionada pelo Estado. Em nossa visão, o objeto de qualquer criminologia útil ou crítica deve necessariamente mover-se para além das noções estreitas de crime e de justiça criminal para incorporar as mostras simbólicas de transgressão e controle, os sentimentos e as emoções que emergem no âmbito dos eventos criminais, e os movimentos públicos e políticos criados para definir (e delimitar) tanto o crime quando suas consequências.[2]

Disciplina que tem se reinventado em ciclos teóricos e metodológicos há mais de cem anos, a Criminologia despertou, nos últimos dez anos, para a relevância de se analisar a dinâmica das relações culturais como valioso instrumento para as reflexões sobre crime, justiça criminal e políticas de segurança pública. O cenário cultural contemporâneo, pós-moderno ou de modernidade tardia, que se apresenta multifacetado, prismático, instável, fragmentado e complexo e se apoia em paradigmas sem precedentes em tema de relações sociais, políticas, econômicas, comunicacionais, familiares, educacionais, éticas, jurídicas — com seus reflexos nas questões envolvendo crime e controle do crime — não pode ser analisado com o olhar determinista ou funcionalista da Criminologia tradicional.

A contemporaneidade não é mais o terreno das certezas, das relações de causa e efeito, das previsibilidades e projeções, mas das incertezas, da provisoriedade, da instantaneidade, do movimento. Vivemos a sociedade "líquido-moderna", na expressão de Bauman,[3] a sociedade em rede, de que nos fala Castells,[4] a sociedade de risco de Ulrich Beck,[5] cujos signos, fragmentos, ideogramas, *bits* e *bytes* espalham-se e dispersam-se pela rica teia de relações culturais, discursiva e imagisticamente marcadas. Discurso e a imagem (seara da comunicação) e seus reflexos e tensões sobre o interdito, sobre o ilícito (seara da ética e do direito), constituem-se em poderosos instrumentos analíticos das interações sociais dessa pós-modernidade. Daí a importância de os estudiosos do crime e do controle do crime usarem, como elementos de suas pesquisas, a vasta produção cultural contemporânea: o conteúdo

---

[2] FERREL, Jeff; HAYWARD, Keith; YOUNG, Jock. *Cultural Criminology*: an Invitation. London: Sage, 2008.

[3] BAUMAN, Zygmunt. *Vida líquida*. Rio de Janeiro: Zahar, 2009.

[4] CASTELLS, Manuel. *A sociedade em rede*. 2. ed. Lisboa: Fundação Calouste Gulbenkian, 2005. (A era da informação: economia, sociedade e cultura, v. 1).

[5] BECK, Ulrich. *Sociedade de risco*: rumo a uma outra modernidade. São Paulo: Ed. 34, 2010.

veiculado nos jornais, na TV, na literatura, na publicidade, nas músicas, peças teatrais, nos filmes.

Nesse contexto acadêmico, e entusiasmados com os férteis horizontes da chamada "Criminologia Cultural" — que se harmonizam com as complementares formações dos autores em Criminologia, Linguística, Comunicação, Ciência da Informação e Direito —, o presente artigo deflui de nossa participação no simpósio *Comunicação, Cultura de Massas, Globalização e Direito*, inserido na programação do *II Congresso Internacional Ciencias, Tecnologias y Culturas. Diálogo entre las Disciplinas del Conocimiento – Mirando al Futuro de América Latina y el Caribe*, promovido pela Universidade de Santiago do Chile em 2010. Referido evento apresentou-se como ocasião especialmente oportuna para as reflexões sobre *Crime, Cultura, Comunicação e Democracia*. Afinal, a Criminologia Cultural aposta em que todos os elementos da cena cultural contemporânea influenciam as percepções, práticas e políticas relacionadas ao crime e ao controle do crime, o que exige o diálogo entre a Criminologia e diversas outras disciplinas do conhecimento.

Em meio à diversidade das formas de produção cultural, midia-ticamente referenciadas, concentramo-nos na análise de produções cinematográficas. É que o cinema (em sentido amplo), por mesclar dinamicamente imagem e linguagem, por fundir ficção e realidade (a arte imita a vida e a vida imita a arte), constitui-se em valiosa (e ainda pouco explorada) fonte de análises acerca das representações sociais sobre o universo do crime e o controle do crime. Assim, sem deixar de reconhecer a importância — para a Criminologia Cultural — do escrutínio da mídia "jornalística" (*newsmaking criminology*, na expressão cunhada por Barak),[6] preferimos focar o cinema de feição hollywoodiana.

2 Na cena do crime – Ficção e realidade

2.1 Evolução do escopo das pesquisas de interesse criminológico

Há mais de cinquenta anos, as produções cinematográficas têm sido analisadas, por parte de acadêmicos e representantes da sociedade civil organizada, com o intuito de ser testada a hipótese de eventual correlação causal entre os crescentes níveis de exposição à violência

---

[6] BARAK, Gregg. Newsmaking Criminology: Reflections on the Media, Intellectuals and Crime. *In*: BARAK, Gregg (Ed.). *Media, Process and the Social Construction of Crime*: Studies in Newsmaking Criminology. New York; London: Garland, 1994.

"ficta", nas telas do cinema, e a violência real. Esse já antigo debate (para o qual não se chegou a qualquer posição definitiva)[7] foi revigorado, nos últimos anos, em razão de casos de grande repercussão, notadamente nos Estados Unidos, em que alguns assassinatos em série foram relacionados (pela polícia, pela imprensa ou pelos próprios homicidas) a filmes aos quais os autores dos crimes teriam sido expostos.

Alison Young refere-se a alguns desses casos: massacre de Port Arthur, na Austrália, de 1996, onde 35 pessoas foram mortas por Martin Bryant; disparos em massa, na Virginia Tech, em 2007, perpetrados por Seung-Hui Cho, quando 32 pessoas foram mortas; 13 mortes, na Escola Secundária *Columbine*, no Colorado, em 1999, perpetradas por Eric Harris e Dylan Klebold; 3 estudantes mortos por Michael Carneal na Escola Secundária de Kentuchi, em 1997;[8] 3 mortos no massacre perpetrado por Jeffrey Weise, na Escola *Red Lake* em Minnesota, em março de 2005.[9] A alguns desses episódios têm sido associados filmes, como *The Basketball Diaries* [*Diário de um adolescente*, em português; *Diario de um rebelde*, em espanhol], *Natural Born Killers* [*Assassinos por natureza*, em português; *Assassinos natos*, em espanhol] e *Elephant* (*Elefante*) — este último recriando o Massacre de *Columbine*.[10]

Tal associação acaba por renovar o debate regulatório da exibição de produções cinematográficas (leia-se classificação indicativa e liberação de versões em DVD). A propósito, o vínculo que se estabeleceu entre o filme *Child Play 3* [*Brinquedo assassino*, em português; *El muñeco diabolico*, em espanhol] com o assassinato de uma criança de 2 anos por outras duas crianças de 10 anos (Robert Thompson e Jon Venables), ocorrido na Inglaterra em 1993, levou a modificações na legislação, em 1994, impondo maior rigor à autoridade classificatória britânica em relação a filmes com potencial de dano ao espectador e à sociedade, pelo modo pelo qual o filme lida com o comportamento criminoso, com as drogas ilegais, com os comportamentos ou incidentes violentos ou horrendos e com as atividades sexuais humanas.[11]

---

[7] FERRELL, HAYWARD, YOUNG. *Cultural Criminology...*, p. 126.

[8] YOUNG. *The Scene of Violence...*, p. 21.

[9] YOUNG. *The Scene of Violence...*, p. 23.

[10] Em vídeo autoproduzido por Wellington Menezes de Oliveira, autor dos disparos numa escola de Realengo, Rio de Janeiro, em 07.04.2011, quando 12 estudantes foram mortos, o atirador referiu-se ao sul-coreano Seung-Hui Cho, do massacre de Virgínia, e ao brasileiro Edmar Aparecido Freitas, que feriu oito pessoas em um colégio de Taiúva, São Paulo, em 2003. No vídeo, produzido para ser divulgado após sua morte, Wellington associa seu ato a uma espécie de cruzada "anti-bullying", motivação também invocada pelos atiradores de Columbine e Virginia.

[11] YOUNG. *The Scene of Violence...*, p. 22.

Embora esses enfoques *"behavioristas"* sofram críticas pelos que se recusam a tratar a pessoa humana como "um cão de Pavlov com um DVD *player"*,[12] ou que alegam que milhões de pessoas assistiram a *"The Matrix"* [Matrix] sem recriá-lo na vida real,[13] eventual simplicidade dos métodos de investigação, em tais empreitas, não invalida a legítima necessidade de *"julgar* o investimento do espectador na imagem do crime".[14] A Criminologia Cultural tem contribuído para essa mudança de enfoque nas análises de filmes: tem reivindicado a substituição de uma busca "positivista", de cunho psicológico, "empiricamente comprovável", do nexo entre produção cinematográfica e estímulo direto ao envolvimento em atos de violência, pela busca — de cunho mais axiológico, cultural e político — em torno dos influxos das produções cinematográficas na reafirmação ou neutralização de princípios fundantes das crenças e percepções em torno do crime e do esperado papel do sistema de justiça criminal. Alison Young, ao descrever o enfoque de seu livro, *The Scene of Violence*, ofereceu uma síntese das atuais preocupações da Criminologia Cultural nas interfaces entre Direito e Cinema:

> *The Scene of Violence* raciocina por meio da reação do espectador à imagem cinemática no contexto das representações do crime, especificamente dos crimes violentos. Em consequencia, me concentrarei nas questões sobre como assistimos ao que denomino de *imagem do crime*. Obviamente que me inspiro na teoria do cinema de Gilles Deleuze (1986, 1989).[15]

Com efeito, consideramos que a transfiguração e a deslegitimação do valor "justiça", nas produções cinematográficas, revela-se de maior gravidade (posto que de matriz presumidamente coletiva, consensual, universal) que a própria banalização da violência. É o que veremos na terceira seção, quando aludiremos a algumas análises de Alison Young[16] sobre quatro conhecidos filmes e acrescentaremos nossas próprias análises, na mesma linha argumentativa, em relação a outros três filmes de larga distribuição e conhecimento. Procuraremos demonstrar o quanto a abordagem axiológica conduz a análises mais conclusivas (paradoxalmente) que a miríade de estudos de cunho psicológico envolvendo a tríade Crime, Cinema e Direito. Antes, porém, cabe-nos inserir, em seção intermediária, uma nota metodológica.

---

[12] YOUNG. *The Scene of Violence...*, p. 40.
[13] YOUNG. *The Scene of Violence...*, p. 40.
[14] YOUNG. *The Scene of Violence...*, p. 40.
[15] YOUNG. *The Scene of Violence...*, p. 2.
[16] YOUNG. *The Scene of Violence...*, p. 2.

2.2 Metodologia de análise de filmes em contexto criminológico

Majid Yar[17] identifica pelo menos três métodos comumente utilizados em análises da construção simbólica dos filmes, para fins de estudos criminológicos: a) a tradicional análise de conteúdo (em que se pretende o relato o mais objetivo possível da frequência ou incidência de uma determinada representação social); b) a análise do arcabouço ideológico dos filmes (viés de inspiração marxista que procura "expor as formas nas quais as representações populares corporificam as narrativas dominantes de lei e ordem e, ao fazê-lo, ajudam a manter os existentes sistemas de poder e de hipossuficiência, inclusão e exclusão, normalização e estigmatização";[18] c) a análise semiótica do tipo "liberdade absoluta", baseada num radical pluralismo pós-moderno, cujo relativismo impossibilitaria a proposição de uma determinada leitura de um filme sobre crime e justiça. Segundo esse último enfoque "o que o filme significa irá variar de um momento para outro, de uma leitura para outra e de um espectador para outro; o melhor que podemos fazer é respeitar essa variabilidade e fluxo de significados, a própria ausência de claras mensagens no âmbito do texto".[19] Os três enfoques, segundo Yar, têm pontos fortes e fracos, interessando-nos aqui relatar seus pontos críticos.

O enfoque da análise de conteúdo peca pelo viés rigidamente "positivista" que a Criminologia Cultural, em tempos de pós-modernidade, procura superar, adotando uma linha muito mais fenomenológica (de reconhecida assunção das interações entre o observador e o objeto de observação).

O enfoque da análise ideológica pressupõe uma comunicação "embutida", cujo significado seria apenas revelado pelo analista, o que, segundo Yar, "deixa pouco espaço para se apreciar o papel desempenhado pelas plateias (espectadores e leitores) na ativa construção dos significados de um filme, um processo que pode levar diferentes espectadores a derivar mensagens muito diferentes de um mesmo texto".[20]

O enfoque semiótico pós-moderno, embora especialmente sensível ao fato de que alguns filmes "brincam" com noções de justiça e

---

[17] YAR, Majid. Screening Crime: Cultural Criminology Goes to the Movies. *In*: HAYWARD, Keith; PRESDEE, Mike (Ed.). *Framing Crime*: Cultural Criminology and the Image. Abingdon; New York: Routledge, 2010.

[18] YAR. Screening Crime..., p. 73.

[19] YAR. Screening Crime..., p. 75.

[20] YAR. Screening Crime..., p. 74.

equidade, culpa e inocência, dor e prazer, bem e mal — como em *Reservoir Dogs* [*Cães de Aluguel*, em português; *Perros de la calle*, em espanhol], em que as cenas de tortura são subvertidas, quando o torturador dança e canta acompanhado por uma trilha sonora, enquanto subjuga sua vítima —, exagera na invencível instabilidade do significado.[21] Para Yar, "qualquer texto pode carrear visões controvertidas sobre crime e ordem pública (...) devido ao fato de que os artefatos culturais projetarão as tensões e divisões mais amplas com a sociedade que representam".[22]

Diante desse quadro, Yar defende um método eclético, que busca uma "sintética e crítica delimitação da análise de filmes sobre crimes", no âmbito da Criminologia Cultural; que se situa "entre a crítica ideológica e as sensibilidades pós-modernas", que oferece "a mais frutífera senda para o desenvolvimento de uma criminologia cultural sustentável, tendo por foco a análise de filmes, combinando a leitura textual de 'lugares' individuais de produção de significados com uma apreciação dos contextos sociais e políticos mais amplos, que moldam as produções culturais".[23]

3 Encenação da justiça – Valores, ética, Estado de Direito Democrático e a mídia cinematográfica

Alison Young demonstra, na análise que faz de quatro filmes (*Matrix*, de 1999, *Reservoir Dogs*, de 1992, *Natural Born Killers*, de 1994, e *Elephant*, de 2003), a existência de quatro padrões de violência cinematográfica, que incorporam sutilezas e nuances que fogem dos padrões públicos, "oficiais", incorporados na fundamentação ética do direito, de bom/mau, lícito/ilícito. Valores de importância para a legitimação do conceito de justiça são relativizados, anulados ou desconsiderados sob diferentes contextos cinematográficos.

O primeiro padrão seria o da "violência legitima(da) — que Alison Young detecta em *Matrix* — no sentido de que a violência do vilão pode e deve ser respondida com violência pelo "mocinho". "A violência do protagonista é interpretada de forma bem distinta da violência do vilão, e categorizada como 'retribuição', 'punição', 'justiça', 'heroísmo' e assim por diante."[24] Os operadores do direito,

---

[21] YAR. Screening Crime..., p. 76.

[22] YAR. Screening Crime..., p. 77.

[23] YAR. Screening Crime..., p. 76.

[24] YOUNG. *The Scene of Violence...*, p. 24.

nesse contexto, "podem eles próprios praticar atos de violência ilegal, recebendo poucas consequências negativas de tal violência ilícita".[25]

O segundo padrão seria o da "violência gratuita" — que detecta em *Reservoir Dogs* —, em que o vilão, após capturar um policial, afirma sorrindo: "Eu vou torturar você; não para obter informação, porque eu não ligo a mínima sobre o que você sabe. Pouco importa. Eu vou torturar você... porque é divertido para mim torturar um tira".[26] Alison Young ressalta que, não obstante o horror que passa ao espectador, o vilão é construído como uma pessoa *"cool"* (elegante, charmosa, bem-humorada), de tal forma que o espectador "experimenta tanto prazer pelo visual da cena [em que o personagem dança] quanto desprezo pela violência que provocará".[27]

O terceiro padrão é o que Alison Young chama de "violência como cinema" — que identifica no filme *Natural Born Killers* —, em que não há qualquer anteparo ético para as ações do vilão, que após matar 52 pessoas vira celebridade de um programa. Alison Young observa que no filme "a punição é vista como efêmera e não confiável e os operadores da justiça criminal vistos como corruptos e desprezíveis".[28]

O quarto padrão corresponde ao que Alison Young denomina de "violência persistente do dia a dia" — identificada no filme *Elephant* —, em que, ao reproduzir uma dinâmica mundana, banal do ambiente dos fatos, até seu desfecho trágico, o filme acaba por favorecer a intensa "empatia" (*affection*)[29] do espectador ante a percepção de que o massacre de *Columbine* poderia acontecer em qualquer lugar, a qualquer momento, de modo que o filme inteiro se torna a própria imagem do crime, numa espécie de "ultrarrealismo": "uma percepção desconfortável de que a violência pode realmente ocorrer 'dessa forma' — de repente, de modo cabal, irreparável,"[30] com vítimas escolhidas de forma absolutamente aleatória e sem qualquer espaço para o desempenho de um personagem heroico bem-sucedido.

---

[25] YOUNG. *The Scene of Violence...*, p. 25.

[26] YOUNG. *The Scene of Violence...*, p. 28.

[27] YOUNG. *The Scene of Violence...*, p. 30.

[28] YOUNG. *The Scene of Violence...*, p. 31.

[29] Optamos pelo emprego de "empatia" como tradução livre para o termo *"affection"*, conceito-chave no enfoque de Alison Young, de bases deleuzianas, que procura representar "a experiência de assistir e as maneiras pelas quais o espectador é, portanto, envolvido na imagem da tela". Young declina o emprego da expressão como sinônimo de "emoção" ou mesmo de "identidade" — "affect has to do with *intensity* rather than identity" (YOUNG. *The Scene of Violence...*, p. 9).

[30] YOUNG. *The Scene of Violence...*, p. 38.

Ao final de sua análise, Alison Young realça que o direito (ao menos em sua face "reconhecível") encontra-se ausente nos quatro referidos filmes, o que aponta para a necessidade de novas pesquisas acerca da "empatia com o direito" na cinematografia contemporânea relacionada a crime e controle do crime. Com esse viés analítico, Alison Young aprofunda e expande sua seminal associação entre "imagem e criminologia",[31] em prol de um paradigma axiológico em torno da (cinematicamente construída) "empatia" do espectador em relação a filmes em que a violência se constitui em "estética" (para Alison Young[32]) ou "*commodity*" (para Presdee).[33]

Como aplicação prática do referencial teórico abordado anteriormente, os autores do presente artigo decidiram testar a (des)legitimação do valor "justiça", analisando três produções ganhadoras do Oscar de melhor filme nos últimos 10 anos: *Hurt Locker* [*Guerra ao terror*, em português; *En tierra hostil*, em espanhol], lançado em 2009; *No Country for Old Men* [*Onde os fracos devem temer*, em português; *No es país para viejos*, em espanhol, lançado em 2007] e *The Departed* [*Os infiltrados*, em português, *Los infiltrados*, em espanhol, lançado em 2006]. Referidos filmes tratam da atividade do sistema de justiça criminal (em sentido amplo) em relação a três grandes eixos de atenção (e apreensão) contemporânea: os imotivados homicídios em série (*serial killers*) em *No Country for Old Men*; o crime organizado no filme *The Departed*; o terrorismo em *Hurt Locker*.[34]

Registre-se que a categoria de melhor filme, premiação de maior prestígio na indústria cinematográfica global mescla, em seu julgamento

---

[31] YOUNG, Alison. *Imagining Crime*. London: Sage, 1996.

[32] YOUNG. *The Scene of Violence...*, p. 5.

[33] "Em seu livro *Cultural Criminology e the Carnival of Crime*, Mike Presdee (2000) descreve a inter-relação entre crime e cultura por meio de textos culturais como 'comodificação do crime'. Essa prática é bem ilustrada pela popularidade do gênero "crime e desvio" nos textos da TV, dos livros, do cinema. Por esses meios de comunicação de massa, o crime se torna uma "commodity", capacitando-nos a consumir e a experimentar atos e comportamentos criminosos com satisfação" (SCHOFIEL, Karin. Collisions of Culture and Crime: Media Commodification of Child Sexual Abuse. *In*: FERRELL, Jeff *et al.* (Ed.). *Cultural Criminology Unleashed*. London: Glasshouse Press, 2004. p. 122).

[34] *Crash*, de Paul Haggis (*Crash*, em português; *Crash – Alto Impacto*, em espanhol), lançado em 2004, é, sem dúvida, um quarto filme detentor do Oscar de melhor filme nos últimos dez anos a ter como pano de fundo o sistema de justiça criminal, com foco nas relações raciais, mas *Crash* já foi objeto de artigo anterior, aos quais remetemos o leitor, porque completa e corrobora, com marcos teóricos diversos, as considerações tecidas no presente artigo (Conf. SILVA, Eliezer Gomes da; SILVA, Eliane Borges da. Raça, gênero, classe, igualdade e justiça: representações simbólicas e ideológicas do filme Crash, de Paul Haggis. *Sociedade e Cultura*, Goiânia, v. 12, n. 2, 2009. Disponível em: <http://www.revistas.ufg.br/index.php/fchf/issue/view/787>).

plural, um conjunto de considerações técnicas, éticas e estéticas, que certamente passam por filtros valorativos considerados importantes — pelos avaliadores — no ano da premiação. Destarte, a própria escolha de nossa amostra analítica (produções premiadas com o Oscar de melhor filme e que têm como tema central o funcionamento do sistema de controle do crime, quer por forças regulares da justiça criminal, nos casos de *The Departed* e *No Country for Old Men*, quer para manutenção da ordem pública no contexto de ocupação do Iraque pelos EUA, *Hurt Locker*) tenta já captar padrões de escolhas axiológicas e políticas que a Criminologia Cultural propõe como referências da própria análise do *corpus*.

No Country for Old Men inicia com a narração do xerife Ed Tom Bell, em tom saudosista e desesperançoso:

> Não sei como reagir a isso. Não sei mesmo. Os crimes que vemos hoje são difíceis de compreender. Não que eu tenha medo disso. Sempre soube que tínhamos que estar dispostos a morrer para trabalhar nisso. Mas eu não estou disposto a me arriscar à toa. Sair por aí e encontrar uma coisa que não compreendo. (...) Alguns dos Xerifes dos velhos tempos nunca usavam armas. Muitos acham difícil de acreditar. (...) Sempre gostei de ouvir os antigos. Nunca perdi uma oportunidade de fazê-lo. Hoskins, no Condado de Batrop, sabia o número de telefone de todo mundo de cor. Você não consegue evitar se comparar aos antigos. Não consegue evitar indagar sobre como eles agiriam nos tempos presentes.

Esse sentimento de impotência — do sistema de justiça criminal — para lidar com um criminoso sanguinário, frio e calculista, com a criminalidade cruel e "imotivada", perpassa todo o filme. A polícia sempre chega tarde ou age de modo ineficiente (desde o momento em que o policial dá as costas ao vilão que acabara de prender, permitindo que este, mesmo algemado, estrangule o policial e todas as outras vezes em que a Polícia "quase" prende o algoz). A aposentadoria do xerife, ao final do filme, constitui-se em nítida evidência simbólica de quem desistiu de continuar enfrentando as novas e "incompreensíveis" formas de criminalidade. Enquanto o assassino em série, Chigurh, triunfa em todos os momentos (até mesmo quando tem seu carro acidentalmente abalroado num cruzamento urbano).

Em *The Departed*, temos a longa permanência do agente infiltrado (Costigan) como integrante de sanguinária quadrilha, obrigando-o a praticar inúmeros crimes (inclusive tortura), enquanto outro policial (Sullivan, criado pelo grande vilão desde a infância) mantém a cumplicidade com a organização criminosa. Confundem-se, assim, os papéis de policiais e criminosos, como frisado por Costello, líder da organização criminosa, ao abordar Sullivan ainda garoto:

> Na sua idade diziam que podíamos ser policiais ou criminosos. Hoje eu lhe digo o seguinte: Com uma arma apontada para você, que diferença faz?

> O agente infiltrado, Costigan, em consulta à Psiquiatra da Polícia desabafa:

> Vou lhe dizer uma coisa. Eles [policiais] se alistaram para usar armas. A maioria na TV aprende que deve chorar depois que usam as armas. Ninguém é mais cínico que um policial. Só um policial da TV.

Encerrada sua participação como agente infiltrado, Costigan conversa com Sullivan (então na condição de seu superior hierárquico), quando manifesta sua intenção de deixar a Polícia:

> - Só quero minha identidade de volta. Só isso. [Costigan]

> - Quer voltar à polícia?

> - Ser policial não é uma identidade. Quero a minha identidade. [Costigan]

> - (...) Cansei de ser policial. Só quero meu dinheiro e voltar pra casa. [Costigan]

Costigan acaba sendo morto por um segundo policial infiltrado pelo mafioso Costello, e Sullivan só não triunfa por completo, ao final do filme, porque um dos responsáveis pelos agentes infiltrados, "fazendo justiça com as próprias mãos", clandestinamente executa Sullivan no próprio apartamento deste.

Em *The Hurt Locker*, nas duas situações em que integrantes da unidade militar são vítimas da explosão de bombas (o antigo desarmador de bombas, no início do filme, e o médico, ao final do filme, que decide acompanhar a equipe numa missão), fica nítida a mensagem de que as perdas decorreram exatamente de uma postura menos firme (sinônimo de mais humana) dos policiais em relação aos "perversos e traiçoeiros" iraquianos.[35] Na perda do primeiro especialista em desarme

---

[35] Pertinente, em *Hurt Locker*, a análise que Campbell faz sobre o filme *The Siege* [*Nova York sitiada*, em português; *Estado de Sitio*, em espanhol], acerca da satanização do muçulmano, descrito como inimigo "espectral", "que permanece fora dos limites do humano", como estratégia político-ideológica para legitimar a soberania exercida na política da vida real" (CAMPBELL, Alexandra. Imagining the "War on Terror": Fiction, Film and Framing. *In*: HAYWARD, Keith J.; PRESDEE, Mike. *Framing Crime*: Cultural Criminology and the Image. Abingdon; New York: Routledge, 2010. p. 101).

de bombas, um soldado (Eldridge) hesitou em atender à ordem de atirar no iraquiano que falava ao celular ("Queime-o, Eldridge! Queime-o!) — o que teria evitado a explosão. Na morte do coronel médico, este se demorara na operação, ao tratar com máxima gentileza os iraquianos a seu redor, a quem inclusive dirigira algumas palavras em árabe.

Nos três filmes, os três eixos principais de preocupação das forças de segurança (criminalidade violenta em série, terrorismo, crime organizado) aparecem como insuscetíveis de um enfrentamento exitoso com as regras "do devido processo legal". Em todos, a mensagem de que para as mais agudas formas de criminalidade (cujos agentes equiparam-se verdadeiramente a monstros, sem qualquer residual humanidade), a utilização dos instrumentos de ação legal, pelas forças de segurança, revela-se insuficiente ou inútil. Leia-se: ou o Estado sucumbe ao rebaixamento moral de seus algozes ou apenas continuará a contabilizar perdas. Essa também a mensagem do filme brasileiro *Tropa de Elite*, de 2007, ganhador do Urso de Ouro em Berlim — e sobre o qual também nos referimos em outro artigo.[36] Em comum a todos esses filmes a mensagem (de inspiração hobbesiana) de que os desafios postos pela criminalidade contemporânea estariam a exigir do Estado a suspensão ou cancelamento das exigências do devido processo legal e a proteção dos direitos humanos como condição necessária a assegurar a paz e a segurança.

Não surpreende que um dos comandantes da unidade policial, no filme *The Departed*, após declarar que todos os telefones de uma área estavam sendo monitorados para uma operação policial, declara "Patriot act. I love it! I love it", querendo se referir à chamada "Lei Patriota", um controvertido diploma legal baixado pelo Congresso dos Estados Unidos em 26 de outubro de 2001 (portanto, logo após o 11 de setembro) — mas ainda em vigor — que autoriza medidas excepcionais de suspensão de direitos civis no enfrentamento ao terrorismo. *Patriot* é um acrônimo relacionado ao nome do diploma legal; "Providing Appropriate Tools Required to Intercept and Obstruct Terrorism Act of 2001" (algo como lei que trata de *Unir e Fortalecer a América Providenciando Ferramentas Apropriadas e Necessárias para Interceptar e Obstruir o Terrorismo de 2001*).

---

[36] SILVA, Eliezer Gomes da. Sistema penal, democracia e direitos humanos: conexões locais e globais entre direito, poder e discurso na modernidade tardia. *Anais do XIX Encontro Nacional do CONPEDI – Fortaleza*. Florianópolis: Fundação Boiteux, 2010. Disponível em: <http://www.conpedi.org.br/manaus/anais/fortaleza/4210.pdf>.

Não se pretende aqui — evidentemente — reivindicar um patrulhamento ideológico, uma censura em relação ao conteúdo, ao enredo ou aos desfechos dos filmes, tampouco adotar uma teoria conspiratória. O que se pretende com o presente artigo é evidenciar (e o simpósio de Santiago foi especialmente apto para essa comunicação) que "os filmes que tratam de crimes não apenas se inspiram em sensibilidades e sistemas de significação culturais, mas também os consolidam e modelam de maneiras algumas vezes novas e não esperadas (Tzanelli *et ali*, 2005:99)".[37] E a mídia (aí incluída a produção cinematográfica) acaba deixando — de maneira consciente ou não — as "impressões digitais" de um contexto de valores éticos e posições políticas em que se insere a problemática do crime e do controle do crime, farto material para a Criminologia Cultural, posto que uma Criminologia "objetiva", determinista, teria insuperáveis óbices teóricos e metodológicos para identificar.

Conclusão

O trabalho, reafirmando a relevância da produção midiática como *corpus* analítico, no âmbito da Criminologia Cultural, suscita o debate sobre até que ponto a ausência de comprometimento ético, amesquinhando e desprestigiando valores caros como justiça, igualdade e democracia, em muitas produções cinematográficas, não teria um potencial de dano coletivo mais preocupante do que as repercussões comportamentais eventualmente causadas a um grupo de pessoas por exposição à violência.

Argumentamos que a relativização, a fragmentariedade, a contestação eterna apresentam-se como características da pós-modernidade. Ocorre que o direito e as instituições jurídicas — que a pós-modernidade não pode dispensar — assentam-se em princípios éticos minimamente estáveis, ainda que sujeitos a escrutínio que respeite a pluralidade e a diversidade presentes na cena contemporânea. Uma extrema relativização do direito — e das instituições jurídicas — certamente levará a seu aniquilamento ético e a seu impensável descarte na regulação da intensa dinâmica das relações sociais. E, como já disse Comparato, "toda a vida ética é fundada em valores, que supõem a liberdade de escolha e criam deveres de conduta".[38]

---

[37] YAR. Screening Crime..., p. 77.

[38] COMPARATO, Fabio Konder. *Ética*: direito, moral e religião no mundo moderno. São Paulo: Companhia das Letras, 2006. p. 550.

Não se trata aqui de censurar, mas de provocar, na academia e nas instâncias de esfera pública, uma seara de discussões em que as produções culturais não sejam analisadas apenas como "um dado", mas como um "construído"; não simplesmente como pura ficção ou pura verdade; não como direto elemento criminogênico ou propaganda ideológica de determinada orientação política; mas como valiosa fonte de representações sociais sobre crime e justiça. Não apenas por seus referenciais mais óbvios, visíveis, mas pelo dinâmico jogo de valores e contravalores, princípios e contraprincípios, de caro interesse para a reafirmação da justiça como pilar do direito e da democracia.

> A questão não é que a "justiça" demande um tipo particular de resultado, e sim que haja alguma espécie de resultado *que possa ter o nome de justiça*: um sentido de conseqüência que pondere e elida a violência que a precedeu. Se um filme não entrega esse senso de justiça, então a fronteira que separa a comunidade da criminalidade, da lei da desordem, do corpo da violência, foi dissolvida.[39]

Os meios de comunicação de massa precisam ser analisados de modo mais aprofundado, sutil e coletivo, sob múltiplas ferramentas acadêmicas e de controle social para que também se lhes destaque (e se lhes cobre) sua responsabilidade ética num mundo que se pretende mais justo, mais solidário, menos desigual. E ao começarmos a discutir, na esfera pública, aspectos éticos dos produtos midiáticos voltados à cultura de massa, talvez aperfeiçoemos e resgatemos a centralidade do Direito, da Justiça e da Democracia.

Referências

BARAK, Gregg. Media, Society and Criminology. *In*: BARAK, Gregg (Ed.). *Media, Process and the Social Construction of Crime*: Studies in Newsmaking Criminology. New York; London: Garland, 1994.

BARAK, Gregg. Newsmaking Criminology: Reflections on the Media, Intellectuals and Crime. *In*: BARAK, Gregg (Ed.). *Media, Process and the Social Construction of Crime*: Studies in Newsmaking Criminology. New York; London: Garland, 1994.

BARAK, Gregg. Newsmaking Criminology: Reflections on the Media, Intellectuals and Crime. *In*: BARAK, Gregg (Ed.). *Media, Process and the Social Construction of Crime*: Studies in Newsmaking Criminology. New York; London: Garland, 1994.

BAUMAN, Zygmunt. *Vida líquida*. Rio de Janeiro: Zahar, 2009.

BECK, Ulrich. *Sociedade de risco*: rumo a uma outra modernidade. São Paulo: Ed. 34, 2010.

---

[39] YOUNG. *The Scene of Violence*, p. 153.

CAMPBELL, Alexandra. Imagining the "War on Terror": Fiction, Film and Framing. *In*: HAYWARD, Keith J.; PRESDEE, Mike. *Framing Crime*: Cultural Criminology and the Image. Abingdon; New York: Routledge, 2010.

CASTELLS, Manuel. *A sociedade em rede*. 2. ed. Lisboa: Fundação Calouste Gulbenkian, 2005. (A era da informação: economia, sociedade e cultura, v. 1).

COMPARATO, Fabio Konder. *Ética*: direito, moral e religião no mundo moderno. São Paulo: Companhia das Letras, 2006.

FERREL, Jeff; HAYWARD, Keith; YOUNG, Jock. *Cultural Criminology*: an Invitation. London: Sage, 2008.

FERRELL, Jeff *et al*. (Ed.). *Cultural Criminology Unleashed*. London: Glasshouse Press, 2004.

HAYWARD, Keith J.; PRESDEE, Mike. *Framing Crime*: Cultural Criminology and the Image. Abingdon; New York: Routledge, 2010.

HENRY, Stuart; MILOVANOVIC, Dragan. *Constitutive Criminology*. London: Sage, 1996.

SCHOFIEL, Karin. Collisions of Culture and Crime: Media Commodification of Child Sexual Abuse. *In*: FERRELL, Jeff *et al*. (Ed.). *Cultural Criminology Unleashed*. London: Glasshouse Press, 2004.

SILVA, Eliezer Gomes da. Sistema penal, democracia e direitos humanos: conexões locais e globais entre direito, poder e discurso na modernidade tardia. *Anais do XIX Encontro Nacional do CONPEDI – Fortaleza*. Florianópolis: Fundação Boiteux, 2010. Disponível em: <http://www.conpedi.org.br/manaus/anais/fortaleza/4210.pdf>.

SILVA, Eliezer Gomes da; SILVA, Eliane Borges da. Raça, gênero, classe, igualdade e justiça: representações simbólicas e ideológicas do filme Crash, de Paul Haggis. *Sociedade e Cultura*, Goiânia, v. 12, n. 2, 2009. Disponível em: <http://www.revistas.ufg.br/index.php/fchf/issue/view/787>.

YAR, Majid. Screening Crime: Cultural Criminology Goes to the Movies. *In*: HAYWARD, Keith; PRESDEE, Mike (Ed.). *Framing Crime*: Cultural Criminology and the Image. Abingdon; New York: Routledge, 2010.

YOUNG, Alison. *Imagining Crime*. London: Sage, 1996.

YOUNG, Alison. *The Scene of Violence*: Cinema, Crime, Affect. Abingdon; New York: Routledge, 2010.

YOUNG, Jock. *A sociedade excludente*: exclusão social, criminalidade e diferença na modernidade recente. Rio de Janeiro: Revan, 2002.

Informação bibliográfica deste texto, conforme a NBR 6023:2002 da Associação Brasileira de Normas Técnicas (ABNT):

SILVA, Eliezer Gomes da; SILVA, Eliane Borges da. Crime, cultura, comunicação e democracia: horizontes cinematográficos da criminologia cultural. *In*: AFFORNALLI, Maria Cecília Naréssi Munhoz; GABARDO, Emerson (Coord.). *Direito, informação e cultura*: o desenvolvimento social a partir de uma linguagem democrática. Anais do Simpósio Comunicação, Cultura de Massas, Globalização e Direito: II Congreso Ciencias, Tecnologías y Culturas. Diálogo entre las disciplinas del conocimiento. Mirando al futuro de América Latina y el Caribe. Belo Horizonte: Fórum, 2012. p. 117-131. ISBN 978-85-7700-563-5.

A RÁDIO COMUNITÁRIA COMO FORMA DE EFETIVAR A COMUNICAÇÃO PARTICIPATIVA EM CONTRAPOSIÇÃO À COMUNICAÇÃO DE CONSUMO

EMANUELLA MELO ROCHA
ROBERTA LIA SAMPAIO DE ARAÚJO MARQUES

> *A liberdade Política não pode se resumir no direito de exercer a própria vontade. Ela reside igualmente no direito de dominar o processo de formação dessa vontade.*
> (Armand Mattelart)

1 Introdução

É da essência do ser humano ser social, político, e essa característica é constituída e aperfeiçoada pela linguagem. Esta é inerente à natureza humana, independentemente de qual seja sua forma de manifestação, visual, falada, corporal, tátil, etc., sempre permite ao ser humano a capacidade de se expressar, de dizer e ter consciência daquilo que é: ser humano. É ela, a linguagem, que permite o intercâmbio de informações intersubjetivas: a comunicação, que é uma necessidade essencial à existência do ser humano por implementar e garantir sua natureza social, além de ser um direito fundamental.

O direito de participar de todos os processos da comunicação, emitir e receber mensagens e informações consiste no direito fundamental à comunicação. Uma das formas de efetivar esse direito é o acesso à comunicação comunitária, pois os integrantes da comunidade participariam diretamente dos processos de comunicação, tendo em vista que os próprios seriam os emissores e receptores das mensagens, informações que dizem respeito a sua realidade local.

Todavia, não cabe ao cidadão comum, sem o "profissionalismo" exigido por quem detém o poder de emitir, o direito de se expressar através da mídia. Ele é mero receptor de informações previamente determinadas pela mídia tradicional. Esta bombardeia a sociedade com discussões públicas que giram em torno, na maioria das vezes, do banal, do efêmero, e concede à notícia o valor de proeminência. Quem aparece são as pessoas com poder político e econômico, bem como quem são "as estrelas" do entretenimento e dos esportes e quem as comanda. Dessa forma, demonstram a tendência de bloquear o debate público de assuntos de relevante interesse social, ou, quando os trazem à tona, manipulam-nos. É ela, mídia tradicional que decide o que se discutir e como discutir, que coloca os assuntos que tem interesse em pauta.

A rádio comunitária vem como forma de democratizar o poder de comunicar ao possibilitar a participação dos membros da comunidade em todo o processo de comunicação. Além disso, possibilita a inserção social ao aproximar a comunidade de sua realidade local, refletindo a respeito de seus problemas e de suas necessidades. É um meio de efetivação do direito à comunicação de forma ativa, fazendo do cidadão um comunicador, distinguindo-o do mero receptor de informação.

Entretanto, é necessário que haja uma comunicação de qualidade que não siga simplesmente os efeitos da globalização observados com relação à comunicação como o atropelamento da informação obtida e a comunicação superficial, que não alimenta nem estabiliza a memória, apenas a sufoca.

2 O processo de comunicação original

"O homem é um ser social", disse Aristóteles, e o método social primordial, básico, que torna possível a vida em sociedade é a comunicação. Esse processo da comunicação, sobretudo nos dias atuais, atua como uma das bases estruturadoras das sociedades. "[...] a consciência da necessidade de estabelecer relações com os indivíduos que o cercam é o início, para o homem, da tomada de consciência de que vive em sociedade".[1]

O verbo comunicar vem do latim *communicare*, que significa saber, participar, tornar comum. As palavras comunicação, comunhão, comunidade possuem a mesma raiz e estão relacionadas à ideia de algo compartilhado. Ao comunicar algo, uma mensagem a alguém, torna esta comum aos dois sujeitos, o emissor e o receptor. Ao se publicar a notícia, esta passa a fazer parte da comunidade. Comunicar é inerente à natureza humana.

"A solidão absoluta é um abismo inumano."[2] É da essência do ser humano ser social e essa característica é aperfeiçoada pela linguagem. Esta surge da consciência da incompletude do homem, de sua necessidade de intercâmbio com outros de sua espécie. Ela que possibilita uma das condições mais básicas da comunicação: a abertura ao outro, qualquer que seja sua forma de manifestação. Ela que permite ao ser humano a capacidade de se expressar, possibilitando o intercâmbio de informações intersubjetivo, construindo e mantendo os relacionamentos interpessoais. Assim, a linguagem é a comunicação em ação.

O processo da comunicação se realiza em três etapas: emissão, transmissão e recepção. O emissor é qualquer ser capaz de produzir e transmitir, informar uma mensagem. Esta é enviada a um receptor, alguém apto a receber e interpretar tal mensagem. Desse modo, a sucessiva e recíproca prática de emitir, transmitir e receber caracteriza-se no diálogo.

Para Paulo Freire, ao tentar-se adentrar no diálogo, como fenômeno humano, encontra-se a palavra, esta, na análise do diálogo, que se determina a buscar seus elementos constitutivos. Nesta busca, surpreendem-se duas dimensões da palavra: ação e reflexão. Estas possuem interesses e responsabilidades mútuas, que se completam. Assim, não há palavra verdadeira que não seja práxis, pois a palavra sem ação é "palavreraria", "verbalismo", "blá-blá-blá" e a palavra sem reflexão é ativismo. O educador desenvolveu uma teoria da comunicação com base na práxis e no diálogo e explica que "somente o diálogo, que implica um pensar crítico, é capaz, também, de gerá-lo".[3]

---

[1] MARX, Karl; ENGELS, Friedrich. *A ideologia alemã*: Feuerbach: a contraposição entre as cosmovisões materialista e idealista. São Paulo: Martin Claret, 2004. p. 57.

[2] TRABER, Michael. *A comunicação é parte da natureza humana*: uma reflexão filosófica a respeito do direito a se comunicar. Disponível em: <www.direitoacomunicacao.org.br/novo/index.php?option=com_docman&task=doc_download&gid=132>. Acesso em: 30 abr. 2009.

[3] FREIRE, Paulo. *Pedagogia do oprimido*. 43. ed. Rio de Janeiro: Paz e Terra, 2006. p. 96.

De acordo com Aline Lucena Gomes, Paulo Freire, ao afirmar que "a educação é comunicação, é diálogo, na medida em que não é a transferência de saber, mas um encontro de sujeitos interlocutores que buscam a significação dos significados",[4] também conceitua o ato de comunicar; que ao falar de uma educação para libertar o ser humano de qualquer situação de opressão, fala de comunicação como processo de sujeitos ativos, históricos referendados na sua alteridade.

Dessa forma, afirma a autora que: "comunicar não é um processo em que um sujeito reificado recebe indolente e passivamente os conteúdos que outro sujeito, que é ativo, superior, detentor de verdade e do conhecimento, lhe dá ou lhe impõe. Comunicação é interação cultural, é diálogo [...]".[5]

3 O desvirtuamento do processo comunicacional pela mídia tradicional

Inicialmente, a imprensa, aqui vista como espaço coletivo onde veículos de comunicação exercem o jornalismo e outras funções de comunicação informativa, cuidava apenas de organizar a circulação de notícias e sua verificação.

Contudo, segundo Habermas, a partir da segunda metade do século XIX, a imprensa se tornou manipulável à medida que ia se comercializando. Com isso, a venda da parte redacional ficou correlacionada com a venda de anúncios, caracterizando, dessa forma, um tipo de comércio da informação.

Raimunda Aline Lucena Gomes afirma que o ideal de uma esfera pública ampliada, formada por uma sociedade crítica e política, para Habermas, aconteceu com o advento dos meios massivos de comunicação, entretanto, quando isso ocorreu, deixou de ser esfera pública. A imprensa virou empresa que comercializa os produtos e os serviços de informação e de bens culturais; o espaço do jornal vendia notícias e mercadorias; e o pensador de cultura se transformou em consumidor de cultura, na era moderna.

Assim, o desenvolvimento dos meios de comunicação em massa foi aproveitado pela chamada mídia tradicional, aqui vista como meio utilizado para divulgação de conteúdos de publicidade

---

[4] FREIRE, Paulo. *Extensão ou comunicação?*. 8. ed. Rio de Janeiro: Paz e Terra, 1983. p. 46.

[5] GOMES, Raimunda Aline Lucena. *A comunicação como direito humano*: um conceito em construção. Recife, 2007. 206 f. Dissertação (Mestrado em Comunicação) – Faculdade de Comunicação, Universidade Federal de Pernambuco, Recife, 2007. p. 29.

e de propaganda, causando um impacto sobre as sociedades, e sua onipotência obscureceu, por muito tempo, e ainda obscurece, a prática do processo de comunicação original.

Segundo referida autora, o aparecimento de fissuras no modelo adotado pela mídia, inicialmente, surgiu quando Bertold Brecht desenvolveu a sua teoria do rádio. Nesta, ele observou que a função do rádio não era a radiodifusão, não seria ele um aparelho de distribuição, mas de comunicação. Para ele, um aparelho que se destinasse apenas a distribuir informação não poderia ser considerado um meio de comunicação, pois esta requer algo além do acesso. "O público não apenas tem que ser instruído, mas também tem que instruir."[6]

A preocupação não está no instrumento técnico, mas no processo desencadeado na forma de sua utilização, se para distribuição ou comunicação. Para a comunicação é necessária a participação de dois sujeitos ativos, construindo e difundindo juntos os conteúdos que se fizerem desejados e necessários. E afirma:

> O rádio seria o mais fabuloso meio de comunicação imaginável na vida pública, um fantástico sistema de canalização. Isto é, seria se não somente fosse capaz de emitir, como também de receber; portanto, se conseguisse não apenas se fazer escutar pelo ouvinte, mas também pôr-se em comunicação com ele. A radiodifusão deveria, conseqüentemente, afastar-se dos que a abastecem e construir os radiouvintes como abastecedores. Portanto, todos os esforços da radiodifusão em realmente conferir, aos assuntos públicos, o caráter de coisa pública são totalmente positivos.[7]

A tecnologia e seu avanço, por si só, não determinam a participação de todos na comunicação. A livre circulação das informações que garantiria, conforme Raimunda Aline Lucena Gomes, a emancipação das sociedades por meio desse avanço não parece certa. Os meios de comunicação, através de monopólios e oligopólios da informação, são tidos como dispositivos de poder e dominação. Desse modo, conforme o padrão capitalista que "rompeu os limites da economia e penetrou no campo da formação da consciência, convertendo os bens culturais em mercadoria",[8] a comunicação é, atualmente, vista como objeto de

---

[6] BRECHT, Bertold. Teoria do rádio (1927-1932). *In*: MEDITSCH, Eduardo (Org.). *Teorias do rádio*: textos e contextos. Florianópolis: Insular, 2005. p. 43.

[7] BRECHT, Bertold. Teoria do rádio (1927-1932). *In*: MEDITSCH, Eduardo (Org.). *Teorias do rádio*: textos e contextos. Florianópolis: Insular, 2005. p. 42.

[8] RÜDIGER, Francisco. A escola de Frankfurt. *In*: HOHLFELDT, Antônio; MARTINO, Luiz C.; FRANÇA, Vera Veiga (Org.). *Teorias da comunicação*: conceitos, escolas e tendências. Petrópolis: Vozes, 2001. p. 139.

consumo, o que afasta sua indispensabilidade à democracia, conforme escreveu Roberto Efrem:

> O tratamento da comunicação como um objeto de consumo é um elemento discursivo hegemônico merecedor de considerações. A idéia de que algo é passível de comercialização, afasta *a priori* a sua essencialidade à democracia. Algo que depende das leis do mercado, que é consumível e comercializável ao bel prazer de interesses particulares não pode ser tido como fundamental à dignidade da pessoa humana.[9]

E complementa-se com Enzensberger a respeito do modelo capitalista e dos monopólios da indústria da consciência:

> A transformação de um mero meio de distribuição num meio de comunicação não oferece qualquer problema de natureza técnica. Essa transformação se evita conscientemente, justificada pelas boas razões de uma má política. A diferenciação técnica entre emissor e receptor reflete a divisão social do trabalho entre produtores e consumidores, divisão esta que adquire uma significação política especial no campo da indústria da consciência. Em última análise, ela está baseada na contradição essencial entre as classes dominantes e as dominadas (isto é, entre o capital e a burocracia monopolista de um lado, e as massas dependentes do outro).[10]

Percebe-se que os meios de comunicação não são instrumentos neutros, mas uma verdadeira indústria de consciência. E não havendo uma mudança política no âmbito comunicacional, a sociedade estará fadada ao poder de influência dos grandes meios de comunicação, o que, segundo os princípios capitalistas, gera uma padronização universal, gerenciamento das opiniões e o estímulo ao comportamento consumista, incentivando a aquisição de produtos. Em analogia à afirmação de Gilles Lipovetsky, para quem "a moda produz inseparavelmente o melhor e o pior, a informação vinte e quatro horas por dia e o grau zero de pensamento. Dessa maneira, cabe a nós combater os mitos e limitar os malefícios da desinformação",[11] pode-se sustentar que a informação, a

---

[9] EFREM, Roberto Cordoville. *Direito humano à comunicação*: uma afirmação contra a criminalização dos movimentos sociais. Disponível em: <http://www.direitoacomunicacao.org.br/novo/content.php?option=com_docman&task=cat_view&gid=26&dir=DESC&order=date&limit=15&limitstart=90>. Acesso em: 4 maio. 2009.

[10] ENZENSBERGER, Hans Magnus. *Elementos para uma teoria dos meios de comunicação*. Rio de Janeiro: Tempo Brasileiro, 1978. p. 45.

[11] LIPOVETSKY, Gilles. *O império do efêmero*: a moda e seu destino nas sociedades modernas. São Paulo: Companhia das Letras, 1989. p. 21.

mensagem proporcionada pela mídia tradicional vinte e quatro horas por dia já vem pronta e acabada e, muitas vezes, é voltada para o consumo, levando ao grau zero de pensamento.

A evolução dos instrumentos de comunicação, principalmente os de massa, e o modelo adotado pela mídia tradicional, no qual a sociedade é levada a não ter mais necessidade de pensar, recebendo tudo pronto e acabado de forma que as massas apenas se apropriem do produto final, surte um efeito negativo: o cidadão comum é visto apenas como consumidor, um mero receptor de informações previamente determinadas, o que não condiz com o direito de participar de todo o processo da comunicação, o próprio direito à comunicação.

Dessa forma, a mudança almejada é de se pensar a comunicação como processo de intercâmbio de ideias, informações e conhecimento entre indivíduos, os quais serão todos sujeitos ativos, emissores e receptores. É uma impugnação ao poderio das máquinas de comunicação como determinantes sociais, enxergando-se a mídia como instrumento para a realização de uma comunicação democrática.

Por fim, frisa-se que comunicar é participar, transmitir, não apenas receber informações. É exercer as três etapas do processo comunicacional, é ser cidadão atuante na comunicação e não apenas sujeito passivo, consumidor de informações previamente determinadas por quem detém o poder de comunicar.

4 Comunicação popular participativa

O adjetivo popular conferido à comunicação é usado para designar o que é relativo ao povo. Este pode ser compreendido por diversas concepções, tais como: a massa unificada que é dominada por uma elite econômica e política, um conjunto de indivíduos com interesses comuns, que contestam a cultura imposta por uns poucos que detém o poder; ou mesmo uma classe subalterna que se opõe à classe dominante. Entretanto, considerando-se a conjuntura brasileira para lidar com a comunicação popular, "o povo é composto por classes subalternas, mas não necessariamente só por elas. Há momentos em que se engloba quase toda a nação".[12]

Dessa forma, comunicação popular é um instrumento que visa à participação de todos os envolvidos no processo comunicacional,

---

[12] PERUZZO, Cicilia Maria Krohling. *Comunicação nos movimentos populares*: a participação na construção da cidadania. Petrópolis: Vozes, 1998. p. 177.

independentemente da extensão que se compreenda o conceito de povo, que tanto pode ser o formado por classes subalternas, como pela concepção de povo enquanto nação. O importante é que tanto ele, povo, como as organizações a ele ligadas organicamente sejam os protagonistas da comunicação popular.

Conforme leciona Cicilia Peruzzo, a comunicação popular possui como finalidade uma sociedade justa com um conteúdo crítico e emancipador, uma forma de conscientização mobilizadora, de educação política, de informação e de manifestação popular, que exprima a forma de expressão das classes populares, aqui entendidas também como comunidades, conforme o contexto social no qual estejam inseridas.

Depreende-se que, desse modo, a comunicação é exercida de maneira democrática ao proporcionar um espaço de discussão dos assuntos da comunidade, de suas reivindicações, bem como a integração sociocultural de seus membros.

A forma com que os meios de comunicação estão se tornando mais acessíveis os faz cada vez mais frequentes na vida das pessoas. Diariamente, mesmo nas atividades mais corriqueiras, eles estão presentes. Ao dirigir, cozinhar ou banhar-se é possível ouvir o rádio. A televisão, muitas vezes, encontra-se em diversos cômodos de uma casa, e boa parcela da população tem acesso a esse veículo de informação. Jornais, revistas, internet, todos são instrumentos de transmissão de informação, de comunicação de massa.

Contudo, a classe social que detém o poder sobre os meios de comunicação de massa é a elite financeiramente mais favorecida. Tais meios são unidirecionais e verticalizados, privilegiam a ideologia e os interesses da classe dominante, introduzem, na sociedade em geral, os hábitos de consumo daquela, desvirtuam e distorcem os fatos e a realidade, fazendo do receptor da comunicação uma massa despolitizada, um conjunto numeroso de pessoas sem um comportamento crítico em relação à sociedade e à cultura contemporânea.

Dessa maneira, a burguesia, classe que possui os meios de produção, monopoliza o acesso aos meios de comunicação, impedindo o diálogo e a participação da sociedade, do cidadão comum. Além disso, obsta o debate público de assuntos de relevante interesse social, o que seria promissor, considerando-se a abrangência do alcance dos meios de comunicação de massa e quão interessante seria para a integração entre as pessoas. A comunicação popular também pode se valer desses meios para ativar a participação de todos. Assim, haveria uma igualdade entre emissor e receptor.

A participação popular pode se expressar de diversas formas, desde o mais simples envolvimento das pessoas, dando entrevistas, depoimentos, sugestões, pedindo músicas, etc., bem como de maneira mais complexa, como a produção de programa de rádio, televisão ou mesmo de jornal. Dessa forma, planejará e definirá o conteúdo, editará o programa e agirá de maneira democrática e direta.

Cicilia Peruzzo entende que, mesmo válidas as várias formas de participação, "não é mais suficiente permanecer no âmbito do 'dar voz e vez', do 'dar voz a quem não tem voz' ou, ainda, do 'abrir os microfones ao povo'",[13] trata-se da participação na perspectiva da democracia da comunicação. E explica: "[...] é premente tentarmos compreender o envolvimento popular na produção, no planejamento e na gestão da comunicação comunitária, como forma até de contribuir para o avanço em qualidade participativa e na conquista da cidadania".[14]

Desse modo, entende-se que um veículo viável para a efetivação da participação do povo na comunicação é o rádio, principalmente na forma de rádios comunitárias, pois o rádio é um meio de comunicação extremamente popular, além de seu acesso ser fácil para a população em geral.

5 O rádio e a teoria do rádio de Bertold Brecht

A comunicação radiofônica é um sistema que funciona através da propagação de ondas eletromagnéticas pelo espaço. Ela inaugurou a era da mobilidade das comunicações, sendo empregada em larga escala na Primeira Guerra Mundial e, algum tempo depois, o rádio foi o veículo mais utilizado mundialmente para acompanhar a queda de Adolf Hitler, ditador nazista, na Segunda Grande Guerra.

Entre os anos de 1927 e 1932, Bertold Brecht, importante dramaturgo alemão do século XX, escreveu importantes reflexões sobre o novo meio de comunicação que surgia, o rádio. Foi na primeira década do século XX que, conforme Celso Frederico, Brecht escreveu os textos que deram origem à Teoria do Rádio, uma intervenção que encontrou apoio no momento em que o rádio permitiu maior interação do movimento operário alemão.

---

[13] PERUZZO, Cicilia Maria Krohling. *Comunicação nos movimentos populares*: a participação na construção da cidadania. Petrópolis: Vozes, 1998. p. 143.

[14] PERUZZO, Cicilia Maria Krohling. *Comunicação nos movimentos populares*: a participação na construção da cidadania. Petrópolis: Vozes, 1998. p. 144.

Tal texto é tido como profético, pois mantém sua pertinência na contemporaneidade, por visualizar no rádio um meio democrático de comunicação no qual as pessoas podem produzir e não apenas consumir.

Conforme aconteceu com as rádios operárias, que sofreram bastante repressão dos grupos econômicos que passaram a monopolizar esse meio de comunicação, pois tais grupos se apossaram da transmissão e transformaram o público em mero receptor, aconteceu com a comunicação em geral, pois esta é monopolizada por quem detém o poder econômico.

Ao analisar o autor da Teoria do Rádio, Celso Frederico sustenta que:

> A argumentação brechtiana é bastante simples: a comunicação é um processo interativo e o rádio, como um substituto do telégrafo, foi feito para permitir a interação entre os homens. Mas não foi isso que aconteceu: os grupos econômicos monopolizaram esse meio de comunicação, apossaram-se da transmissão e, desse modo, transformaram todos em meros receptores, e o rádio tornou-se um mero aparelho de emissão.
>
> E isso não ocorreu por razões técnicas: uma simples modificação transforma qualquer aparelho de rádio num instrumento que, ao mesmo tempo, recebe e transmite mensagens. De repente, o rádio sofre uma brutal limitação em sua capacidade. O invento revolucionário, ao ser apoderado e monopolizado pelos grupos econômicos, transforma-se rapidamente numa velharia, "um descobrimento antediluviano". A atrofia do rádio é, assim, mais um capítulo da história da contradição entre o desenvolvimento das forças produtivas e as relações de produção.[15]

Assim, tal autor afirma que, para Brecht, a comunicação é um processo interativo e o rádio deveria facilitar a interação entre os homens, entretanto o que houve foi a monopolização das transmissões desse meio de comunicação e, dessa forma, as pessoas foram transformadas em meras receptoras. O que fez do rádio ser apenas um aparelho de emissão, e não de comunicação.

Segundo Brecht, para descobrir o lado positivo da radiodifusão, necessita-se mudar a forma de funcionamento do rádio: "é preciso transformar o rádio, convertê-lo de aparelho de distribuição em aparelho de comunicação".[16]

---

[15] FREDERICO, Celso. *Brecht e a "teoria do rádio"*. Disponível em: <http://www.scielo.br/scielo.php?script=sci_arttext&pid=S0103-40142007000200017>. Acesso em: 1º jun. 2009.

[16] BRECHT, Bertold. Teoria do rádio (1927-1932). *In*: MEDITSCH, Eduardo (Org.). *Teorias do rádio*: textos e contextos. Florianópolis: Insular, 2005. p. 43.

E uma das maneiras que se visualiza a concretização do pensamento de Brecht, no que se refere à transformação do rádio em um aparelho de comunicação efetivo, são as rádios comunitárias, pois estas proporcionam uma comunicação democrática, na qual todos poderão ser sujeitos ativos.

6 A rádio comunitária e sua importância para o exercício da cidadania através da comunicação popular participativa

A rádio comunitária foi antecedida pela chamada rádio livre, um modelo alternativo ao sistema irradiante oficial, que, inicialmente, era utilizada, sobretudo, por jovens interessados em praticar a arte da radiofonia. Esse novo instrumento alternativo começou a aparecer no Brasil por volta dos anos 1970, época em que os meios de comunicação de massa se encontravam, de forma predominante, nas mãos de pessoas ou grupos privilegiados que detinham a concessão de canais, por decisão unilateral do Poder Executivo federal.

Já no final da primeira metade da década de 1990, segundo Paulo Fernando Silveira, começou-se a utilizar-se o termo "rádio comunitária". Tal expressão, que é tipicamente brasileira, surgiu quando algumas entidades privadas começaram a instalar tal tipo de estação de radio-frequência, sem fins lucrativos, com finalidades educativas, culturais e filantrópicas, regularmente registradas em cartório, atentas às necessidades de comunicação de que careciam as comunidades municipais que não dispunham de serviço de radiodifusão e inconformadas com o fato de o governo federal não conceder os pedidos de autorização para operarem no sistema de radiodifusão de pequena potência, em nível local. Dessa forma, as rádios comunitárias passaram a integrar o contexto social brasileiro.

Pesquisa realizada pelo Instituto Brasileiro de Geografia e Estatística, no final de 2006, denominada de "Pesquisa de Informações Básicas Municipais: Perfil dos Municípios Brasileiros", demonstrou, em seu relatório, que:

> O rádio no Brasil constitui um importante veículo de informação e cultura (em especial a música) com diferenças marcantes entre regiões e estados. Uma novidade investigada pela pesquisa de 2006 é a existência de rádios comunitárias. Em 48% dos municípios brasileiros existe rádio comunitária, superando as estações comerciais de rádio FM (34,3%) e AM (21,2%). Por conta da introdução do quesito sobre a existência de

rádios comunitárias, o percentual das rádios FM teve um decréscimo em relação a 2005, pois a maior parte das rádios comunitárias está nesta freqüência.[17]

Dessa maneira, percebeu-se que a forma de comunicação participativa proporcionada pelas rádios comunitárias é bastante aceita pelo brasileiro, conforme foi constatado pela pesquisa do IBGE, que, ao mapear o Brasil por Regiões e Municípios, verificou, no quesito cultura, que o número de rádios comunitárias chegou a superar as estações comerciais, existindo em 48% dos municípios brasileiros.

Assim, tem-se que as rádios comunitárias são uma forma de reivindicação ao direito à liberdade de expressão, maneira esta legitimada pelo brasileiro, pois este demonstra grande interesse pelo acesso à informação sobre a vida e o cotidiano de sua comunidade.

Cidadania é um dos fundamentos do Estado Democrático de Direito. Cidadão é quem goza dos direitos civis e políticos de seu Estado. Como expressão política, cidadania é, conforme Paulo Fernando Silveira:

> [...] a expressão da vontade política do indivíduo, tanto para a constituição do Estado, ou para determinar a forma e o sistema de governo a serem adotados, como para o seu regular desenvolvimento dentro dos parâmetros constitucionalmente estabelecidos, assim como para imprescindível contenção do poder público. Portanto, por cidadania entende-se a manifestação política do indivíduo, já que, como elemento do povo, detém parcela do poder político estatal, pois o poder dele emana, como evidenciou *Rousseau*.[18]

Entende-se que uma das formas que a cidadania pode ser exteriorizada é através da livre manifestação da palavra, no caso do presente estudo, pela divulgação da informação pela mídia e pelos meios de comunicação usados constantemente, como jornais, televisões e, em especial, o rádio.

Paulo Fernando Silveira afirma que a mídia, em particular a rádio comunitária, tem importância significativa para o exercício da cidadania, de forma vital e ativa na participação política na comunidade, e para o controle dos atos governamentais, pois "num país continental como o Brasil, o papel desempenhado, por exemplo, pelas rádios

---

[17] FUNDAÇÃO IBGE. Diretoria de Pesquisas. Coordenação de População e Indicadores Sociais. *Pesquisa de informações básicas municipais 2006*. Disponível em: <http://www.cultura.gov.br/site/wp-content/uploads/2007/11/tab57.pdf>. Acesso em: 30 abr. 2009.

[18] SILVEIRA, Paulo Fernando. *Rádios comunitárias*. Belo Horizonte: Del Rey, 2001. p. 33.

comunitárias, no sentido de despertar a cidadania, pela informação, é de inegável valor".[19]

Assim, essa recente forma de utilizar o rádio visa a uma nova prática de comunicação na qual as pessoas da comunidade são sujeitos de comunicação ativos, já que todos poderão atuar no processo comunicacional, o que proporciona uma interação social.

Além de promover o exercício da cidadania, no que concerne ao controle dos atos governamentais, as rádios comunitárias propiciam algo mais prático e específico, mas agora do ponto de vista de interesses da sociedade, ao implementarem atividades sociais e educativas. Tais atividades conferem ao rádio maior grau de pessoalidade ao permitirem maior participação das pessoas da comunidade. Veja-se a respeito:

> Dirigida a um público de baixa renda, identificada com sua cultura, esta seção radiofônica torna realizável para uma determinada fatia da população aquilo que poucos conseguem nas grandes emissoras, seja o anunciante da padaria, do açougue que jamais veria seus assuntos e suas ofertas popularizadas [...]. Em outras palavras, serviços, vantagens, campanhas e mensagens tornam-se acessíveis, abrindo espaço para que a radiodifusão cumpra sua função social, entre elas a de aproximar, fazer a conexão entre as pessoas, idéias, integrando a comunidade.[20]

E completa-se:

> Longe de esgotar a lista de benefícios as rádios comunitárias têm desenvolvido campanhas para a limpeza de ruas contra a poluição, contra o uso de drogas. Promovem gincanas esportivas, programas de orientação aos jovens, trabalhos para o desenvolvimento de potenciais artísticos nos segmentos de música e poesia da própria comunidade. Sua programação diferenciada se desenvolve para os diversos segmentos comunitários.[21]

Dessa forma, apercebe-se que as rádios comunitárias proporcionam um espaço de comunicação popular participativa no qual os assuntos relevantes para determinada comunidade poderão ser discutidos, reivindicados, bem como é, também, um espaço para a interação sociocultural de seus membros e, assim, é um meio de efetivação da promoção da integração da sociedade local.

---

[19] SILVEIRA, Paulo Fernando. *Rádios comunitárias*. Belo Horizonte: Del Rey, 2001. p. 35.

[20] COELHO NETO, Armando. *Rádio comunitária não é crime*: direito de antena: o espectro eletromagnético como bem difuso. São Paulo: Ícone, 2002. p. 67.

[21] COELHO NETO, Armando. *Rádio comunitária não é crime*: direito de antena: o espectro eletromagnético como bem difuso. São Paulo: Ícone, 2002. p. 24.

7 Conclusão

A percepção da comunicação como característica inerente ao ser humano e, por isso, necessária para que ele possa participar plenamente da vida em sociedade é desvirtuada pelo fato de ela ter sido tratada como objeto de consumo: a indústria da consciência vem se apossando dos meios de comunicação em massa para converter os bens culturais em mercadoria.

Assim, faz-se necessária uma nova política de comunicação na qual o indivíduo possa exercer as três etapas do processo comunicacional, ser cidadão atuante na comunicação, e não apenas sujeito passivo, mero receptor de informações previamente determinadas por quem detém o poder de comunicar.

Visualiza-se essa nova política na comunicação popular, que tem como finalidade uma sociedade justa com um conteúdo crítico e emancipador, o qual proporcione a formação de uma consciência mobilizadora, de educação política, de informação e de manifestação popular e participativa, que ofereça um espaço democrático para a discussão de assuntos da comunidade, de suas reivindicações, como também promova a integração sociocultural de seus membros.

O fato de que os meios de comunicação estão cada vez mais frequentes na vida das pessoas faz com que estas tenham acesso àqueles, mesmo nas atividades mais corriqueiras. O monopólio dos meios de comunicação por uma elite financeiramente mais favorecida faz com que seus hábitos, sua ideologia e a deturpação da realidade sejam repassados e acolhidos com maior facilidade por toda a população, gerando, dessa forma, uma massa despolitizada, sem um comportamento crítico em relação à sociedade e à cultura contemporânea.

Dessa maneira, necessária é a existência de canais de participação abertos e desobstruídos e compreender que o envolvimento popular deve se dar na produção, no planejamento e na gestão da comunicação, que o incentivo e a facilitação de uma metodologia que privilegie a participação no processo proporcione o crescimento em qualidade, para que, assim, haja o avanço na conquista da cidadania.

Um meio viável para tal participação é o rádio, pois esse veículo de comunicação é bastante acessível, tendo em vista que ele vai aonde outros meios não chegam. Bertold Brecht visualizou no rádio um meio democrático de comunicação, no qual as pessoas poderiam produzir mensagens e não apenas consumi-las.

No Brasil, no final da primeira metade da década de 1990, começou-se a utilizar a expressão rádio comunitária, um sistema de radiodifusão de pequena potência, em nível local, que procura atender as necessidades de comunicação das comunidades.

Tal forma de manifestação é de indispensável importância para o exercício da cidadania e a inserção social, pois essa recente forma de utilização do rádio visa a uma nova prática de comunicação na qual as pessoas da comunidade são sujeitos de comunicação ativos, já que todos poderão atuar no processo comunicacional, o que proporciona uma maior interação social, além de promover o exercício da cidadania, no que concerne ao controle dos atos governamentais.

As rádios comunitárias visam à prestação de serviço e não ao lucro, assim, reputa-se importante atenção ao que realmente é local, que é aceitável e válido em matéria de comunicação comunitária, e o que é apropriação de um espaço local e público para fins privados, um uso individualizado com finalidades comerciais ou proselitismo político partidário e religioso, para que não se desvirtue do objetivo principal das rádios comunitárias: a participação da população local.

Referências

BRECHT, Bertold. Teoria do rádio (1927-1932). In: MEDITSCH, Eduardo (Org.). *Teorias do rádio*: textos e contextos. Florianópolis: Insular, 2005.

COELHO NETO, Armando. *Rádio comunitária não é crime*: direito de antena: o espectro eletromagnético como bem difuso. São Paulo: Ícone, 2002.

EFREM, Roberto Cordoville. *Direito humano à comunicação*: uma afirmação contra a criminalização dos movimentos sociais. Disponível em: <http://www.direitoacomunicacao. org.br/novo/content.php?option=com_docman&task=cat_view&gid=26&dir=DESC&or der=date&limit=15&limitstart=90>. Acesso em: 4 maio. 2009.

ENZENSBERGER, Hans Magnus. *Elementos para uma teoria dos meios de comunicação*. Rio de Janeiro: Tempo Brasileiro, 1978.

FREDERICO, Celso. *Brecht e a "teoria do rádio"*. Disponível em: <http://www.scielo.br/ scielo.php?script=sci_arttext&pid=S0103-40142007000200017>. Acesso em: 1º jun. 2009.

FREIRE, Paulo. *Extensão ou comunicação?*. 8. ed. Rio de Janeiro: Paz e Terra, 1983.

FREIRE, Paulo. *Pedagogia do oprimido*. 43. ed. Rio de Janeiro: Paz e Terra, 2006.

FUNDAÇÃO IBGE. Diretoria de Pesquisas. Coordenação de População e Indicadores Sociais. *Pesquisa de informações básicas municipais 2006*. Disponível em: <http://www.cultura. gov.br/site/wp-content/uploads/2007/11/tab57.pdf>. Acesso em: 30 abr. 2009.

GOMES, Raimunda Aline Lucena. *A comunicação como direito humano*: um conceito em construção. Recife, 2007. 206 f. Dissertação (Mestrado em Comunicação) – Faculdade de Comunicação, Universidade Federal de Pernambuco, Recife, 2007.

HABERMAS, Jürgen. *Mudança estrutural da esfera pública*: investigações quanto a uma categoria da sociedade burguesa. Rio de Janeiro: Tempo Brasileiro, 1984.

LIPOVETSKY, Gilles. *O império do efêmero*: a moda e seu destino nas sociedades modernas. São Paulo: Companhia das Letras, 1989.

MARX, Karl; ENGELS, Friedrich. *A ideologia alemã*: Feuerbach: a contraposição entre as cosmovisões materialista e idealista. São Paulo: Martin Claret, 2004.

PERUZZO, Cicilia Maria Krohling. *Comunicação nos movimentos populares*: a participação na construção da cidadania. Petrópolis: Vozes, 1998.

RÜDIGER, Francisco. A escola de Frankfurt. *In*: HOHLFELDT, Antônio; MARTINO, Luiz C.; FRANÇA, Vera Veiga (Org.). *Teorias da comunicação*: conceitos, escolas e tendências. Petrópolis: Vozes, 2001.

SILVEIRA, Paulo Fernando. *Rádios comunitárias*. Belo Horizonte: Del Rey, 2001.

TRABER, Michael. *A comunicação é parte da natureza humana*: uma reflexão filosófica a respeito do direito a se comunicar. Disponível em: <www.direitoacomunicacao.org.br/novo/index.php?option=com_docman&task=doc_download&gid=132>. Acesso em: 30 abr. 2009.

Informação bibliográfica deste texto, conforme a NBR 6023:2002 da Associação Brasileira de Normas Técnicas (ABNT):

ROCHA, Emanuella Melo; MARQUES, Roberta Lia Sampaio de Araújo. A rádio comunitária como forma de efetivar a comunicação participativa em contraposição à comunicação de consumo. *In*: AFFORNALLI, Maria Cecília Naréssi Munhoz; GABARDO, Emerson (Coord.). *Direito, informação e cultura*: o desenvolvimento social a partir de uma linguagem democrática. Anais do Simpósio Comunicação, Cultura de Massas, Globalização e Direito: II Congreso Ciencias, Tecnologías y Culturas. Diálogo entre las disciplinas del conocimiento. Mirando al futuro de América Latina y el Caribe. Belo Horizonte: Fórum, 2012. p. 133-148. ISBN 978-85-7700-563-5.

O PRINCÍPIO DA PUBLICIDADE E OS ABUSOS DE PODER POLÍTICO E ECONÔMICO NA DEMOCRACIA CONTEMPORÂNEA

EMERSON GABARDO
ENEIDA DESIREE SALGADO

1 Conceitos de publicidade e propaganda

No campo da concretização do Direito Constitucional, um tema está centrado na bifurcação entre o Direito Administrativo e o Direito Eleitoral: a chamada "publicidade institucional", que, apesar de configurar uma exigência do regime jurídico administrativo, é largamente utilizada para garantir uma grande vantagem ao administrador nos pleitos eleitorais. Trata-se de uma questão que marca o regime jurídico do espaço estatal e que coloca um princípio da Administração Pública em face do interesse público e dos demais princípios. De acordo com o jurista português Jónatas E. M. Machado, a publicidade pode ser definida como "qualquer forma de comunicação, feita por entidades de natureza pública ou privada, no âmbito de uma atividade comercial, industrial, artesanal ou liberal, com o objectivo directo ou indirecto de a) promover, com vista à sua comercialização ou alienação, quaisquer bens ou serviços; b) promover idéias, princípios, iniciativas ou instituições".[1] Todavia, esclarece o autor que este conceito precisa ser complementado, pois sua interpretação restrita poderia excluir indevidamente âmbitos importantes da persuasão comunicativa típica da publicidade, tais como: o político, o econômico, o cultural ou o religioso. Este conceito acaba integrando a propaganda dentro da publicidade. Confusão recepcionada pela Constituição de 1988, que não faz distinção entre as noções.[2]

Tampouco a legislação infraconstitucional pacifica a questão. No Brasil, a expressão propaganda existe desde 1940, sendo estabelecida como "crime de concorrência", qual seja, a "propaganda desleal".[3] Hoje, há vários diplomas normativos relativos à matéria: Código de Defesa do Consumidor (Lei nº 8.078/90); Código de Autorregulamentação Publicitária (aprovado no III Congresso Brasileiro de Propaganda em 1978); Lei Federal nº 9.294/96 (regulamenta o art. 220, §4º, da CF); e, finalmente, o importante Decreto nº 2.296/1999 (que estabelece a comunicação social do governo federal) distinguindo três setores: 1. imprensa; 2. relações públicas; e 3. publicidade, sendo esta, por sua vez, dividida em: a) propaganda de utilidade pública, institucional ou mercadológica, b) publicidade legal, e c) promoção institucional e mercadológica — incluídos aí os patrocínios.

Mas apesar da confusão conceitual da legislação (não só brasileira, mas também estrangeira) sobre o assunto, parece adequado distinguir as noções "propaganda" e "publicidade". O ideário que envolve o termo "publicidade" tem dois sentidos: 1. publicidade como dever de transparência e 2. publicidade como direito de persuasão.

No primeiro caso, observa-se a qualificação daquilo que é público, ou seja, "não privado". O sentido reporta-se a um dever tipicamente republicano, inerente ao fato de que todo aquele que não tem domínio tem o dever de prestar contas ao legítimo detentor do bem; ressalta, portanto, a garantia de controle do poder — assunto este tratado juridicamente no artigo 37, *caput*, da CF, que descreve os princípios gerais da Administração Pública brasileira, e no artigo 5º, inciso XXXIII, da CF, que prevê o dever de prestação de informações dos órgãos públicos (em

---

[1] MACHADO, Jónatas E. M. *Liberdade de expressão*: dimensões constitucionais da esfera pública no sistema social. Coimbra: Coimbra Ed., 2002. p. 440.

[2] Ora ela fala de propaganda (art. 220, §3º, II); ora fala de propaganda comercial (art. 22, XXIX, e art. 220, §4º); ora fala em publicidade (dos atos processuais: art. 5º, LX), ora fala em publicidade (art. 37, *caput*, e art. 37, §1º); dessa forma, é comum adotar sentidos totalmente diferentes.

[3] Crime tipificado no artigo 196 do Decreto-Lei nº 2.848, de 7 de dezembro de 1940.

razão de interesse particular, coletivo ou geral).[4] E ainda é interessante observar que tal viés da publicidade como transparência não se refere somente ao Estado, pois se aplica em alguns casos aos particulares (por exemplo, no caso das sociedades anônimas). Mas é no setor público que tal normatização surte efeitos mais intensos.

O artigo 11, inciso IV, da Lei de Improbidade (Lei n° 8.429/92), tipifica até mesmo como caso de improbidade a negativa de publicidade dos atos oficiais (situação infelizmente bastante comum na contemporaneidade brasileira). Apesar de a Constituição Federal ser muito expressa no tocante às hipóteses de sigilo — segurança da sociedade ou do Estado (artigo 5°, inciso XXXIII), proteção da intimidade, vida privada, honra e imagem (art. 5°, inciso X) e, nos atos processuais, defesa da intimidade ou interesse social (art. 5°, inciso LX) — o fato é que a distância entre os planos do "dever ser" e do "ser" ainda é grande.

A publicidade institucional do poder público inclui-se neste sentido, cujo foco é o dever de transparência, e compreende as formas de "comunicação" governamental realizadas: "por força legal" (de cunho obrigatório, como a publicação de uma lei); para "convocatórias" (também possui caráter obrigatório, mas sua intenção é de chamamento, como a publicação de um edital de concurso); ou efetiva "propaganda" (e talvez nem mesmo devesse estar incluída como espécie de publicidade, se adotado o sentido restrito de publicidade) das ações realizadas (desde que com cunho educativo, informativo ou de orientação social).[5]

A publicidade como direito de persuasão, por sua vez, traduz-se no "marketing". Mais do que informar, ela visa à promoção social de um bem. Busca produzir mensagens de cunho comercial a serem veiculadas a um específico sujeito: o consumidor. Seu escopo é estimular necessidades, podendo ser realizada por intermédio: do *advertising* (publicidade de bens econômicos em geral); da *publicity* (editoriais ou publicidade não paga — assessoria de imprensa); e do *merchandising* (técnica de divulgação que utiliza uma narrativa ficcional).[6]

---

[4] "No plano jurídico-formal o princípio da publicidade aponta para a necessidade de que todos os atos administrativos estejam expostos ao público, que se pratiquem à luz do dia, até porque os agentes estatais não atuam para a satisfação de interesses pessoais, nem sequer da própria Administração, que, sabidamente, é apenas um conjunto de pessoas, órgãos, entidades e funções, uma estrutura, enfim, a serviço do interesse público, que, este sim, está acima de quaisquer pessoas. Prepostos da sociedade, que os mantém e legitima no exercício das suas funções, devem os agentes públicos estar permanentemente abertos à inspeção social, o que só se materializa com a publicação/publicidade dos seus atos" (MENDES, Gilmar Ferreira; COELHO, Inocêncio Mártires, BRANCO, Paulo Gustavo Gonet. *Curso de direito constitucional*. 2. ed. São Paulo: Saraiva, 2008. p. 834).

[5] CONEGLIAN, Olivar. *Propaganda eleitoral*. 8. ed. Curitiba: Juruá, 2006. p. 20.

[6] KOTLER, Philip; KELLER, Kevin Lane. *Administração de marketing*. 12. ed. São Paulo: Prentice Hall Brasil, 2006.

Já a "propaganda", cujo sentido decorre do termo "propagação", é uma estratégia da qual o objetivo é a estimulação de crenças e ideologias (visa fomentar comportamentos). Em sentido próprio, resulta em um gênero publicitário que compreende três espécies fundamentais: 1. propaganda partidária; 2. propaganda eleitoral; e 3. propaganda governamental. Em qualquer caso, trata-se de um esforço consciente destinado a influenciar opiniões.

A propaganda partidária tem como beneficiário não o poder público, mas sim os partidos políticos, que buscam apresentar de forma pública as suas ideias (comunicação partidária) ou, então, efetuar a própria tentativa de convencimento dos cidadãos para que se engajem em suas propostas (publicidade partidária). Seu caráter é, portanto, eminentemente ideológico e corporativo. É uma das garantias constitucionais aos partidos políticos, ao lado da autonomia e do fundo partidário, e é conhecida como direito de antena. Tem como foco a propagação de uma visão de mundo e sua história a partir de sua busca pela difusão de ideologias cujo caráter tem pretensão de permanência. Tem cunho gratuito, como uma forma de financiamento público indireto, e suas finalidades são impostas legalmente (Lei dos Partidos Políticos — Lei nº 9.096/95).[7]

A propaganda eleitoral é, pela sua natureza, outra espécie de publicidade política, pois tem o mesmo caráter ideológico e corporativo. Todavia, diferencia-se em sua finalidade, que é a de propiciar a específica eleição do candidato e/ou do partido por intermédio da conquista do voto.[8] Caracteriza-se por ser episódica, porque sua finalidade precípua é a conquista direta do voto para uma eleição específica.[9]

---

[7] "Art. 45. A propaganda partidária gratuita, gravada ou ao vivo, efetuada mediante transmissão por rádio e televisão será realizada entre as dezenove horas e trinta minutos e as vinte e duas horas para, com exclusividade: I – difundir os programas partidários; II – transmitir mensagens aos filiados sobre a execução do programa partidário, dos eventos com este relacionados e das atividades congressuais do partido; III – divulgar a posição do partido em relação a temas político-comunitários. IV – promover e difundir a participação política feminina, dedicando às mulheres o tempo que será fixado pelo órgão nacional de direção partidária, observado o mínimo de 10% (dez por cento). (Incluído pela Lei nº 12.034, de 2009). §1º Fica vedada, nos programas de que trata este Título: I – a participação de pessoa filiada a partido que não o responsável pelo programa; II – a divulgação de propaganda de candidatos a cargos eletivos e a defesa de interesses pessoais ou de outros partidos; III – a utilização de imagens ou cenas incorretas ou incompletas, efeitos ou quaisquer outros recursos que distorçam ou falseiem os fatos ou a sua comunicação."

[8] Guilherme de Salles Gonçalves, ao preocupar-se com a regulamentação da propaganda eleitoral, afirma que a "regulação das formas de exercício do convencimento eleitoral — propaganda — deve, necessária e indispensavelmente, ser aplicada colocando o bem fundamental desse regime jurídico [o princípio democrático] no seu centro" (GONÇALVES, Guilherme de Salles. A liberdade de exercício da propaganda eleitoral e o 'dever' de

Finalmente, a propaganda governamental, também inadequadamente chamada de "publicidade oficial", é aquela paga pelo erário público nos termos do artigo 37, §1º, da CF, e que é identificada por obrigatoriamente ter um caráter educativo, informativo ou de orientação social.[10] Talvez nem fosse preciso dizer, mas expressamente não pode conter símbolos ou imagens que visem à promoção pessoal dos agentes públicos em geral.

A propaganda governamental (ou institucional) liga-se ao fomento por conduzir uma indução institucional para a prática de determinadas ações, como o combate às epidemias, a prevenção aos acidentes de trânsito e a educação ambiental. Seu caráter é (ou menos "deveria ser") eminentemente cívico e impessoal. Porém, infelizmente, há gastos com publicidade que nada mais são do que pagamentos por serviços realizados durante a campanha do candidato eleito. Obviamente, foge destas regras a prática de um efetivo *marketing* em face de determinados produtos oferecidos pelo governo, como é o caso das loterias.

A grande questão está na distinção entre propaganda política (partidária ou eleitoral) e a propaganda institucional ou governamental. Destaque-se, ainda, que esta distinção não tem apenas importância teórica, sendo relevante para a práxis jurídica.

2 Eficiência e impessoalidade do poder público como princípios republicanos

O princípio da impessoalidade tem como mote a sustentação da isonomia. Ou seja, não é permitido à Administração Pública prejudicar ou beneficiar pessoas determinadas por razões de caráter pessoal. É uma norma consequente da igualdade, da imparcialidade, da neutralidade. Todavia, mais que isso, também tem um viés ligado à finalidade de "despersonalização" do poder, mediante a proibição do

---

respeito às posturas municipais. *In*: GONÇALVES, Guilherme de Salles; PEREIRA, Luiz Fernando Casagrande; STRAPAZZON, Carlos Luiz (Coord.). *Direito eleitoral contemporâneo*. Belo Horizonte: Fórum, 2008. p. 211-212).

[9] Interessante observar que o Código Eleitoral Brasileiro faz a seguinte distinção: art. 240: propaganda política; art. 241: propaganda eleitoral; art. 242: propaganda de guerra; art. 245: propaganda partidária. A propaganda eleitoral atualmente é regulada pela Lei nº 9.504/97 (Lei das Eleições), a partir do seu artigo 36.

[10] Art. 37, p. 1º, CF: "A publicidade dos atos, programas, obras, serviços e campanhas dos órgãos públicos deverá ter caráter educativo, informativo ou de orientação social, dela não podendo constar nomes, símbolos ou imagens que caracterizem promoção pessoal de autoridades ou servidores públicos".

patrimonialismo (os atos são inerentes ao cargo/à função — e não ao agente). Já o princípio da eficiência possui um sentido relativo; como ocorre com a moralidade, nem sempre pode ser definido *a priori*. Seu foco é a obtenção do "ponto ótimo".[11] Muito se tem falado da "boa administração" atualmente. Todavia, a Administração Pública não tem o dever somente de realizar o suficiente ou o razoável. O razoável é o mínimo aceitável. O adequado é o máximo, apesar de alguns juristas não conseguirem ver nesta busca pela otimização uma real tarefa jurídica mediante parâmetros estabelecidos pelo direito.

O fato é que estes dois princípios, embora constem do *caput* do artigo 37 da Constituição (que trata da Administração Pública somente), impõem um dever de obediência para todos os poderes públicos em suas funções típicas ou atípicas (para além de suas atividades meramente de gestão ou prestação administrativa). Sem dúvida, são decorrência do "princípio republicano".

Realizada de acordo com a Constituição, a propaganda governamental é legítima e, muitas vezes, absolutamente imprescindível ao ótimo andamento da Administração Pública. Sem a publicização dos seus atos, o poder público descamba em descontrole e arbítrio. Sem propaganda, pode ocorrer inefetividade de parte importante de suas ações interventivas na sociedade. A propaganda eficiente, portanto, para além de cumprir os requisitos fundamentais da Constituição — caráter educativo, informativo e de orientação social (o que garante a impessoalidade) —, deve ser adequada para a obtenção dos resultados previstos pelo Administrador em termos de fomento público, rumo ao "desenvolvimento socioambiental e/ou propriamente humano" da população.[12] Ademais, deve incorrer no menor custo possível ao erário. Ou seja, a informação veiculada, além de despersonalizada, deve ser "qualificada", "útil ao exercício da cidadania" e "economicamente proporcional".

Uma propaganda que seja inútil torna-se ineficiente, além de significar desvio de finalidade, como a que apresenta o número de

---

[11] GABARDO, Emerson. *Princípio constitucional da eficiência administrativa*. São Paulo: Dialética, 2002. p. 128.

[12] O desenvolvimento, em geral, é definido pelos autores como um processo autossustentado. Um processo que faz, portanto, as condições de vida se elevarem continuamente ao longo de um dado período. Por este motivo, a expressão "desenvolvimento autossustentado" não é utilizada no presente trabalho; ela é tautológica. Se o desenvolvimento não for autossustentado, é apenas crescimento, ainda que venha acompanhado de melhorias no tocante ao bem-estar social. Portanto, "para que ocorra realmente um processo de desenvolvimento, a melhoria do padrão de vida da população deverá tender a ser automática, autônoma e necessária" (BRESSER PEREIRA, Luiz Carlos. *Desenvolvimento e crise no Brasil*. São Paulo: Brasiliense, 1977. p. 22).

obras públicas realizadas, muito comum em anos eleitorais. Esta pseudoinformação não se presta nem mesmo para a prestação de contas da gestão, pois quantidade não implica qualidade; quantidade não denota cumprimento de programas ou propostas (pois tais elementos não podem ser expressos apenas em números). Tais números são exaltados em campanhas midiáticas apenas para iludir o eleitor, pois acompanhados de "frases de efeito" e símbolos com ligação à imagem pessoal do administrador de turno. Esta chamada "prestação de contas" nada mais é que uma farsa institucional rotineiramente paga pelos cofres públicos (é uma propaganda inconstitucional travestida de informação; como, aliás, também são aquelas que somente apelam para a emotividade do povo seja em face das mazelas sociais, seja em face das "maravilhas" que o poder público diz ter feito).

A propaganda institucional, ressalta Óscar Sánchez Muñoz, é um elemento perturbador da vida política que pressupõe o risco de que se converta em um instrumento de propaganda política, ou até mesmo no controle pelo governo dos meios de comunicação (por exemplo, por intermédio dos contratos de publicidade),[13] e que, portanto, impõe sua regulação e um controle efetivo.

Mas pior que isso. No tocante à *publicity*, é muito comum a existência de matérias jornalísticas que na realidade consistem numa mensagem publicitária promocional do governo ou de suas políticas (propaganda esta que só seria aceitável se contivesse expressamente a indicação: "Informe Publicitário" — mas muitas vezes não tem — e, necessariamente, não servisse à promoção do governante ou do administrador). Na realidade, não é incomum a identificação de um "jornalismo de negócios" ou uma "publicidade maquiada" — seja porque decorre de uma troca de favores típica do clientelismo, seja porque é efetivamente paga por meios escusos típicos da corrupção e da fraude. Até o direito individual de expressar os pensamentos tem limites na honestidade, confiança, vedação do anonimato e na própria legalidade (no seu sentido negativo). Quanto ao poder público (e os meios de comunicação em geral), ainda se colocam outras restrições: a legalidade vinculante, a moralidade administrativa, a boa-fé, a função social. Ressalte-se, ainda, que o princípio da dignidade da pessoa humana impede publicidade em razão de enfermidades, deformidades

---

[13] SÁNCHEZ MUÑOZ, Óscar. *La igualdad de oportunidades en las competiciones electorales.* Madrid: Centro de Estudios Políticos y Constitucionales, 2007. p. 285. Para o autor, as campanhas institucionais servem para alcançar uma maior identificação dos cidadãos com suas instituições (p. 295).

e desgraças, tornando-se um instrumento útil à inibição das possíveis humilhações e promoção de preconceitos (embora nem sempre seja realmente efetivo).

O ponto ótimo da comunicação governamental deve implicar sempre o "interesse público primário" (no caso da publicidade oficial e da propaganda); e no máximo o "interesse público secundário" (no caso do *marketing* propriamente dito). Mas o fato é que jamais poderá ter como finalidade e resultado o interesse privado, haja vista a clara posição de supremacia do interesse público sobre o privado no regime jurídico administrativo brasileiro.[14]

3 Breve histórico da propaganda governamental recente no Brasil – A fabricação do consentimento

É preciso ser realista. Mesmo com todas as garantias e limitações jurídicas existentes no Brasil, ainda não existem instrumentos suficientes para garantir a independência da vontade popular. Talvez isso decorra do simples fato de que a obtenção da vontade popular seja algo intangível, ou mesmo, uma utopia. Há muito tempo importantes escolas de pensamento têm estudado a questão da opinião pública e suas implicações na sustentação do princípio democrático.[15] John Locke foi um dos pioneiros do liberalismo moderno a refletir sobre o assunto sob um ponto de vista mais próximo da contemporaneidade. Segundo a perspectiva elitista de sua obra, era necessário dizer às pessoas comuns quais são as coisas em que devem acreditar, pois não se poderia deixar que as pessoas comuns decidissem por si mesmas, na medida em que elas acabam tomando decisões erradas. Esta constatação parece ser decorrência lógica de seu pensamento fundante: o de que as inconveniências do estado de natureza precisam ser superadas pelo governo civil.[16]

---

[14] GABARDO, Emerson. *Interesse público e subsidiariedade*: o Estado e a sociedade civil para além do bem e do mal. Belo Horizonte: Fórum, 2009. *Passim*. Ver, ainda, HACHEM, Daniel Wunder. *Princípio constitucional da supremacia do interesse público*. Curitiba, 2011. Dissertação (Mestrado em Direito) – Programa de Pós-Graduação em Direito, Universidade Federal do Paraná, Curitiba, 2011.

[15] A título de exemplo, cita-se o clássico de Habermas (*Mudança estrutural da esfera pública*. Tradução de Flávio R. Kothe. Rio de Janeiro: Tempo Brasileiro, 1961).

[16] "O governo civil é o remédio adequado para as inconveniências do estado de natureza, que certamente serão grandes, onde os homens possam ser juízes de suas próprias causas, já que com facilidade se pode imaginar que aquele que tenha sido tão injusto a ponto de prejudicar seu irmão dificilmente será tão justo a ponto de se condenar por esse ato"

Nos Estados Unidos, desde a década de 1920, a *Federal Trade Commission* já fiscalizava a publicidade enganosa (embora somente tendo-se em vista a proteção da concorrência, e não do consumidor), contudo, pouco controle havia no tocante à propaganda governamental.[17] Alexis de Tocqueville relata que nunca viu um país onde o nível de doutrinação fosse tão forte, onde a subordinação ao pensamento oficial fosse tão intensa e onde o pensamento independente fosse tão raro quanto os EUA em meados do século XIX.[18] A primeira agência de propaganda governamental nos EUA já existia desde a Primeira Guerra Mundial. Segundo Noam Chomsky, logo após a guerra era corrente a repetição da teoria de que o consenso deveria ser fabricado, expressão cunhada pelo jornalista Walter Lippmann, para quem a população em geral não entende o que é bom para ela, portanto, é a elite quem deve fabricar o consentimento geral. Afinal, um governo que fabrica o consentimento não precisa usar da força contra seu próprio povo.[19]

É interessante, entretanto, observar que a fabricação do consenso ocorre de formas diferentes de acordo com a cultura de cada país. Noam Chomsky assevera que, no Japão, governo e empresas decidem o padrão econômico para determinado período. E se ordenarem ao público que reduza o consumo em benefício dos investimentos, isso vai acontecer. Segundo o autor, nos EUA isso não é possível. Não adiantaria dizer: "Vocês precisam reduzir o nível de consumo e aumentar a poupança para que os Bancos tenham lucros maiores e assim seu filho venha a ter um emprego daqui a 20 anos". O que se diz às pessoas nos Estados Unidos é: "Os russos vão nos invadir". "O Iraque tem bomba atômica". "Os terroristas vão explodir as suas casas".[20] Ao contrário do Japão, cujo convencimento foca-se no sentimento de dever, nos Estados Unidos é mais eficiente focar no medo e na contrautilidade pessoal ou do grupo.[21]

(LOCKE, John. *Segundo tratado sobre o governo civil*. 4. ed. Petrópolis: Vozes, 2006. Cap. 2, seções 13 1 10-14).

[17] FERNANDES NETO, Guilherme. *Direito da comunicação social*. São Paulo: Revista dos Tribunais, 2004. p. 35.

[18] TOCQUEVILLE, Alexis de. *A democracia na América*: sentimentos e opiniões. Tradução de Eduardo Brandão. São Paulo: Martins Fontes, 2000.

[19] CHOMSKY, Noam. *Democracia*: fabricando o consenso – entrevista com Noam Chomsky [fragmento] [IN "América", 1996]. Tradução do periódico *O Lobo*. Disponível em: <http://www.olobo.net/index.php?pg=colunistas&id=344>. Acesso em: 5 ago. 2011. Ver também: CHOMSKY, Noam. Consentimento sem consentimento; a arregimentação da opinião pública. *In*: CHOMSKY, Noam. *O lucro ou as pessoas?*: neoliberalismo e ordem global. Tradução de Pedro Jorgensen Jr. 2. ed. Rio de Janeiro: Bertrand Brasil, 2002.

[20] *Ibid*.

[21] KLEIN, Naomi. *The Shock Doctrine*: the Rise of Disaster Capitalism. New York: Macmillan, 2007.

Em outra vertente, a Escola de Frankfurt promoveu interessantes pesquisas sobre o assunto, distinguindo a propaganda da publicidade, ainda que tenha adotado, nos dois casos, uma postura intensamente crítica. É recorrente a proposição originalmente frankfurtiana de que "o nazismo não foi sustentado só pela força, mas também — e talvez principalmente, pela propaganda". Foram Hitler e Goebbels que desenvolveram alguns dos mais importantes princípios da propaganda que estão em vigor até hoje: o princípio da simplificação (deve-se direcionar a propaganda para o mais popular — visando ao mais ignorante); e o princípio da saturação (para o qual a eficácia da propaganda depende de sua frequência — "a repetição da mentira faz a verdade"). Já a publicidade é um instrumento típico da modernidade recente, identificada como um elemento estruturante da "indústria cultural" para a qual é natural que o consumidor seja um servo de sua necessidade.[22] Tais estudos realizados em meados do século XX ainda servem de forma esclarecedora para a compreensão do presente seja no âmbito privado, seja no público.

No Brasil, a liberdade de pensamento é garantida desde a Constituição de 1891. Contudo, a prática tradicional sempre foi de personalismo no trato com a opinião pública. A grande questão é saber se nas últimas décadas, com a democratização do país, o incremento do sistema eleitoral e o fortalecimento das instituições públicas, a situação realmente tem mudado para fins de ampliação da impessoalidade e publicidade nas relações sociais e propriamente público-estatais. Aparentemente, é possível crer que sim, ainda que também pareça necessário manter realista cautela em face de tal otimismo. Afinal, e paradoxalmente, quanto mais liberdade formal há no país, mais se torna necessário para o governo a influência dos meios de comunicação na formação do consentimento.

A partir da análise de alguns autores da área da comunicação social, como Patrick Costa e Heloiza Matos, sobre a propaganda governamental que se realizou após a redemocratização, é possível identificar de forma contundente este fenômeno.[23]

---

[22] FERNANDES NETO. *Direito da comunicação social*, p. 38 *et seq. Vide* também representante da Escola de Frankfurt: ADORNO, Theodor W.; HORKHEIMER, Max. *Dialética do esclarecimento*: fragmentos filosóficos. Rio de Janeiro: Jorge Zahar, 1997.

[23] As descrições a seguir serão realizadas com base na pesquisa destes autores. Cf.: COSTA, Patrick Leal. Publicidade institucional do governo federal: da redemocratização à atualidade. *Comunicação Pública no Brasil*. Disponível em: <http://www.nosdacomunicacao.com/pdf/comunic_governo_federal.pdf>. Acesso em: 5 ago. 2011; MATOS, Heloiza. *Propaganda governamental e redemocratização no Brasil*: 1985-1997. Disponível em: <http://www.sinprorp.org.br/clipping/2005/120.htm>. Acesso em: 5 ago. 2011.

No governo José Sarney (observando-se o período entre março de 1985 e março de 1990) a propaganda foi de certa forma tímida no início do seu governo (poucas campanhas ocorreram em 85 e 86). Nesta fase, a imagem predominante é de um Estado paternalista (criam-se figuras como o "Zé Gotinha" e é comum a utilização da figura de ídolos infantis como Xuxa e Renato Aragão). O Estado é tido como instituição capaz de impor um regime de bem-estar social. Um Estado que vem ao auxílio da população e não contra ela, como no regime anterior. O maior número de filmes de propaganda foi na área de justiça e cidadania. Há referências constantes ao passado autoritário, e o presidente é apontado como o representante do "Novo Brasil".

Todavia, com o fracasso do Plano Cruzado, as campanhas se intensificaram, sempre buscando a recuperação da popularidade. Neste momento é criado o *slogan* "Tudo pelo social", e pede-se mais otimismo e engajamento à sociedade (para que a sociedade lute para não perder as recentes conquistas). No final do governo, intensifica-se o apelo emotivo e lentamente passa-se a reconhecer que o Estado não pode tudo; que é um gigante que precisa ser controlado.

Mas foi, sem dúvida, o governo de Fernando Collor de Mello (considerando-se o período de março de 1990 a outubro de 1992) o primeiro que se utilizou intensivamente do novo *marketing* político, estendendo para a gestão os mesmos mecanismos utilizados na sua campanha. Interessante observar que o Plano Collor (1990), apesar de antipopular (para a mídia e para as classes alta e média da população), foi acompanhado de poucas campanhas (tal era a confiança do governo em si mesmo e no seu lastro popular). O *marketing* era basicamente centrado na *Publicity* da figura do presidente e seus ministros, como foi o caso paradigmático de Zélia Cardoso de Mello.

Quando a inflação voltou, as campanhas institucionais aumentaram significativamente com o objetivo claro de reverter o quadro de progressiva ampliação da impopularidade. Mas a tônica geral do período foi a de valorização do mercado e reforço da autoridade do governo (o que não deixava de ser um paradoxo). As ideias de modernidade, progresso, tornam-se prioritárias. E há uma exposição forte das novas propostas administrativas, fundadas em quatro grandes grupos: privatizações, combate à inflação, realizações na área social, desenvolvimento com internacionalização e abandono do protecionismo. A forma de repassar estas ideias, em geral, utiliza-se dos "estilos de vida", com foco nos padrões de vida primeiro-mundistas, mas também é bastante utilizado o "jornalismo denúncia" (ou seja, com uma câmera oculta registram-se cenas "rigorosamente verdadeiras").

Finalmente, cria-se o PBQP (Programa Brasileiro de Qualidade e Produtividade), proliferam-se as terceirizações e a palavra de ordem da Administração Pública passa a ser a "qualidade total" (com foco retórico no sistema ISO 9000).

Na gestão de Itamar Franco (outubro de 1992 a dezembro de 1994) houve uma reversão na tendência marqueteira. A ênfase passou a ser a adoção de um "estilo de brasilidade", com destaque para as ideias de: nacionalismo, interiorização e resistência ao capital externo. São criados os *slogans* "Brasil de todos" e "Força Brasil". Com certo privilégio de temáticas sociais, apela-se para a emotividade e para a autoestima: "um convite para a esperança e a fé". É no mínimo pitoresco, embora perfeitamente justificável, que a mais típica ação de *marketing* do período seja o retorno da fabricação do Fusca. A relativa austeridade do período pode ser exemplificada mediante a expedição do Decreto nº 785/93 e a Instrução Normativa nº 03/93, primeiros mecanismos normativos relevantes de regulação da propaganda das instituições do Estado.[24]

Fernando Henrique Cardoso (janeiro de 1995 a dezembro de 2002) ocupou o cargo em duas oportunidades e, assim sendo, seu governo contempla fases distintas de estratégia publicitária. Nos primeiros 18 meses de gestão ocorre a elaboração do PCI (Plano de Comunicação Institucional, 1997). Há forte disseminação de propagandas sobre a moeda forte e o fim da inflação. Peculiaridade do período é a recuperação de algumas táticas utilizadas no regime militar — em quase nenhum momento há publicidade sobre os projetos governamentais que são discutidos e votados no Congresso. Há uma busca constante de "desideologização": o governo não quer discutir posições ideológicas, projetos administrativos, questões sociais ou a conjuntura econômica. As campanhas destinam-se à conscientização da população para novos valores civilizatórios que podem garantir melhoria da qualidade de vida. Trata-se de uma sociedade em transformação e, sendo assim, torna-se recorrente a temática comportamental.

Apesar da continuidade da política administrativa do Governo Collor, a publicidade governamental não foca estes temas (que passam a ser tratados fortemente pelos meios de comunicação, notadamente

---

[24] O Decreto nº 785/93 institui o Sistema Integrado de Comunicação Social da Administração Pública federal e dispõe que a Assessoria de Comunicação Institucional da Presidência da República expedirá normas e instruções para disciplinar o funcionamento do sistema. Prevê ainda que toda atividade de propaganda realizada no país deverá ser precedida de concurso de agências, dentre outras regulações. A IN nº 03/93 da Assessoria de Comunicação Institucional reitera a obrigatoriedade de concurso de agências de publicidade para realização de propaganda, inclusive a de execução obrigatória por dispositivo legal.

pela *Publicity*). De fato, as reformas não precisavam ser defendidas pelo governo. Ao contrário dos governos anteriores, elas estavam sendo promovidas constantemente e de forma livre e espontânea pela mídia e pela intelectualidade formadora de opinião. A propaganda governamental pôde focar, então, a modernização do comportamento brasileiro.

A partir da proposta de reeleição, todavia, inicia-se uma fase pragmatista, com a busca de campanhas mais setorializadas e de autopromoção. É ilustrativa a utilização, por exemplo, de recursos da TELEBRAS para promover a reeleição do presidente mediante o financiamento do livro: "Fernando Henrique Cardoso: história da política moderna do país".[25] Não há, porém, um novo marco publicitário significativo na segunda gestão de FHC. Um dado interessante foi a harmonização da propaganda governamental da União mediante a edição da Instrução Normativa nº 19/2000, que obrigou a utilização da marca do governo juntamente com o *slogan* "Trabalhando em todo o Brasil" em toda a publicidade do governo federal.

Finalmente, a grande marca do primeiro governo Luis Inácio Lula da Silva (no período entre janeiro de 2003 e dezembro de 2006) foi o aprimoramento e total profissionalização do *marketing* do governo, com ênfase na exploração da imagem pessoal do Presidente (como ocorreu com Collor). Basicamente, o governo inicia contratando três grandes agências de publicidade (Duda Propaganda, Lew, Lara e Matisse), que ficaram responsáveis por um orçamento em torno de R$150.000.000,00. Houve uma manutenção da setorialização, com ênfase em todos os programas da Administração. Em 2005, a Secretaria de Comunicação, por exemplo, planejou campanhas com objetos tais como: crescimento, desarmamento, trabalho e renda, Prouni, computador para todos, prójovem, crédito consignado, exportação, etc. Um foco interessante foi a campanha "Investimentos Regionais" que sozinha consumiu cerca de R$12.000.000,00 para firmar o seguinte *slogan*: "Onde tem esta marca, tem Governo Federal". A ideia era conquistar os brasileiros — e ao que parece, foi uma estratégia exitosa, haja vista a conquista da reeleição com amplíssima margem de aprovação da gestão.

---

[25] Foram gastos R$250,000,00, e o Tribunal de Contas da União julgou a despesa irregular, determinando a devolução do valor. O aresto foi assim ementado: "Auditoria. TELEBRAS. Despesas com propaganda e publicidade. Denúncia de direcionando das despesas para promoção do Plano Real e a campanha de reeleição presidencial. Comprovação da ocorrência do patrocínio de livro que se caracterizou como promoção pessoal do presidente da república, contrariando dispositivo constitucional. Multa. Determinação. Arquivamento" (TCU, Acórdão nº 596/2001, 2ª Câmara, Min. Rel. Benjamin Zymler).

Em resumo, o que se pode extrair de conclusão da revisão descritiva das políticas e estratégias de propaganda institucional dos governos pós-militares,[26] pouca ou, em alguns casos, nenhuma tem sido a ênfase efetiva da propaganda governamental na educação, na informação e na orientação social real. A maioria da propaganda governamental foi utilizada para impor a marca dos governantes, além de seus valores e respectivas preferências políticas, tudo isso em detrimento de um real interesse público na matéria veiculada. Se no plano do ordenamento jurídico cada vez mais são impostas regras à propaganda governamental; no plano da realidade a propaganda governamental vem destinando-se quase que exclusivamente ao convencimento e ao nivelamento da mentalidade popular. Um verdadeiro "coronelismo eletrônico" ainda em vigor no país e que reforça a ideia de uma permanente fabricação do consenso.

4 As propagandas governamental e eleitoral no Brasil: entre abuso e controle

Apesar do rígido regime constitucional no Brasil, não é incomum, como visto, a utilização da propaganda governamental como mecanismo de promoção pessoal ou de promoção da ação do governo, vinculado a um grupo político determinado, o que acarreta uma afronta à impessoalidade e eficiência do Estado. Por consequência, torna-se um fator de radical inibição do desenvolvimento institucional do Estado e da sociedade. Sem dúvida, a história brasileira está repleta de maus exemplos nesta seara. Todavia, também é certo que as práticas e representações vêm mudando. A própria jurisprudência encontra-se cada vez mais intransigente, com comportamentos abusivos seja política ou economicamente. Desse modo, amplia-se no Brasil o controle do uso indevido da propaganda e da publicidade governamentais.

Além dos requisitos formais, como cumprimento da responsabilidade fiscal, exigência de licitação para contratar agências de publicidade e verificação do real interesse público presente mediante o exercício da autotutela e do controle judicial dos atos administrativos, tem sido feitas verificações do mérito da propaganda. Inclusive,

---

[26] Poder-se-ia, assim, descrever topicamente as ênfases publicitárias, ou "marcas" de cada governante: Sarney – foco nas questões políticas (mudança para a democracia); Collor – foco nas questões econômicas (retorno do mercado); Itamar – foco nas questões éticas (valorização do caráter brasileiro); FHC – foco nas questões culturais (na formação de hábitos e mentalidades modernas); Lula – foco nas questões institucionais (na ampliação da confiança no governo).

propagandas que se direcionam à mentalidade popular por intermédio da introjeção de mensagens subliminares (promovendo uma clara referência ao agente público ou seu grupo político a ser paulatinamente gravada no imaginário social) têm sido coibidas, embora seja muito difícil identificá-las. De todo modo, são proibidas as campanhas acompanhadas de logotipos, "frases de efeito", *slogans* e símbolos com ligação à imagem pessoal ou do grupo do governante. Além do que, não pode o governo tomar partido em causas privadas por meio da propaganda governamental.

Como vem rotineiramente entendendo a jurisprudência brasileira, principalmente do Supremo Tribunal Federal,[27] do Superior Tribunal de Justiça,[28] e do Tribunal Superior Eleitoral,[29] tal propaganda

---

[27] "AGRAVO REGIMENTAL EM RECURSO EXTRAORDINÁRIO. ART. 37, §1º DA CONSTITUIÇÃO FEDERAL. PUBLICIDADE DE ATOS E OBRAS PÚBLICAS. NÃO OBSERVÂNCIA DO DISPOSTO NA SEGUNDA PARTE DO PRECEITO CONSTITUCIONAL. DECISÃO PROFERIDA À LUZ DAS PROVAS CARREADAS PARA OS AUTOS. REEXAME DE PROVAS. IMPOSSIBILIDADE: SÚMULA 279/STF. 1. O art. 37, §1º da Constituição Federal preceitua que 'a publicidade dos atos, programas, obras, serviços e campanhas dos órgãos públicos deverá ter caráter educativo, informativo ou de orientação social, dela não podendo constar nomes, símbolos ou imagens que caracterizem promoção pessoal de autoridades ou servidores públicos.' 2. Publicidade de caráter auto promocional do Governador e de seus correligionários, contendo nomes, símbolos e imagens, realizada às custas do erário. Não observância do disposto na segunda parte do preceito constitucional contido no art. 37, §1º. Reapreciação da matéria fática em sede extraordinária. Impossibilidade. Súmula 279/STF" (Agravo Reg. Em Rex. nº 217.025-5/RJ, Rel. Min. Maurício Corrêa).

[28] "IMPROBIDADE ADMINISTRATIVA – frases e logotipo de campanha utilizados no exercício do mandato. (...) MÉRITO – proibição de utilização de nomes, símbolos ou imagens que caracterizam promoção pessoal de autoridades ou servidores públicos em publicidade de atos, programas, obras, serviços e campanhas dos órgãos públicos, que deve ter caráter educativo — arts. 37, §1, da CF/1988, 115 §1º, da cesp/1989 e 8º, inciso VI, da Lei Orgânica Municipal — no caso concreto, trata-se de sutil promoção pessoal exercitada através de meios psicológicos, onde o promovido, usando "frases de efeito" e "desenhos específicos" durante a campanha eleitoral, levou para a Administração Pública esse expediente destinado ao público desejado, para dele tirar proveito político — desnecessidade de dano material para o Erário e de enriquecimento do administrador público, sendo bastante a simples infração aos princípios que devem nortear a atividade administrativa pública (...)" (Citação do relatório de decisão do STJ no Resp. nº 695.718/SP, Rel. Min. José Delgado).

[29] "AGRAVO REGIMENTAL NO AGRAVO DE INSTRUMENTO Nº 12.099 Investigação judicial. Abuso de poder. Publicidade institucional. Calendários. (...) 2. A Corte de origem, examinando o contexto fático-probatório, entendeu que a publicidade institucional consistente na distribuição de calendários, com destaque a obras e realizações da administração municipal, caracterizava evidente promoção pessoal do prefeito candidato à reeleição, com conotação eleitoreira, configurando abuso de poder punível nos termos do art. 22 da Lei Complementar nº 64190. (...). 4. A circunstância de que não haver elemento identificador de pessoa ou partido político não torna, por si só, legítima publicidade institucional que eventualmente pode conter distorção e estar favorecendo indevidamente ocupante de cargo político" (TSE, Agravo Reg. em Agravo de Instrumento nº 12.099 – SC, Rel. Min. Arnaldo Versiani).

é vedada, seja porque contraria o regime constitucional e a própria essência republicana, seja porque acaba acarretando propaganda eleitoral antecipada e indireta, pois seu objetivo fundamental é atuar no inconsciente do eleitorado, provocando um "condicionamento psicológico" (um lastro que será recuperado quando das próximas campanhas em que o agente participar, mesmo que não seja a subsequente).[30]

Assim, a propaganda governamental ou institucional não pode provocar um desequilíbrio na disputa pelos cargos eletivos. Em nome do princípio da publicidade não pode haver ofensa ao princípio republicano — e seus princípios derivados, da impessoalidade, da moralidade, da eficiência — e ao princípio constitucional da igualdade no pleito. Exige-se que se preserve a necessária paridade democrática entre os participantes do pleito.[31]

E para evitar "tentações" de fuga do interesse público, nesta seara, o ordenamento jurídico brasileiro estabeleceu medidas de precaução, como, por exemplo, a de "limitação temporal" para a propaganda institucional ou eleitoral: o artigo 73, inciso VI, alínea "b", da Lei nº 9.504/97, estabelece que é proibida, nos três meses anteriores ao pleito, a publicidade institucional na Administração Pública direta e indireta, salvo em caso de grave e urgente necessidade pública, assim reconhecida pela Justiça Eleitoral. Há, aqui, uma presunção do caráter eleitoral da propaganda, e se afasta sua realização em um momento em que sua potencialidade para alterar as condições da luta eleitoral é bastante elevada.

Este artigo não está, na verdade, tratando de publicidade institucional, mas sim de propaganda governamental, que não pode ser realizada após o início do período eleitoral. Veja-se que também não está tratando da publicidade como *marketing*, pois excetua a "propaganda de produtos e serviços que tenham concorrência no mercado" (redação do próprio artigo 73, VI, "b", Lei nº 9.504/97).

O cuidado com a propaganda governamental deve ser redobrado após a Emenda Constitucional nº 16/97. Com a permissibilidade da reeleição do titular do Poder Executivo, somada à esdrúxula desnecessidade de desincompatibilização, fruto de uma leitura míope da

---

[30] José Jairo Gomes é bastante ácido em sua análise a respeito da propaganda institucional, afirmando o desprezo cotidiano de suas regras e sua influência nefasta nas eleições (*Direito eleitoral*. 6. ed. São Paulo: Atlas, 2011. p. 364-366).

[31] A máxima igualdade na disputa eleitoral é princípio constitucional estruturante do Direito Eleitoral e veda o uso do poder político, o abuso de poder econômico e o uso indevido dos meios de comunicação social nas campanhas eleitorais (SALGADO, Eneida Desiree. *Princípios constitucionais eleitorais*. Belo Horizonte: Fórum, 2010. Cap. 4).

sistemática constitucional, governante e candidato se confundem, se amalgamam, e as campanhas para o novo mandato, por vezes, iniciam-se antes mesmo do término do primeiro ano do governo.

Neste ponto, a legislação brasileira é bastante severa, pois reconhece a possibilidade de inconstitucionalidade por abuso de autoridade quando há afronta ao §1º do artigo 37 da Constituição,[32] mesmo sem a confirmação de qualquer candidatura. Embora exista divergência sobre o assunto, parece ser esta a interpretação correta decorrente do artigo 74 da Lei nº 9.504/97.[33]

E este abuso de autoridade pode configurar-se como "abuso de poder econômico" ou "abuso de poder político". Isso é tão grave no direito brasileiro, que não consiste apenas um ilícito civil, mas constitui crime (artigo 40 da Lei nº 9.504/97).[34] Embora a proibição mais comum incida sobre a transposição de imagens e símbolos da publicidade institucional para a campanha eleitoral, o contrário também é verdadeiro. Ou seja, parece também ilícita a transposição de imagens e símbolos ou frases da campanha eleitoral para a publicidade institucional (apesar de existirem posições divergentes sobre a questão).

A tipificação não é estabelecida pela lei somente por motivações de ordem formal. Como bem esclarece Lauro Barretto, a restrição constitucional decorre da material afetação negativa de tal publicidade irregular. Assim afirma o autor sobre o assunto: "trata-se, na realidade, de um reconhecimento expresso da importância e do potencial político da propaganda governamental, na medida em que tem por objetivo

---

[32] "RECURSOS ESPECIAIS ELEITORAIS. AÇÃO FUNDADA EM INFRAÇÃO AO ART. 73 DA LEI Nº 9.504/97. TERMO FINAL PARA AJUIZAMENTO. APLICAÇÃO DE MULTA. DECRETAÇÃO DE INELEGIBILIDADE. CASSAÇÃO DE DIPLOMA. PUBLICIDADE INSTITUCIONAL INDEVIDA. INFLUÊNCIA NO PLEITO. REELEIÇÃO, ABUSO DO PODER ECONÔMICO. (...) 9. Reconhecimento da prática de publicidade institucional indevida em benefício de candidato à reeleição. 10. Publicidade intensa, reiterada e persistente de obras públicas realizadas. Configuração de benefício ao candidato. 11. Meios de comunicação utilizados pelo candidato, de forma impressa, gratuitamente ou em preço módico, sem respaldo legal. 12. Candidato que pretende reeleição. Abuso do poder econômico reconhecido pelo Tribunal *a quo*" (TSE. Resp. nº 25.935/SC, Rel. Min. José Delgado).

[33] "Considera-se abuso de autoridade, para fins do disposto no art. 22 da Lei Complementar 64, de 18 de maio de 1990, a infringência do disposto no §1º. do art. 37 da Constituição Federal, ficando o responsável, se candidato, sujeito ao cancelamento do registro de sua candidatura."

[34] Artigo 40 da Lei nº 9.504/97: "O uso, na propaganda eleitoral, de símbolos, frases ou imagens, associadas ou semelhantes à empregadas por órgão de governo, empresa pública ou sociedade de economia mista constitui crime, punível com detenção, de seis meses a um ano, com a alternativa de prestação de serviços à comunidade pelo mesmo período, e multa no valor de dez mil a vinte mil UFIR".

a proibição do uso dos resíduos que ela deixa na memória coletiva em decorrência de sua superexposição na mídia. De fato, o propósito mais abrangente desta vedação legal é o de impedir que candidatos a cargos eletivos peguem carona na publicidade oficial, vinculando suas candidaturas aos resultados que a massificante propaganda dos órgãos públicos consegue obter junto à opinião pública".[35]

O abuso de autoridade retrata também desvio de finalidade, acarretando a nulidade dos atos administrativos viciados, conforme dispõe expressamente a Lei da Ação Popular (Lei nº 4.717/65, em seu artigo 2º, alínea "e", e parágrafo único, alínea "e"). Além de nulo, um ato desta natureza caracteriza improbidade (artigo 73, §7º, da Lei nº 9.504/97: a improbidade surge pela afronta à impessoalidade quando "o administrador usa de recursos públicos para veicular seu nome, sinal, frase ou cor característica de sua campanha").

Carlos Mário da Silva Velloso e Walber de Moura Agra acentuam essa tríplice configuração jurídica da conduta, que tem "como finalidade propiciar repressão mais eficiente às condutas dispostas", provocando consequências eleitorais e civis, como "a possibilidade de perda do cargo ou da função, suspensão dos direitos políticos e ressarcimento do erário público".[36]

A propaganda institucional é, portanto, mecanismo oficial do governo para a realização do princípio da publicidade dos atos da Administração Pública (artigo 37, *caput*, da Constituição Federal) ou, então, para dar vazão a outra atividade tipicamente estatal: o fomento (que exige uma indução governamental para a prática de determinadas ações, como o combate às epidemias, por exemplo). Seu caráter é, portanto, eminentemente cívico, impessoal e, no Brasil, sua caracterização tem *status* constitucional no §1º do artigo 37.[37]

5 Da típica imoralidade e da afronta à impessoalidade

Conforme ensina Odete Medauar, a interpretação do regime jurídico constitucional brasileiro exige o reconhecimento de uma

---

[35] BARRETTO, Lauro. *Manual de propaganda eleitoral*. Bauru: Edipro, 2000. p. 40.

[36] VELLOSO, Carlos Mário da Silva; AGRA, Walber de Moura. *Elementos de direito eleitoral*. São Paulo: Saraiva, 2009. p. 221-222.

[37] Que assim dispõe: "A publicidade dos atos, programas, obras, serviços e campanhas dos órgãos públicos deverá ter caráter educativo, informativo ou de orientação social, dela não podendo constar nomes, símbolos ou imagens que caracterizem promoção pessoal de autoridades ou servidores públicos".

íntima ligação entre os princípios da publicidade, da moralidade e da impessoalidade. Assim explica a autora: "os princípios da impessoalidade, moralidade e publicidade apresentam-se intrincados de maneira profunda, havendo, mesmo, instrumentalização recíproca; assim, a impessoalidade configura-se meio para atuações dentro da moralidade; a publicidade, por sua vez, dificulta medidas contrárias à moralidade e impessoalidade; a moralidade administrativa, de seu lado, implica observância da impessoalidade e da publicidade".[38]

Mas apesar do regime imposto constitucionalmente no plano do "dever ser", observa-se no Brasil que não é incomum a utilização da publicidade institucional como mecanismo de promoção pessoal, o que acarreta uma afronta à impessoalidade e à moralidade administrativas. A história brasileira está repleta de maus exemplos em termos de atuação governamental. Todavia, a jurisprudência pátria tem sido cada vez mais intransigente com este comportamento. Veja-se que há propagandas que produzem na mentalidade popular uma mensagem subliminar que promove clara referência ao agente público. Tal situação é vedada pelo ordenamento, como bem esclarece uma das maiores autoridades no assunto, a professora Lívia Maria A. Koenigstein Zago: "não há necessidade, para efeitos da proibição, que o símbolo seja consciente e expressamente adotado pela autoridade. Basta que se permita ao senso comum a identificação de um nexo entre determinado símbolo e uma personalidade, nexo criado pela existência de analogia e reforçado pela convenção, e o uso de tal símbolo estará proibido."[39]

Esta forma de atuação, para além de uma questão eleitoral, implica séria afronta a dois princípios estruturantes do regime jurídico administrativo estabelecido pela Constituição Federal em seu artigo 37, *caput*, quando prescreve: "a administração pública direta e indireta de qualquer dos Poderes da União, dos Estados, do Distrito Federal e dos Municípios obedecerá aos princípios da legalidade, impessoalidade, moralidade, publicidade e eficiência". Particularmente, deve-se destacar o descumprimento dos princípios da impessoalidade e da moralidade administrativas, pois o desvio de finalidade existente propicia personalismo e afastamento da necessária predominância do interesse público. Isso porque se possibilita uma forte vinculação entre a "pessoa"

---

[38] MEDAUAR, Odete. *Direito administrativo moderno*. 10. ed. São Paulo: Revista dos Tribunais, 2006. p. 125.

[39] ZAGO, Lívia Maria A. Koenigstein. *O princípio da impessoalidade*. Rio de Janeiro: Renovar, 2001. p. 219.

do governante e a "estrutura pública", olvidando-se que o mandatário apenas exerce um cargo transitório por intermédio do qual deve realizar funções ou "deveres-poderes" e não atos de benevolência ou de glória pelos quais mereça crédito pessoal ou atos de engrandecimento de sua personalidade. Este raciocínio, para além da doutrina, já encontra recepção jurisprudencial.[40]

Não é sem sentido que a própria Constituição trata do assunto de forma elastecida. A vedação à propaganda institucional ilícita tem íntima ligação à própria "qualidade da formação da opinião pública". E esta, por sua vez, tem direta ligação com a "qualidade do regime democrático" vigente em determinada sociedade política que se pretende ver "desenvolvida institucionalmente". Mais do que um princípio, o desenvolvimento tem sido entendido como um legítimo "direito fundamental", seja no plano interno, seja no internacional. No plano interno, alguns autores, como Gustavo Henrique Justino de Oliveira, apontam como plenamente admissível enquadrar o desenvolvimento como um direito fundamental decorrente, protegido pelo §2º do artigo 5º da Constituição,[41] que estabelece: "os direitos e garantias expressos nesta Constituição não excluem outros decorrentes do regime e dos princípios por ela adotados, ou dos tratados internacionais em que a República Federativa do Brasil seja parte". O autor ainda esclarece que a Resolução nº 41/128 da Assembleia Geral das Nações Unidas, de 04 de dezembro de 1986, que consagrou a Declaração sobre o Direito ao Desenvolvimento da ONU, estabelece que: "o desenvolvimento é um processo econômico, social, cultural e político abrangente, que visa ao constante incremento do bem-estar de toda a população e de todos os indivíduos com base em sua participação ativa, livre e significativa no desenvolvimento e na distribuição justa dos benefícios daí resultantes".[42]

Todavia, seja como objetivo da República, como princípio constitucional, ou como direito fundamental, é preciso levar em conta que

---

[40] Como é possível verificar, a título meramente ilustrativo, em importantes decisões do Tribunal de Justiça do Estado de São Paulo: "AÇÃO POPULAR – Despesas com publicidade, envolvendo realizações da Administração municipal, com propaganda pessoal do prefeito, com utilização de logotipo particular – Princípio da impessoalidade violado – alcance também de todos aqueles que, por qualquer forma, participaram dos atos impugnados (artigo 6º da Lei Federal nº 4.717, de 1965) – Inteligência do artigo 37, §1º da Constituição Federal (...)" (TJ/SP, Ap. Civ. nº 29.482-5, 4ª Câm. de Direito Público).

[41] OLIVEIRA, Gustavo Henrique Justino de. *Contrato de gestão*. São Paulo: Revista dos Tribunais, 2008. p. 110.

[42] OLIVEIRA. *Contrato de gestão*, p. 110.

não surte efeitos um instituto jurídico ou econômico que não tenha respaldo nas condições reais da sociedade destinatária da norma. É preciso, portanto, que a cidadania tipicamente republicana se dê conta de que a atuação indevida dos administradores públicos, além de viciar o processo democrático, afeta o desenvolvimento e a realização do bem comum traduzido no interesse público.

Referências

ADORNO, Theodor W.; HORKHEIMER, Max. *Dialética do esclarecimento*: fragmentos filosóficos. Rio de Janeiro: Jorge Zahar, 1997.

BARRETTO, Lauro. *Manual de propaganda eleitoral*. Bauru: Edipro, 2000.

BRESSER PEREIRA, Luiz Carlos. *Desenvolvimento e crise no Brasil*. São Paulo: Brasiliense, 1977.

CHOMSKY, Noam. Consentimento sem consentimento; a arregimentação da opinião pública. *In*: CHOMSKY, Noam. *O lucro ou as pessoas?*: neoliberalismo e ordem global. Tradução de Pedro Jorgensen Jr. 2. ed. Rio de Janeiro: Bertrand Brasil, 2002.

CHOMSKY, Noam. *Democracia*: fabricando o consenso – entrevista com Noam Chomsky [fragmento] [IN "América", 1996]. Tradução do periódico *O Lobo*. Disponível em: <http://www.olobo.net/index.php?pg=colunistas&id=344>. Acesso em: 5 ago. 2011.

CONEGLIAN, Olivar. *Propaganda eleitoral*. 8. ed. Curitiba: Juruá, 2006.

COSTA, Patrick Leal. Publicidade institucional do governo federal: da redemocratização à atualidade. *Comunicação Pública no Brasil*. Disponível em: <http://www.nosdacomunicacao.com/pdf/comunic_governo_federal.pdf>. Acesso em: 5 ago. 2011.

FERNANDES NETO, Guilherme. *Direito da comunicação social*. São Paulo: Revista dos Tribunais, 2004.

GABARDO, Emerson. *Interesse público e subsidiariedade*: o Estado e a sociedade civil para além do bem e do mal. Belo Horizonte: Fórum, 2009.

GABARDO, Emerson. *Princípio constitucional da eficiência administrativa*. São Paulo: Dialética, 2002.

GOMES, José Jairo. *Direito eleitoral*. 6. ed. São Paulo: Atlas, 2011.

GONÇALVES, Guilherme de Salles. A liberdade de exercício da propaganda eleitoral e o 'dever' de respeito às posturas municipais. *In*: GONÇALVES, Guilherme de Salles; PEREIRA, Luiz Fernando Casagrande; STRAPAZZON, Carlos Luiz (Coord.). *Direito eleitoral contemporâneo*. Belo Horizonte: Fórum, 2008.

HABERMAS, Jürgen. *Mudança estrutural da esfera pública*. Tradução de Flávio R. Kothe. Rio de Janeiro: Tempo Brasileiro, 1961.

HACHEM, Daniel Wunder. *Princípio constitucional da supremacia do interesse público*. Curitiba, 2011. Dissertação (Mestrado em Direito) – Programa de Pós-Graduação em Direito, Universidade Federal do Paraná, Curitiba, 2011.

KLEIN, Naomi. *The Shock Doctrine*: the Rise of Disaster Capitalism. New York: Macmillan, 2007.

KOTLER, Philip; KELLER, Kevin Lane. *Administração de marketing*. 12. ed. São Paulo: Prentice Hall Brasil, 2006.

LOCKE, John. *Segundo tratado sobre o governo civil*. 4. ed. Petrópolis: Vozes, 2006.

MACHADO, Jónatas E. M. *Liberdade de expressão*: dimensões constitucionais da esfera pública no sistema social. Coimbra: Coimbra Ed., 2002.

MATOS, Heloiza. *Propaganda governamental e redemocratização no Brasil*: 1985-1997. Disponível em: <http://www.sinprorp.org.br/clipping/2005/120.htm>. Acesso em: 5 ago. 2011.

MEDAUAR, Odete. *Direito administrativo moderno*. 10. ed. São Paulo: Revista dos Tribunais, 2006.

MENDES, Gilmar Ferreira; COELHO, Inocêncio Mártires, BRANCO, Paulo Gustavo Gonet. *Curso de direito constitucional*. 2. ed. São Paulo: Saraiva, 2008.

OLIVEIRA, Gustavo Henrique Justino de. *Contrato de gestão*. São Paulo: Revista dos Tribunais, 2008.

RIBEIRO, Fávila. *Direito eleitoral*. 4. ed. Rio de Janeiro: Forense, 1996.

SALGADO, Eneida Desiree. *Princípios constitucionais eleitorais*. Belo Horizonte: Fórum, 2010.

SÁNCHEZ MUÑOZ, Óscar. *La igualdad de oportunidades en las competiciones electorales*. Madrid: Centro de Estudios Políticos y Constitucionales, 2007.

SUPREMO TRIBUNAL DE JUSTIÇA. Recurso especial nº 695.718-SP. Primeira Turma, Relator Min. José Delgado. J. em 16.08.2005.

SUPREMO TRIBUNAL FEDERAL. Agravo regimental em recurso extraordinário nº 217.025-5. Segunda Turma, Relator Min. Maurício Corrêa. J. em 27.04.1998.

TOCQUEVILLE, Alexis de. *A democracia na América*: sentimentos e opiniões. Tradução de Eduardo Brandão. São Paulo: Martins Fontes, 2000.

TRIBUNAL DE CONTAS DA UNIÃO. Relatório de Auditoria nº 001.723/1998-7. Relator Min. Benjamin Zymler, Segunda Câmara. J. em 09.10.2001.

TRIBUNAL DE JUSTIÇA DE SÃO PAULO. Apelação cível nº 29.482-5. Relator Soares Lima, Quarta Câmera de Direito Público, J. em 25.02.1999.

TRIBUNAL SUPERIOR ELEITORAL. Agravo regimental em agravo de instrumento nº 12.099 – SC. Relator Min. Arnaldo Versiani. J. em 18.05.2010.

TRIBUNAL SUPERIOR ELEITORAL. Recurso especial eleitoral nº 25.935-SC. Relator: José Delgado, J. em 20.06.2006.

TRIBUNAL SUPERIOR ELEITORAL. Representação nº 752. Relator: Ministro Marco Aurélio Mello. J. em 1º.12.2005.

VELLOSO, Carlos Mário da Silva; AGRA, Walber de Moura. *Elementos de direito eleitoral*. São Paulo: Saraiva, 2009.

ZAGO, Lívia Maria A. Koenigstein. *O princípio da impessoalidade.* Rio de Janeiro: Renovar, 2001.

Informação bibliográfica deste texto, conforme a NBR 6023:2002 da Associação Brasileira de Normas Técnicas (ABNT):

GABARDO, Emerson; SALGADO, Eneida Desiree. O princípio da publicidade e os abusos de poder político e econômico na democracia contemporânea. *In*: AFFORNALLI, Maria Cecília Naréssi Munhoz; GABARDO, Emerson (Coord.). *Direito, informação e cultura*: o desenvolvimento social a partir de uma linguagem democrática. Anais do Simpósio Comunicação, Cultura de Massas, Globalização e Direito: II Congreso Ciencias, Tecnologías y Culturas. Diálogo entre las disciplinas del conocimiento. Mirando al futuro de América Latina y el Caribe. Belo Horizonte: Fórum, 2012. p. 149-171. ISBN 978-85-7700-563-5.

H. G. WELLS E O CONTROLE SOCIAL DA INFORMAÇÃO EM *WORLD BRAIN* (1938)

FÁBIO LUCIANO IACHTECHEN

1 A literatura utópico-social como instrumento de comunicação

> *Ora essa, ele inventa...!*
> (Júlio Verne)

Certa vez, quando indagado sobre o que pensava a respeito dos "romances científicos"[1] de H. G. Wells, o escritor francês Júlio Verne, em tom aborrecido, teria pronunciado a exclamação da epígrafe.[2] Uma reação natural de alguém preocupado com a verossimilhança de suas histórias, que buscava constantemente embasamento material e científico

---

[1] Para David Hughes, "romance científico" é uma categoria intermediária, pelo menos em sua forma britânica, entre as obras que trazem apenas alguns dados científicos, bastante comuns até pelo menos a segunda metade do século XIX, e a própria ficção científica emergente no início do século XX. O romance científico, assim, tem por característica essencial o emprego de uma retórica da ciência, sem a necessária correlação com a ciência desenvolvida na época.

[2] TAVARES, Bráulio. *Páginas de sombra*: contos fantásticos brasileiros. Rio de Janeiro: Casa da Palavra, 2003. p. 15.

para as propostas descritas em sua ficção. De fato, diferentemente do que propunha Verne, é possível encontrar nas primeiras obras de Wells situações que fogem a uma explicação racional, naturalmente quando assim confrontadas. É o caso das viagens temporais presentes em *A máquina do tempo* (1895), da criação artificial de seres humanos em *A ilha do doutor Moreau* (1897) ou mesmo da possibilidade de tornar as pessoas invisíveis em *O homem invisível* (1896). Estas obras tiveram grande repercussão na época e ainda hoje são reeditadas com alguma frequência. São responsáveis pela manutenção de Wells como um escritor com relativa popularidade, que flutua ao sabor das adaptações cinematográficas que são realizadas periodicamente a partir destes livros.

Herbert George Wells nasceu em Bromley, Kent, subúrbio ao sul de Londres, em setembro de 1866, filho de um jardineiro e de uma criada, que posteriormente viriam a se constituir como modestos comerciantes. De aspecto franzino, o jovem Wells teve uma infância pouco próspera, passando a maioria de seus dias nos fundos da loja dos pais. Sua mãe, Sarah Wells, trabalhou também como empregada doméstica numa casa de campo de uma tradicional família londrina. Os dias passados com a mãe mostraram a Wells desde cedo uma hierarquia social que marcaria suas primeiras impressões a respeito do mundo. Apesar de ser filho de uma das serviçais da propriedade, foi apresentado diretamente ao modo de vida cultivado pela aristocracia britânica, posteriormente satirizada em diversas oportunidades em algumas de suas obras.

Biólogo por formação[3] e romancista precursor da ficção científica, Wells é frequentemente classificado por seus comentaristas por uma profusão de definições, como crítico social, divulgador científico, jornalista, socialista militante, enciclopedista, eugenista, futurista, arauto do internacionalismo e do governo mundial, entre outras. No entanto, de uma maneira geral, Wells pode ser caracterizado como um literato social: alguém que produzia e se manifestava por intermédio da literatura de cunho utópico, caracterizada por uma retórica científica e progressista, porém com aspirações sociais maiores que a simples exposição das possibilidades técnicas de sua época. Para além desta ficção que extrapolava os limites da plausibilidade, Wells tornou-se

---

[3] Wells recebeu em 1884, aos dezoito anos, uma bolsa de estudos na *Normal School of Science* de Kensington, uma respeitada instituição que mantinha em seu quadro de professores nomes reverenciados das ciências naturais, como Thomas Huxley, seu professor e grande influência intelectual, divulgador crítico do evolucionismo darwinista.

também um publicista que discorria sobre uma infinidade de temas, como a liberação feminina, o sufrágio universal, reformas educacionais, além de panfletos socialistas, discursos e libelos contra a guerra.

Num segundo momento de sua carreira, no início do século XX, podemos afirmar que Wells deixou a ficção em segundo plano, porém, sem abandoná-la, e partiu para uma produção intelectual cuja principal característica talvez seja o reformismo social. Neste sentido, manuais sobre biologia evolutiva, jornalismo de cunho sociológico, textos sobre conjuntura econômica mundial, escritos sobre história, além de alguns romances utópicos e de costumes formam uma massa disforme de conhecimentos que carrega consigo o objetivo comum de promover uma educação popular integral e a difusão de uma das suas grandes obsessões intelectuais: a formação de um Estado mundial regulado por uma administração centralizada, com um idioma único (tendo como proposta principal a criação do que chamou "inglês básico"), controle dos transportes e comunicações, além da propriedade estatal para fins educacionais do conjunto das informações produzidas pela humanidade.

De fato, a obra de Wells assumiu um caráter mais prático nas primeiras décadas do século XX, pois seus primeiros livros, os chamados romances científicos, foram recebidos como portadores de ideias interessantes, mas que não possuíam ligação efetiva com a realidade. Wolf Lepenies traduz esta constatação lembrando uma irônica manifestação da escritora britânica Virgínia Woolf a respeito de Wells e seus contemporâneos, que ilustra a compreensão e receptividade de obras como as que passaram a ser propostas por Wells, a partir da sua entonação ao ensaio e ao jornalismo social. Em 1920, Woolf propôs uma divisão definitiva da literatura inglesa em dois grandes grupos: os eduardianos, dentre os quais incluiu Arnold Bennet, John Galsworthy e H. G. Wells, e os georgianos, T. S. Elliot, James Joyce e D. H. Lawrence. Ela afirmou na oportunidade que algumas mudanças decisivas ocorreram na década de 1910 na sociedade inglesa, e que somente os georgianos foram capazes de captar tais mudanças, que passavam pela análise da natureza humana e suas características essenciais, e não mais pela análise social de cunho utópico.[4] É provável que a receptividade para ideias sociais em forma de romance não fosse mais a mesma que na virada do século, quando os romances científicos atingiam grandes públicos, disponíveis nos periódicos que os publicavam com frequência.

---

[4] LEPENIES, Wolf. *As três culturas*. São Paulo: Edusp, 1996. p. 145.

A partir destas considerações, é possível afirmar que o reformismo social proposto por Wells, até certo momento de sua carreira manifestado essencialmente por meios literários, passa gradativamente a mesclar elementos das ciências naturais, que sempre o acompanharam — mas que se apresentavam implícitos em um discurso ficcional que não favorecia sua aceitação enquanto ideário científico pertinente a sua época —, com uma nova forma de expressão, considerada ainda literária, porém mais direta e objetiva. Segundo Lepenies,[5] era a busca de uma espécie de sociologia universal, que aliava subjetividade e objetividade, beleza e verdade, arte e ciência. De uma maneira geral, tratava-se de um esforço pela expressão científica em formas literárias mais adequadas aos objetivos sociais observados entre o final do século XIX e o início do XX. Para Wells, duas formas de expressão se apresentaram como resposta a estas necessidades proeminentes: a historiografia narrativa, aos moldes de Buckle, Edward Gibbon e Carlyle, e a utopia como gênero literário-social, em sua entonação ao futuro como variável componente do processo histórico.

2 O "cérebro mundial" e o controle estatal da informação

A reunião de artigos de 1938, chamada *World Brain*, é um exemplo dos mais profícuos sobre como tais ideias que se apresentavam como propostas práticas para os grandes e seminais problemas humanos se tornou definitiva no pensamento de Wells, ainda que com uma roupagem que pode em alguma medida, ser considerada literária. O livro traz consigo algumas questões frequentemente observáveis em textos anteriores, como a questão bioevolutiva, o reformismo social e, sobretudo, a organização mundial por meio de um Estado centralizador e universal.

Sua influência, especialmente no mundo anglo-saxão, acompanha a influência geral do pensamento wellsiano, que teve uma significativa acolhida até pelo menos os anos 50 do século XX, algo atestado inclusive pelos números editoriais que ostentou Wells,[6] mas que no desenrolar

---

[5] LEPENIES. *As três culturas*, p. 153.

[6] Um dos exemplos mais importante da presença editorial de Wells em termos numéricos é a coleção conhecida como *História universal*. No final de 1921, cerca de 150.000 cópias da edição integral, composta por 6 volumes, haviam sido vendidas na Inglaterra, e cerca de 500.000 cópias nos Estados Unidos, onde a popularidade de Wells o colocou entre os autores de não ficção mais vendidos da década. A tradução para mais de 20 diferentes idiomas, a maioria com vendas expressivas, colocou a *História universal* entre o seleto grupo dos livros com circulação superior a 1.000.000 de exemplares entre os anos 20 e 40. Sobre esta questão ver o livro de William Ross (*H. G. Wells World Reborn*).

do período posterior à Segunda Guerra Mundial perdeu espaço no pensamento moderno, apesar de abordar diretamente questões alusivas a um possível futuro da humanidade.[7]

No entanto, mesmo sem a mesma frequência no que diz respeito a suas reedições, *World Brain* foi inspiração direta ou indireta para a constituição de diversos grupos de pesquisa e associações contemporâneas encarregadas de pensar meios e sistemas de organização da comunicação e da informação. Entre eles, é possível destacar o *Global Brain Group*,[8] uma comunidade internacional de pesquisadores das áreas de comunicação social, computação e ciências da informação que estudam a possibilidade da criação do que chamam de "sistema nervoso central", um sistema de controle e difusão ordenada da informação que seria a base de todo um "superorganismo humano".

Tais aspirações, notadamente, não eram frequentemente debatidas nos anos 1930, pelo menos com a intensidade observada atualmente, em especial por conta da tecnologia disponível, que a princípio não permitiria maiores pretensões objetivas em relação a uma organização global do conhecimento, a não ser por meio de um discurso essencialmente utópico, característico de Wells, voltado ao futuro como possibilidade de realização social.

As ideias embrionárias que compõem *World Brain* podem ser observadas no artigo "The Idea of a Permanent World Encyclopaedia", publicado em agosto de 1937, em uma das inúmeras atualizações da *Encyclopédie Française*, organizada entre 1935 e 1966 por Anatole de Monzie e Lucien Febvre como um equivalente contemporâneo francês aos grandes movimentos enciclopédicos observados especialmente na Alemanha e Inglaterra, entre fins do século XIX e início do XX.

Neste breve texto, Wells inicia sua exposição reconhecendo a importância e a necessidade da construção deste tipo de conhecimento, condensado e erigido sob preceitos unificadores. Porém, esta ressalva inicial é imediatamente substituída pela crítica ao caráter restrito e elitista que o formato tradicional impõe à necessária difusão deste tipo de informação. O enciclopedismo iluminista não atendia mais as necessidades impostas pela própria forma pela qual o conhecimento passava a ser concebido e disseminado, o que, nas palavras de Wells,

---

[7] Além da edição original de 1938, *World Brain* teve mais duas edições, em 1971 e 1994, sendo esta última da editora Adamantine Press, de Londres, com algumas referências e artigos breves sobre a atualidade das propostas de Wells para as comunicações e difusão da informação.

[8] Disponível em: <http://pespmc1.vub.ac.be/GBRAIN-L.html>. Acesso em: 30 abr. 2011.

permite uma analogia com o desenvolvimento dos meios de transporte na primeira metade do século XX. "Agora muitas pessoas reconhecem que nossas enciclopédias contemporâneas estão ainda na fase de desenvolvimento das carruagens a cavalo do que na fase do automóvel e do aeroplano."[9]

Apesar de recursos tecnológicos para que novas formas de organização e difusão da informação já existirem nos anos 1930, Wells aponta em seu artigo para a Enciclopédia Francesa que eles não eram até então reunidos e utilizados efetivamente. Entre as possibilidades elencadas por Wells como fundamentos das futuras tecnologias da informação, estão os meios de transporte, cada vez mais ágeis e eficientes, promovendo um encurtamento paulatino das distâncias geográficas, além do telégrafo e do rádio, que proporcionavam um imediatismo revolucionário na história da comunicação. Porém, entre o que Wells chama de "modernas facilidades" proporcionadas pelo desenvolvimento tecnológico, os anos 30 do século XX observaram a reprodução fotográfica e o microfilme como as grandes inovações relacionadas à capacidade de organização e difusão da informação.

A grande contribuição prática reside na possibilidade de aumentar o escopo de atuação de instituições que de alguma forma necessitam lidar como o conhecimento de forma sistemática, como, por exemplo, as universidades e institutos educacionais, promovendo um sensível avanço em relação àquelas que produzem e difundem as informações pelos meios até então considerados tradicionais. Segundo Wells, esta inefetiva forma de conhecimento deveria ser substituída por uma organização centralizada da produção intelectual humana, que, por sua vez, teria, apesar de seu caráter unificador, um alcance global.

> Tanto a reunião quanto a distribuição do conhecimento no mundo de hoje é extremamente ineficaz, e os pensadores do futuro, cuja ideias estamos agora considerando, começaram a realizar o mais esperançoso programa para o desenvolvimento de nossa inteligência racial direcionado especialmente para a criação de um novo órgão mundial para coleta, indexação, resumo e publicação do conhecimento, especialmente a aprimorar o altamente conservador e resistente sistema universitário, local, nacional e tradicional que, em seu contexto, ainda existe. Estas inovações, que podem ser sonhos hoje, mas de quem se espera tornarem-se organizações muito ativas amanhã, projeta um

---

[9] "But many people now are coming to recognize that our contemporary encyclopaedias are still in the coach-and-horses phase of development, rather than in the phase of the automobile and the aeroplane" (*World Brain*: the Idea of a Permanent World Encyclopaedia. *Encyclopédie Française*, p. 2, Aug. 1937).

unificado, senão centralizado, órgão mundial para "colocar as mentes do mundo juntas", e que não será um rival para as universidades, mas uma suplementar e coordenada contribuição para suas atividades educacionais — em escala planetária.

Desta forma, o título do artigo "Permanent World Encyclopaedia" serve também como sugestão para a criação de um futuro organismo supranacional com esta finalidade, uma espécie de síntese bibliográfica e documental de todo o conhecimento humano, materialmente compilado por meio dos microfilmes e técnicas similares, organizados por profissionais de diferentes áreas do conhecimento, encarregados de filtrar e selecionar aquilo que seria realmente importante como condição para elevar o nível educacional da humanidade, uma das grandes obsessões intelectuais de Wells em sua carreira como escritor e ensaísta.

Este movimento já havia começado, segundo Wells, especialmente nos EUA, quando algumas universidades (que teoricamente seriam as ramificações institucionais do grande organismo central, o "cérebro mundial") já fotografavam algumas obras raras, principalmente com a finalidade de conservá-las, mas que antecipa uma tendência que apenas no século XXI ganhou contornos mundiais, observada em *sites* e instituições que disponibilizam trechos ou fac-símiles de obras raras ou mesmo contemporâneas, a título de pesquisa ou simples ilustração.

> Os especialistas americanos em microfilmagem, mesmo agora, estão fazendo *facsimiles* de livros raros, manuscritos, pinturas e amostras, que podem se facilmente acessíveis nas telas da biblioteca. Por meio do microfilme, os mais raros e intricados documentos e artigos podem ser estudados agora em primeira mão, simultaneamente, em diversas salas de projeção.

A previsão de Wells era de que toda a memória produzida seria em breve passível de alguma forma de registro, e que principalmente estes registros estariam de alguma forma disponíveis ao conjunto da humanidade, como uma das possibilidades de atuação do que pretendia difundir como uma necessária condição para a sobrevivência humana: um Estado universal centralizado. O cérebro mundial seria uma das principais instituições deste grande Estado, investida do grande poder de concentrar e regular as informações como um todo.

Entre as obras de Wells sobre a ideia de um Estado Universal, talvez a que trate a questão de maneira mais direta é a *História do futuro*[10]

---

[10] Do original inglês *Shape of things to come*.

(1933), que surge no período entre guerras como uma resposta direta ao estado de acirramento entre as potências europeias, um sintoma já perceptível no início dos anos 1930 com o fracasso das negociações de paz promovidas em Versalhes e do fim precoce da Liga das Nações.

Nessa obra, Wells se lançou na empresa de construir uma direta e objetiva história do futuro. Diferentemente da *Máquina do tempo* ou de *Antecipations* (exemplos de obras anteriores em que o futuro foi romanescamente delineado), essa pretende ser, como o próprio nome diz, um livro de história comum, escrito sob os preceitos da narrativa encontrada na História Universal, só que com a substancial diferença de tratar do futuro. O que Wells propõe é uma Segunda Guerra Mundial, o que de fato ocorreu curiosamente em época bastante próxima à descrita no livro (Wells afirma que o início da segunda grande e definitiva guerra se daria precisamente em 1940), e o fim das estruturas políticas e sociais que organizavam a humanidade. Enfim, é a proposta de uma guerra total, seguida por uma época de carestias e violentas doenças, que criaria as condições para a ascensão do Estado Universal, a materializada proposta histórica voltada ao futuro.

Está subentendida na *História do futuro* a discutida ideia do fim da história, em uma sociedade sem antagonismo de classes e, portanto, perfeita em sua harmonia atingida após pesarosos anos de sofrimento proporcionado pela última guerra. Propostas as ações, delineados os rumos a serem seguidos, Wells aponta um receituário para a ascensão de um sublime futuro a ser atingido sem maiores dificuldades sob prescrição preestabelecida. É verdade que ele inclui um período de guerras e doenças que dizimaram metade da população do planeta mas, na sua insistência em explanar com clareza como devem suceder os passos da humanidade, Wells reforça uma teoria algo comum ao seu tempo de que toda a grande mudança histórica é precedida por um período de instabilidade, seja ela econômica, política, religiosa ou cultural. Trata-se, portanto, de um estágio pelo qual deve passar a civilização, como condição para atingir um patamar superior àquele que lhe precedeu.

No entanto, em algumas outras obras anteriores a *World Brain*, no início do século XX, é possível perceber diferentes propostas do que Wells insistentemente recorria como objetivo discursivo, o Estado Universal, como uma condição para a sobrevivência humana. Entre elas é possível destacar *The War in the Air* (1907), em que uma hipotética guerra mundial travada nos ares promoveria o esgotamento das potências envolvidas, permitindo a ascensão de novas forças administrativas com características universais, além de *Open Conspiracy* (1928), na qual descreve uma sociedade utópica no futuro. Os cidadãos são convidados a tomar parte no que chama de "grande conspiração", que seria a oportunidade de exercer o poder sobre suas ações em uma comunhão regulada por um governo centralizador das relações humanas.

Tais proposições manifestadas sob preceitos essencialmente literários se tornaram mais objetivas a partir dos anos 1930, e sem dúvida os ensaios reunidos em *World Brain* são uma manifestação inequívoca deste redimensionamento da literatura wellsiana. Boyd Rayward comenta que as conferências proferidas por Wells nos Estados Unidos, no outono de 1937, foram bastante concorridas e produziram significativa repercussão a respeito da ideia de um Estado Universal, especialmente da necessidade de se estabelecer um "cérebro mundial".

Outras conferências, abordando os mesmos temas, foram também proferidas na Europa e Austrália, entre 1937-1938, e formaram o material reunido em *World Brain*, uma espécie de resultado destas reuniões. A grande proposta, que não apresenta detalhes técnicos de sua execução, é chamada de "novo enciclopedismo", transmitindo a ideia central da importância da manutenção do conhecimento enciclopédico, porém, mediado pelas novas tecnologias da informação e regulado por uma única instituição de alcance global como condição para a emergência de uma nova educação universal "como único método possível que eu possa imaginar para colocar universidades e centros de pesquisa pelo mundo todo em efetiva cooperação e criar uma autoridade intelectual suficiente para controlar e dirigir a vida coletiva".

O conteúdo inicial destas conferências normalmente ressalta o volume e intensidade da produção e comunicação do conhecimento produzido entre o final do século XIX e primeiras décadas do século XX. Trata-se de um período revolucionário neste sentido, mas que não oferecia o tratamento adequado a esta massa de informações, apesar das possibilidades tecnológicas permitirem uma reprodução/repetição sem precedentes. Sem este tratamento, que passaria por uma organização centralizada deste conhecimento, sua reprodução indiscriminada seria improdutiva enquanto fator de desenvolvimento humano.

Eis a primeira parte da conferência proferida em Nova York, no outono de 1937, que inclusive teve transmissão radiofônica simultânea, corroborando seu discurso sobre a tecnologia disponível.

> Um grande mundo novo está lutando pela existência. Mas esta luta permanece catastrófica enquanto não puder produzir uma adequada organização do conhecimento. Uma imensa e crescente riqueza de conhecimentos é espalhada pelo mundo hoje, uma riqueza de

conhecimentos e sugestões que — sistematicamente organizadas e universalmente disseminadas — provavelmente daria esta visão gigante e direção suficiente para esclarecer as importantes dificuldades de nossa era, mas o conhecimento é ainda disperso, desorganizado, impotente face a aventura da violência e exitamento das massas.[11]

3 O "cérebro mundial" e o papel das universidades

Assim sendo, podemos sugerir que as possibilidades tecnológicas de sua época não constituem um empecilho para uma nova organização do conhecimento. A crença de Wells repousava solenemente na assertiva encontrada em boa parte de sua ficção anterior de que o desenvolvimento tecnológico por si só não traria os benefícios necessários para o que julgava ser o melhor caminho para o futuro humano. Este desenvolvimento aconteceria inexoravelmente, provavelmente em ritmos até então sem precedentes. Porém, a ausência de uma organização coordenada tornaria estéril este avanço.

Neste sentido, a proposta de Wells desenvolvida em *World Brain* apresenta a necessidade de um organismo central, ainda que ele representasse uma espécie de monopólio em escala mundial do conhecimento produzido. No entanto, o caráter autoritário desta forma de organização não é contemplado por Wells, que evita usar palavras que remetam a esta suposição, pois prefere ressaltar os inúmeros benefícios que tal tipo de organização traria.

Questões técnicas, como, por exemplo, a tecnologia a ser empregada, o formato físico desta organização, seus custos e operacionalidade não são o objeto central de sua exposição. O que é possível extrair de *World Brain* são algumas suposições sobre este novo organismo. Uma das questões propostas diz respeito à escolha e perfil adequado dos profissionais que trabalhariam no "cérebro mundial". Seriam pessoas reconhecidas por seus pares nas tradicionais áreas do conhecimento, especialmente científico, a comandar um grupo especializado em coletar criteriosamente e organizar estas informações.

---

[11] "A great new world is struggling into existence. But its struggle remains catastrophic until it can produce an adequate knowledge organization... An immense, and ever-in-creasing wealth of knowledge is scattered about the world today, a wealth of knowledge and suggestion that — systematically ordered and generally disseminated — would probably give this giant vision and direction an suffice to solve all the mighty difficulties of our age, but the knowledge is still dispersed, unorganized, impotent in the face of adventurous violence and mass excitement" (WELLS, H. G. *World Brain*. London: Methuen, 1938. p. 66-67).

No intuito de disseminar este conhecimento, Wells afirma que as diversas sedes do instituto deveriam funcionar em um sistema de rede "...might take form of a network",[12] de modo a tornar o acesso a todas as informações sem que elas necessariamente se repitam. Wells ressalta a dupla característica do novo órgão, que deveria também se constituir não apenas como um espaço de armazenamento, mas que nele as pessoas pudessem se reunir em amplos salões de conferências, além da própria produção e difusão do conhecimento a partir destes debates.

Segundo Wells, para a realização de suas proposições, seria fundamental aproveitar a estrutura das universidades, que até então desempenhavam um papel que corroborava a manutenção do nacionalismo em uma Europa entre guerras e não cumpriam adequadamente sua função de organização e disseminação do conhecimento. Estas instituições deveriam, neste sentido, passar por duas grandes intervenções fundamentais: a primeira era sujeitar seus acervos e técnicos a uma coordenação centralizada, encarregada de selecionar e difundir o conhecimento considerado importante e, em segundo plano, criar departamentos e institutos independentes destinados a tais funções.

Referências

CANTOR, Paul; HUFNAGEL, Peter. The Empire of the Future: Imperialism and Modernism in H. G. Wells. *Studies in the Novel*, v. 38, n. 1, 2006.

EVANS, Arthur B. The Origins of Science Fiction Criticism: from Kepler to Wells. *Science Fiction Studies*, 78, v. 26, part 2, July 1979.

GARFIELD, Eugene. "Science Citation Index": a New Dimension in Indexing. *Essays of an Information Scientist*, v. 7, p. 525-535, 1984.

GAY, Peter. *A experiência burguesa*: da rainha Vitória a Freud. São Paulo: Cia das Letras, 1995. (O cultivo do ódio, v. 3).

HAMMOND, J. R. *H. G. Wells*: Interviews and Recollections. New Jersey: Barnes & Nobles, 1980.

HUGHES, David Y. British "Scientific Romance". *Science Fiction Studies*, 41, v. 14, part 1, Mar. 1987.

HUNTINGTON, John. *The H. G. Wells Reader*: a Complete Anthology from Science Fiction to Social Satire. Maryland: Taylor Trade Publishing, 2003.

JAMESON, Fredric. *Arqueologies of the Future*: the Desire Caled Utopia and Other Science Fictions. London; New York: Verso, 2005.

---

[12] RAYWARD, 1999, p. 252.

JAMESON, Fredric. Shifting Contexts of Science Fiction Theory. *Science Fiction Studies*, 42, v. 14, part 2, July 1987.

LE GUIN, Ursula K. *Selected Stories of H. G. Wells*. New York: The Modern Library, 2004.

LEPENIES, Wolf. *As três culturas*. São Paulo: Edusp, 1996.

PARTINGTON, John S. The Death of Static: H. G. Wells and the Kinetic Utopia. *Utopian Studies*, 11, n. 2, p. 96-111, 2000.

RAYWARD, W. Boyd. *H. G.* Wells's Idea of a World Brain: a Critical Reassessment. *Journal of the American Society for Information Science*, 1999.

ROSS, William. *H. G. Wells World Reborn*: the Outline of History and its Companions. Danvers: Rosemont Publishing, 2002.

ROSSI, Paolo. *Naufrágios sem expectador*: a ideia de progresso. São Paulo: UNESP, 2000.

SARGENT, Lyman Tower. Eutopias e distopias na ciência. *Revista Morus*, Unicamp, n. 4, 2007.

SARGENT, Lyman Tower. Themes in Utopian Fiction in English Before Wells. *Science Fiction Studies*, 10, v. 3, part 3, Nov. 1976.

SOUZA, Ricardo Timm de. *O tempo e a máquina do tempo*. Porto Alegre: EDIPUCRS, 1998.

TAVARES, Bráulio. *Páginas de sombra*: contos fantásticos brasileiros. Rio de Janeiro: Casa da Palavra, 2003.

TROUSSON, Raymond. *Historia de la literatura utópica*. Barcelona: Península, 1995.

VIERNE, Simone. Ligações tempestuosas: ciência e literatura. *In*: *A ciência e o imaginário*. Brasília: Ed. UnB, 1994.

WELLS, H. G. *História do futuro*. São Paulo: Companhia Editora Nacional, 1940.

WELLS, H. G. *World Brain*. London: Methuen, 1938.

WELLS, H. G. *World Brain*: the Idea of a Permanent World Encyclopaedia. *Encyclopédie Française*, Aug. 1937. Disponível em: <http://art-bin.com/art/obrain.html>. Acesso em: 05 set. 2011.

Informação bibliográfica deste texto, conforme a NBR 6023:2002 da Associação Brasileira de Normas Técnicas (ABNT):

IACHTECHEN, Fábio Luciano. H. G. Wells e o controle social da informação em *World Brain* (1938). *In*: AFFORNALLI, Maria Cecília Naréssi Munhoz; GABARDO, Emerson (Coord.). *Direito, informação e cultura*: o desenvolvimento social a partir de uma linguagem democrática. Anais do Simpósio Comunicação, Cultura de Massas, Globalização e Direito: II Congreso Ciencias, Tecnologías y Culturas. Diálogo entre las disciplinas del conocimiento. Mirando al futuro de América Latina y el Caribe. Belo Horizonte: Fórum, 2012. p. 173-184. ISBN 978-85-7700-563-5.

DIREITO À INFORMAÇÃO E PRINCÍPIO DA PUBLICIDADE *VERSUS* PROCESSO VIRTUAL (E-PROC): ANÁLISE CRÍTICA DO PROCESSO VIRTUAL SOB AS PERSPECTIVAS DO DIREITO À INFORMAÇÃO E DO PRINCÍPIO DA PUBLICIDADE

FABRÍCIO BITTENCOURT DA CRUZ
GUSTAVO SCHEMIM DA MATTA

1 Introdução

Este artigo é dedicado ao estudo crítico do processo virtual/ eletrônico sob as perspectivas do direito à informação e do princípio da publicidade e tem como objetivo apresentar possível solução ao delicado problema encontrado por cidadãos na tentativa de obtenção de informações contidas em processos eletrônicos nos quais não atuam como partes nem em nome das partes envolvidas.

É inevitável que o desenvolvimento tecnológico atinja as mais diferentes áreas da sociedade. Assim se dá com o processo civil brasileiro. Nesse contexto, como ferramenta para conferir ao Poder Judiciário maior celeridade e efetividade à prestação jurisdicional, foi editada a Lei nº 11.419/06, que regulamenta a informatização do processo judicial.

O processo eletrônico aparece no cenário jurídico brasileiro como instrumento capaz de tornar a prestação jurisdicional mais rápida e dinâmica. A celeridade ocorre porque são eliminadas as chamadas "fases mortas" do processo, como transporte, armazenamento, carimbos e outros. A remessa física dos processos tradicionais e, em muitos casos, a sua localização implicava perda de tempo, que hoje pode ser aproveitada em sua análise, permitindo melhor controle e, também, melhor qualidade técnica das próprias decisões.

Através de sistemas virtuais, como é o caso do E-PROC do Tribunal Regional Federal da Quarta Região, as partes envolvidas em um litígio podem ter acesso e movimentar o processo virtual a partir de qualquer computador e em qualquer parte do mundo.

Não há como negar a importância da implementação do processo eletrônico, visto que, a cada dia, o número de demandas que chega à apreciação do Poder Judiciário cresce em escala geométrica, o que torna demoradas — e muitas vezes traumáticas — as soluções dos conflitos.

Todavia, com a informatização do processo judicial, alguns direitos construídos ao longo da história jurídica do país, garantidos e consagrados pela Constituição Federal, podem estar sendo violados, como nos casos do princípio da publicidade e do direito à informação.

A principal crítica ao processo eletrônico consiste no fato de que a publicidade dos atos processuais, princípio basilar do Estado Democrático brasileiro, pode estar sendo mitigada, pois alguns magistrados têm vedado o acesso aos processos virtuais nos quais a pessoa não tenha interesse direto. Ou seja: a publicidade e a informação, em tais casos, tem ficado restrita aos envolvidos nas demandas.

2 A instrumentalidade do processo

Evolução da doutrina processual civil brasileira identifica-se com a passagem por três fases: sincretismo; autonomia; e instrumentalidade.

O sincretismo caracterizava-se pela confusão entre os planos substancial e processual, pois se partia da premissa de que a ação era o próprio direito subjetivo do lesado. Não se falava na atualmente conhecida autonomia da ação em relação ao direito material que se pretende tutelar por intermédio do exercício do direito de ação.

Sob a perspectiva da autonomia, a relação processual passou a ser vista como independente da relação de direito substancial, desta distinguindo-se pelos sujeitos, pelos pressupostos e pelo objeto. Foi a partir deste marco que o Direito Processual Civil realmente evoluiu como ramo autônomo do direito.

A instrumentalidade processual caracteriza-se pelas preocupações — cada vez mais intensas — com os objetivos a serem alcançados a partir do processo enquanto ferramenta, enquanto simples meio, bem como no tocante aos valores a serem efetivamente tutelados por intermédio do processo. Segundo Cândido Rangel Dinamarco "O processualista sensível aos grandes problemas jurídicos sociais e políticos do seu tempo e interessado em obter soluções adequadas sabe que agora os conceitos inerentes à sua ciência já chegaram a níveis mais do que satisfatórios e não se justifica mais a clássica postura metafísica consistente nas investigações conceituais destituídas de endereçamento teleológico".[1]

O processo, enquanto instrumento, deve estar acompanhado dos objetivos a serem, por meio dele, alcançados, afinal "É vaga e pouco acrescenta ao conhecimento do processo a usual afirmação de que ele é um instrumento, enquanto não acompanhada da indicação dos objetivos a serem alcançados".[2]

O processualista que assume a postura da instrumentalidade nega o processo como um fim em si mesmo, passando a repudiar os exageros processuais e burocráticos que, não raras vezes, ceifam indevidamente direitos substanciais das partes envolvidas na demanda.

Esse mesmo processualista preocupa-se em extrair do processo o máximo de aproveitamento, buscando com ele, enquanto instrumento, propiciar a criação de um ambiente cada vez mais condizente com os valores inerentes à justiça e à pacificação social.

Por isso, a análise do processo sob o prisma da instrumentalidade vem permitindo o trânsito de conceitos certamente desconhecidos das doutrinas processuais civis de outrora, tais como processo civil de resultados, máxima efetividade da prestação jurisdicional e celeridade processual como direito fundamental.

O processo virtual aparece, em decorrência da edição da Lei nº 11.419/06, num cenário no qual a instrumentalidade é a grande protagonista. Afinal, a jurisdição célere e efetiva, ou seja, a jurisdição de resultados, de busca da máxima eficácia, faz parte da agenda do Poder Judiciário, ao menos desde o advento da Emenda Constitucional nº 45/2004.[3]

---

[1] DINAMARCO, Cândido Rangel. *A instrumentalidade do processo*. São Paulo: Malheiros, 1987. p. 22-23.

[2] DINAMARCO, Cândido Rangel. *A instrumentalidade do processo*. São Paulo: Malheiros, 1987. p. 181.

[3] "A visão instrumental do processo, com repúdio ao seu exame exclusivamente pelo ângulo interno, constitui abertura do sistema para a infiltração dos valores tutelados na ordem político-constitucional e jurídico-material" (DINAMARCO, Cândido Rangel. *A instrumentalidade do processo*. São Paulo: Malheiros, 1987. p. 381).

3 A Emenda Constitucional nº 45/2004

O sistema processual brasileiro vem sendo substancialmente alterado desde a promulgação da Emenda Constitucional nº 45/2004. Também chamada de Reforma do Judiciário, a alteração do texto constitucional propiciou uma verdadeira revolução paradigmática. Essa revolução consistiu na estipulação, ao nível direito fundamental, da razoável duração do processo e dos meios capazes de garantir a celeridade de sua tramitação (CF, art. 5º, LXXVIII).

A opção constituinte apresenta-se nitidamente como uma reformulação principiológica e, portanto, com forte caráter valorativo.[4] Essa inovação no âmbito da principiologia constitucional não poderia, evidentemente, quedar-se relegada aos planos da ineficácia, da indiferença e da restrita aplicabilidade, principalmente num contexto histórico no qual muitas eram as críticas ao mal funcionamento do Poder Judiciário.

Konrad Hesse cuidou de salientar que toda Constituição escrita, desde que escorada na realidade histórica, política, cultural e econômica de um país, com vistas a regular situações futuras de forma eficaz, mantendo-se passível a ulteriores alterações interpretativas, é dotada de "pretensão de eficácia".

Entretanto, essa "pretensão de eficácia" somente faria sentido se a práxis dos tribunais e de todos aqueles que à Constituição estariam submetidos sinalizasse de forma a atribuir força normativa à norma escrita. Tudo dependendo do que Hesse denominou "vontade de constituição", necessariamente inerente não só aos tribunais, mas também a todos aqueles que se encontram em situação de submissão ao texto constitucional.[5]

Em homenagem à inovação principiológica e à densidade normativa que deve ser conferida ao texto constitucional (em especial no tocante à temática dos direitos fundamentais), no intuito de se agregar maior racionalidade e mais praticidade ao sistema jurídico nacional foram instituídos, entre diversas outras inovações, mecanismos modernos tal qual o das súmulas vinculantes (CF, art. 103-A) e o da repercussão geral (CPC, art. 543-A e seguintes).

Apoiando-se nos mesmos fundamentos constitucionais e com a bússola também direcionada aos horizontes da efetividade, da

---

[4] "É justamente a instrumentalidade que vale de suficiente justificação lógico-jurídica para essa indispensável dinâmica do sistema e permeabilidade às pressões axiológicas exteriores" (DINAMARCO, Cândido Rangel. *A instrumentalidade do processo*. São Paulo: Malheiros, 1987. p. 26).

[5] HESSE, Konrad. *A força normativa da Constituição*. Tradução de Gilmar Ferreira Mendes. Porto Alegre: Sergio Antonio Fabris, 1991. p. 12.

celeridade e da praticidade, o legislador ordinário escolheu a via do processo eletrônico/virtual, nela encontrando um mecanismo capaz de aprimorar sobremaneira o trâmite processual.

Negar aplicabilidade, por pura opção ideológica, às recentes inovações consiste, basicamente, em negar força normativa a princípios constitucionais devidamente alocados entre os assuntos mais sensíveis de um Estado de Direito: os direitos fundamentais, cláusulas pétreas (ou de barreira) por excelência.

4 Breves considerações sobre o E-PROC

A migração do processo para a seara virtual, além de ter acarretado indiscutível diminuição na duração do trâmite dos procedimentos, alterou substancialmente a própria (pré) compreensão do aspecto temporal no dia a dia daqueles que estão diretamente envolvidos com esse novo modo de vivenciar a prestação jurisdicional.

A expectativa, com a chegada do novo era a desejada celeridade. Entre as maiores promessas, residia a eliminação das chamadas "fases mortas" do processo, como, por exemplo, o tempo de espera entre a tomada de determinada decisão judicial e a efetiva comunicação às partes interessadas.[6] Tal expectativa foi definitivamente alcançada.

Fenômeno interessante — e que provavelmente será objeto de muitos estudos — consiste na percepção de que, no ambiente virtual, o que sob a ótica do processo físico considerava-se incrivelmente veloz, acaba sendo considerado por seus operadores diários lento, ineficaz. A noção de efetividade, antes contada aos dias, hoje, na seara virtual, vem sendo contada aos minutos.

O E-PROC é um sistema processual totalmente virtual, instituído pela Resolução nº 13, de 11 e março de 2004, da Presidência do TRF4. Seu principal objetivo é permitir a tramitação dos processos de forma totalmente eletrônica, buscando-se economia de recursos naturais, facilitando-se o trabalho dos advogados, servidores e procuradores dos órgãos públicos, melhorando-se a qualidade do atendimento às partes e garantindo-se segurança e rapidez na prestação jurisdicional.

É um sistema ao qual somente pessoas cadastradas (advogados, defensores públicos, advogados da União, procuradores federais,

---

[6] Mencione-se, a título de mera elucidação, o interregno entre a assinatura de um despacho de mero expediente e sua definitiva comunicação ao interessado. No meio físico, o processo tem de ser recebido em cartório; deve ser confeccionado um boletim para intimação do profissional habilitado em nome da parte em litígio; aguarda-se a publicação do boletim da imprensa oficial e somente após esse ato é que se considera realizada a intimação. No ambiente virtual, o despacho é imediatamente disponibilizado à parte interessada.

procuradores da Fazenda Nacional e procuradores da República) têm acesso, pois são fornecidos a cada usuário um *login*[7] e uma senha, cujo uso é estritamente pessoal e intransferível.

Depois de cadastrado o processo pelo usuário, disponibiliza-se às partes litigantes uma senha (chave de acesso) para que estas também possam, a partir de então, acompanhar o andamento de seu processo, via internet, em tempo real.

Quando praticado algum ato processual na via eletrônica, que acarrete a necessidade do envio de algum documento, este recebe um protocolo eletrônico e uma assinatura digital, certificando a origem e garantindo o seu conteúdo.

Todos os usuários cadastrados (e também as partes), após receberem a chave de acesso ao seu processo, podem, através do site do TRF4, acessar o sistema E-PROC, evitando-se a espera em filas de atendimento, bem como possibilitando-se tanto o acesso ao andamento do processo quanto a prática de atos processuais em qualquer horário e dia da semana, a partir de qualquer lugar do mundo.

Ressalta-se, entretanto, que o usuário cadastrado no sistema do E-PROC somente tem acesso ao processo em que é parte, restando impedido de obter informações a respeito dos demais procedimentos em que não é integrante da lide ou não atua como procurador constituído pelas partes em litígio.

Neste ponto localiza-se a problemática que justificou a produção deste artigo. Por um lado, apresentam-se preocupações com a segurança de todo um sistema de informatização, que apenas admite a participação ativa, no processo, de que é parte ou age em nome de alguma das pessoas envolvidas na demanda. Por outro, aparecem bons argumentos no sentido de que a legitimidade do processo e, principalmente, das decisões judiciais, somente é atingida quando a publicidade — e consequentemente a informação — impera.

5 Princípio da publicidade e direito à informação

Toda a legislação brasileira tem de encontrar fundamento direto ou indireto na Constituição Federal. Somente os princípios e regras[8] que

---

[7] *Login*, ou palavra-senha, é um conjunto de caracteres solicitado para os usuários que por algum motivo necessitam acessar algum sistema.

[8] Mencionam-se princípios e regras em vez de normas, em homenagem à corrente doutrinária que preconiza a classificação dos preceitos constitucionais a partir de seu grau de abstração e da possibilidade de sua ponderação em cada caso concreto (ÁVILA, Humberto. *Teoria dos princípios*. São Paulo: Malheiros, 2004).

estão de acordo com a CF são válidos, considerados, portanto, constitucionais. Segundo Eros Roberto Grau "A interpretação de qualquer texto de direito impõe ao intérprete, sempre, em qualquer circunstância, o caminhar pelo percurso que se projeta a partir dele — do texto — até a Constituição. Um texto de direito isolado, destacado, desprendido do sistema jurídico, não expressa significado normativo algum".[9]

A CF é continente de várias regras sobre a publicidade, pois é da essência de um Estado que se diz Democrático[10] que todos possam ter acesso ao que acontece nas conjunturas de Poder. Esta é o motivo de adjetivar-se a Administração com o complemento "Pública", de considerar-se que os agentes do Estado são "públicos".[11]

O artigo 5º da CF, que trata dos direitos fundamentais: a) assegura a todos o acesso à informação, resguardando o sigilo da fonte somente quando necessário ao exercício profissional (inciso XIV); b) declara que todos têm direito a receber dos órgãos públicos informações de seu interesse particular, ou de interesse coletivo ou geral, ressalvadas aquelas cujo sigilo seja imprescindível à segurança da sociedade e do Estado (inciso XXXIII); c) assegura a todos, independentemente do pagamento de taxas, a obtenção de certidões em repartições públicas, para defesa de direitos e esclarecimento de situações de interesse pessoal (inciso XXXIV, alínea "b"); d) diz que a lei só poderá restringir a publicidade dos atos processuais quando a defesa da intimidade ou o interesse social o exigirem (inciso LX).

Sob este prisma, o artigo 37 da CF, ao tratar dos princípios da Administração Pública, arrola a publicidade entre eles (*caput*). Na mesma linha segue a CF, em seu artigo 39, prevendo que os Poderes Executivo, Legislativo e Judiciário devem publicar os valores do subsídio e da remuneração dos cargos e empregos públicos (§6º).

Não bastasse a eloquência das citadas disposições constitucionais, a CF contempla regra especificamente direcionada à publicidade dos atos processuais.[12]

---

[9] GRAU, Eros Roberto. *Ensaio e discurso sobre a interpretação/aplicação do direito*. 2. ed. São Paulo: Malheiros, 2003. p. 40.

[10] "A República Federativa do Brasil, formada pela união indissolúvel dos Estados e Municípios e do Distrito Federal, constitui-se em Estado Democrático de Direito" (CF, artigo 1º, *caput*).

[11] Nesta expressão estão incluídos todos os agentes do Poder Judiciário.

[12] De acordo com o artigo 93, IX: "Todos os julgamentos dos órgãos do Poder Judiciário serão públicos, e fundamentadas todas as decisões, sob pena de nulidade, podendo a lei limitar a presença, em determinados atos, às próprias partes e a seus advogados, ou somente a estes, em casos nos quais a preservação do direito à intimidade do interessado no sigilo não prejudique o interesse público à informação".

MARIA CECÍLIA NARÉSSI MUNHOZ AFFORNALLI, EMERSON GABARDO (COORD.)
DIREITO, INFORMAÇÃO E CULTURA

Resta evidente a opção Constituinte ao considerar a publicidade como a regra que dá suporte à própria legitimidade dos atos de Poder, dos atos de Estado (incluídas, evidentemente, as decisões judiciais).[13] Sendo assim, trafegar-se-ia em um tremendo contrassenso prescrever a publicidade dos atos, por um lado, inviabilizando, por outro, o acesso às informações.

A regra é o pleno acesso às informações que, em sua própria definição, são públicas. Contudo, o simples acesso à informação pública, em alguns casos, não é suficiente. Um dos aspectos mais importantes, em especial no tocante às questões judiciais, é a maneira pela qual elas são prestadas, residindo, neste aspecto, a essência do direito à informação. Não basta a publicidade, sendo imprescindível a utilização de linguagem adequada e acessível ao público em geral, apta a informá-lo.

A população tem o direito ao acesso integral a tudo o que acontece em um processo judicial, detendo o direito constitucional à informação. Não poderia ser de outra forma num contexto como o brasileiro, onde, diferentemente dos outros dois Poderes — que se fundamentam no discurso democrático, nele encontrando sua legitimidade —,[14] o Poder Judiciário busca sua legitimação ao argumentar. Esta via da legitimidade argumentativa pressupõe, necessariamente, o controle comunitário, social, sobre a decisão. Controle esse somente viabilizado pela via da informação.

6 Publicidade, informação e processo eletrônico

Não há como negar que a inserção do processo eletrônico (E-PROC) no âmbito do Poder Judiciário está em plena sintonia com a celeridade e com a efetividade propugnadas pelo recente texto constitucional.

A inserção do processo judicial eletrônico, contudo, não deve estar em confronto com princípio (publicidade) e direito (informação) básicos da democracia, consagrados tanto na CF, conforme mencionado,

---

[13] Vicente Greco Filho, ao abordar o princípio da publicidade como garantia constitucional, salienta: "é uma garantia das outras garantias e, inclusive, da reta aplicação da lei. (...) A publicidade acaba atuando como obstativa de eventual arbitrariedade judicial" (*Direito processual civil brasileiro*. 20. ed. São Paulo: Saraiva, 2007. p. 50).

[14] Friedrich Müller adverte que, quando uma constituição atribui todo poder ao povo, ela não formula esse enunciado com base na realidade. Na verdade, ela não fala sobre o poder do povo, todavia se atribui legitimidade através dele (*Quem é o povo?*: a questão fundamental da democracia. São Paulo: Max Limonad, 2003. p. 47-50).

quanto no ordenamento infraconstitucional, a exemplo do Código de Processo Civil.[15]

A publicidade dos atos processuais, na perspectiva da democracia brasileira, é, sem dúvida, o princípio basilar para que o direito à informação possa ser respeitado. Sem publicidade não há informação ou, na melhor das hipóteses, a informação, acaso prestada, pode ser continente de sérias restrições contextuais que comprometem o direito de a população ser devidamente informada. Há evidente ligação entre publicidade e direito à informação. Com efeito, na medida em que o Poder Judiciário Federal da Quarta Região utiliza o processo virtual (E-PROC) como ferramenta para melhor atender a cidadania, é essencial que se proporcione amplo acesso aos atos processuais no âmbito da internet, sob pena de ilegítima restrição à publicidade dos atos processuais e ao direito de informação. Sendo assim, mostra-se imperiosa a busca de harmonização do processo eletrônico com tais garantias.

Ocorre que o sistema do E-PROC fornece, de forma automática, as "chaves de acesso" somente às partes e seus procuradores. Quem não integra a lide, acaso pretenda obter informações a respeito do processo, somente tem acesso à relação de eventos (petição inicial, contestação, despachos, decisões, sentenças, etc.) que ocorreram até o momento da consulta via internet. A informação relacionada ao conteúdo de tais eventos resta totalmente prejudicada, a não ser que o interessado solicite a "chave de acesso" diretamente ao juízo competente.

Ocorre que não são raros os casos nos quais os juízes competentes estão criando barreiras/restrições ao advogado, quando este necessita consultar processos nos quais não atua, bem como a cidadãos eventualmente interessados. As restrições decorrem da proibição de liberação da "chave de acesso".

O sistema jurídico brasileiro estabelece a publicidade como regra, permitindo que qualquer pessoa exercite seu direito à informação, colhendo dados do processo que pretender (ressalvadas, obviamente, as questões que o próprio sistema jurídico elege como sigilosas,[16] ou de acesso restrito[17]).

---

[15] De acordo com o artigo 155 do CPC todos os atos processuais devem ser públicos, ressalvados os casos de interesse público relevante e as questões afetas às áreas da família e de menores.

[16] Neste sentido, explica Ernani Fidélis dos Santos que "a publicidade dos atos processuais garante também a aplicação sempre correta da justiça. Os atos processuais sempre são públicos, à exceção daqueles cuja publicidade possa afetar a intimidade ou interesse social [*Manual de direito processual civil*. 11. ed. rev. atual. São Paulo: Saraiva, 2006. p. 44. (Processo de conhecimento, v. 1)].

[17] Nas palavras de Pontes de Miranda "segredo de justiça pode ser ordenado sempre que se trate de matéria que humilhe, rebaixe, vexe ou ponha a parte em situação de embaraço que

Não se pode vislumbrar o princípio da publicidade somente como a exigência de divulgação dos atos praticados, mas, sim, agregar a ele um sentido mais amplo, garantido e explicitado pela CF, que é o do direito à informação exercitável por qualquer pessoa — seja na qualidade de parte, de procurador, de jornalista ou de cidadão comum — e em relação a qualquer ato processual.[18]

Ou seja, o princípio da publicidade é muito mais abrangente que a simples publicação de atos praticados pelo ente público prestador de um serviço destinado à coletividade. Ele abrande todos os atos processuais. Este é o entendimento de Pontes de Miranda.[19]

Ademais, o princípio da publicidade é ratificado pelo Estatuto da Ordem dos Advogados do Brasil (Lei nº 8.906/94)[20] e a CF arrola o profissional da advocacia como "essencial à função jurisdicional do Estado" (art. 133), destacando a proeminência de sua missão na fiscalização permanente dos atos praticados pelo Poder Judiciário.

---

dificulte o prosseguimento do ato, a consecução da finalidade, do processo, ou possa envolver revelação prejudicial à sociedade, ao estado, ou a terceiro. Interesse público é o interesse transindividual, tendo-se como individuais, os interesses das partes. Se, por exemplo, para se defender em juízo, o réu teria de aludir ao que se passou com terceiro e a alusão causaria dano a esse terceiro, acima do seu interesse próprio, andaria desavisado o juiz se, pesadas as circunstâncias, não ordenasse o segredo de justiça. Hoje em dia, os respeitáveis interesses do Estado em que si ignore a posição de certos serviços estratégicos, bem como os dos particulares a respeito de invenções ou simples trabalhos em execução, são tão dignos de proteção quanto o decoro e a moralidade públicos. Pode ocorrer abuso do direito (material!) de usar publicidade das audiências ou dos atos processuais. No caso de litisconsórcio, intervenção ou assistência, se o fato não é de interesse de um dos litisconsortes, intervenientes ou assistentes, pode ser segredo o ato, para ele, se há conveniência. Se essa conveniência é evidente, e.g., parte reconhecidamente indiscreta ou venal, o juiz pode decretar o segredo para ela (cf. O. Friedmann, Geheime Verhandlungen, 39). Se a inconveniência se estende advogado, é caso para prévia comunicação secreta entre o juiz e o Conselho local da Ordem dos Advogados, se a parte, que o constitui, não anui em substituí-lo. Mas o juiz pode prescindir disso, tomando ele só, com as partes e advogados que puderem assistir, conhecimento do fato. O advogado é exclusível (Rudolf Pollak, System, 451)" (*Comentários ao Código de Processo Civil*. Rio de Janeiro: Forense, 1974. p. 64-65).

[18] Para Celso Antônio Bandeira de Mello "Tal princípio está previsto expressamente no art. 37, caput, da Lei Magna, ademais contemplado em manifestações específicas do direito a informação sobre os assuntos públicos, quer pelo cidadão, pelo só fato de sê-lo, que por alguém que seja pessoalmente interessado" (*Curso de direito administrativo*. 17. ed. atual. São Paulo: Malheiros, 2004. p. 104).

[19] "O princípio da publicidade apanha aos atos processuais, quer em audiência, quer em sessões, quer em termos nos autos, quer em documentos entregues em cartório para se inserirem ou se juntarem aos autos" (PONTES DE MIRANDA. *Comentários ao Código de Processo Civil*. Rio de Janeiro: Forense, 1974. p. 61).

[20] Entre os direitos do advogado, o artigo 7º arrola o de "examinar, em qualquer órgão dos Poderes Judiciário e Legislativo, ou da Administração Pública em geral, autos de processos findos ou em andamento, *mesmo sem procuração*, quando não estejam sujeitos a sigilo, assegurada a obtenção de cópias, podendo tomar apontamentos" (Inciso XIII).

Neste cenário, a já destacada necessidade de harmonização entre o novo (processo eletrônico) e os históricos princípio da publicidade/ direito à informação perpassa pela conscientização de todos os atores do Poder Judiciário (magistrados, servidores, partes em litígio, procuradores) de que não serão os óbices de sistemas recém-implantados os motivos suficientes e razoáveis à blindagem dos processos. A informação e a publicidade estarão satisfeitas com o descortinar, a qualquer interessado, da "chave de acesso ao cliente".

7 Considerações finais

Thomas Kuhn utiliza o conceito de paradigma para explicar que o conhecimento científico não se desenvolve somente de modo cumulativo e contínuo.[21] Um paradigma tem como característica a indicação de um universo de valores partilhados por membros de uma comunidade. Funciona como parâmetro e, muitas vezes, até mesmo como fundamento ao conhecimento científico em determinados momentos histórico-culturais. Alterações paradigmáticas decorrem de insuficiência de respostas a diversas espécies de indagações incapazes de encontrar resposta num paradigma que já se encontra em crise. Essas alterações implicam necessariamente reordenações de princípios tidos como inalteráveis perante o paradigma anterior, justamente porque não se trata de mera inovação, mas de pura ruptura no pensamento escorado no paradigma ultrapassado. Com a mudança paradigmática ampliam-se sobremaneira os horizontes científicos até então tolhidos, porque não submetidos a uma crítica mais radical em relação aos padrões anteriores.

Em 2004, com a promulgação da Emenda Constitucional nº 45, inaugurou-se no cenário constitucional brasileiro um novo paradigma: a prestação jurisdicional célere e efetiva como direito fundamental (CF, art. 5º, LXXVIII). A (pré) compreensão dele é de fundamental relevância para que sejam percebidos a importância, a abrangência e os objetivos a serem alcançados com a Reforma do Poder Judiciário, especialmente a partir do momento em que se buscou o suporte da rede mundial de computadores para inovar, radicalmente, o processo, tornando-o virtual.

O processo virtual aparece, em decorrência da edição da Lei nº 11.419/06, num cenário no qual a instrumentalidade é a grande

---

[21] KUHN, Thomas S. *A estrutura das revoluções científicas*. 3. ed. São Paulo: Perspectiva, 1992. p. 257.

protagonista. Afinal, a jurisdição célere e efetiva, ou seja, a jurisdição de resultados, de busca da máxima eficácia, faz parte da agenda do Poder Judiciário, ao menos desde o advento da Emenda Constitucional nº 45/2004.

Vários recursos tecnológicos, a fim de viabilizar a tramitação eletrônica de processos por sistemas operados pela internet (desde a petição inicial até a sentença), estão sendo implantados. Nesses sistemas, é disponibilizado aos advogados e às partes, devidamente cadastradas, o acompanhamento da tramitação de seus processos, em qualquer parte do mundo, visualizando todas as petições, documentos e decisões (exceto aqueles que se guardam em segredo de justiça), podendo ainda praticar atos processuais, sendo, para tanto, necessário apenas um computador e o acesso à internet.

A publicidade dos atos processuais, na perspectiva da democracia brasileira, é, sem dúvida, o princípio basilar para que o direito à informação possa ser respeitado. Sem publicidade não há informação ou, na melhor das hipóteses, a informação, acaso prestada, pode ser continente de sérias restrições contextuais que comprometem o direito de a população ser devidamente informada. Há evidente ligação entre publicidade e direito à informação.

Com efeito, na medida em que o TRF4 utiliza o processo virtual (E-PROC) como ferramenta para melhor atender a cidadania, é essencial que se proporcione amplo acesso aos atos processuais no âmbito da internet, sob pena de ilegítima restrição à publicidade dos atos processuais e ao direito de informação.

Alternativa eficiente e compatível com o princípio da publicidade é o fornecimento da "chave de acesso do cliente" — automaticamente gerada pelo sistema no momento da inclusão do processo eletrônico — aos advogados que manifestem interesse na demanda.

Dessa forma, garante-se a migração do Poder Judiciário para o contexto da informação virtual e respeita-se, de forma segura, mas não popular, o princípio da publicidade dos atos procedimentais no âmbito dos processos eletrônicos.

Referências

ÁVILA, Humberto. *Teoria dos princípios*. São Paulo: Malheiros, 2004.

DINAMARCO, Cândido Rangel. *A instrumentalidade do processo*. São Paulo: Malheiros, 1987.

GRAU, Eros Roberto. *Ensaio e discurso sobre a interpretação/aplicação do direito.* 2. ed. São Paulo: Malheiros, 2003.

GRECO FILHO, Vicente. *Direito processual civil brasileiro.* 20. ed. São Paulo: Saraiva, 2007.

HESSE, Konrad. *A força normativa da Constituição.* Tradução de Gilmar Ferreira Mendes. Porto Alegre: Sergio Antonio Fabris, 1991.

KUHN, Thomas S. *A estrutura das revoluções científicas.* 3. ed. São Paulo: Perspectiva, 1992.

MELLO, Celso Antônio Bandeira de. *Curso de direito administrativo.* 17. ed. atual. São Paulo: Malheiros, 2004.

MÜLLER, Friedrich. *Quem é o povo?*: a questão fundamental da democracia. São Paulo: Max Limonad, 2003.

PONTES DE MIRANDA. *Comentários ao Código de Processo Civil.* Rio de Janeiro: Forense, 1974.

SANTOS, Ernani Fidélis dos. *Manual de direito processual civil.* 11. ed. rev. atual. São Paulo: Saraiva, 2006. (Processo de conhecimento, v. 1).

Informação bibliográfica deste texto, conforme a NBR 6023:2002 da Associação Brasileira de Normas Técnicas (ABNT):

CRUZ, Fabrício Bittencourt da; MATTA, Gustavo Schemim da. Direito à informação e princípio da publicidade *versus* processo virtual (E-PROC): análise crítica do processo virtual sob as perspectivas do direito à informação e do princípio da publicidade. *In*: AFFORNALLI, Maria Cecília Naréssi Munhoz; GABARDO, Emerson (Coord.). *Direito, informação e cultura*: o desenvolvimento social a partir de uma linguagem democrática. Anais do Simpósio Comunicação, Cultura de Massas, Globalização e Direito: II Congreso Ciencias, Tecnologías y Culturas. Diálogo entre las disciplinas del conocimiento. Mirando al futuro de América Latina y el Caribe. Belo Horizonte: Fórum, 2012. p. 185-197. ISBN 978-85-7700-563-5.

A MÍDIA E A (RE)PRODUÇÃO DO CONTROLE PENAL(IZANTE): A CONSTRUÇÃO DA CRIMINALIZAÇÃO E DO DESVIO

FLÁVIO BORTOLOZZI JUNIOR

1 Introdução – Premissas ideológicas do sistema penal

O presente artigo tem por finalidade contribuir na compreensão do papel exercido pela mídia enquanto instância informal do controle penal, em especial no que diz respeito à construção da criminalização e do desvio. Para tanto, fundamental se faz inicialmente compreender a mudança paradigmática que orienta a compreensão da criminologia hodiernamente, embasando sua vertente crítica.

A construção social da criminalidade empreendida pelo Direito Penal é justificada pelo paradigma etiológico enraizado pela Criminologia positivista, que a partir dos pressupostos de distanciamento do sujeito e do objeto, a partir da tese de neutralidade axiológica, entende que o crime e o criminoso podem ser estudados com realidades ontológicas e pré-constituídas, isto é, como um dado preexistente e objetivo que pode ser apreendido pelo sujeito cognoscente.[1] Desta abordagem decorre um sem-fim de construções "teóricas" e práticas de enfrentamento da

---

[1] CASTRO, Lola Anyiar de. *Criminologia da reação social*. Tradução de Ester Kosovski. Rio de Janeiro: Forense, 1983. p. 1-10.

criminalidade, usualmente reclamando do sistema penal uma atuação mais contundente, recrudescida, no sentido de este ser a solução para o problema.

É o que se percebe nas propostas neopunitivas, a exemplo de programas como o movimento *Law and Order*, nas políticas de Tolerância Zero; ou mesmo em corriqueiras propostas de incremento de penas ou restrições a concessões de garantias processuais (progressão de regime). Estas vertentes criminológicas, em verdade, buscam esconder sua atuação seletiva, que resulta num direcionamento específico do sistema punitivo (formação da "clientela do Direito Penal"). Neste diapasão, seguindo o posicionamento hegemônico de resposta penalizante aos problemas sociais, os reais elementos que determinam a atuação punitiva ficam obscurecidos, escondidos por um discurso ideológico de solução simplista às questões estruturais da sociedade hodierna.

É neste ponto que reside o principal problema epistemológico da Criminologia, a qual sofreu uma "revolução copernicana" com a abordagem do *labeling approach*, que traduz o deslocamento do objetivo de pesquisa das causas da criminalidade para a reação social, haja vista que o crime não seria um desvalor pré-constituído ou uma qualidade do ato, mas uma realidade socialmente construída pelo sistema de justiça criminal e por ele qualificada como crime. Assim, denota-se que a definição de quais condutas serão ou não rotuladas como crime transpassa uma complexa construção social de atribuição/reprodução axiológica.

Da mesma forma, o criminoso não representaria um indivíduo patológico, mas subproduto de rótulos atribuídos a certos sujeitos selecionados pelo sistema penal através da estigmatização a partir de "critérios seletivos fundados em estereótipos, preconceitos e outras idiossincrasias pessoais, desencadeados por indicadores sociais negativos de marginalização, desemprego, pobreza, moradia em favelas etc."[2]

Assim, diante da quebra paradigmática trazida pelo *labeling approach*, percebe-se que, em realidade, o crime é em verdade fruto do sistema penal, ou seja, é construído por este. É o sistema penal que determina/cria o "crime", e não o contrário, como fazem acreditar as propostas etiológicas.

Segundo Baratta, entretanto, o *labeling approach* representa condição necessária, mas insuficiente para a construção da Criminologia

---

[2]   BARATTA, Alessandro. *Criminologia crítica e crítica do direito penal.* Tradução de Juarez Cirino dos Santos. Rio de Janeiro: Revan, 2002. p. 11. E, no mesmo sentido, SANTOS, Juarez Cirino dos. *A criminologia crítica e a reforma da legislação penal.* p. 1. Disponível em: <www.cirino.com.br>.

Crítica; necessária porque desloca o objeto de estudo da condição ontológica de crime e criminoso para o paradigma da reação social e da construção social da criminalidade, com o emprego da teoria do etiquetamento (daí a expressão *labeling* — rotulação), todavia, insuficiente por ser incapaz de demonstrar a distribuição social da criminalidade, explicáveis a partir da inserção do processo de criminalização e de exercício do poder seletivo no contexto da relação fundamental entre capital e trabalho assalariado.[3]

Deve-se salientar que, com a mediação da teoria estrutural marxista, pode-se observar objetivos declarados ou manifestos e objetivos reais ou latentes do Direito Penal, quais sejam, a proteção de bens jurídicos essenciais para a vida individual e coletiva, tributária de uma aparência de neutralidade do sistema de justiça criminal, diante da lei como fonte única do direito, em contraste com o estudo das fontes materiais, "enraizadas no modo de produção da vida material, que fundamentam os interesses, necessidades e valores das classes sociais dominantes das relações de produção e hegemônicas do poder político do Estado".[4]

Precisamente neste ponto, a contribuição da criminologia crítica traz a revelação do posicionamento ideológico do sistema penal, ao declarar uma aparente função de proteção social, mas em verdade atuar no sentido de perpetrar a estrutura material desigual da sociedade atual.

2 A compreensão do sistema penal(izante) para além do sistema penal

Desta feita, percebe-se que o crime não deve ser compreendido como uma realidade pré-constituída, mas, sim, como construção social, derivada da atribuição de um *desvalor* a determinadas condutas/indivíduos, por meio de complexos processos de seleção e definição, criando estereótipos e rotulações (*labels*).

A análise destes complexos processos de atribuição de desvalor é realizada por correntes sociológicas do século XX, tais como a etnometodologia e o interacionismo simbólico (fortemente marcados por traços da sociologia compreensiva, desenvolvida por Max Weber),

---

[3] BARATTA, Alessandro. "Che cosa è la criminologia critica?". *In*: *Dei delitti e delle pene*, n. 1, p. 55, 1991 e, também, SANTOS, Juarez Cirino dos. *A criminologia crítica e a reforma da legislação penal*, p. 2. Disponível em: <www.cirino.com.br>.

[4] SANTOS, Juarez Cirino dos. *Direito penal*: parte geral. Curitiba: Lumen Juris, 2006.

em que encontramos Howard Becker e Erwin Goffman como referencial fundamental. No escopo deste estudo, no entanto, não cabe aqui aprofundar na análise empreendida por tais linhas de raciocínios teóricos. Importante, entretanto, entender as distinções que geram no seio do direito.

A construção do crime e do criminoso atravessa dois processos distintos, a saber: a "criminalização primária" e a "criminalização secundária". Para Zaffaroni, "criminalização primária é o ato e o efeito de sancionar uma lei penal material que incrimina ou permite a punição de certas pessoas".[5]

Essa criminalização primária é realizada por agências políticas, tal qual o Poder Legislativo (tarefa esta exclusivamente do Legislativo, tendo em conta o princípio da legalidade em matéria penal). Trata-se de definir em abstrato (no tipo penal) quais condutas são, para o sistema punitivo, compreendidas como crime. Neste sentido, o próprio conceito analítico de crime enquanto tipo do injusto (ou tradicionalmente compreendido como conduta típica, antijurídica e culpável) é claro.

Efetivamente, mostram-se como uma declaração de quais condutas e atos devem ser reprimidos pelas demais agências do sistema penal. Estas demais agências (polícia, Ministério Público, Poder Judiciário, sistema carcerário) determinam sua atuação por meio da criminalização secundária, que é "a ação punitiva exercida sobre as pessoas concretas",[6] podendo confluir no aprisionamento.

Ou seja, enquanto a primeira atua na construção legal da conduta agora rotulada como criminosa (no plano hipotético-normativo), a segunda atua no mundo fenomênico, real, selecionando a quais indivíduos serão aplicadas as normas incriminadoras.

Tanto o processo de criminalização primária quanto secundária estarão orientados pelo processo de atribuição de desvalor a condutas/indivíduos, ou seja, pela seletividade e pelo estereótipo.

Aqui uma observação mostra-se importante. É precisamente na compreensão da função do "estereótipo" em nosso sistema punitivo que novamente se percebe a incongruência das propostas da criminologia etiológica. A escola criminológica positivista (etiológica), que tem como principais pensadores C. Lombroso, E. Ferri e R. Garóffalo, defende que o indivíduo é revestido de determinados atributos biofísicos, sociais e antropológicos que o condicionariam a ser criminoso

---

[5] ZAFFARONI, Eugenio Raúl; BATISTA, Nilo. *Direito penal brasileiro*. 3. ed. Rio de Janeiro: Revan, 2003. p. 43. (Teoria Geral do Direito Penal, v. 1).

[6] ZAFFARONI; BATISTA, *op. cit.*

("criminoso nato"). Assim, as causas do crime estariam no indivíduo predeterminado à criminalidade. Diante do adequado entendimento do funcionamento do sistema penal, pelo estereótipo, conclui-se, em verdade, que estas características (biofísicas, sociais e antropológicas) determinam os critérios de seleção do sistema punitivo (a quem o Direito Penal será dirigido — sua clientela), não havendo qualquer correlação com o "ser" criminoso. É, no entanto, precisamente nesta senda (estereótipo/estigmas) que as instâncias de criminalização secundária orientam sua atuação.

Neste sentido, Morais da Rosa e Silveira Filho sintetizam que "Constata-se, assim, a simbolização de uma (anti)estética, na qual o sujeito (dito) 'delinquente' é exposto como o avesso dos padrões adequados à sociedade de consumo (os não-consumidores ou consumidores falhos): expõem-se símbolos, linguagens, (des)valores e rotinas dos grupos marginalizados de forma que acabam pautando a orientação seletiva das demais agências do sistema penal, que por sua vez, confirmam o estereótipo criado, de acordo com o conceito sociológico da profecia que se autorealiza".[7]

A determinação de quais condutas e atos serão rotulados por desviantes, no momento da criação do tipo penal, criado pelo Poder Legislativo (criminalização primária) é inexoravelmente dependente das confluências políticas que permeiam o próprio poder legislativo, ou seja, a representação política que se estabelece no Parlamento determina a seletividade dessas condutas, sendo influenciado, portanto, pelos impulsos das manifestações sociais, arraigadas em seus "anseios" e problemas, na forma como são sentidos e, principalmente, retratados (construídos, portanto) pela mídia. É precisamente neste ponto que se faz necessário compreender o papel da mídia nessas determinações do sistema punitivo para a construção do crime/criminoso (atribuição de desvalor a condutas/indivíduos).

3 A mídia, a construção do sentimento de insegurança e a reprodução dos estereótipos

A crise dos instrumentos de proteção social do Estado, bem como a fragilidade das economias regionais diante do mercado internacional

---

[7] ROSA, Alexandre Morais da; SILVEIRA FILHO, Sylvio Lourenço. *Para um processo penal democrático*: crítica à metástase do sistema de controle social. Rio de Janeiro: Lumen Juris, 2008. p. 12.

MARIA CECÍLIA NARÉSSI MUNHOZ AFFORNALLI, EMERSON GABARDO (COORD.)
DIREITO, INFORMAÇÃO E CULTURA

geram um sentimento difuso de insegurança e incerteza que, conforme Argüello, "se traduz na crise existencial (*Unsicherheit*: incerteza, insegurança e falta de garantia)".[8] A crise existencial, aliada às crises socioeconômicas, fenômeno verificado nas sociedades contemporâneas, decorre dos influxos infraestruturais das sociedades capitalistas (relações de produção) e geram como consequência a descrenças nas instituições políticas e flexibilização das garantias sociais e trabalhistas.[9]

A sensação de insegurança (*unsicheit*) é difusa, e se propaga através da manipulação dos medos que induzem ao pânico social, em especial pela construção da realidade intermediada pela *mass midia*.

Aqui salutar compreender que a construção da notícia é necessariamente um recorte a partir do ponto de vista do narrador, e invariavelmente não tem a possibilidade de captar a realidade em sua totalidade. Inexiste, portanto, uma verdade única. Na constituição do discurso jornalístico vão estar sempre presentes "o equívoco da transparência da linguagem e o esquecimento de que a verdade é sempre produzida".[10] A objetividade e neutralidade jornalística não passam de um mito. Necessariamente, o sujeito da linguagem, no momento que fala (ou escreve), assume partido. A própria escolha do que é ou não um "fato" já pressupõe um julgamento, uma escolha; e a notícia, assim, represente *uma* verdade sobre o real, e não *a* verdade sobre o real. A mídia, assim, constrói *uma* verdade, mas passa a afirmá-la (e reproduzi-la) como sendo *a* verdade.

Este estado de insegurança, incerteza e falta de garantia pode facilmente ser manipulado pela "construção da verdade" e pelos interesses da classe dominante na estratégia de manutenção do *status quo* social, por meio de discursos que (re)legitimam o sistema neoliberal e acabam encontrando apoio na maioria da população (despolitizada e "insegura"). Conforme observa Karam, "nas sociedades atuais, a apreensão da realidade se faz, cada vez mais, através dos meios massivos: as experiências diretas da realidade cedem espaço e passam a ser experiências do espetáculo da realidade, que é passado pelos meios massivos de informação, da mesma forma que a própria comunicação entre as pessoas se refere muito mais às experiências apreendidas através do espetáculo do que às experiências vividas".[11]

---

[8] ARGÜELLO, Katie. *Do Estado social ao Estado Penal*: invertendo o discurso da ordem. Disponível em: <http://www.cirino.com.br/artigos/Artigo%20Katie.pdf>.

[9] ARGÜELLO, *op. cit.*

[10] MENDONÇA, Kleber. *A punição pela audiência*: um estudo do Linha Direta. Rio de Janeiro: Quarter, 2002. p. 22-23.

[11] KARAM, Maria Lúcia. *De crimes, penas e fantasias*. 2. ed. Niterói: Luam, 1993. p. 199.

Assim, pela derivação da construção do sentimento de insegurança e dos medos, a culpa pelos problemas sociais recai em "bodes expiatórios" específicos, rotulados pelos estereótipos de uma sociedade desigual. "Os estereótipos são elementos simbólicos, facilmente manipulados nas sociedades complexas." Conforme aponta Anyiar de Castro, o estereótipo do delinquente como aquele indivíduo de classes subalternas, condições materiais, afetivas e sociais precárias, deslocado do aparato produtivo, ou seja, do "mercado de trabalho" tem duas funções básicas: a) interessa à suposta maioria não criminosa, para redefinir-se a si própria com base nas normas violadas pelo delinquente, reproduzindo e reforçando os valores dominantes e delimitando a zona do bem e a zona do mal; b) realiza a função de "bode expiatório", ao canalizar contra si a agressividade latente nas tensões de classe que, de outra forma, se voltaria contra a classe dominante.[12]

Diante dos interesses econômicos que envolvem os conglomerados midiáticos hodiernos, o jornalismo informativo dá lugar ao sensacionalismo, vinculado a interesses de vendagem, em que a exploração do fato passa a ter um significado econômico fundamental. Assim, a violência individual, enquanto fato com cargas emotivas e apelativas, representa um espetáculo (grotesco, em verdade) extremamente valorizado, dada sua função dupla: a) possibilita-se à sociedade descarregar sua revolta e insegurança, encontrando e materializando um culpado para a *Unsicherheit*; expiando-se da culpa das mazelas e desigualdades inerentes às sociedades atuais; b) suscitam um sem fim de "novas tramas" e "novos capítulos" diuturnos, enquanto o fato (estória) ainda mantiver altos índices de audiência e vendagem. Este processo é excepcionalmente fácil de ser compreendido ao se acompanhar a atenção que os grandes meios de comunicação depositam em casos criminais. Neste ponto, conforme salienta Gomes,

> Em toda história da humanidade nunca se teve nenhum período em que não houvessem delitos escabrosos, chocantes e revoltantes. O enigma do delito acompanha o ser humano desde os primórdios da sua evolução. De algumas décadas para cá o que mudou esse panorama (histórico) foi a forma de reagir contra o delito (ou melhor: contra alguns delitos). Vivemos agora a sociedade midiatizada (e globalizada). Sempre existiu uma natural empatia (da população) em relação a algumas vítimas de delito. O que mudou agora é que essa empatia é midiatizada, ou seja, potencializada e retroalimentada, porque ela passa a constituir um "produto midiático" (altamente rentável).[13]

---

[12] CASTRO, 2005, p. 215.

[13] GOMES, Luiz Flávio. *Mídia, direito penal e vingança popular*. Disponível em: <http://www.lfg.com.br>. Acesso em: 7 maio 2009.

MARIA CECÍLIA NARÉSSI MUNHOZ AFFORNALLI, EMERSON GABARDO (COORD.)
DIREITO, INFORMAÇÃO E CULTURA

Assim, enquanto supervaloriza-se e espetaculariza-se a notícia da violência individual, insignificante é o valor — na escala de valores de noticiabilidade, o valor da violência estrutural criada pelo sistema penal, já que não percebida (ou retratada) como violência.[14] conforme salienta Anyiar de Castro, "nesse aspecto, mostra-se o círculo vicioso que se forma: as notícias acabam realimentando os estereótipos e o senso comum sobre o crime e os criminosos, e posteriormente, ao construir novos relatos, se realimentarão, reproduzindo os estigmas. É a dialética que move a construção social da realidade, na qual os meios de comunicação ocupam um papel importantíssimo".[15]

4 A mídia e a (re)produção do controle penal(izante)

Importante destacar que o controle social informal é realizado de formas distintas (na escola, na família, no ambiente de trabalho, etc.), mas, o que diz respeito ao presente estudo, os esforços serão dirigidos essencialmente no contexto da grande mídia. "A comunicação geralmente é um reforço de outros meios de controle social informal (família, religião, educação), não apenas porque interessa transmitir sempre os mesmos valores mas porque, visando o lucro, os meios de comunicação transmitem justamente o que corresponde aos valores e expectativas existentes, devemos concluir que a notícia, como a totalidade dos meios, é uma forma de controle social."[16]

A influência da mídia na construção de opiniões é de fundamental importância neste aspecto. É claramente perceptível o papel da *mass midia* na construção de estereótipos criminosos, bem como na construção da própria criminalidade. A criminalidade é socialmente construída através de processos de comunicação social e de mecanismos seletivos das reações sociais e oficiais.[17]

O sensacionalismo jornalístico, aliado à atividade econômica da mídia, bem como aos detentores dos meios de comunicação, acaba por criar "mitos" que são incorporados pela sociedade.[18] Um destes mitos, por exemplo, é a clássica luta entre o "bem e o mal", sendo

---

[14] BUDÓ, Marília Denardin. O papel do jornalismo na construção social da criminalidade. *In*: CONGRESSO BRASILEIRO DE CIÊNCIAS DA COMUNICAÇÃO, XXX, 2007, Santos/SP. *Anais...*, São Paulo: Intercom, 2007.

[15] CASTRO, *op. cit.*,. p. 198.

[16] CASTRO, Lola Anyiar de. *Criminologia da libertação*. Rio de Janeiro: Revan, 2005. p. 218.

[17] BARATTA, Alessandro. Filósofo de uma criminologia crítica. *In*: RAMOS, Silvia (Org.). *Mídia e violência urbana*. Rio de Janeiro: FAPERJ, 1994. p. 14.

[18] CASTRO, *op. cit.*, p. 205-209.

que o cidadão branco, proprietário, representa a primeira (o "bem"), enquanto aqueles que eventualmente se revoltam contra as instituições estabelecidas representam a segunda (o "mal"). Desta forma, a mídia rotula como subversivas, como perigosas, aquelas classes sociais que combatem a manutenção do *status quo*, construindo a criminalidade e contribuindo na reprodução do discurso ideológico dominante ("lei e ordem"). "O compromisso da imprensa — cujos órgãos informativos se inscrevem, de regra, em grupos econômicos que exploram os bons negócios das telecomunicações — com o empreendimento neoliberal é a chave da compreensão dessa especial vinculação mídia x sistema penal, incondicionalmente legitimante. Tal legitimação implica a constante alavancagem de algumas crenças, e um silêncio sorridente sobre informações que as desmintam. O novo credo criminológico da mídia tem seu núcleo irradiador na própria idéia de pena: antes de mais nada, crêem na pena como rito sagrado de solução de conflitos."[19]

Neste panorama, a mídia acaba por reforçar e propagar um dos grandes mitos que sustenta o sistema penal burguês, qual seja, a ideia de que a pena é a solução adequada ao crime. A ineficácia do sistema punitivo em resolver os problemas relacionados ao crime é histórica, justamente por partir de premissas ideológicas que impedem de se enxergar a verdadeira função do sistema penal: a reprodução da ordem social e aplicação seletiva do sistema penal contra as classes subalternas. Justamente neste diapasão ganham campo nos meios de comunicação propostas de majoração do Estado punitivo, como os movimentos de "lei e ordem"; "tolerância zero", assim como ressurgem com constância propostas de pena capital ou perpétua, ou ainda de redução de maioridade penal. O mesmo se dá em manifestações que passam a exigir a redução de garantias processuais, como, por exemplo, o desvirtuamento da dúvida em benefício do réu para o *in dubio pro societate*; ou ainda a frequente e absurda mitigação da presunção de inocência (muitas vezes esta última sob o pretenso argumento da "liberdade de imprensa").

Estas premissas discursivas desarrazoadas, somadas ao sentimento de insegurança que se perpetua, resultam numa enorme influência ao processo de criminalização primária, determinando o agir das instituições políticas num programa normativo penalizante hiperinflacionado, que em nada contribui na resolução dos problemas que levam a violência estrutural determinante em nossa sociedade, de modo contrário, desvirtuam a atenção àqueles estereotipados e socialmente já marginalizados.

---

[19] BATISTA, Nilo. Mídia e sistema penal no capitalismo tardio. *In: Discursos sediciosos*. Rio de Janeiro: Instituto Carioca de Criminologia, 2002. p. 33.

É o que explana Batista, ao advertir que a mito criminológico de que, ao haver delito, tem de haver pena, ao ser repetidamente difundido, provoca "tensões graves que instauram o delito-notícia que reclama imperativamente a pena-notícia, diante do devido processo legal (apresentado como um estorvo), da plenitude de defesa (o lócus da malicia e da indiferença), da presunção de inocência (imagine-se num flagrante gravado pela câmera!) e outras garantias do Estado Democrático de Direito, que só libertarão as mãos do verdugo quando o delito-processo alcançar o nível do delito-sentença (= pena-notícia) que uma das consequências dessa fé cega na pena diz respeito ao incômodo gerado pelos procedimentos legais que intervêm para a atestação judicial de que realmente houve o crime e de que o infrator deve ser responsabilizado penalmente por seu delito".[20]

Assim, a interferência dos meios de comunicação no processo penal se traduz num "um imenso prejuízo pelo pré-juízo gerado pela intermediação midiática, com patente comprometimento da imparcialidade e da independência do julgador".[21] Os estigmas e estereótipos reforçados pelo sensacionalismo midiático (usualmente apelando para o plano emotivo-sentimental) em torno do julgamento de um caso concreto visivelmente transforma-se em um espetáculo dantesco, que culmina com um clamor social punitivo, vingativo, precisamente fazendo renascer uma "caça às bruxas pós-moderna" (agora materializada nos *outsiders*, ou seja, naqueles cuja exclusão social relega a um plano de subcidadania — cidadania-negativa — ou mesmo nos bodes expiatórios, em que o sistema penal busca reafirmar seu discurso ideológico de igualdade).

Este processo é plenamente identificável em diversas situações recentes (recorde-se dos casos, no Brasil, da Escola Base, de "renomados" traficantes — Fernandino Beira-Mar, do Casal Nardoni, dentre tantos outros), aqui, tomado como exemplo genérico o caso dos conflitos agrários no Brasil. Comumente a grande mídia relaciona a imagem do MST à desordem, utilizando-se de diversos métodos de mensagens subliminares, claramente atribuindo aos seus integrantes estereótipos de "subversivos", de "invasores", transformando este determinado grupo social em um grupo ameaçador à ordem social.

Destaque-se que a legitimidade das reivindicações (inclusive de caráter constitucional, tais como reforma agrária; direito fundamental

---

[20] BATISTA, *op. cit.*, p. 5.
[21] LOPES JUNIOR, Aury. *Introdução crítica ao processo penal*: fundamentos da instrumentalidade constitucional. 4. ed. Rio de Janeiro: Lumen Juris, 2006. p. 193.

à moradia, direito fundamental ao trabalho, redistribuição fundiária, etc.) sequer é noticiada/discutida pelos meios de comunicação; assim como também não o é as inúmeras violências perpetradas por grupos ruralistas nesta seara, ou mesmo os problemas sociais decorrentes da manutenção de uma estrutura fundiária arcaica, secularmente desigual.

O recorte midiático, ou melhor, a "verdade construída pela mídia" retrata apenas as condutas realizadas pelos integrantes do movimento social, notadamente condutas contra o bem jurídico propriedade. Por tratar-se de um grupo relegado ao plano de (anti)estético de não sujeitos (*outsiders*), a resposta (ideológica) (su)gerida pelo senso comum midiático é justamente uma resposta penal(izante).

Neste sentido, a grande mídia constrói a imagem de um movimento bárbaro, desordeiro, violento, ilegítimo e, consequentemente, ilegal. Assim, com a construção de uma ideia de insegurança social, bem como com a construção de um grupo social "perigoso", a mídia realiza seu papel no controle social informal, contribuindo na perpetuação dos objetivos reais do sistema carcerário: "reprodução da criminalidade direcionada para as classes dominadas e reprodução das relações sociais (divisão de classes)".[22]

Neste senso comum penalizante, que marca o discurso ideológico neoliberal, não é estranho justamente contra estes grupos (assim como para aqueles provenientes dos bolsões de miserabilidade urbana — sejam as favelas brasileiras, sejam os guetos em outros países) cada vez mais ganhe força propostas de repressão como "Tolerância Zero", ou mesmo de atribuição do *status* de "inimigo social", cabendo a estes a aplicação de um direito penal diferenciado — "Direito Penal do Inimigo" (abandonando as conquistas modernas do garantismo jurídico, ou mesmo da dignidade da pessoa humana).

Nesta seara, Morais da Rosa e Silveira Filho apontam que "Cada vez mais se crê (ou se faz crer) na solução penal: o sistema penal, intensamente presente no cotidiano das pessoas, acabo por se constituir como objeto de discussão fora dos mínimos parâmetros científicos (uma espécie de '*every day theories*'), formando um senso comum penal forjado pelos meios de comunicação de massa, através do grande espaço dispensado na divulgação de notícias relacionadas à criminalidade e não seu respectivo combate — que, de preferência, deve ser o mais eficiente possível, bem ao gosto neoliberal. Percebe-se, assim, a vertente ideológica do discurso".[23]

---

[22] SANTOS, *op. cit.*, p. 56-57.
[23] ROSA; SILVEIRA FILHO, *op. cit.*, p. 8-9.

Embora de importante relevância para o assunto, não é pretensão deste escrito esgotar outras questões que envolvem o tema, identificáveis tanto no Brasil quanto nos demais países latino-americanos, como, por exemplo, a detenção dos meios de comunicação pelas classes dominantes. Apenas aponta-se que, na América Latina, os meios de comunicação estão alocados nas mãos de poucas e ricas famílias.[24] Esta concentração dos meios de comunicação em poucas mãos é forte tendência da sociedade capitalista transnacional, sendo o caso da Itália exemplo irrefutável. Fundamental lembrar nesse ponto que não há como se falar em Estado democrático sem se falar em democratização dos meios de comunicação.

5 Conclusão

A moderna análise do sistema punitivo, tanto em âmbito global quanto local, pressupõe a compreensão da "construção e difusão" das condutas criminalizadas (crimes), como esclarece a teoria do *Labeling approach*. Para tanto, faz-se necessário estudar e compreender não somente as instâncias formais de controle social (Polícia, Ministério Público, Poder Judiciário, etc.), mas principalmente o papel das instâncias de controle social informal. Notadamente, entre estas, com extrema relevância, apresenta-se a mídia, seja pelo seu alcance difuso que supera fronteiras e culturas, seja pela parcialidade como se apresenta no Brasil e América Latina como um todo, mas principalmente pelo seu papel de (re)produção e difusão de estereótipo que guia a atuação do sistema punitivo neoliberal.

Referências

ARGÜELLO, Katie. *Do Estado social ao Estado Penal*: invertendo o discurso da ordem. Disponível em: <http://www.cirino.com.br/artigos/Artigo%20Katie.pdf>.

BARATTA, Alessandro. "Che cosa è la criminologia critica?". *In*: *Dei delitti e delle pene*, n. 1, 1991.

BARATTA, Alessandro. *Criminologia crítica e crítica do direito penal*. Tradução de Juarez Cirino dos Santos. Rio de Janeiro: Revan, 2002.

BARATTA, Alessandro. Filósofo de uma criminologia crítica. *In*: RAMOS, Silvia (Org.). *Mídia e violência urbana*. Rio de Janeiro: FAPERJ, 1994.

---

[24] CASTRO, *op. cit.*, p. 210.

BATISTA, Nilo. Mídia e sistema penal no capitalismo tardio. *In: Discursos sediciosos*. Rio de Janeiro: Instituto Carioca de Criminologia, 2002.

BUDÓ, Marília Denardin. O papel do jornalismo na construção social da criminalidade. *In*: CONGRESSO BRASILEIRO DE CIÊNCIAS DA COMUNICAÇÃO, XXX, 2007, Santos/SP. *Anais...*, São Paulo: Intercom, 2007.

CASTRO, Lola Anyiar de. *Criminologia da libertação*. Rio de Janeiro: Revan, 2005.

CASTRO, Lola Anyiar de. *Criminologia da reação social*. Tradução de Ester Kosovski. Rio de Janeiro: Forense, 1983.

GOMES, Luiz Flávio. *Mídia, direito penal e vingança popular*. Disponível em: <http://www.lfg.com.br>. Acesso em: 7 maio 2009.

KARAM, Maria Lúcia. *De crimes, penas e fantasias*. 2. ed. Niterói: Luam, 1993.

LOPES JUNIOR, Aury. *Introdução crítica ao processo penal*: fundamentos da instrumentalidade constitucional. 4. ed. Rio de Janeiro: Lumen Juris, 2006.

MENDONÇA, Kleber. *A punição pela audiência*: um estudo do Linha Direta. Rio de Janeiro: Quarter, 2002.

ROSA, Alexandre Morais da; SILVEIRA FILHO, Sylvio Lourenço. *Para um processo penal democrático*: crítica à metástase do sistema de controle social. Rio de Janeiro: Lumen Juris, 2008.

SANTOS, Juarez Cirino dos. *A criminologia crítica e a reforma da legislação penal*. Disponível em: <www.cirino.com.br>.

SANTOS, Juarez Cirino dos. *Direito penal*: parte geral. Curitiba: Lumen Juris, 2006.

ZAFFARONI, Eugenio Raúl; BATISTA, Nilo. *Direito penal brasileiro*. 3. ed. Rio de Janeiro: Revan, 2003. (Teoria Geral do Direito Penal, v. 1).

Informação bibliográfica deste texto, conforme a NBR 6023:2002 da Associação Brasileira de Normas Técnicas (ABNT):

BORTOLOZZI JUNIOR, Flávio. A mídia e a (re)produção do controle penal(izante): a construção da criminalização e do desvio. *In*: AFFORNALLI, Maria Cecília Naréssi Munhoz; GABARDO, Emerson (Coord.). *Direito, informação e cultura*: o desenvolvimento social a partir de uma linguagem democrática. Anais do Simpósio Comunicação, Cultura de Massas, Globalização e Direito: II Congreso Ciencias, Tecnologías y Culturas. Diálogo entre las disciplinas del conocimiento. Mirando al futuro de América Latina y el Caribe. Belo Horizonte: Fórum, 2012. p. 199-211. ISBN 978-85-7700-563-5.

AS TECNOLOGIAS DIGITAIS E SEUS MODOS DE SUBJETIVAÇÃO DO INDIVÍDUO CONTEMPORÂNEO

GEORGE DE SOUZA ALVES

Como falar em produção de subjetividade hoje? Uma primeira constatação nos leva a reconhecer que os conteúdos da subjetividade dependem, cada vez mais, de uma infinidade de sistemas maquínicos. Nenhum campo de opinião, de pensamento, de imagem, de afetos, de narratividade pode, daqui para frente, ter a pretensão de escapar à influência invasiva da "assistência por computador", dos bancos de dados, da telemática etc... Com isso chegamos até a nos indagar se a própria essência do sujeito — essa famosa essência atrás da qual a filosofia ocidental corre há séculos — não estaria ameaçada por essa nova "máquino-dependência" da subjetividade.[1]

---

[1] GUATTARI, Félix. Da produção de subjetividade. *In*: PARENTE, André (Org.). *Imagem-máquina*: a era das tecnologias do virtual. Tradução de Rogério Luz *et al*. Rio de Janeiro: Ed. 34, 1993. p. 177.

1 Introdução

Muitos pesquisadores acham difícil acreditar que as tecnologias digitais possam gerar mudanças na subjetividade dos indivíduos contemporâneos. Entretanto, há o reconhecimento de que a organização subjetiva característica do século XIX até aproximadamente a primeira metade do século XX emergiu como resultado das mudanças desencadeadas pela Revolução Industrial; mudanças que se refletiram com o surgimento dos centros urbanos e com as transformações nos modos e hábitos de agir e de ser de seus cidadãos.

Uma outra revolução, porém, está em curso: a Revolução das Tecnologias da Informação e da Comunicação ou Revolução das Tecnologias Digitais. Resta-nos refletir sobre esta, mesmo sabendo tratar-se de tarefa das mais difíceis esse posicionamento diante do novo.

As novas tecnologias e sua virtualidade digital combinam cérebro e informação em um novo espaço por elas criado — o ciberespaço — onde funções cognitivas humanas são ampliadas, exteriorizadas e alteradas, tais como a memória, a imaginação, a percepção e o raciocínio.

Um fato, porém, não pode ser ignorado: quem tem um computador pessoal e acessa a internet ainda é predominantemente oriundo de uma classe economicamente mais privilegiada numa sociedade excludente. Este tipo de sociedade neutraliza as possibilidades de conexão e inclusão que a tecnologia digital deveria implicar, fazendo dela um meio de agravamento da desigualdade social. A tecnologia, porém, não cria a desigualdade, ela reforça a exclusão que a própria sociedade gera em suas relações no sentido de manter o poder e o saber concentrados.

Ainda assim não podemos negar a presença de tantos aparatos digitais em nosso cotidiano: celulares por todos os lados, *lan houses*, que possibilitam maior acessibilidade a computadores e à internet, e câmeras de segurança em edifícios, praias, *shopping centers*, elevadores, etc. Tudo isso possibilita mudanças nos modos de agir e de ser dos indivíduos contemporâneos.

O presente estudo recorre ao pensamento de Félix Guattari, que destaca três vozes fundamentais que, segundo ele, estão na base dos processos de subjetivação das sociedades contemporâneas ocidentais: *as vozes do poder, as vozes do saber* e *as vozes de autorreferência*.

Inicialmente recorremos à história para refletir sobre as relações entre as revoluções tecnológicas e a produção de subjetividade. A partir daí, relacionamos as vozes do *poder* com as reflexões de Foucault e Deleuze sobre os efeitos da disciplina e do controle nos corpos, gestos, discursos e desejos que identificam e constituem os indivíduos.

As mediações da tecnologia são aqui entendidas como uma voz, entre tantas outras, que constitui as vozes do *saber* e que também contribui fortemente para a produção dos corpos e subjetividades.

A terceira voz, a da *autorreferência*, da autonomia e criatividade, é a voz da esperança, a voz que busca alterações na correlação de forças no funcionamento do modo de produção capitalista através de pressões de natureza política, econômica e sociocultural e a reconstrução e utilização de tecnologias segundo os interesses de outros atores sociais que não os proprietários dos meios de produção.

2 Do produtor disciplinado ao consumidor controlado: as vozes do poder

A analítica do poder de Michel Foucault fornece um arsenal teórico de vital importância para refletir sobre as relações de poder nas sociedades modernas, este é compreendido como um feixe de vetores que focalizam diretamente a vida com o intuito de engendrar determinadas formas corporais e subjetivas. Foucault supera a noção convencional de poder, não mais o considerando uma instância unidirecional, puramente negativa com o objetivo de reprimir ou proibir, mas, sim, como redes de relações que configuram um complexo jogo de forças.[2]

No capítulo "Soberania e disciplina de a 'microfísica do poder'", Michel Foucault nos informa que um dos primeiros efeitos de poder é aquilo que faz com que um corpo, gestos, discursos e desejos sejam identificados e constituídos enquanto indivíduos. O indivíduo é, portanto, um efeito do poder e, ao mesmo tempo, é seu centro de transmissão: "O poder passa através do indivíduo que ele constituiu."[3]

Como preocupação metodológica de sua analítica do poder, ele rejeita o raciocínio descendente, isto é, que parte de cima (do soberano, por exemplo) para baixo e, ao contrário, propõe um trajetória ascendente, partindo de baixo para cima.

Recorrendo à história, Foucault se refere, antes, a um mecanismo de poder efetivo, o da monarquia feudal, que se serviu de uma teoria da soberania como instrumento e justificativa para a constituição de grandes monarquias administrativas.

---

[2]   SIBÍLIA, Paula. *O homem pós-orgânico*: corpo, subjetividade e tecnologias digitais. Rio de Janeiro: Relume Dumará, 2002.

[3]   FOUCAULT, Michel. *Microfísica do poder*. Organização e tradução de Roberto Machado. Rio de Janeiro: Graal, 1979. p. 184.

Entretanto, a partir do século XVI e, sobretudo, do século XVII, numa época das guerras de religião, esta teoria desempenhou um papel em duplo sentido, tendo sido uma arma tanto para um campo quanto para o outro. Ela era usada para limitar e, ao mesmo tempo, para reforçar o poder real.

Mais tarde, no século XVIII, a teoria da soberania foi reativada por Rousseau e seus contemporâneos, desempenhando um novo papel: o de agora construir um modelo alternativo contra as monarquias administrativas, autoritárias ou absolutas. A partir da Revolução Francesa, sua defesa se desloca para as democracias parlamentares.

Foucault compreende que "enquanto durou a sociedade de tipo feudal, os problemas a que a teoria da soberania se referia diziam respeito realmente à mecânica geral do poder, à maneira como este se exercia, desde os níveis mais altos até os mais baixos".[4] A relação de soberania recobria a totalidade do corpo social e o poder nos termos da relação soberano-súdito. Entretanto, ele percebe que nos séculos XVII e XVIII, ocorre o importante fenômeno do aparecimento ou da invenção de uma nova mecânica de poder, com procedimentos específicos, instrumentos totalmente novos e aparelhos bastante diferentes, incompatíveis com as relações de soberania.

Este novo mecanismo de poder, apoiando-se mais nos corpos e seus atos do que na terra e seus produtos, permite extrair daqueles tempo e trabalho mais do que bens e riqueza. Ele se exerce continuamente através da vigilância e não mais descontinuamente por meio de sistemas de taxas e obrigações distribuídas no tempo, necessitando mais de um sistema minucioso de coerções materiais do que da existência física de um soberano e apoiando-se num princípio segundo o qual "se deve propiciar simultaneamente o crescimento das forças dominadas e o aumento da força e da eficácia de quem as domina".[5] Este é o poder disciplinar, não soberano, nomeado por Michel Foucault.

Portanto, a partir da segunda metade do século XIX e prolongando-se por grande parte do século XX, as sociedades modernas constroem, por um lado, um discurso e uma organização do direito público articulados em torno do princípio do corpo social e da delegação de poder. Por outro, elas organizam um sistema minucioso de coerções disciplinares que garanta efetivamente a coesão deste mesmo corpo social, que não pode ser transcrito no interior do direito, mas é o seu

---

[4] FOUCAULT, 1979, p. 187.
[5] FOUCAULT, 1979, p. 188.

complemento necessário. É dentro dos limites de um direito de soberania e de um mecanismo de disciplina que se dá o exercício do poder.

As práticas de exame, avaliação, programação, novos exercícios e formas de controle representaram o aprofundamento e a expansão das práticas disciplinares que invadiram todos os refúgios que os indivíduos procuravam para se abrigar. Estas práticas foram se apresentando a eles de forma sedutora, convincente e eficaz e alcançaram com sucesso a construção de subjetividades disciplinadas, "dóceis e úteis" e cada vez mais treinadas para o desempenho de papéis que lhes eram delegados na sociedade industrial, que funcionava a um ritmo cronometrado por relógios cada vez mais precisos para a tarefa de pautar o tempo do homem.[6]

Com a transição do regime industrial das máquinas a vapor e, posteriormente, de sistemas elétricos para um novo tipo de capitalismo, pós-fordista, globalizado, flexível, o capital financeiro se impõe sobre o capital produtivo. A sociedade de consumo em massa, inicialmente delineada durante o período de produção fordista, transforma-se para uma sociedade cuja ênfase se coloca nos serviços, no *marketing* e ainda no consumo, explorado com novas e sofisticadas tecnologias, mas com um perfil segmentado, utilizando-se de *marketing* direto e personalização da oferta. A figura do produtor disciplinado praticamente sai de cena, sua imagem fica cada vez mais esmaecida e surge, então, o consumidor controlado.

> Neste contexto, a tecnologia adquire uma importância fundamental, passando das leis **mecânicas e analógicas** para as **informáticas e digitais**. A economia global hoje é impulsionada pelos computadores, a telefonia móvel, as redes de comunicação, os satélites e toda miríade de *gadgets* teleinformáticos que abarrotam os mercados, contribuindo para a produção dos corpos e das subjetividades do século XXI.[7]

Gilles Deleuze[8] procura estender a analítica do poder à atual sociedade informatizada, chamando de sociedade do controle o novo tipo de formação social que apresenta o surgimento de novos mecanismos de controle que se infiltram nos aparelhos de normalização e

---

[6] MANCEBO, Deise. Indivíduo e psicologia: gênese e desenvolvimento atuais. *In*: MANCEBO, Deise; VILELA, Ana Maria Jacó (Org.). *Psicologia social*: abordagens sócio-históricas e desafios contemporâneos. 2. ed. Rio de Janeiro: Ed. UERJ, 2004. p. 35-48.

[7] SIBÍLIA, 2002, p. 28.

[8] DELEUZE, Gilles. *Conversações*. Tradução de Peter Pál Pelbart. São Paulo: Ed. 34, 1992.

em instituições disciplinares que vivem profunda crise, como a escola, os hospitais, as prisões, etc. Os novos poderes passam a ser cada vez mais sutis e menos evidentes.

Para ele, antes os confinamentos eram verdadeiros *moldes*, mas os controles são *modulações*, ou seja, moldagens autodeformantes que mudam continuamente, a cada instante. Enquanto na fábrica disciplinar os indivíduos constituíam um só corpo, o que era uma vantagem para patronato, que vigiava cada elemento na massa, e também para os sindicatos, que poderiam mobilizar com mais facilidade uma massa de resistência, a empresa que controla introduz e incentiva a competição e a rivalidade com o argumento de motivar os indivíduos contrapostos entre si. Competição que atravessa cada um, dividindo-o em si mesmo. As massas agora são amostras, dados, mercados e os indivíduos tornaram-se divisíveis, são "dividuais", fragmentados.

As sociedades disciplinares apresentavam dois polos: a assinatura, que indica o indivíduo, e o número de matrícula, que indica sua posição numa massa, não apresentando incompatibilidade entre os dois. No entanto, nas sociedades de controle e do consumo segmentado, o essencial não é mais uma assinatura e nem um número, mas uma cifra representada por uma senha, que abre o caminho para o acesso à informação, ou fecha as portas na rejeição. A carteira de identidade é representante do mundo analógico e disciplinado e o cartão de crédito e suas senhas de acesso representam um dispositivo digital de controle.

O controle dessa sociedade da tecnologia digital também é visível através das câmeras espalhadas pelas cidades e pelas praias; ou no interior de *shoppings centers*, estações de metrô, entradas de edifício, elevadores, lojas, escritórios, consultórios e até escolas; os satélites são capazes de localizar um animal no campo; há controle até através da internet pelo IP do computador de uso pessoal; pelas estradas e ruas urbanas estão espalhados radares de velocidade ou em sinais de trânsito.

A transição da disciplina para o controle, assim como a evolução tecnológica que a acompanha, caminha paralelamente com própria mutação operada no capitalismo: o primeiro era o capitalismo de concentração, para a produção, e de propriedade, enquanto o segundo é um capitalismo de sobreprodução, globalizado, que compra produtos acabados, ou monta peças destacadas. Nas antigas sociedades de soberania existiam máquinas simples, alavancas, roldanas, relógios; nas sociedades disciplinares, as máquinas eram energéticas, apresentando o perigo passivo da entropia e o ativo da sabotagem; nas sociedades de controle, as máquinas são os computadores de informática, cujo perigo passivo é a interferência, e o ativo, a pirataria e a introdução de vírus.[9]

3 As mediações tecnológicas: vozes do saber

A disciplina e o controle possuem os seus discursos criadores de aparelhos de saber e de múltiplos domínios de conhecimento. No campo da tecnologia e das máquinas, as vozes do saber da sociedade disciplinar ecoavam através de máquinas que funcionavam graças, inicialmente, à energia a vapor e, posteriormente, à eletricidade, que servia para operar motores, iluminar cidades e proporcionar uma comunicação instantânea entre as pessoas.

As vozes do saber na sociedade do controle no campo tecnológico se fizeram ouvir desde o final da Segunda Guerra Mundial e neste momento intensifica o significativo impacto no modo como a sociedade organiza sua atividade econômica, já que robôs com controle numérico, computadores e *softwares* avançados estão invadindo a última esfera humana — os domínios da mente. Adequadamente programadas, estas novas "máquinas inteligentes", através da utilização da inteligência artificial, são capazes de realizar funções conceituais, gerenciais e administrativas e de coordenar o fluxo da produção, desde a extração da matéria-prima ao *marketing* e à distribuição do produto final e de serviços.

Para Félix Guattari "não tem sentido o homem querer desviar-se das máquinas já que, afinal de contas, elas não são nada mais do que formas hiperdesenvolvidas e hiperconcentradas de certos aspectos de sua própria subjetividade".[10]

Sibília[11] recorre ao instrumental teórico foucaultiano para afirmar que os saberes da informática, das telecomunicações e das biotecnologias representam três áreas fundamentais da tecnociência contemporânea. E estão enquistados em claras relações de poder, contribuindo fortemente para a produção dos corpos e almas.

Esses saberes apresentam um novo conjunto de promessas, temores, sonhos e realizações, e seus aparelhos e ferramentas exprimem as formas sociais que os produzem e lhes dão sentido, formando redes, teias de pensamento, matrizes sociais, econômicas, políticas, que

---

[9] DELEUZE, 1992.
[10] GUATTARI, 1993, p. 177.
[11] SIBÍLIA, 2002.

permeiam o corpo social inteiro e estão inextricavelmente ligados às novas tecnologias. Há, portanto, agenciamentos coletivos, usos e apropriações das tecnologias por parte dos sujeitos que também vivenciam seus efeitos em seus próprios corpos e subjetividades.[12]

A interseção dos discursos e dos saberes da tecnologia, especialmente da tecnologia digital, com outros mediadores sociais, gera um campo de efeitos e esse campo não se determina apenas do ponto de vista da produção. Assim, conhecer a ação das produções tecnológicas requer explorar os processos de mediação, as regras que regem as transformações entre um discurso e seus efeitos.

Além disso, levantar as dimensões subjetivas da tecnologia abre novos caminhos para um debate e um empreendimento interdisciplinares, onde diversos saberes venham a ter acesso a como determinações técnicas dos produtos podem ou devem ser alteradas para surtir melhores impactos psicológicos, sociais e culturais no mundo moderno. Uma abordagem abertamente interdisciplinar para a questão permitiria tratar tanto de subjetividade na produção de tecnologia, quanto de intersubjetividade nas situações de uso de tecnologia.[13]

Segundo Clarisse Sieckenius de Souza,[14] a construção de artefatos técnicos na área de informática é resultante do estabelecimento do conjunto ótimo de valores que determinadas variáveis de controle do artefato podem assumir, a fim de maximizar a sua função utilidade a partir de um conjunto de restrições conhecidas, sejam elas funcionais, físicas ou ergonômicas, por exemplo.

Na área de pesquisa conhecida como Interação Humano-Computador (IHC), uma fronteira humana das tecnologias digitais ou das tecnologias da informação e comunicação (TIC), o cartesianismo subsiste mesmo sob a aparência de sua antítese, através de uma influente corrente de pensamento chamada de Projeto Centrado no Usuário.[15]

Esta corrente caracteriza a atividade de interação com computadores como uma travessia de dois golfos, o de execução e o de avaliação: no primeiro, o usuário estabelece uma intenção, traça uma ação e executa seu plano, e no segundo, ele percebe o sinal do sistema, interpreta o estado do sistema e avalia o sucesso do plano. Esta versão

---

[12] SIBÍLIA, 2002.

[13] SOUZA, Clarisse Sieckenius de. Da(s) subjetividade(s) na produção de tecnologia. *In*: NICOLACI-DA-COSTA, Ana Maria (Org.). *Cabeças digitais*: o cotidiano na era da informação. Rio de Janeiro: PUC-RIO; São Paulo: Loyola, 2006. p. 81-106.

[14] SOUZA, 2006.

[15] SOUZA, 2006.

de tecnologia acaba encolhendo a subjetividade do produtor, senão ao limite de desaparecer, ao menos ao limite de um remoto esconderijo.

Neste caso, há o domínio e o predomínio de uma racionalidade técnica, há uma crença de que a tecnologia é homogênea e neutra e a superação deste paradigma caminha a favor de uma frente multidisciplinar que tome por objeto de estudo as subjetividades que atuam na produção e não apenas no consumo de TIC.

Três autores contribuem para esta nova abordagem: B. J. Fogg e seu trabalho sobre tecnologias persuasivas, que caminha na fronteira entre a Teoria da Comunicação e a Filosofia; Clarice Siecknius de Souza (PUC-Rio) e seu trabalho de Engenharia Semiótica, que reúne Informática e Semiótica; e Sherry Turkle, da área de Psicologia, com um trabalho que versa sobre as relações psicológicas que se verificam entre as pessoas e seus computadores.

B. J. Fogg, psicólogo experimental e pesquisador da Universidade de Stanford, na qual dirige o Laboratório de Tecnologias Persuasivas, criou o neologismo *captology* com as iniciais de *computers as persuasive technologies* para expressar um novo tipo de conhecimento em TIC, que representa a interseção entre as tecnologias digitais (jogos eletrônicos, *palmtops*, celulares, *CD-ROM*, agentes inteligentes, PDAs, computadores, etc.) e da persuasão (mudanças de comportamento, motivação, mudança no modo de pensar, mudança de atitude, complacência ou submissão, etc.).

Podemos mencionar as *nag screens* ou, literalmente, telas para incomodar, que vários produtores introduzem em programas para persuadirem os consumidores a lhes pagarem pelo produto, bem em consonância com a sociedade dos consumidores controlados pensada por Deleuze. A Figura 1 mostra exemplos de mensagens que surgem em programas que baixamos da internet para experimentar por tempo determinado (*shareware*), como o do dicionário eletrônico *Babylon* ou do *software* matemático de geometria espacial chamado *Poly Pro*.[16]

---

[16] FOGG, B. J. Persuasive Computers: Perspectives and Research Directions. *In*: *CHI '98: Proceedings of the SIGCHI Conference on Human Factors in Computing Systems* (New York, NY, USA, 1998). ACM Press/Addison-Wesley Publishing Co., p. 225-232. 1998; FOGG, B. J. *Persuasive Technology*. Menlo Park: Morgan Kaufmann, 2003.

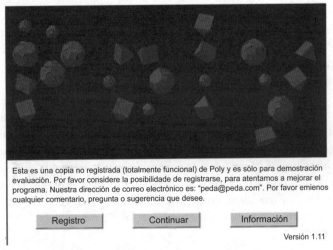

FIGURA 1 – Exemplos de *nag screens*

As tecnologias persuasivas são tecnologias interativas que modificam atitudes ou comportamentos de uma pessoa.[17] A literatura

---
[17] FOGG, 2003.

na área de Psicologia compreende a persuasão como uma tentativa de modelar, reforçar ou mudar comportamentos, sentimentos ou formas de pensamento sobre fatos, objetos ou ações. Entretanto, a persuasão requer sempre uma intencionalidade, e nem toda mudança de atitude ou comportamento é o resultado de persuasão. Por exemplo, uma chuva pode levar as pessoas a comprarem guarda-chuvas, mas a chuva não é um evento persuasivo, porque não há uma intencionalidade associada a ela, porém, se um fabricante de guarda-chuva pudesse fazer chover, então a chuva poderia ser classificada como uma tática persuasiva.

Como as máquinas por si próprias não possuem uma intenção, as diferentes tecnologias digitais podem ser consideradas persuasivas quando seus criadores, produtores e distribuidores têm a intenção de mudar as atitudes ou comportamentos humanos.

Se a intenção de modificar comportamentos ou atitudes é um dos fatores que são considerados na criação, distribuição e adoção de uma tecnologia, então esta herda uma espécie de intenção dos atores humanos envolvidos. Estas intenções podem apresentar, de acordo com Fogg (1998), três maneiras diferentes: a) **endógena**: quando o *designer* ou produtor cria a tecnologia com a intenção de persuadir de alguma maneira os usuários, como no exemplo do jogo eletrônico *Health-Hero*, que tenta persuadir as crianças a desenvolverem bons hábitos de saúde; b) **exógena**: quando alguém municia uma outra pessoa com a tecnologia digital numa tentativa de mudar sua atitude ou comportamento, como no caso de uma mãe presentear seu filho com uma agenda eletrônica ou um *palmtop* com a esperança de que ele se torne mais organizado; c) **autógena**: quando a própria pessoa decide usar ou adotar uma tecnologia a fim de mudar sua própria atitude ou comportamento, como no caso de uma pessoa que resolve comprar e usar um aparelho que controla e conta as calorias para ajudá-la a mudar seus próprios hábitos alimentares.

Estas categorias ajudam a distinguir os diferentes tipos de tecnologias persuasivas, porém, elas não são sempre precisas nem exclusivas. É possível inferir alguma intencionalidade onde nenhuma delas apareça ou não perceber qualquer intencionalidade quando, na verdade, elas existem e possam estar ocultas ou ainda quando mais de uma delas esteja presente. De qualquer forma, elas possuem uma função didática que nos permite melhor compreender o papel e a extensão das tecnologias persuasivas.

As tecnologias digitais podem também funcionar como ferramentas, como mídia ou como atores sociais. Alguns pesquisadores e projetistas frequentemente discutem variações destas funções, normalmente como metáforas para o uso computacional. Para Fogg (1998), entretanto, estas funções são mais que metáforas, pois elas representam basicamente a forma como as pessoas percebem ou respondem às tecnologias computacionais.

Como ferramenta ou instrumento, as tecnologias digitais auxiliam as pessoas em novas habilidades ou capacidades, permitindo que façam coisas que não podiam fazer antes sem o seu uso (comparar impressões digitais, por exemplo) ou a fazer coisas de uma forma mais fácil ou mais eficiente (cálculos matemáticos, etc.). As características persuasivas desta função são as reduções de barreiras (tempo, esforço e custo), aumento da autoeficácia, o fornecimento de informações para tomada de decisões e a modificação de modelos mentais.

As tecnologias digitais também podem exercer a função de mídia, com conteúdos simbólicos (quando usa símbolos para passar a informação através de textos, dados gráficos, ícones, etc.), ou sensoriais (quando as informações chegam através de áudios ou vídeos em tempo real, simulações, mundos virtuais, etc.). Na verdade, os dois tipos de conteúdos ocorrem quase sempre simultaneamente, tornando difícil a distinção dos mesmos. As características persuasivas desta função são fornecer uma aprendizagem de primeira mão, *insights*, visualizações ou resoluções de problemas e promover a compreensão de relações de causa e efeito ou permitir sensações através de experiências.

Além disso, os usuários parecem lidar algumas vezes com as tecnologias digitais como atores sociais quando estas adotam algumas características humanas, tais como emoções, comunicação com voz, etc., ou desempenham algum papel (treinar, "bichinho de estimação" como o *tamagotchi*, dar assistência, jogar) ou ainda quando seguem regras ou dinâmicas sociais, tais como pedir desculpas, etc. Muitas vezes é comum ouvirmos frases de usuários de computadores como: "Coloquei o computador para dormir", "Ele acordou", "Ele morreu". As características persuasivas desta função são estabelecer normas sociais, invocar dinâmicas e regras sociais e fornecer apoios ou sanções sociais.

O trabalho de B. J. Fogg também tem a preocupação de levantar alguns questionamentos éticos em função da produção e uso das tecnologias digitais persuasivas. Ele cita os exemplos das chamadas máquinas caça-níqueis que usam animações, músicas e narratividade para atrair seus jogadores; as empresas que gravam todo o trabalho de seus funcionários realizados através da *web*; as câmeras de restaurantes colocadas próximas das pias, para inspecionar e monitorar a lavagem das mãos dos seus funcionários; e os programas que solicitam registro para completar sua instalação. Todos são exemplos típicos da sociedade de controle e mostram os ganhos apenas para o lado controlador das companhias e empresas, enquanto os indivíduos perdem dinheiro, privacidade e liberdade em função dos aparatos tecnológicos.

Ele adverte aos produtores e pesquisadores que trabalham com as novas tecnologias a ficarem atentos, respeitando as individualidades, a privacidade e a liberdade das pessoas, compartilhando e debatendo publicamente suas pesquisas e assumindo compromissos sociais.

A Engenharia Semiótica de Clarice Sieckenius de Souza considera que a IHC é de fato um caso especial de metacomunicação — comunicação sobre as formas e os efeitos de comunicações específicas que determinada tecnologia foi projetada para possibilitar.

Através da interface dos produtos de tecnologia o produtor se comunica com o usuário, pois ela anuncia todas as falas dos usuários, para todo o conjunto de contextos em que se previu que a tecnologia iria operar. Como no caso do exemplo de produtos que comunicam, através da interface, uma "fala" de advertência, deixando apenas duas escolhas: confirmar ou cancelar as informações que estão na base de dados do sistema. O usuário não tem a opção de fazer uma consulta rápida a outro módulo antes de confirmar e sem cancelar o que já tinha feito.

Um reconhecimento, mesmo que apenas superficial, de características subjetivas da produção de tecnologia talvez explicasse por que tantos programas computacionais tentam "controlar" o usuário. Muitos programadores experimentam imenso prazer na programação porque justamente sentem que "controlam" a máquina; estendendo a tentação do controle até os usuários, com o temor de que a relação usuário-computador não se torne imprevisível.[18]

O manejo competente de códigos, canais, contextos e mensagens que o produtor de TIC, na qualidade de emissor, envia para os consumidores de TIC revela a inequívoca dimensão subjetiva da produção de tecnologia, muito mais perto do produto do que alguns estudos parecem supor. A tecnologia é repleta de falas, mais ou menos anônimas, mais ou menos intencionais, mais ou menos conscientes, às quais todo usuário reage, desde o nível psicológico individual até a dimensão mais social, como membro da classe de consumidores de tecnologia.[19]

O objetivo da Engenharia Semiótica é restaurar os valores humanos no próprio processo de produção de tecnologia, ancorando-os aos códigos e processos computacionais empregados no desenvolvimento

---

[18] TURKLE, Sherry. *The Second Self*: Computers and the Human Spirit. New York: Simon and Schuster, 1984.

[19] SOUZA, 2006.

das tecnologias digitais e tendo como foco o processo de produção de signos computacionais por parte dos projetistas e usuários de sistemas, entre os efeitos comunicativos pode figurar a persuasão. Ela visa estabelecer uma conexão explícita entre os signos presentes nos códigos computacionais internos e externos (ou seja, tanto nos programas de fundo quanto nas interfaces de usuário) e os signos presentes nos códigos culturais de produtores e consumidores de TIC.[20]

A origem da comunicação em TIC está no computador sim, mas sem que isso resulte em sua antropomorficação. No caso da comunicação através destes artefatos digitais, trata-se de uma reação intuitiva ao rastro da subjetividade que cada projetista ou programador imprime a qualquer sistema de *software*.[21]

No entanto, é necessário que compreendamos que os indivíduos interagem com os objetos de seu cotidiano de acordo com inúmeros fatores presentes em seu histórico de vida, de acordo com o contexto em que vivem, e a partir das mediações feitas por outros indivíduos.

4 Os novos comportamentos face às tecnologias digitais e as vozes de autorreferência

A tecnologia é, hoje, uma das metáforas mais potentes para compreender o tecido — redes e interfaces — de construção de subjetividade. Para ele, é na trama das interações entre sujeitos que as mediações tecnológicas revelam seu potencial alternativo, por mais que, para os apocalípticos, as mediações tecnológicas signifiquem o contrário.[22]

A tecnologia é uma das vozes de saber que colabora para a estruturação do campo de ações e relações humanas, inaugurando, inclusive, no caso da digital, um novo espaço. Um espaço de fluxos que domina e molda uma nova organização social contemporânea,[23] ou o ciberespaço, onde também ecoam as vozes da autorreferência, com manifestações de solidariedade, de resistência, de coesão social, de movimentos políticos e de vida comunitária.

---

[20] SOUZA, 2006.

[21] SOUZA, 2006.

[22] MARTÍN-BARBERO, Jesús. A mudança na percepção da juventude: sociabilidades, tecnicidades e subjetividades entre os jovens. *In*: BORELLI, Sílvia Helena Simões; FREIRE FILHO, João (Org.). *Culturas juvenis no século XXI*. São Paulo: EDUC, 2008. p. 9-32.

[23] CASTELLS, Manuel. *A sociedade em rede*: a era da informação: economia, sociedade e cultura. Tradução de Roneide Venâncio Majer com a colaboração de Klaus Brandini Gerhardt. São Paulo: Paz e Terra, 2009. v. 1.

No ciberespaço convivemos com a mentira que penetra na intimidade dos sentimentos na vida familiar e na estrutura afetiva, como reflexo da falsidade da vida pública que se refugia na vida privada e se manifesta em falsas identidades assumidas em salas de bate-papo ou em *sites* de relacionamento. Ao mesmo tempo, assistimos a protestos e resistência possibilitados pelo uso de imagens geradas a partir de celulares e transmitidas via web no *Twitter*, como mostra o caso recente das eleições iranianas.

Numa sociedade de consumidores controlados, constatamos a existência de agências de encontros pela internet, uma clara exposição de intimidade apresentada em público e sujeita a normas contratuais que bem se poderia associar à compra de um carro, uma casa ou a uma viagem de férias.[24] Entretanto, também podemos mencionar um estudo de Martín-Barbero (2008), no qual constata que nem a dependência, nem o isolamento, nem a perda do sentido de realidade são a tendência mais visível entre os adolescentes que usam o computador e a internet, afirmando que a juventude latino-americana segue frequentando a rua, curtindo festas nos fins de semana e preferindo a companhia ao isolamento. Muitos deles, inclusive, mesmo tendo computador em casa, vão às *lan houses* ou ao cibercafé, porque é ali que podem compartilhar as descobertas da navegação e as aventuras do jogo com os amigos presentes.

No mundo do trabalho mencionamos o exemplo de empresas que invadem a privacidade de seus funcionários gravando toda a sua navegação durante a sua jornada e ainda podemos citar o caso de terceirizações em países como Índia e China, que realizam serviços, respectivamente, para Estados Unidos e Japão, numa clara consonância com a flexibilização das relações de trabalho e da globalização das economias.

Os megaempreendimentos da segunda voz, as grandes aventuras coletivas industriais e científicas e a gestão dos grandes mercados de saber continuam conservando sua legitimidade, porém, devemos nos posicionar com clareza para que suas finalidades sejam redefinidas, já que ainda continuam surdos e cegos às verdades humanas.[25]

Só uma tomada de consciência da terceira voz, no sentido da autorreferência — a passagem da era consensual midiática a uma era dissensual

---

[24] BAUMAN, Zygmunt. *Vida para consumo*: a transformação das pessoas em mercadorias. Tradução de Carlos Alberto Medeiros. Rio de Janeiro: Jorge Zahar, 2008.

[25] GUATTARI, 1993.

pós-midiática — permitirá a cada um assumir plenamente suas potencialidades processuais e fazer, talvez, com que esse planeta, hoje vivido como um inferno por quatro quintos de sua população, transforme-se num universo de encantamentos criadores.[26]

A ambivalência entre a utopia e a resignação parte do pressuposto de que os saberes tecnológicos, sobretudo num contexto em que todas as regras básicas de funcionamento do modo de produção capitalista estejam vigentes, dificilmente podem ser alterados. Mas apenas as pressões de natureza política, econômica e sociocultural poderão alterar a correlação de forças no contexto daquelas regras e colocar na agenda de decisão, a exemplo do que já ocorre com as questões ambientais, a reconstrução de tecnologias segundo os interesses dos outros atores sociais envolvidos que não os proprietários dos meios de produção. Além disso, precisamos repensar os usos e mediações que estabelecemos com esta tecnologia.

Referências

BAUMAN, Zygmunt. *Vida para consumo*: a transformação das pessoas em mercadorias. Tradução de Carlos Alberto Medeiros. Rio de Janeiro: Jorge Zahar, 2008.

CASTELLS, Manuel. *A sociedade em rede*: a era da informação: economia, sociedade e cultura. Tradução de Roneide Venâncio Majer com a colaboração de Klaus Brandini Gerhardt. São Paulo: Paz e Terra, 2009. v. 1.

DELEUZE, Gilles. *Conversações*. Tradução de Peter Pál Pelbart. São Paulo: Ed. 34, 1992.

FOGG, B. J. Persuasive Computers: Perspectives and Research Directions. *In: CHI '98: Proceedings of the SIGCHI Conference on Human Factors in Computing Systems*. (New York, NY, USA, 1998). ACM Press/Addison-Wesley Publishing Co., p. 225-232. 1998.

FOGG, B. J. *Persuasive Technology*. Menlo Park: Morgan Kaufmann, 2003.

FOUCAULT, Michel. *Microfísica do poder*. Organização e tradução de Roberto Machado. Rio de Janeiro: Graal, 1979.

GUATTARI, Félix. Da produção de subjetividade. *In*: PARENTE, André (Org.). *Imagem-máquina*: a era das tecnologias do virtual. Tradução de Rogério Luz *et al*. Rio de Janeiro: Ed. 34, 1993.

MANCEBO, Deise. Indivíduo e psicologia: gênese e desenvolvimento atuais. *In*: MANCEBO, Deise; VILELA, Ana Maria Jacó (Org.). *Psicologia social*: abordagens sócio-históricas e desafios contemporâneos. 2. ed. Rio de Janeiro: Ed. UERJ, 2004.

---

[26] GUATTARI, 1993, p. 188.

MARTÍN-BARBERO, Jesús. A mudança na percepção da juventude: sociabilidades, tecnicidades e subjetividades entre os jovens. *In*: BORELLI, Sílvia Helena Simões; FREIRE FILHO, João (Org.). *Culturas juvenis no século XXI*. São Paulo: EDUC, 2008.

SIBÍLIA, Paula. *O homem pós-orgânico*: corpo, subjetividade e tecnologias digitais. Rio de Janeiro: Relume Dumará, 2002.

SOUZA, Clarisse Sieckenius de. Da(s) subjetividade(s) na produção de tecnologia. *In*: NICOLACI-DA-COSTA, Ana Maria (Org.). *Cabeças digitais*: o cotidiano na era da informação. Rio de Janeiro: PUC-RIO; São Paulo: Loyola, 2006.

TURKLE, Sherry. *The Second Self*: Computers and the Human Spirit. New York: Simon and Schuster, 1984.

Informação bibliográfica deste texto, conforme a NBR 6023:2002 da Associação Brasileira de Normas Técnicas (ABNT):

ALVES, George de Souza. As tecnologias digitais e seus modos de subjetivação do indivíduo contemporâneo. *In*: AFFORNALLI, Maria Cecília Naréssi Munhoz; GABARDO, Emerson (Coord.). *Direito, informação e cultura*: o desenvolvimento social a partir de uma linguagem democrática. Anais do Simpósio Comunicação, Cultura de Massas, Globalização e Direito: II Congreso Ciencias, Tecnologías y Culturas. Diálogo entre las disciplinas del conocimiento. Mirando al futuro de América Latina y el Caribe. Belo Horizonte: Fórum, 2012. p. 213-229. ISBN 978-85-7700-563-5.

CONTRACULTURA: SONHO ANTIGO OU ESPAÇO DE NOVAS EXPRESSÕES?

GRACIELE DE MORAES BARROS
LIZA HOLZMANN

1 Introdução

O que é contracultura? Poderia ser definida como o surgimento de uma nova consciência? Um universo de valores diferentes, com suas próprias regras? De acordo com o autor Carlos Alberto M. Pereira, o termo contracultura se enquadra perfeitamente a essas questões, pois nos anos 1960 já se ouvia falar no surgimento de uma nova consciência, uma nova utopia, um novo mundo. Um sentimento de mobilização e contestação social da juventude que foi capaz de mobilizar jovens e intelectuais de diversas partes do mundo.[1]

A partir de então, aos poucos já se ouvia falar nos meios de comunicação de um novo termo: contracultura. No início, isso era caracterizado pelos sinais mais evidentes, como cabelos compridos, roupas coloridas, o misticismo, um tipo de música, drogas, etc. Portanto, um conjunto de hábitos que, aos olhos das famílias de classe média, parecia um verdadeiro absurdo. Entretanto, além da questão física, ficou claro também que nesse fenômeno da contracultura também estavam implícitas novas maneiras de pensar, de encarar o mundo e a relação

---

[1] PEREIRA, Carlos Alberto M. *O que é contracultura*. São Paulo: Ed. Brasiliense, 1992.

com as pessoas, ou seja, um outro universo de valores com suas regras próprias.

Em meio a isso, permite-se pensar: é possível uma verdade absoluta? Ou, a história é meramente interpretativa? Existem mesmo os fatos históricos? Qual a nossa relação com os que viveram no passado? Muitas destas perguntas talvez não possam ser respondidas de imediato, isso dependendo muitas vezes do âmbito acadêmico e seus costumes.

Diz Paul Veyne que, como o romance, a história seleciona, organiza, faz com que um século caiba apenas numa página e essa síntese da narrativa é tão espontânea quanto a da nossa memória.[2] Entende-se, assim, que a história deve se basear nos documentos, embora tais documentos já tenham sido construídos por outras pessoas com pontos de vista diferentes e sensíveis a determinados interesses.

Levando em consideração os questionamentos trazidos pela Nova História Cultural a partir dos anos 80 do século XX no Brasil,[3] entende-se que a história não nos dá certezas ou sequer nos mostra como eram as coisas. Não se trata de discutir se o fato aconteceu, (possivelmente sim), mas de compreender e interpretar seus significados. O que individualiza um evento, um acontecimento, é o contexto,[4] as pessoas que estão envolvidas.

Observa-se, também, que o campo da história é inteiramente indeterminado, pois nele se integram diferentes olhares. Os documentos trazem possíveis evidências que podem e devem ser interpretadas (mediante o cotejamento com outras fontes), significando que a

---

[2] VEYNE, Paul. *Como se escreve a história*. Lisboa: Edições 70, 1983. p. 23.

[3] "A historiografia nacional brasileira, no momento em que a crise dos paradigmas chegou ao país, no final dos anos 1980, era até então dominada por uma postura marxista de entendimento da história. [...] Suas vertentes de análise preferenciais eram aquelas da história econômica, analisando a formação do capitalismo no Brasil, a transcrição da ordem escravocrata para o do trabalho livre e o surgimento do processo de industrialização. Por outro lado, realizava-se uma história dos movimentos sociais, em que, particularmente, eram estudados o proletariado industrial, com suas lutas de classe, bem como a formação do partido e do sindicato, todos esses estudos desembocando, nos anos 80, para uma análise das condições em que se davam a dominação e a resistência. [...]" (PESAVENTO, Sandra J. *História & história cultural*. 2. ed. São Paulo: Autêntica, 2004. p. 10, 11).

[4] "É impossível descrever uma totalidade e toda descrição é seletiva; o historiador nunca faz o levantamento do mapa factual, ele pode, no máximo, multiplicar as linhas que o atravessam. O objeto de estudo nunca é a totalidade de todos os fenômenos observáveis, num dado momento ou num lugar determinado, mas somente alguns aspectos escolhidos [...] Podemos acrescentar que se o mesmo 'acontecimento' pode ser disperso por várias tramas, inversamente, dados pertencentes a categoria heterogêneas — o político, o social, o religioso... — podem compor um mesmo acontecimento. É um caso até freqüente: a maioria dos acontecimentos são 'fatos sociais totais' [...]" (VEYNE, Paul. *Como se escreve a história*. Lisboa: Edições 70, 1983. p. 29).

necessidade de comprovar a factualidade não é tão importante como a análise das representações sobre ela.

Pode-se relacionar aqui o termo contracultura com o conceito de *poder simbólico*, formulado por Pierre Bourdieu, que suscita a questão do poder a partir da noção de *campo*, considerando o campo do poder como um "campo de forças", definido em sua estrutura pelo estado de relação de forças entre formas de poder ou espécies de capital diferentes. É um campo de lutas pelo poder, entre detentores de poderes diferentes; um espaço de jogo, onde agentes e instituições, tendo em comum o fato de possuírem uma quantidade de capital específico (econômico ou cultural especialmente) suficiente para ocupar posições dominantes no seio de seus respectivos campos, afrontam-se em estratégias destinadas a conservar ou a transformar essa relação de forças.[5] De Bourdieu também se utiliza a noção de *habitus*, "um sistema de disposições duráveis e transponíveis que, integrando todas as experiências passadas, funciona a cada momento como uma matriz de percepções, de apreciações e ações".[6]

Sendo assim, os historiadores, em cada época, têm a opção teórico-metodológica de recortar a história na sua perspectiva, fazendo-nos pensar que certos fatos são mais importantes que outros, dando a impressão ou até mesmo a ilusão de que, por exemplo, a guerra é história, e o resto é notícia de jornal.

A história é cheia de caminhos possíveis porque a construção da narrativa nunca aprende um evento ou acontecimento de maneira completa, mas o faz a partir da reunião e seleção de indícios presentes na documentação. Compreender a contracultura a partir de uma perspectiva histórica é o presente desafio, fazê-lo a partir do avanço dos movimentos sociais e da construção de novas formas de comunicação é inevitável, pois

> complexos e sofisticados dispositivos de informação, como o telefone, o cinema, os jornais, a rádio, a televisão, os satélites de telecomunicações, o telefax, o correio eletrônico, os discos compactos, o computador, as redes e os sistemas integrados de serviços telemáticos, fazem parte do nosso dia-a-dia, definem novos horizontes da nossa experiência, alargando a esfera de percepção e de intervenção no mundo, elaborando a nossa própria representação da realidade.[7]

---

[5] BOURDIEU, Pierre. *O poder simbólico*. Tradução de Fernando Tomaz. 2. ed. Rio de Janeiro: Bertrand Brasil, 1998. p. 375.

[6] CHARTIER, *op. cit.*, p. 73.

[7] RODRIGUES, Antonio. *Comunicação e cultura*: a experiência cultural na era da informação. Lisboa: Editorial Presença, 1993. p. 23, 24.

Para atender ao propósito de apresentar uma discussão sobre a contracultura, utiliza-se a pesquisa teórica através da revisão bibliográfica baseada nos autores Carlos Alberto M. Pereira e Marcos Capellari, a fim de embasar o objeto de estudo.[8] A pesquisa bibliográfica e a revisão de literatura permitiram organizar a documentação, fazendo com que o pesquisador estruturasse sua pesquisa e analisasse o que já foi publicado sobre o tema. Para cumprir com os objetivos estabelecidos, a pesquisa foi orientada numa concepção de totalidade. Tal concepção representa a compreensão do real como um espaço total, organizado, estruturado, no qual não se pode entender um elemento, um aspecto, uma dimensão, sem estabelecer sua relação com o todo. Parte-se também de uma visão de homem e mundo como ser social e histórico, que mesmo sofrendo as determinações socioeconômicas é também um sujeito que transforma tais contextos.

2 Compreensão do movimento de contracultura

Quando se fala em "contracultura", é preciso ter claro que se trata de um fenômeno complexo — isto é, fragmentário e contraditório —, não redutível a uma de suas expressões. Insinuar, por exemplo, que ele foi o desdobramento de uma única ideologia, implica negar as contradições ideológicas internas ao fenômeno, na tentativa de simplificá-lo. Por outro lado, explicá-lo como o reflexo de um conjunto de idéias — pessimistas ou não — sem considerar os aspectos sócio-econômicos e políticos subjacentes, corresponde a uma interpretação idealista da História.[9]

Mesmo que seja num tempo bem próximo, o movimento de contracultura já faz parte de um passado histórico e vai ficando cada vez mais distante do nosso dia a dia, deixando para trás aquele "pique" do movimento nos anos 60. Entretanto, os "*Movimentos sociais* falam de si próprios como agentes de liberdade, de igualdade, de justiça social ou de independência nacional, ou ainda como apelo à modernidade

---

[8] PEREIRA, Carlos Alberto M. *O que é contracultura*. São Paulo: Ed. Brasiliense, 1992; CAPELLARI, Marcos Alexandre. *O discurso da contracultura no Brasil*: undergroung a partir de Luiz Carlos Maciel (c.1970). Tese (Doutorado em História Social) – Universidade de São Paulo/USP, São Paulo, 2007.

[9] CAPELLARI, Marcos Alexandre. *O discurso da contracultura no Brasil*: undergroung a partir de Luiz Carlos Maciel (c.1970). Tese (Doutorado em História Social) – Universidade de São Paulo/USP, São Paulo, 2007. p. 1.

ou à liberação de forças novas, num mundo de tradições, preconceitos e privilégios".[10]

De acordo com Pereira, o poder da imprensa naquele momento é extremamente influente no sentido de lançar rótulos ou modismos no fenômeno da contracultura. Mas se entende que o grande valor desse fenômeno não se atribuía apenas ao fato da sua expressão e repercussão na imprensa, mas também porque continha em si uma considerável carga de informação a respeito do movimento que designavam, ou seja, sabiam o que queriam e o porquê. Obviamente que não se pode responsabilizar apenas a imprensa, pois

> A comunicação e a informação estão interligadas. Através dos meios de comunicação podemos receber as informações de acontecimentos e fatos que presenciamos em nosso cotidiano.
>
> Assim, como somos informados conseqüentemente podemos também informar, é um processo onde ocorre a troca e a assimilação do que nos foi dito. Com a informação, passamos a nos comunicar com os demais. A informação pode chegar até nós das mais variadas formas.[11]

Assim, nascido no seio da sociedade, mas com forte influência dos meios de comunicação começou então a se formar um movimento social fortemente libertário, com o apelo junto à juventude de camadas médias urbanas, que colocavam em xeque valores da cultura ocidental. Assim, a juventude assumia ares de uma verdadeira contracultura. Na década de 1950, surgiu nos Estados Unidos um dos primeiros movimentos da contracultura: a *Beat Generation*. Os *Beatniks* eram jovens intelectuais, principalmente artistas e escritores, que criticavam o consumismo desenfreado e o ânimo exagerado em relação ao pós-guerra americano, o anticomunismo generalizado e a falta de pensamento crítico.[12]

Com a emersão da tecnologia no mundo, a população de diversas partes do planeta tornou-se permeável, via cinema, televisão e rádio, incorporando, assim, as mudanças comportamentais que ocorriam nas classes médias urbanas. A questão do divórcio, das mães solteiras, os

---

[10] GOHN, Maria da Glória. *Teorias dos movimentos sociais*: paradigmas clássicos e contemporâneos. São Paulo: Loyola, 1997.

[11] KVIATKOVSKI, Vanessa Maria. *Mídia e criança*: a influência da televisão no processo de desenvolvimento da criança, uma aproximação a partir do serviço auxiliar na infância e da juventude - SAI – Ponta Grossa/PR. 2009. Trabalho de Conclusão de Curso (Graduação em Serviço Social) – Universidade Estadual de Ponta Grossa, 2009.

[12] CAPELLARI, Marcos Alexandre. *O discurso da contracultura no Brasil*: undergroung a partir de Luiz Carlos Maciel (c.1970). Tese (Doutorado em História Social) – Universidade de São Paulo/USP, São Paulo, 2007.

nascimentos ilegítimos indicavam uma crise nas relações entre os sexos, desencadeando, assim, o aumento de uma cultura juvenil extremamente forte, que com um grupo de consciência própria, agora se tornara um agente social independente.

Ainda segundo os autores pesquisados, vale considerar aqui que essa juventude como agente social independente, unindo forças nos EUA em 1965, exigiu de maneira pacífica a retirada das tropas americanas do Vietnã e o fim da guerra. Posteriormente, com a liderança de Mao Tse-Tung, levantou-se contra o "pensamento burguês reacionário", ergueu barricadas na Universidade de Paris e de diversas maneiras e em várias partes do mundo opôs-se totalmente ao capitalismo, ao conservadorismo e à repressão política. Desse modo, nas universidades, a massa de estudantes e professores movimentava-se e comunicava ideias, expressando seu descontentamento político e social, e contra o sistema de ensino. A valorização das emoções e do corpo era uma das principais manifestações da "revolução sexual" e a desvalorização do racionalismo dá também margem para o culto às drogas psicotrópicas[13] e à música rock. Estas insatisfações eram contra o conservadorismo comportamental, o imperialismo, autoritarismo, etc.

Dessa forma, a juventude dos EUA, dos europeus e do terceiro mundo não manifestava insatisfação apenas com o *status quo* político e econômico, mas também às formas tradicionais das relações familiares.

Pereira afirma que esse espírito questionador e libertário já se anunciava nos EUA desde os anos 1950 com uma geração de poetas. E nesta mesma época (1956-1968) surge o Rock'n roll na figura de Elvis Presley, que por sinal atingia um público jovem que começou a fazer deste tipo de música uma expressão de seu descontentamento. Mas é nos anos 60 que esse fenômeno político cultural ganha uma potência máxima, marcada por grandes concertos, festivais de rock como Monterey (1967), Woodstock e Altamont (1969). Um destes eventos contou com as presenças dos músicos brasileiros Caetano Veloso e Gilberto Gil, os quais estavam vivendo na Europa. Vale ressaltar que o autor coloca aqui também as revoltas nos *campi* universitários e a radicalização do movimento estudantil internacional.

> De um lado, o termo contracultura pode se referir ao conjunto de movimentos de rebelião da juventude [...] que marcaram os anos 60: o movimento hippie, a música rock, uma certa movimentação nas

---

[13] As drogas psicotrópicas são aquelas que atuam sobre o nosso cérebro, alterando de alguma maneira o psiquismo. Centro Brasileiro de Informações sobre Drogas Psicotrópicas. Disponível em: <http://www.cebrid.epm.br/folhetos/tranquilizantes_.htm>.

universidades, viagens de mochila, drogas e assim por diante. [...] Trata-se, então, de um fenômeno datado e situado historicamente e que, embora muito próximo de nós, já faz parte do passado". [...] "De outro lado, o mesmo termo pode também se referir a alguma coisa mais geral, mais abstrata, um certo espírito, um certo modo de contestação, de enfrentamento diante da ordem vigente, de caráter profundamente radical e bastante estranho às forças mais tradicionais de oposição a esta mesma ordem dominante. Um tipo de crítica anárquica — esta parece ser a palavra-chave — que, de certa maneira, 'rompe com as regras do jogo' em termos de modo de se fazer oposição a uma determinada situação. [...] Uma contracultura, entendida assim, reaparece de tempos em tempos, em diferentes épocas e situações, e costuma ter um papel fortemente revigorador da crítica social.[14]

Porém, no Brasil, apesar de que as condições de existência da população sob o momento político vivido, da ditadura militar, impedissem um pouco que a juventude se manifestasse em relação as suas demandas, essa juventude insatisfeita e organizada, marcada pelos protestos da população pela eleição de Jânio Quadros para a presidência do Brasil, tentava lutar contra o regime militar e o capitalismo, pois a modernização global não se representou de maneira significativa para a maioria da população como uma sociedade justa e igualitária, e sim com a continuidade da miséria e da exclusão. Nos anos 60, o Movimento Estudantil (ME) brasileiro esteve diretamente vinculado às disputas ideológicas em relação ao destino do país e participou ativamente de projetos acadêmicos, assumindo desde 1961, com os centros populares de cultura, uma luta por uma cultura nacional e popular, realizando, assim, atividades teatrais, musicais, cinematográficas, literárias, etc.[15]

Essas atividades populares refletiam, de certa forma, o anseio dessa juventude de esquerda, com o objetivo de mobilizar e politizar as massas, esperando transformar as explorações e visões de mundo. Portanto, o ano de 1960 inaugurou uma década, que por razões econômicas, política e sobretudo cultural costuma ser caracterizada até hoje no imaginário ocidental como "anos rebeldes". Nesse sentido, a maneira como o movimento da contracultura se difundiu nos diversos países foi bastante distinta, e, mais que debater, a juventude passou a viver esses novos ideais rompendo drasticamente com os padrões culturais tradicionais, ficando tal movimento restrito no sentido das

---

[14] PEREIRA, Carlos Alberto M. *O que é contracultura*. São Paulo: Ed. Brasiliense, 1992. p. 20.

[15] CAPELLARI, Marcos Alexandre. *O discurso da contracultura no Brasil*: undergroung a partir de Luiz Carlos Maciel (c.1970). Tese (Doutorado em História Social) – Universidade de São Paulo/USP, São Paulo, 2007.

grandes manifestações, "limitando-se, assim, a incorporação de um novo 'estilo de vida', a partir de seus referenciais estéticos e intelectuais introduzidos por intermédio das artes plásticas, da literatura, da música e de jornais alternativos como *Pasquim*".[16]

Com as manifestações e as rebeliões estudantis da década de 1960, o jovem assumiu um caráter de novo sujeito histórico, dono de uma identidade própria perante o cenário público. Esse anseio especificamente etário, não é perfil de toda a juventude da época, mas sim de certos segmentos da juventude, como os estudantes, por exemplo, que, por sinal, pertenciam às camadas abastadas da população, mas que assumiam posições de esquerda na questão ideológica. Contudo, entre esses jovens, as doutrinas variavam de acordo com as suas conjunturas locais e tradições, como o militante portador de um discurso revolucionário marxista, o guerrilheiro do hippie e mesmo o rebelde do mundo capitalista. Assim, Capellari afirma que independente do discurso e das ações, os jovens pareciam partilhar de um ideal comum, que era o desejo de liberdade. E em 1968, ano em que, em maio, houve a rebelião estudantil na França, em um dos debates da esquerda, um deles com o título de "A irrupção",[17] os intelectuais tentavam encontrar respostas para um fenômeno que não estava de alguma forma previsto no ideal marxista, no qual o portador dessas ideias seria o proletariado. Então, "Por que os estudantes?". Assim, o assombro desencadeado por esse evento de "maio" tem uma chamada na contracapa de publicação:

> Os movimentos dos jovens e dos estudantes que este ano eclodiram em todas as partes do mundo, e mais especialmente os acontecimentos de maio na França (pela extensão e profundidade de suas conseqüências) fizeram surgir uma série de perguntas vitais, de cuja resposta correta dependerá, talvez, o destino da humanidade nos próximos anos. Por que o movimento de revolta contra a sociedade industrial partiu dos estudantes, e não da classe que até agora era tida como a revolucionária por excelência? Existe hoje uma classe estudantil, ou antes, uma classe etária, a dos jovens? A Revolução era mesmo possível na França? Por que uma Revolução Cultural é pregada em regiões de condições e regimes tão diversos quanto a China e a Europa da sociedade de consumo? O que é uma sociedade de consumo e o que está ela provocando?[18]

---

[16] CAPPELLARI, *op. cit*, p. 17.

[17] LEFEBVRE, Henri. A irrupção: a revolta dos jovens na sociedade industrial: causas e efeitos. *Revista Internacional de Pesquisas e Sínteses Sociológicas*, São Paulo, n. 2, 1968; CAPPELLARI, *op. cit.*

[18] LEFEBVRE *apud* CAPPELARI, *op. cit.*

Com base nisto, é nítido o tom de urgência nessas questões, pois ao que parece esperava-se que esse movimento conferisse um caráter de classe social e não de faixa etária, afinal, pode ser difícil entender um movimento em que seu segmento se beneficiava do Sistema. Assim, pode-se perceber que tais preocupações, no entender dos intelectuais da época, eram universais e que correspondiam aos anseios e aspirações da juventude internacional.

No Brasil, o termo contracultura surge segundo Capellari a partir do jornal *O Pasquim*, constituído principalmente pelo público leitor jovem da classe média. Declaradamente "alternativo", *O Pasquim* representou o descontentamento com a ditadura militar, sendo um veículo de comunicação de crítica bem-humorada, considerado alternativo por ser uma opção diferente em relação à grande imprensa e por seu conteúdo não convencional e rejeitado pela imprensa oficial. *O Pasquim* foi tido como voz para driblar a censura, manifestando suas insatisfações e "o qual destacou-se em um período de forte repressão à imprensa, pela regularidade de suas edições e por suas grandes tiragens, alcançando, desde o número trinta, cerca de duzentos mil exemplares semanais, desencadeando mudanças comportamentais no país, principalmente entre os jovens.[19] Ainda segundo o mesmo autor,

> entre os articulistas do jornal do primeiro período (1969-1972), coube a Luiz Carlos Maciel o principal papel como difusor da contracultura. Seja por intermédio de artigos editados em colunas marcadas pela heterogeneidade temática, como *As dicas*, *Dicas de Mulher* e *Cartas*, no ano de 1969, seja, principalmente, na sua coluna *Underground*, introduzida a partir de 1970 e da qual foi o responsável até a sua saída do jornal, em 1972, Luiz Carlos Maciel divulgou e discutiu autores e concepções estéticas, intelectuais e religiosas do movimento contracultural internacional.[20]

Pereira também cita como ponto de partida para a discussão da contracultura no Brasil esse jornal entre 1969 a 1972 através dos escritos de Luiz Carlos Maciel, assim como seus livros e depoimentos, o qual teve um papel fundamental na divulgação das ideias da contracultura. E nas anotações publicadas por Maciel já nos anos 1980, é colocado na sua primeira anotação que o termo "contracultura" foi inventado pela imprensa norte-americana nos anos 60 para se referir a um conjunto de novas manifestações culturais, não só dos EUA e na Europa, mas

---

[19] CAPPELARI, *op. cit.*, p. 2.
[20] CAPPELARI, *op. cit.*, p. 17.

também em vários outros países, com menor intensidade e repercussão na América Latina. Na segunda anotação, pode-se entender a palavra contracultura de duas maneiras: como um fenômeno histórico concreto e particular, cuja origem é localizada nos anos 60 e/ou também como uma postura contrária a cultura convencional.[21]

Já na terceira, ele afirma que através da nossa educação a gente se acostuma a ver que a cultura que herdamos dos nossos pais e antepassados é definitiva, ou seja, algo "natural" que nos é apresentado como a própria essência da realidade. Entretanto, ele afirma que não é assim, pois a cultura é um produto histórico e que ela expressa não a realidade em si, mas diferentes maneiras de ver essa realidade e de interpretá-las; são leituras diferentes de mundo e que nenhuma é mais verdadeira do que a outra, pois a todo momento nós estamos criando e inventando culturas. A cultura é essencialmente arte e que um dos piores prejuízos que a visão científica causou foi distorcer e ignorar isso.

A quarta anotação, como já foi mencionado, diz que no fenômeno da contracultura depende de vermos que a nossa cultura particular não é superior e nem melhor do que qualquer outra, e que a fonte deste fenômeno foi a magia fundamental da realidade.

Na quinta, Maciel afirma que foram as chamadas "doenças" das nossas culturas tradicionais que propiciaram o surgimento da contracultura, a qual foi tida como um anticorpo necessário à preservação de um mínimo de "saúde" existencial. E o pensamento do século XIX, tentou diagnosticar essa doença de várias maneiras, como, por exemplo, a "alienação" de Marx e a "neurose" do Freud.

Já na sexta e sétima anotação, o homem que é condicionado na nossa cultura é tido como um homem doente e que a sua perda básica é a sua própria liberdade, preso, inclusive, à sua mente. E na oitava e última anotação, vê-se que a fonte desse fenômeno é sem dúvida a visão juvenil.

É de suma importância acrescentar aqui, e se pode estabelecer com a contracultura, um termo bastante significativo: a loucura. Pois o termo "loucura" tem um sentido invertido ao conceito predominante, que é o mesmo que manifestar recusa em assumir papéis da cultura tradicional. Portanto, dentro dessas perspectivas, pode-se estabelecer uma ponte com os ideais de Michel Foucault, quando ele faz um estudo do "biopoder", no qual muitas vezes prevalece o espaço de poder. Quando Foucault trabalha o "avesso da razão", ele faz ressurgir os

---

[21] PEREIRA, Carlos Alberto M. *O que é contracultura*. São Paulo: Ed. Brasiliense, 1992.

esquecidos da razão, que não é nem a valorização dos heróis, nem a glorificação dos condenados, pretendendo dar vida e voz à loucura através dos discursos de racionalização, seria, assim, a contracultura um espaço de dar voz aos questionamentos do que está estabelecido.

Assim, ele escreve *A história da loucura* em 1956, momento histórico próximo ao movimento da contracultura, apesar de referir-se a uma construção histórica da loucura, a qual se torna uma ruptura com a história do sujeito ocidental. A loucura voltada para a razão, a fim de interpretá-la, pondo em evidência suas linhas de força e fraqueza, evidenciando ainda que a loucura deve ser separada da pluralidade dos discursos: científicos, jurídicos, etc., para que se possa entender como se dá a origem dessa figura do "outro" da razão, que é a loucura. Com isso, permite-se pensar que a razão é usada para justificar o poder, assim como o movimento da contracultura foi pensado e desvalorizado por muitos como um movimento de "rebelde sem causa".

Para Foucault, a loucura nem sempre foi tratada da mesma maneira, primeiramente, era objeto de exclusão e depois foi alvo da prática da prisão. A figura da loucura foi como algo decisivo do mundo da razão e da desrazão, ou seja, a divisão entre o bem e mal, tornando-se uma ameaça no século da razão (XVII), de modo que o desaparecimento do louco transforma-se em reinado da razão. Neste sentido, Foucault afirma que é de dentro do sujeito que se pode apreender sua relação consigo mesmo e com os outros, deixando de vê-lo como simples receptáculo de transformações que lhe são exteriores e podendo, assim, dar voz ao mundo do silêncio.

O termo contracultura pode se referir a um conjunto de movimentos de rebelião da juventude que marcou os anos 60, como o movimento *hippie*, a música rock, os movimentos nas universidades, as drogas, etc. E isso tudo motivado por um espírito de insatisfação, de contestação, a busca de outra realidade. Entretanto, o autor afirma também que isso já faz parte do passado, que não tem o mesmo sentido, ou pelo menos a mesma força.[22]

3 Considerações finais

Sob essas perspectivas, é nítido que a juventude da contracultura dos anos 60 buscava "cair fora do sistema", para muitos era tida como uma juventude rebelde, louca, pois estava desencantada com o presente

---

[22] PEREIRA, Carlos Alberto M. *O que é contracultura*. São Paulo: Ed. Brasiliense, 1992.

e descrente no futuro, rompendo, assim, praticamente com todos os hábitos da cultura dominante. E é interessante ressaltar aqui que era justamente a juventude das camadas altas e médias, as quais inclusive tinham pleno acesso aos privilégios no Sistema, que rejeitavam esta cultura em que estavam inseridos.

De maneira sintética, procurou-se entender algumas das possíveis razões para o desdobramento da contracultura e sua conjuntura, visando discutir a ideia do conceito e sua perspectiva. Ao ser caracterizada por se opor à cultura dominante, a contracultura foi de fato a contestação, antes de tudo, do capitalismo, pela acumulação e pelo controle. Dessa forma, pode-se entendê-la com um espírito de diversos anseios, de liberdade, de igualdade, etc. Entende-se que a contracultura é fruto de uma consciência, e a partir de então construiu-se diversas maneiras de executá-la e de analisá-la.

É nítido, portanto, que o historiador deve ter o compromisso com a análise da relação entre aquilo que permanece e aquilo que muda (transforma ou altera). Essas questões estão vinculadas com temporalidades específicas, de onde se percebe o processo que as possibilitou. Dessa forma, é preciso minúcia na compreensão dos distintos momentos do processo de organização política, econômica e cultural de uma sociedade, que são realmente diferentes.

Portanto o fenômeno da contracultura pode ser compreendido, num determinado contexto, como um movimento em que foram abertos novos espaços de luta política, por meio de uma linguagem crítica, um grande poder de mobilização e que introduziu inclusive novos interlocutores no debate cultural.

Percebe-se que tal tema ainda é muito atual, uma vez que hoje têm-se expressões culturais que precisam ser compreendidas, como novos atores no cenário da nossa sociedade.

Referências

BOURDIEU, Pierre. *O poder simbólico*. Tradução de Fernando Tomaz. 2. ed. Rio de Janeiro: Bertrand Brasil, 1998.

CAPELLARI, Marcos Alexandre. *O discurso da contracultura no Brasil*: undergroung a partir de Luiz Carlos Maciel (c.1970). Tese (Doutorado em História Social) – Universidade de São Paulo/USP, São Paulo, 2007.

FOUCAULT, Michel. *A história da loucura*. São Paulo: Perspectiva, 1997.

GOHN, Maria da Glória. *Teorias dos movimentos sociais*: paradigmas clássicos e contemporâneos. São Paulo: Loyola, 1997.

KVIATKOVSKI, Vanessa Maria. *Mídia e criança*: a influência da televisão no processo de desenvolvimento da criança, uma aproximação a partir do serviço auxiliar na infância e da juventude - SAI – Ponta Grossa/PR. 2009. Trabalho de Conclusão de Curso (Graduação em Serviço Social) – Universidade Estadual de Ponta Grossa, 2009.

PEREIRA, Carlos Alberto M. *O que é contracultura*. São Paulo: Ed. Brasiliense, 1992.

RODRIGUES, Antonio. *Comunicação e cultura*: a experiência cultural na era da informação. Lisboa: Editorial Presença, 1993.

VEYNE, Paul. *Como se escreve a história*. Lisboa: Edições 70, 1983.

Informação bibliográfica deste texto, conforme a NBR 6023:2002 da Associação Brasileira de Normas Técnicas (ABNT):

BARROS, Graciele de Moraes; HOLZMANN, Liza. Contracultura: sonho antigo ou espaço de novas expressões?. *In*: AFFORNALLI, Maria Cecília Naréssi Munhoz; GABARDO, Emerson (Coord.). *Direito, informação e cultura*: o desenvolvimento social a partir de uma linguagem democrática. Anais do Simpósio Comunicação, Cultura de Massas, Globalização e Direito: II Congreso Ciencias, Tecnologías y Culturas. Diálogo entre las disciplinas del conocimiento. Mirando al futuro de América Latina y el Caribe. Belo Horizonte: Fórum, 2012. p. 231-243. ISBN 978-85-7700-563-5.

NOVOS FÓRUNS DE COMUNICAÇÃO E POLÍTICA

HUSTANA MARIA VARGAS

1 Introdução

A compreensão da democracia como objeto em construção e reconstrução incessantes nos aproxima da ideia de linguagem, objeto igualmente plástico e em atualização constante. Por outro lado, na qualidade de constructo social, a democracia necessita de estruturas vocabulares para lhe garantir sentido, forma, abrangência. Essas estruturas transitarão em várias esferas comunicativas, das quais destacamos as da política e do direito propriamente dito.

Na esfera da política, a democracia experimenta fluxos e contrafluxos moldados pelos embates entre forças, pelas imposições dos tempos e lugares e, sobretudo, pelas consciências em movimento. A cada situação de expansão da ideia democrática o direito, por sua vez, formaliza, institucionaliza e garante o conteúdo dos direitos e práticas conquistados pelas sociedades.

A conexão entre linguagem, poder e direito pode ser melhor evidenciada quando trazemos um clássico da literatura de ficção: *1984*, de George Orwell. Dele extraímos a célebre sugestão da Novilíngua ou Novafala. Idioma fictício criado pelo governo hiperautoritário descrito na obra, era desenvolvido pela "condensação" e "remoção" de algumas palavras ou de alguns de seus sentidos, com o objetivo de restringir o escopo do pensamento. Se as pessoas não pudessem se referir a algo, isso passava a não existir. Assim, por meio do controle sobre a linguagem, o governo seria capaz de controlar o pensamento das pessoas, impedindo que ideias indesejáveis viessem a surgir. Por outro lado, expurgava do âmbito comunicativo ideias/palavras plenas de significado democrático, como "liberdade", "justiça", "igualdade", "fraternidade". Observamos que não se tratava meramente de proibir o uso de determinadas palavras. O projeto era muito mais ambicioso, na medida em que pretendia restringir as possibilidades de raciocínio. Essa restrição era operada por atos expressos pela linguagem. Por exemplo:

a) impessoa: pessoa morta pelo Estado, devia ter sua existência apagada da história social. Era excluída de todos os registros, como livros, fotografias e artigos, de forma que nenhum traço de sua existência permanecesse. Pela lógica do duplipensar, esta pessoa seria completamente esquecida, já que não haveria nenhuma forma de mostrar que ela algum dia existiu, mesmo por amigos e familiares. Mencionar seu nome ou mesmo comentar sobre sua existência é uma crimideia; na novilíngua é impossível dizer que uma pessoa existiu em algum momento e desapareceu.

b) crimideter: "Faculdade de deter, de paralisar, como por instinto, no limiar, qualquer pensamento perigoso. Inclui o poder de não perceber analogias, de não conseguir observar erros de lógica, de não compreender os argumentos mais simples e hostis, e de se aborrecer ou enojar por qualquer pensamento que possa tomar rumo herético".[1]

Nesse caso, linguagem, poder e direito também aparecem associados. Porém, revelando toda a potência desmobilizadora que podem, de fato, conter. Com o raciocínio limitado e a comunicação controlada o **novo** não encontra espaço para florescer e revigorar a convivência humana. Qualquer experiência democrática será abortada desde o princípio. Nesse caso a comunicação, instância intermediadora privilegiada do diálogo humano, funciona como um dos seus algozes.

O radical contra-exemplo do *1984* aqui trazido é por demais grotesco e seu hiperrealismo é eficiente para o que busca prevenir: o totalitarismo de qualquer espectro. Porém, há fenômenos mais sutis e igualmente perversos na Política. Senão, vejamos: o que dizer de experiências autodenominadas democráticas que operam segundo fórmulas

---

[1] ORWELL, George. *1984*. São Paulo: Companhia Editora Nacional, 2003. p. 142.

escudadas em princípios legítimos, mas que se distanciaram de seus conteúdos originais, como: participação popular, representatividade, soberania popular, autogestão, ética na política?

Eis aqui o objeto central de nossa preocupação. Existiria, na arena política contemporânea, espaço para experiências políticas em sintonia com o novo? Que expressassem e ao mesmo tempo fossem a expressão de toda a amplitude ensejada pela prática democrática? Que renovassem e atualizassem a essência dos conceitos de participação popular, representatividade, soberania popular, autogestão e ética na política, dentre outros? E que representassem, finalmente, o profícuo reforço que entre si produzem a linguagem, a democracia e o direito, mediados por uma esfera comunicativa democrática?

2 Sociedade de risco, sociedade reflexiva e novos fóruns de comunicação e política

Talvez o terceiro milênio represente uma oportunidade ímpar para o aprofundamento de práticas políticas democráticas, tendo em vista o legado do século passado e os atentados cometidos contra a democracia, originados de vários pontos do espectro político.

Ele nos brinda com novas possibilidades relacionais, políticas e intelectuais, possiblildades essas que podemos associar ao conceito de modernidade reflexiva de que nos falam Giddens,[2] Kumar[3] e Silva.[4] Para estes, a modernidade reflexiva encerra elevado potencial de autocrítica social, decorrente da consciência de que as instituições que nascem com a modernidade,[5] bem como os projetos sociais e pessoais nelas enraizados, apresentam fragilidades e inconvenientes irrefutáveis. Nesse sentido, a sociedade teria perdido sua inocência e se percebe como "sociedade de risco": seja no campo da ciência, seja no da política, as soluções fáceis que se apresentam em última análise como "mais do mesmo" são renegadas. É o momento em que a ciência e o que ela produz se coloca como seu próprio objeto de questionamento e que a

---

[2] GIDDENS, Anthony. A vida em uma sociedade pós-tradicional. *In*: BECK, U.; GIDDENS, A.; LASH, S. *Modernização reflexiva*. São Paulo: Unesp, 1997.

[3] KUMAR, Krishan. *Da sociedade pós-industrial à pós-moderna*: novas teorias sobre o mundo contemporâneo. Rio de Janeiro: Jorge Zahar, 1997.

[4] SILVA, Tomaz Tadeu da. O adeus às metanarrativas educacionais. *In*: SILVA, Tomaz Tadeu da (Org.). *O sujeito da educação*: estudos foucaultianos. Petrópolis: Vozes, 1994.

[5] Como a família nuclear, o Estado moderno, a técnica e a ciência em sua forma contemporânea.

política se politiza, vale dizer: amplia seu espectro de ação e relaciona de forma interdependente atores que antes se colocavam em polos opostos e independentes, como emissores ou receptores de política. Em outras palavras, conforme a síntese de Costa:

> (...) ao contrário de cidadãos passivos que delegam a competência do fazer político às instituições e aos políticos profissionais, os quais por sua vez transferem as atribuições recebidas à estrutura de implementação segmentada e regionalizada das diferentes políticas (...) a política reflexiva passa a conformar, então, um campo de ação interdependente entre instituições e cidadãos. O cotidiano politiza-se e todas as ações humanas passam a ser informadas pelo conteúdo político que elas ineludivelmente encerram. Nesses termos, a sociedade de risco estreita os laços que separam o local e o remoto, os cidadãos e as instituições, o privado e o político.[6]

Questões envolvendo a política de forma geral ganharão novos contornos entre nós. Antigos agentes[7] reafirmarão antigas posições, novos agentes[8] trarão alguns novos pontos de vista — mas num embate que não poderá mais contar com a inocência, porque perdida. O campo será esquadrinhado, mensurado e avaliado como nunca, remetendo a uma comunidade argumentativa bem informada e tendendo a múltiplas responsabilizações. Nesse sentido, notar-se-á cobrança de transparência e participação na formulação das políticas, bem como se buscará ampla publicação e acompanhamento de seus resultados, permitindo uma qualificação do debate.

Nesse sentido é que vemos surgir no cenário contemporâneo uma profusão de novos atores políticos, entre eles, as organizações não governamentais e os movimentos sociais. Tais instituições, por sua natureza, justamente preconizam práticas políticas aderidas ao modelo de sociedade reflexiva e distanciadas das práticas políticas dos atores tradicionais.

Tudo isso posto, passa a ser nosso objetivo conhecer e analisar as práticas comunicacionais, de mobilização e o espaço de participação dos cidadãos no âmbito desses novos atores políticos. Para tanto, selecionamos dois atores globalizados: o Fórum Social Mundial e a

---

[6] COSTA, Sérgio. Quase crítica: insuficiências da sociologia da modernização reflexiva. *Tempo Social*, São Paulo, v. 16, n. 2, nov. 2004.

[7] Tipicamente, o governo, a academia, as associações profissionais e os empresários.

[8] Especialmente organizações e movimentos não governamentais, a mídia e uma opinião pública mais informada e participativa.

ONG Mídia Independente, ambos atuantes em toda a América Latina e Caribe.

O estudo se dará a partir de uma análise crítica sobre a autoexpressão desses atores em seus *sites*. O embasamento teórico de nossa análise se dará com fulcro na interpretação gramsciana da história, que consideramos adequada para tratar do tema democracia política e sociedade civil.

3 Novos fóruns de política na perspectiva gramsciana

A convicção socialista de Gramsci[9] o impulsionava a buscar elementos de viabilização desse sistema a partir da própria sociedade, uma vez que entendia a revolução como um processo a ser constituído e desenvolvido socialmente, e não como um ato de finalização do socialismo como tomada de poder. Vale dizer, um processo que produziria a transformação social desejada, mas como consequência de mudanças políticas, culturais e filosóficas na base da sociedade.

Para encaminhar este processo de elaboração de uma nova cultura contra-hegemônica, que produziria por sua vez uma nova hegemonia, Gramsci destacava o papel da sociedade civil e, dentro dela, dos intelectuais orgânicos que atuariam numa função de liderança e de guia para a transformação.

A partir da ótica gramsciana, a sociedade civil se configura como espaço de múltiplas relações de classe e de acirradas disputas pela produção de consensos. Enquanto a sociedade política tem seus portadores nas instâncias coercitivas do Estado, na sociedade civil operam outros aparelhos de hegemonia, dentre eles os meios de comunicação, os movimentos sociais, os partidos políticos, os sindicatos, etc. A conquista do poder deve ser precedida por sucessivas batalhas pela hegemonia e pelo consenso dentro da sociedade civil através de suas instituições e antecedida por uma preparação político-ideológica. Uma mudança social revolucionária só pode ser concebida, neste quadro, como uma batalha cotidiana e em longo prazo, travada no seio das instituições, procurando a participação consciente da grande maioria da população.

Essa é uma contribuição central de Gramsci, como nos relembra Palácios:[10] não faz sentido pensar a construção da hegemonia de "costas"

---

[9] GRAMSCI, Antonio. *Cadernos do cárcere*. Rio de Janeiro: Civilização Brasileira, 1999-2002. 6 v.; e *Os intelectuais e a organização da cultura*. Rio de Janeiro: Civilização Brasileira, 1978.

[10] PALÁCIOS, Manoel. Ciência e vida pública. *Presença – Revista de Política e Cultura*. 100 anos de Gramsci, Rio de Janeiro, n. 17, 1979.

para o Estado, para a política e os partidos, muito menos exclusivamente através desses mecanismos, além disso, é preciso mobilizar os decisivos e sofisticados mecanismos de mídia, cultura, subjetividade e direção capazes de fixar parâmetros de sentido que desloquem valores e movimentem as grandes massas.

Conforme Semeraro,[11] movimentos sociais e organizações não governamentais se apresentam como atores sociopolíticos potencialmente contra-hegemônicos. Sua estrutura, modo de funcionamento, objetivos e ação efetiva pressupõem uma dinâmica democrática e inclusiva, onde ganha centralidade uma nova forma de se expor e comunicar com o público. A fim de estabelecer conexões significativas às comunidades às quais se dirigem e articular seu discurso teórico a ações práticas, acionam diferentes e inovadoras práticas de comunicação, se comparadas às práticas meramente persuasivas dos atores políticos tradicionais. Partimos do pressuposto de que essas práticas podem repercutir na configuração, difusão, implementação e conscientização da sociedade civil sobre seus direitos, liberdades e conquistas em prol da democratização, um dos eixos deste simpósio. Assim sendo, este trabalho objetiva conhecer e analisar as práticas comunicacionais, de mobilização e o espaço de participação dos cidadãos no âmbito de dois atores globalizados: o Fórum Social Mundial e a ONG Mídia Independente, ambos atuantes em toda a América Latina e Caribe.

Dessa forma, passamos a tratar dos dois atores selecionados, destacando suas propostas comunicativas, organizacionais e de mobilização.

4 O Fórum Social Mundial (FSM): um outro mundo é possível?

Pontuando que não é nem entidade nem organização,[12] o FSM se identifica como um espaço de debate democrático de ideias, aprofundamento da reflexão, formulação de propostas, troca de experiências e articulação de movimentos sociais, redes, ONGs e outras organizações da sociedade civil que se opõem ao neoliberalismo e ao domínio do mundo pelo capital e por qualquer forma de imperialismo. Após o primeiro encontro mundial, realizado em 2001, configurou-se como um

---

[11] SEMERARO, Giovanni. Filosofia da práxis e (neo)pragmatismo. *Revista Brasileira de Educação*, n. 29, maio/ago. 2005.

[12] FÓRUM Social Mundial. Disponível em: <http://www.forumsocialmundial.org.br>.

processo mundial permanente de busca e construção de alternativas às políticas neoliberais e ao domínio do mundo pelo capital e por qualquer forma de imperialismo.

O Fórum Social Mundial se caracteriza também pela pluralidade e pela diversidade, tendo um caráter não confessional, não governamental e não partidário. Ele se propõe a facilitar a articulação, de forma descentralizada e em rede, de entidades e movimentos engajados em ações concretas, do nível local ao internacional, pela construção de um "outro mundo", mas não pretende ser uma instância representativa da sociedade civil mundial.

Atua a partir de "mobilizações" e esclarece com veemência em sua Carta de Princípios que, na condição de "um espaço aberto de encontro, plural e diversificado, não confessional, não governamental e não partidário", estes encontros não possuem caráter deliberativo. Explicam: o FSM "não se constitui em instância de poder, a ser disputado pelos participantes de seus encontros" e ninguém estará "autorizado a exprimir, em nome do Fórum, posições que pretenderiam ser de todas/os as/os seus/suas participantes. Estes não devem ser chamados a tomar decisões, por voto ou aclamação, enquanto conjunto de participantes do Fórum". Está, todavia, "assegurada, a entidades ou conjuntos de entidades que participem dos encontros do Fórum, a liberdade de deliberar... sobre declarações e ações que decidam desenvolver", que o Fórum difunde amplamente. Compondo ainda a especificidade do Fórum, destacamos a sua organização por meio de um conselho internacional composto por cerca de 170 instituições delegadas.

A qualidade central do Fórum Social Mundial, segundo Oliveira,[13] reside na pluralidade e diversidade dos movimentos, organizações, participantes que, à escala global, se opõem, por suas concepções e práticas, ao fundamentalismo do pensamento único e, por consequência, à predação capitalista consagrada como necessária e inescapável. Por isso mesmo ele é um prisma, onde todas as abordagens têm igual peso, para conformar uma síntese, que não é nunca pressuposta, mas se forma exatamente na prática. Daí a impossibilidade de assinalar quais abordagens são as principais e dominantes, que níveis e frentes de luta contra a predação e o fundamentalismo são as mais importantes. O FSM pode assim ser considerado uma espécie de sonho gramsciano *in actione*, uma estratégia de guerra de posições atacando por todos os lados cada parte da velha política.

---

[13] OLIVEIRA, Francisco. *Luzes de Porto Alegre*. Disponível em: <http://www.cartamaior.com.br/templates/colunaMostrar.cfm?coluna_id=3076>. Acesso em: 13 set. 2010.

Em primeiro lugar, porque produz um radical deslocamento de sujeito: agora, os temas clássicos são elaborados não pela classe dominante, mas pelos dominados, pelos excluídos, pelos insignificantes para o capital, pelos marginalizados, pelos "condenados da Terra". O segundo deslocamento se opera na medida em que os "condenados da Terra" radicalizam os temas e as lutas clássicas: seus movimentos e pleitos não são para descartar a democracia, mas para aprofundá-la radicalmente.

Trazemos ao texto a primeira página do *site* do FSM na internet não apenas à guisa de ilustração, como também para chamar a atenção para um detalhe: a forma como os continentes do globo terrestre é disposta. Se a forma esférica do globo impede que um habitante do planeta, ao tomá-lo em suas mãos, perceba "todos os cantos do mundo", dessa forma — simples e original — a consciência da totalidade é favorecida. Assim, pensar "num outro mundo" de fato requer, antes de tudo, a ideia da unidade, da integração, do paralelismo.

5 O Centro de Mídia Independente (CMI): espaço das vozes silenciadas

Otávio Ianni[14] reflete sobre o poder da mídia na sociedade contemporânea, usando a metáfora do príncipe eletrônico. Estabelece uma relação entre o príncipe de Maquiavel e o moderno príncipe de Gramsci. Para ele, na sociedade midiática, o príncipe eletrônico é o arquiteto da ágora eletrônica, na qual todos estão representados, refletidos ou figurados sem o risco da convivência nem da experiência. Aí as identidades, alteridades ou diversidades não precisam desdobrar-se em desigualdades, tensões, contradições e transformações. Sobretudo, desconstitui, em plena ágora, uma possibilidade politizadora.

Por outro lado, considerando a zona de ambivalência do fenômeno e das instituições sociais, podemos falar de sinais opostos na prática de agências de comunicação. Vale dizer: de atividades contrahegemônicas a partir do espaço de atuação dos meios de comunicação, um espaço de constituição sociopolítica privilegiada.

Debates sobre as atividades de contrainformação e contracomunicação como táticas libertadoras e emancipadoras, em contraponto às práticas de desinformação e manipulação associadas às forças repressoras e autoritárias influenciaram o processo de construção de uma Nova Ordem da Informação e da Comunicação (Nomic), no âmbito da Unesco, nos anos 1970/80. Agora, discursos e práticas contrainformativos e contracomunicativos assumem novas roupagens, viabilizados pela variedade de recursos midiáticos digitais exponenciados pela internet. Neste novo contexto, o "intelectual orgânico" assume o papel de "comunicador/ativista" e a relação dialógica efetiva-se com a transformação da audiência acrítica em audiências ativas.

Nessa linha, Downing[15] propõe a reinterpretação do "intelectual orgânico" de Gramsci (seu outro conceito fundador) como o "comunicador/ativista", capaz de neutralizar os "intelectuais organicamente integrados com as classes dominantes, cujos esforços comunicativos fortaleceram a hegemonia do capital". Ao mesmo tempo, a perspectiva de Gramsci oferece uma nova maneira de entender essa mídia. Em uma estrutura em que as classes e o Estado capitalista são analisados meramente como controladores e censores da informação, o papel da mídia radical pode ser visto como o de tentar quebrar o silêncio, refutar

---

[14] IANNI, Otávio. *Enigmas da modernidade-mundo*. Rio de Janeiro: Civilização Brasileira, 2000.

[15] DOWNING, John. *Mídia radical*: rebeldia nas comunicações em movimentos sociais. São Paulo: SENAC, 2002.

as mentiras e fornecer a verdade. Esse é o modelo da contrainformação, que tem um forte elemento de validade, especialmente sob regimes repressores e extremamente reacionários.[16]

Muitos meios de comunicação radicais alternativos pertencem a esse modelo. A proliferação dessa mídia seria vital para ajudar a gerar alternativas no debate público. Parece ser esse o caso do Centro de Mídia Independente.

O CMI atua no Brasil e vários países da América Latina e Caribe. Seu objetivo é dar voz a quem não tem voz, constituindo uma alternativa consistente à mídia empresarial, compreendida na condição de frequentemente distorcer fatos e apresentar interpretações de acordo com os interesses das elites econômicas, sociais e culturais. Não se trata aqui, como se percebe, de apenas mais um veículo de oposição governamental ou ao sistema. Nesse sentido, não se compara a outras mídias alternativas. A ênfase da cobertura é sobre os movimentos sociais, particularmente sobre os movimentos de ação direta (os "novos movimentos") e sobre as políticas às quais se opõem.

Foi criado originalmente em Seattle como uma forma alternativa de cobrir os eventos que levaram ao malogro do "Encontro do Milênio" da OMC (Organização Mundial do Comércio) em novembro de 1999. A ideia era ter um *site* na internet que recebesse e armazenasse vídeos, imagens, sons e textos que poderiam ser publicados e reproduzidos sem *copyright* por qualquer pessoa ou qualquer órgão de mídia independente sem fins comerciais. O que era um *site* de jornalistas independentes tornou-se também um *site* em que os próprios manifestantes se faziam ouvir. Começaram a publicar suas histórias e disponibilizar as imagens de vídeo, os sons e entrevistas que tinham produzido. À medida que os protestos "antiglobalização" foram se espalhando, centros de mídia independente foram sendo criados em toda a parte onde os "novos movimentos" eclodiam.

Atualmente existem mais de cem centros de mídia independente em mais de 30 países, em todos os continentes. O centro de mídia independente do Brasil nasceu como desdobramento da organização do movimento antiglobalização em São Paulo que havia promovido um protesto no dia 26 de setembro de 2000 quando se reuniram em Praga o FMI e o Banco Mundial. Em dezembro de 2000, o *site* do Centro de Mídia Independente do Brasil foi ao ar e, desde então, tem se esforçado para cobrir eventos ligados à luta social. Cerca de um ano depois que

---

[16] DOWNING, *op. cit.*, p. 48-49.

o coletivo de São Paulo se formou, novos grupos começaram a se voluntariar para constituírem coletivos editoriais em suas cidades. Hoje, já existem coletivos articulados em diversas cidades. Cada coletivo desenvolve projetos locais e todos eles, coletivamente, participam da gestão do *site*. Todos os coletivos se organizam de forma não hierárquica e têm o compromisso de aceitar os princípios e a política editorial. Para se constituir formalmente, cada coletivo precisa de pelo menos cinco voluntários e voluntárias, sendo pelo menos uma dessas pessoas capacitada tecnicamente em informática. No entanto, qualquer grupo menor ou pessoa pode contribuir participando dos diversos projetos.

O Centro de Mídia Independente tem vários projetos. Em primeiro lugar, há o *site* que pretende ser não um projeto exclusivamente ligado à internet, mas uma ponte entre a alta tecnologia (internet) e as tecnologias tradicionais de mídia (principalmente rádio e jornal). Assim, por exemplo, são armazenados arquivos de áudio no *site* que são depois veiculados em rádios livres e comunitárias. Alguns coletivos da rede CMI Brasil também elaboram boletins de notícias que são enviados para rádios que o utilizam como base para noticiários radiofônicos comunitários. O mesmo procedimento é utilizado na elaboração de jornais tradicionais, como o *Ação Direta*, ou jornais-poste como o *CMI na Rua* e *O POSTe*.

A estrutura do *site* na internet permite que qualquer pessoa disponibilize textos, vídeos, sons e imagens, tornando-se um meio democrático e descentralizado de difusão de informações. Contribuições são incentivadas em vários níveis: a) eventuais, publicando de tempos em tempos artigos no *site*, b) ajuda, com traduções periódicas: o Centro de Mídia Independente é uma rede mundial que produz uma grande quantidade de boas matérias e precisam periodicamente de tradutoras e tradutores, c) auxílio técnico na manutenção do *site* e no desenvolvimento do *software* que utilizam (chamado "Mir").

Porém, o foco central do CMI são os:
- relatos sobre o cotidiano dos oprimidos;
- relatos de novas formas de organização (como o Movimento Passe Livre, Movimento dos Trabalhadores Desempregados, as zapatistas no México, os piqueteiros na Argentina, as redes de economia solidária, etc.);
- denúncias contra o Estado e as corporações;
- iniciativas de comunicação independente (como rádios e TVs livres e comunitárias, murais e jornais de bairro, etc.);
- análises sobre a mídia;
- análises sobre movimentos sociais e formas de atuação política;

- produção audiovisual que vise à transformação da sociedade ou que retrate as realidades dos oprimidos ou as lutas dos novos movimentos.

Numa leitura gramsciana, o ciberespaço na atualidade seria o ambiente onde as ideias contra-hegemônicas dos movimentos sociais encontram instrumento, divulgação e penetração na sociedade civil para exercer a sua luta. A sua importância estaria na ruptura da unidirecionalidade da comunicação; a pluralidade e diversidade de informações e pontos de vistas que a Web oferece; as novas possibilidades do público de verificar, direta ou indiretamente, a veracidade da informação que está recebendo, e de tomar sua própria decisão. Uma visão otimista diria que as novas tecnologias de informação trouxeram também uma nova era de conquista para vencer a hegemonia na sociedade.

Também em relação ao CMI, trazemos a primeira página do site, como forma de tornar mais palpável seu projeto:

6 Considerações finais

Procurando evitar avaliações apologéticas ou ingênuas, não podemos deixar de considerar estes dois fóruns como reais arenas de uma nova prática discursiva, mobilizadora e politizadora. A vitalidade desses atores ao longo desses anos, percebida pelo impacto na sociedade e acompanhada através dos *sites*, é digna de nota. Um exame da posição destes últimos no primeiro semestre de 2011 revela as temáticas, as preocupações e as mobilizações mais expressivas de cada qual.

Do FSM destacamos a convocação para a reunião do Conselho Internacional previsto para maio, na França; os movimentos de apoio aos levantes contra as ditaduras e em solidariedade aos refugiados no norte da África; a definição do Fórum Social Pan-Amazônico de 2012 a ocorrer na Bolívia, em atenção à construção das grandes barragens, e a Assembleia Mundial sobre a educação de pessoas jovens e adultas, considerada a chave para a transformação.

O CMI noticia e apoia, de forma contundente, os vários movimentos de revolta popular contra aumento de tarifas nos equipamentos urbanos em capitais brasileiras, noticia a agenda das lutas camponesas e destaca processos de resgate de memória de desaparecidos políticos, como o "rebatizado" de um "Centro Social Urbano Presidente Médici" para "Edson Luís".

Nesse sentido, percebe-se quão distantes do projeto de Novilíngua estão as práticas dos atores aqui estudados e como se aproximam de um modelo que aciona as potencialidades de interação entre linguagem, democracia e direito, retroalimentando-as.

Certamente problemas e distorções existirão em cada qual. Porém, as potencialidades democráticas são evidentes e não se pode subestimar o esforço real do Fórum Social Mundial e do Centro de Mídia Independente na luta contra-hegemônica.

Referências

AGUIAR, Sonia. *Discursos anti-midiáticos na web*: entre a contra-informação e a contracomunicação. Disponível em: <http://www.uff.br/midiaecotidiano/Artigos/artigoSoniaREVISTAPPGMC-rev.pdf>. Acesso em: 10 set. 2010.

CENTRO de Mídia Independente. Disponível em: <http://www.midiaindependente.org/>. Acesso em: 10 set. 2010.

COHEN, Jean L. Sociedade civil e globalização: repensando categorias. *Dados*, Rio de Janeiro, v. 46, n. 3, p. 419-459, 2003.

COSTA, Sérgio. Quase crítica: insuficiências da sociologia da modernização reflexiva. *Tempo Social*, São Paulo, v. 16, n. 2, nov. 2004.

CRUZ, S. C. Velasco e. *Gramsci e as organizações internacionais*. Disponível em: <http://www.acessa.com/gramsci/?page=visualizar&id=325>. Acesso em: 08 set. 2010.

DOWNING, John. *Mídia radical*: rebeldia nas comunicações em movimentos sociais. São Paulo: SENAC, 2002.

FÓRUM Social Mundial. Disponível em: <http://www.forumsocialmundial.org.br>.

GIDDENS, Anthony. A vida em uma sociedade pós-tradicional. *In*: BECK, U.; GIDDENS, A.; LASH, S. *Modernização reflexiva*. São Paulo: Unesp, 1997.

GRAMSCI, Antonio. *Cadernos do cárcere*. Rio de Janeiro: Civilização Brasileira, 1999-2002. 6 v.

GRAMSCI, Antonio. *Os intelectuais e a organização da cultura*. Rio de Janeiro: Civilização Brasileira, 1978.

IANNI, Otávio. *Enigmas da modernidade-mundo*. Rio de Janeiro: Civilização Brasileira, 2000.

KUMAR, Krishan. *Da sociedade pós-industrial à pós-moderna*: novas teorias sobre o mundo contemporâneo. Rio de Janeiro: Jorge Zahar, 1997.

MORAES, Dênis de. *Hegemonia cultural, comunicação e poder*: notas sobre a contribuição gramsciana. Disponível em: <ftp://web1.puc-campinas.edu.br/pub/professores/clc/zanotti/ESPECIALIZADO_2010/Hegemonia_Gramsci_Denis%20de%20Moraes.pdf>. Acesso em: 12 set. 2010.

OLIVEIRA, Francisco. *Luzes de Porto Alegre*. Disponível em: <http://www.cartamaior.com.br/templates/colunaMostrar.cfm?coluna_id=3076>. Acesso em: 13 set. 2010.

ORWELL, George. *1984*. São Paulo: Companhia Editora Nacional, 2003.

PALÁCIOS, Manoel. Ciência e vida pública. *Presença – Revista de Política e Cultura*. 100 anos de Gramsci, Rio de Janeiro, n. 17, 1979.

SEMERARO, Giovanni. Filosofia da práxis e (neo)pragmatismo. *Revista Brasileira de Educação*, n. 29, maio/ago. 2005.

SILVA, Tomaz Tadeu da. O adeus às metanarrativas educacionais. *In*: SILVA, Tomaz Tadeu da (Org.). *O sujeito da educação*: estudos foucaultianos. Petrópolis: Vozes, 1994.

Informação bibliográfica deste texto, conforme a NBR 6023:2002 da Associação Brasileira de Normas Técnicas (ABNT):

VARGAS, Hustana Maria. Novos fóruns de comunicação e política. *In*: AFFORNALLI, Maria Cecília Naréssi Munhoz; GABARDO, Emerson (Coord.). *Direito, informação e cultura*: o desenvolvimento social a partir de uma linguagem democrática. Anais do Simpósio Comunicação, Cultura de Massas, Globalização e Direito: II Congreso Ciencias, Tecnologías y Culturas. Diálogo entre las disciplinas del conocimiento. Mirando al futuro de América Latina y el Caribe. Belo Horizonte: Fórum, 2012. p. 245-258. ISBN 978-85-7700-563-5.

ARTEFATOS DE CONEXÃO EM COMUNIDADES DE PRÁTICA: *MULTIMEDIA STORY*

JORGE LUIZ KIMIECK

1 Novas mídias e jornalismo digital

A primeira iniciativa em jornalismo *on-line* tem como principal ator o jornal *The New York Times*, na década de 1970, implicando apenas em uma transposição do conteúdo apresentado em meio impresso para a internet. Desde então, o jornalismo digital vem seguindo as tendências apresentadas pelas redes telemáticas e pelas Novas Tecnologias da Informação e Comunicação (NTIC). Isto tem se configurado como desafio para os produtores de material jornalístico para internet de forma que o produto jornalístico possua as características de um ambiente midiático digital, ou seja, hipertextualidade, interatividade, multimidialidade, personalização, memória, atualização contínua e acessibilidade.

Pensando-se na hipertextualidade, há uma fragmentação do discurso presente como característica nos textos publicados na internet. A possibilidade de acessar rapidamente diferentes blocos de informação através de *links* traduz a dinâmica do *webjornalismo*. Um mosaico de informações permite acesso a diferentes ângulos e percepções sobre um mesmo tema, conforme explica Beatriz Ribas em seu artigo "Características da notícia na Web – considerações sobre modelos narrativos", apresentado na FACOM, da Universidade Federal da Bahia, em 2004.[1] Neste viés, Pierre Lévy, em seu livro *O que é virtual?*, considera que "(...) o suporte digital permite novos tipos de leituras (e escritas) coletivas. Um *continuum* variado se estende assim entre a leitura individual de um texto preciso e a navegação em vastas redes digitais no interior das quais um grande número de pessoas anota, aumenta, conecta os textos uns aos outros por meio de ligações hipertextuais".[2]

Lúcia Santaella salienta em sua obra *Cultura e artes do pós-humano: da cultura das mídias à cibercultura* que, "(...) nos sistemas cibernéticos, o conceito de texto sofre mudanças substanciais. Embora um elemento textual possa ainda ser isolado, sistemas baseados em computador são primordialmente interativos em vez de direcionais, abertos em vez de fixos. Esta interatividade pressupõe a ação 'entre-entes'".[3] Para André Lemos, citado por Luciana Mielniczuk, a interatividade estaria relacionada ao contato interpessoal entre os entes.[4] Conforme apresenta NicolettaVittadini, seria "un tipo de comunicación posible gracias a las potencialidades específicas de unas particulares configuraciones tecnológicas".[5] Maira Morais aponta três níveis de interatividade: no nível um o usuário apenas encontra uma forma de entrar em contato com um responsável pelo produto, quer seja ele um sítio na internet, um jornal, revista ou um jogo de videogame, para obter informações ou fazer reclamações sobre o produto.[6]

No nível dois de interatividade há a possibilidade de personalização do produto e a utilização de recursos multimídia. Neste nível estão enquadrados os sítios na internet que oferecem mais do que apenas uma navegação não linear em suas páginas.

Para se alcançar o nível três de interatividade é necessário que haja um intercâmbio de informações entre usuário/produto, permitindo uma "conversa" entre o computador e o usuário durante a navegação em determinado sítio web. Vicente Gosciola aponta que cada canal de

---

[1] RIBAS, Beatriz. *Características da notícia na web*: considerações sobre modelos narrativos. Facom-UFBA, 2004. Artigo.

[2] LÉVY, Pierre. *O que é virtual?*. Rio de Janeiro: Ed. 34, 1997. p. 43.

[3] SANTAELLA, Lúcia. *Cultura e artes do pós-humano*: da cultura das mídias à cibercultura. São Paulo: Paulus, 2004. p. 93.

[4] MIELNICZUK, Luciana. Considerações sobre interatividade no contexto das novas mídias. *In*: LEMOS, André (Org.). *Janelas do ciberespaço*: comunicação e cibercultura. Salvador: Facom-UFBA, 2004.

[5] VITTADINI, Nicoletta, 1995, p. 154 *apud* MIELNICZUK, 2004.

[6] MORAIS, Maira. *Produtos interativos para consumidores multimídia*: discutindo a interatividade na era dos bits. Facom-UFBA, 1998. Artigo.

comunicação deve ter seu desenvolvimento próprio e, ao trabalhar o mesmo tema desenvolvido por outras mídias, deve participar da unicidade da obra sem necessariamente ser um mero acompanhamento ou uma ilustração, ou seja, cada inserção, visual, sonora ou textual, não deve se prestar meramente a acrescentar uma informação à narrativa, mas propiciar ao usuário diferentes leituras, novas experiências no ambiente multimídia.[7] Assim, a multimidialidade, complementando a narrativa webjornalística, explora, de maneira plural, diferentes sentidos perceptivos.

A personalização é outra característica fundamental na concepção das novas mídias, por meio dela é possível que o usuário tenha a possibilidade de escolher e formatar o veículo de acordo com suas preferências, possibilitando receber informações por meios eletrônicos direcionadas de acordo com seus interesses.

Por meio da memória, o usuário tem acesso a informações passadas, que constituem uma base de dados, um repositório de informações sistematizado que possibilita várias alternativas de navegar e recuperar estas informações. Para Etienne Wenger existem dois tipos de memória, a reificativa e a participativa. Entende-se, a partir da sua abordagem, que a memória reificativa está diretamente relacionada com repositórios de informação, documentação, rastreamento de informações e mecanismos de recuperação de dados, e que a memória participativa é construída a partir de encontros entre diferentes gerações, sistemas de aprendizagem, trajetórias paradigmáticas e a prática de contar histórias. Estes dois tipos de memória funcionam como facilitadores do processo de continuidade.

Percebe-se que os dois tipos de memória são utilizados em veículos *on-line*, ou seja, as bases de notícias anteriores, sistemas de busca no sítio e documentações diversas funcionam como memória reificativa. Enquanto *chats* e fóruns e outros recursos interativos cumprem o papel da memória participativa. Isto faz com que o nível de acessibilidade das informações jornalísticas estejam em um patamar mais elevado, considerando-se as facilidades que as bases de dados apresentam atualmente para a busca e apresentação destas informações. A atualização contínua está presente na grande maioria dos jornais *on-line*, através das *breakingnews*, também denominadas em alguns portais como "últimas notícias" ou "notícias em tempo real", conectando o usuário/leitor

---

[7] GOSCIOLA, Vicente. *Roteiro para as novas mídias*: do game à TV interativa. São Paulo: SENAC, 2003.

diretamente à redação ou ao repórter, quebrando barreiras físicas e temporais no acompanhamento de fatos noticiosos.

2 *Multimedia Story* – A narrativa em multimídia

Uma *multimedia story* ou "história multimídia" é uma combinação de texto, imagens fotográficas, ilustrações, videoclipes, áudio e interatividade, conceitos atualmente aplicados na construção de sítios na internet, a partir de uma narrativa não linear, de modo que a informação em cada mídia seja complementar e não redundante.

A não linearidade da construção da narrativa permite que o usuário (= receptor) possua a liberdade de escolher quais caminhos seguir a partir dos elementos apresentados na história multimídia. A não redundância permite que os elementos se complementem, ou seja, cada parte da narrativa deve ser contada, ou melhor, apresentada em uma mídia diferente. Pode-se agregar outros elementos que auxiliam na narrativa, estabelecendo um determinado nível de interatividade com o receptor, tais como fóruns, *chats*, enquetes, acessos a bases de conhecimento que apresentem uma linha de tempo sobre a narrativa ou simplesmente *links* a outros assuntos relacionados.

Alguns sítios na internet possuem texto, videoclipes, gráficos, ilustrações, animações e outros recursos multimídia, mas mesmo assim possuem uma estrutura narrativa linear, como os sítios da CNN, Washington Post, MSNBC, UOL, CBN, entre outros. As matérias ainda são produzidas de forma linear, ou seja, ou em texto, ou em vídeo, ou em áudio. O texto geralmente é ilustrado com imagens estáticas e não interativas, como o que acontece em revistas e jornais no meio impresso. Os vídeos são produzidos como uma simples reprodução do que vemos na televisão convencional e o áudio como em rádios, ou seja, raramente encontramos uma integração de vídeo, áudio, fotografias e gráficos em uma mesma narrativa.

Entretanto, nem todas as histórias possuem elementos suficientes para a produção de "histórias multimídia", as melhores são as que possuem características multidimensionais, ou seja, aquelas que incluem uma ação para um vídeo, processos que possam ser ilustrados em gráficos interativos e imagens de cunho emocional para fotografias. Estas histórias fazem parte de um amplo contexto inserido no ciberespaço, em ambientes comunicacionais que se constituem em formas culturais e socializadoras, os quais vêm sendo denominados de comunidades virtuais, ou seja, grupos de pessoas conectadas em uma base de interesses, afinidades e relacionamentos sociais, ao invés de conexões puramente acidentais ou geográficas. Dependendo de sua estrutura e complexidade, estas comunidades virtuais podem vir a constituir comunidades de prática.

3 Comunidades de prática: uma perspectiva de relacionamento social

Por constituirmos seres sociais, pode-se afirmar que todos pertencemos a comunidades de prática, e não a apenas uma delas, e sim a várias comunidades de prática em diversas situações de nosso cotidiano. Quando estamos no trabalho, em casa, em horários de lazer ou na escola, estamos pertencendo a comunidades de práticas diferentes. Tomemos como exemplo nosso trabalho, convivemos diariamente com um determinado grupo de pessoas, com as quais na maioria das vezes passamos a maior parte do dia, que possuem um objetivo comum, um repertório compartilhado e com regras de convivência específicas, gerando um fluxo de informações que culmina com o resultado ou com o produto das atividades, desde que todo o grupo esteja comprometido em encontrar soluções criativas para os problemas que se apresentam no cotidiano.

Em nosso dia a dia, deparamo-nos com diversos grupos de pessoas com os mais variados objetivos, outros repertórios e outras regras de convivência e temos que lidar da melhor maneira possível com esta pluralidade de papéis que se nos impõem diante das diversas situações nas várias comunidades de prática as quais pertencemos, constituindo, assim, uma verdadeira constelação de práticas.

Etienne Wenger ressalta que uma comunidade de prática não é apenas um agregado de pessoas definidas por algumas características, pois o termo comunidades de prática não é um sinônimo para grupo, time ou rede.[8] Estas comunidades são estabelecidas por meio de relações e situações que envolvem pessoas no dia a dia e são parte integral de nossa vivência diária, que surgem informalmente e raramente possuem um foco explícito, além de não possuírem um nome específico que as caracterize.

Para que uma comunidade de prática se estabeleça não há a necessidade de uma proximidade geográfica significativa, naturalmente

---

[8] "A community of practice is not just an aggregate of people defined by some characteristic. The term is not a synonym for group, team, or network" (WENGER. *Communities of Practice*: Learning, Meaning and Identity, p. 74).

que esta proximidade auxilia, mas não é imprescindível e, de acordo com o autor supracitado, para que uma comunidade de prática se estabeleça, três características são fundamentais: o domínio – ou seja, o domínio de conhecimento que dá aos membros um senso de empreendimento comum e os mantém juntos. A comunidade – em busca dos interesses no seu domínio, os membros participam de atividades conjuntas e discussões, ajudam uns aos outros e compartilham informações. Assim, eles formam uma comunidade em torno do seu domínio e constroem relacionamentos. A prática – uma comunidade de prática não é simplesmente uma comunidade de interesses,[9] seus membros desenvolvem um repertório compartilhado de recursos — experiências, histórias, ferramentas, maneiras de resolver problemas recorrentes da prática, ou seja, uma prática compartilhada.[10] As comunidades de prática envolvem múltiplos níveis de participação e pelo fato de que o envolvimento pode produzir aprendizagem de diferentes formas, as fronteiras de uma comunidade de prática são mais flexíveis do que as das unidades organizacionais. Conforme pode-se observar na FIG. 1 a seguir, típicas categorias de pertencimento e participação incluem:

a) grupo nuclear – um pequeno grupo no qual a paixão e o engajamento energizam a comunidade;

b) grupo de adesão completa – membros que são reconhecidos como praticantes e definem a comunidade;

c) grupo de participação periférica – pessoas que pertencem à comunidade mas com menos engajamento e autoridade, talvez pelo fato de serem novatos ou porque eles não têm muito compromisso pessoal com a prática;

d) grupo de participação transacional – pessoas de fora da comunidade que interagem com a comunidade ocasionalmente para receber ou prover um serviço sem tornar-se um membro da comunidade;

e) grupo de acesso passivo – um grande número de pessoas que têm acesso aos artefatos produzidos pela comunidade, como suas publicações, seu *website*, ou suas ferramentas.

---

[9] Entende-se por comunidade de interesses um grupo de pessoas que compartilham um interesse comum e estão conectadas umas às outras através de interesses e não por meio do desenvolvimento de uma prática comum ou do compartilhamento de uma determinada área de conhecimento.

[10] WENGER, Etienne. Communities of Practice: Stewarding Knowledge. *In*: DESPRES, C.; CHAUVEL, D. (Ed.). *Knowledge Horizons*: the Present and the Promise of Knowledge Management. Boston: Butterworth-Heinemann, 1999. p. 3.

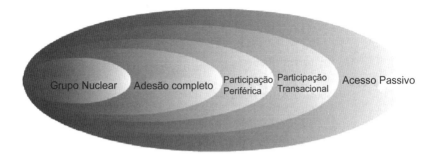

FIGURA 1 – Níveis de participação

4 As fronteiras entre as comunidades de prática e suas conexões

Como discutimos anteriormente, pertencemos a várias comunidades de prática ao mesmo tempo, ou seja, pluripertencemos. Notamos, porém, que entre uma determinada comunidade e outra existem fronteiras, definindo uma constelação de comunidades de prática. Etienne Wenger demonstra que existem conexões que sustentam as relações entre as várias comunidades de prática e nos apresenta dois tipos delas, a saber: objetos de fronteira: artefatos, documentos, termos, conceitos e outras formas de reificação[11] em torno dos quais as comunidades de prática podem organizar suas interconexões; e conexões de *brokering*: fornecidas pelas pessoas que introduzem elementos de uma prática em outra. Por meio destas duas formas de conexões, as práticas influenciam umas às outras, e as políticas de participação e reificação estendem-se através de suas fronteiras.[12]

O sociólogo Leigh Star, citado por Etienne Wenger, apresenta quatro características que permitem artefatos agirem como objetos de fronteira:

    a) modularidade: cada perspectiva pode estar presente a uma parte específica do objeto de fronteira, encontramos como exemplo de modularidade o jornal, o qual é uma coleção heterogênea de artigos que atendem os interesses específicos de cada leitor;

---

[11] Reificação: tratar (uma abstração) substancialmente como existência, ou como um objeto material concreto. Etimologicamente, o termo significa *"making into a thing"* (WENGER. *Communities of Practice*: Learning, Meaning and Identity, p. 58).

[12] WENGER, 1998, p. 105-106.

b) abstração: todos os pontos de vista são apresentados ao mesmo tempo pela eliminação das características que são específicas para cada perspectiva, por exemplo, um mapa simplificado de um terreno apresentando apenas as características de distância e elevação;

c) acomodação: um objeto de fronteira combina-se com várias atividades; e

d) padronização: a informação contida em um objeto de fronteira está em uma forma preestabelecida, de modo que cada setor ou departamento ou seção sabe como lidar com ele localmente (como um questionário que especifica como fornecer determinadas informações através da resposta a certas questões).[13]

Segundo Etienne Wenger, artefatos são objetos de fronteira e devem ser projetados pela sua característica de participação mais do que a de seu uso. Conectar comunidades de prática envolve compreensão de suas práticas, e o gerenciamento de fronteiras torna-se uma tarefa fundamental para seu *design*.[14]

Já o *brokering* é uma característica comum das relações de uma comunidade de prática com o mundo exterior. Os *brokers* estão habilitados a fazer novas conexões entre comunidades de prática, permitindo coordenação, abrindo novas possibilidades para seus propósitos. O autor afirma que o trabalho de *brokering* é complexo, pois envolve processos de tradução, coordenação e alinhamento entre vários pontos de vista, requerendo transparência para influenciar o desenvolvimento de uma prática, mobilizando atenção e direcionando conflitos de interesse. Também requer a habilidade de conectar práticas para facilitar suas transações e provocar aprendizagem pela introdução de elementos de uma prática em outra.[15]

Assim, o *brokering* fornece uma conexão participativa, pois o *broker* utiliza sua experiência de pluripertencimento e as oportunidades de negociação, inerentes na participação, para conectar práticas.

5 *Multimedia Story* como conexões em comunidades de prática

A partir do referencial abordado sobre comunidades de prática, podemos estabelecer estratégias para o *design* de "histórias multimídia",

---

[13] WENGER, 1998, p. 107.
[14] WENGER, 1998, p. 108.
[15] WENGER, 1998, p. 109.

permitindo que estes artefatos funcionem como objetos de fronteira, facilitando a conexão entre comunidades de determinada constelação.

Segundo Lúcia Santaella, "(...) o ciberespaço se apropria promiscuamente de todas as linguagens preexistentes: a narrativa textual, a enciclopédia, os quadrinhos, os desenhos animados, a arte do ventríloquo e das marionetes, o teatro, o filme, a dança, a arquitetura, o design urbano, etc.". E continua "(...) essa reconfiguração da linguagem é responsável por uma ordem simbólica específica que afeta nossa constituição como sujeitos culturais e os laços sociais que estabelecemos".[16] Neste prisma, as histórias multimídia representam uma síntese das possibilidades de comunicação no ciberespaço, agregando às narrativas textuais as outras linguagens preexistentes, conforme aponta a autora, e, direcionando nosso olhar às comunidades de prática, verificamos que as histórias multimídia podem auxiliar os processos de conexão entre comunidades, seja reforçando os domínios de conhecimento, no compartilhamento de informações ou na construção de um repertório compartilhado pelos membros de determinadas comunidades de prática.

Como as comunidades de prática envolvem múltiplos níveis de participação podemos roteirizar as histórias multimídia de modo a estruturar um eixo que transpasse todos seus níveis, estimulando novas trajetórias dentro de determinada comunidade ou, por outro lado, roteirizar de modo que as informações contidas na narrativa possam funcionar como *brokering*, fornecendo conexões que introduzam elementos informacionais de uma prática a outra, fortalecendo o processo de aprendizagem entre as comunidades.

Para projetar uma história multimídia de modo que ela se configure como um artefato e funcione como um objeto de fronteira, deve-se ter em mente as características próprias dos objetos de fronteira apontadas anteriormente, quais sejam: modularidade, abstração, acomodação e padronização.

O QUADRO 1 relaciona a estrutura da história multimídia à de objetos de fronteira:

---

[16] SANTAELLA. *Cultura e artes do pós-humano*: da cultura das mídias à cibercultura, p. 125.

QUADRO 1
Multimedia Story e objeto de fronteira

História multimídia (multimedia story)	Objeto de fronteira
Narrativa complementar e não redundante. Cada mídia possui parte da narrativa de modo a complementá-la.	Modularidade Cada perspectiva pode estar presente a uma parte específica do objeto.
Níveis de interatividade, linhas de tempo.	Abstração
Várias mídias em convergência	Acomodação
Conceito *userfriendly* na produção de sítios na internet.	Padronização

Uma história multimídia pode apropriar-se, em seu *design*, de características pontuais de outros artefatos, buscando uma convergência de mídias, e, a partir de sua reestruturação, incrementar significativamente seus níveis de interatividade e, consequentemente, seu potencial de comunicação, como podemos observar:

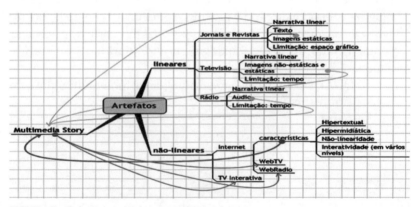

FIGURA 2 – Relações entre elementos dos artefatos
Fonte: Jorge L. Kimieck.

Na sua roteirização pode-se utilizar imagens estáticas geralmente aplicadas nos jornais e revistas, as imagens geradas para televisão, o áudio gerado para o rádio e, a partir de uma pós-produção, adequá-los a narrativa não linear e hipermidiática da história multimídia, para aplicação em veículos como na internet e na TV Interativa.[17]

O conteúdo a ser explorado neste modo de narrativa deverá ser adequado à função que o artefato irá desempenhar, ou seja, no caso de conexão entre comunidades de prática, deve-se ter em mente os objetivos e interesses das comunidades, facilitando suas transações comunicacionais, introduzindo elementos de aprendizagem de uma prática em outra, aqui esta função está identificada como "exo-conexão".

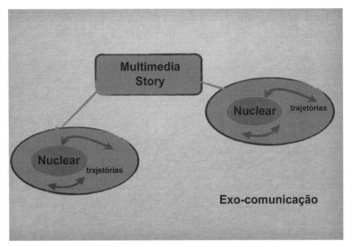

FIGURA 3 – *Multimedia Story* como exo-conexão
Fonte: Jorge L. Kimieck.

Por outro lado, caso o artefato tenha como função facilitar o processo de aprendizagem em determinada comunidade de prática, deverá ser projetado de forma a atender aos níveis de participação da comunidade, extraindo conteúdos de um e inserindo em outro, propiciando, assim, a exploração de novas trajetórias dentro da comunidade em questão. Esta função estará sendo denominada como "endoconexão", conforme pode-se visualizar na FIG. 5:

---

[17] A TV interativa encontra-se em processo de implementação no Brasil. Algumas emissoras já estão transmitindo o sinal digital que possibilitará, em futuro próximo, a sua maior interação com seus usuários.

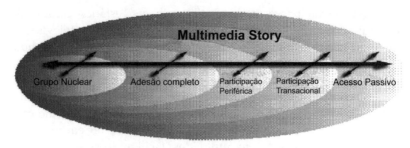

FIGURA 4 – *Multimedia Story* como endoconexão

Para um melhor entendimento destas funções, apresenta-se, a seguir, uma breve análise do roteiro da reportagem multimídia "The Dancing Rocks of Death Valley",[18] de Jane Ellen Stevens.[19]

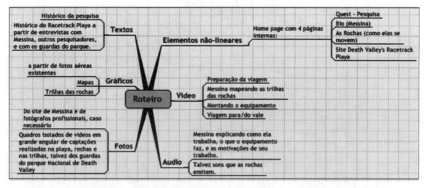

FIGURA 5 – Roteiro Multimídia

Verifica-se no roteiro que todos os elementos são complementares, evitando, assim, a redundância nas informações apresentadas. Abaixo, pode-se observar a sequência do *storyboard* criado para este projeto.

---

[18] The dancing rocks of death valley. <http://journalism.berkeley.edu/multimedia/rocks/>.
[19] O roteiro apresentado neste artigo foi elaborado a partir das informações contidas em: <http://journalism.berkeley.edu/multimedia/course/storyboarding/#boards>.

FIGURA 6 – *Storyboard* [20]

O *storyboard* acima apresenta:
1. *Homepage* – foto em plano de fundo da Dra. Paula Messina e as rochas em *Racetrack Playa*, com um *teaser* de abertura e quatro *links* para as páginas internas.
2. *Bio* – Dra. Paula Messina em plano de fundo ao texto, suas motivações e seus trabalhos em video, o dia de uma pesquisadora *high-tech* em fotos capturadas a partir de quadros isolados de vídeos e pequenos textos.
3. *The Quest* – histórico da pesquisa e suas aplicações em texto, como a Dra. Paula Messina realiza sua pesquisa em vídeo, e teoria em texto e fotos, se possível.
4. *Racetrack Playa* – histórico em texto, mapas do Death Valley e fotos da playa, talvez dos guardas do parque em patrulha.
5. *Rocks* – gráficos do *website* da Dra. Paula Messina e uso de blocos de texto para explicar em maiores detalhes como as rochas se movem. Talvez algumas rochas para mostrar suas trilhas, fotos, gráficos do *website* da Dra. Paula Messina.

---

[20] <http://journalism.berkeley.edu/multimedia/course/storyboarding/#boards>.

A partir de uma análise dos roteiros e do artefato em questão, verifica-se que ele atende às duas funções (exo e endoconexões), pois a comunidade de prática da qual pertence a Dra. Paula Messina, ou seja, geólogos e pesquisadores, ao acessá-lo, conseguem informações que contribuem com a aprendizagem da comunidade, estimulando trajetórias em seu interior, na busca de acesso a outros níveis de participação, caracterizando sua função de endoconexão. Por outro lado, outras comunidades de prática, como uma escola, por exemplo, podem ter acesso às informações da prática da geologia de campo e aplicá-las em suas aulas de geografia, caracterizando, assim, a função de exoconexão.

6 Considerações

As novas tecnologias de informação e comunicação têm contribuído significativamente com a criação de novas formas de narrativas, e no âmbito do jornalismo digital surge a *Multimedia Story*, ou "história multimídia". Percebe-se que, ao alinharem-se conceitos sobre comunidades de prática com o *design* e roteirização de histórias multimídia pode-se conceber artefatos que fortalecem as relações entre comunidades de prática (exoconexão), ou um artefato que funcione como conexão interna entre os níveis de participação (endoconexão), o que promove uma maior dinamicidade em seu interior, movimentando suas trajetórias e, consequentemente, contribuindo com um maior nível de aprendizagem, na busca incessante da consolidação de suas práticas.

Referências

FIVE Steps for multimedia reporting. *Multimedia Reporting and Convergence*. Disponível em: <http://journalism.berkeley.edu/multimedia/BerkeleyUniversity>. 2005.

GOSCIOLA, Vicente. *Roteiro para as novas mídias*: do game à TV interativa. São Paulo: SENAC, 2003.

KIMIECK, Jorge Luiz. *Consolidação de comunidades de prática*: um estudo de caso no ProInfo. Dissertação (Mestrado) – PPGTE-CEFETPR, 2002.

LÉVY, Pierre. *O que é virtual?*. Rio de Janeiro: Ed. 34, 1997.

MIELNICZUK, Luciana. Considerações sobre interatividade no contexto das novas mídias. *In*: LEMOS, André (Org.). *Janelas do ciberespaço*: comunicação e cibercultura. Salvador: Facom-UFBA, 2004.

MORAIS, Maira. *Produtos interativos para consumidores multimídia*: discutindo a interatividade na era dos bits. Facom-UFBA, 1998. Artigo.

RIBAS, Beatriz. *Características da notícia na web*: considerações sobre modelos narrativos. Facom-UFBA, 2004. Artigo.

SANTAELLA, Lúcia. *Cultura e artes do pós-humano*: da cultura das mídias à cibercultura. São Paulo: Paulus, 2004.

WENGER, Etienne. *Communities of Practice*: Learning, Meaning and Identity. Cambridge: Cambridge University Press, 1998.

WENGER, Etienne. Communities of Practice: Stewarding Knowledge. *In*: DESPRES, C.; CHAUVEL, D. (Ed.). *Knowledge Horizons*: the Present and the Promise of Knowledge Management. Boston: Butterworth-Heinemann, 1999.

Informação bibliográfica deste texto, conforme a NBR 6023:2002 da Associação Brasileira de Normas Técnicas (ABNT):

KIMIECK, Jorge Luiz. Artefatos de conexão em comunidades de prática: *multimedia story*. *In*: AFFORNALLI, Maria Cecília Naréssi Munhoz; GABARDO, Emerson (Coord.). *Direito, informação e cultura*: o desenvolvimento social a partir de uma linguagem democrática. Anais do Simpósio Comunicação, Cultura de Massas, Globalização e Direito: II Congreso Ciencias, Tecnologías y Culturas. Diálogo entre las disciplinas del conocimiento. Mirando al futuro de América Latina y el Caribe. Belo Horizonte: Fórum, 2012. p. 259-273. ISBN 978-85-7700-563-5.

A CRESCENTE VIOLAÇÃO DO DIREITO DE IMAGEM DO CIDADÃO DIANTE DO MONITORAMENTO DAS CÂMERAS DE VIGILÂNCIA

LUCIANA PEDROSO XAVIER
MARILIA PEDROSO XAVIER

Na sociedade de controle, é preciso que os vigiados vigiem os vigias.
(Túlio Lima Vianna)

1 Introdução

A questão da utilização de câmeras com o fim de observar e controlar a população durante 24 horas por dia não é inteiramente nova. Se no passado essa ideia soava como mero enredo de obras de ficção científica, com o transcurso dos anos o que parecia ilusório se tornou realidade. Nesse sentido, faz-se necessária uma alusão ao livro *1984*, de George Orwell. Nessa obra, o autor descreve uma sociedade na qual as pessoas são vigiadas por um sistema opressor e tirano que controla tudo e todos por meio das "teletelas" (mistura de câmera de vídeo e aparelho televisor) e pela "Polícia do pensamento".[1] Trata-se da história de Winston Smith, um cidadão comum que habita Londres, terceira província mais populosa da "Oceania", e trabalha no "Ministério da Verdade". A sociedade é controlada pelo "Partido", cuja ideologia é o "Ingsoc" — Socialismo Inglês — e regido pelos *slogans* "Guerra é Paz, Liberdade é Escravidão, Ignorância é Força". Por toda parte há pôsteres com a figura do "Big Brother", com a legenda "The Big Brother is watching you".[2]

Ao mesmo tempo em que identificamos essa forte semelhança entre ficção e realidade, destaca-se uma enorme diferença: enquanto a personagem principal de *1984* — Winston Smith — tenta a todo custo descobrir maneiras de burlar as teletelas, nota-se que a convivência da sociedade hodierna com as várias formas de vigilância eletrônica é marcada por passividade e aceitação.

Nessa toada, pretende-se desenvolver no presente artigo uma necessária reflexão acerca do crescente monitoramento feito por meio

---

[1] A respeito das "teletelas" (tradução livre das autoras): "Dentro do apartamento uma voz frutada lia uma lista de números que tinha algo a ver com a produção de ferro gusa. A voz veio de uma placa metálica retangular como um espelho opaco que formava parte da superfície da parede do lado direito. Winston virou um comutador e a voz diminui um pouco, embora as palavras ainda fossem audíveis. O instrumento (a teletela, como era chamado) poderia ser esmaecido, mas não havia maneira de desligá-lo completamente. (...) A teletela recebia e transmitia simultaneamente. Qualquer som que Winston fizesse, acima do nível de um sussurro muito baixo, seria captado por ela; além disso, enquanto se mantivesse dentro do campo de visão estabelecido pela placa de metal, ele podia ser visto, assim como ouvido. Naturalmente, não havia como saber se a qualquer momento você estava sendo vigiado. Com que frequência, ou em que sistema, a Polícia do Pensamento conectava-se a qualquer fio individual não passava de adivinhação. Era até concebível que eles assistissem a todos o tempo todo. Mas a qualquer momento eles poderiam ligar-se ao seu fio sempre que quisessem. Você tinha de viver – e assim vivia, pois o hábito se tornou instinto – na suposição de que cada som que você fazia seria ouvido e, exceto no escuro, cada momento minuciosamente examinado". No idioma original: "Inside the flat a fruity voice was reading out a list of figures which had something to do with the production of pig iron. The voice came from an oblong metal plaque like a dulled mirror which formed part of the surface of the righthand wall. Winston turned a switch and the voice sank somewhat, though the words were still distinguishable. The instrument (the telescreen, it was called) could be dimmed, but there was no way of shutting it off completely. (...) The telescreen received and transmitted simultaneously. Any sound that Winston made, above the level of a very low whisper, would be picked up by it; moreover, so long as remained within the field of vision which the metal plaque commanded, he could be seen as well as heard. There was of course no way of knowing whether you were being watched at any given moment. How often, or on what system, the Thought Police plugged in on any individual wire was guesswork. It was even conceivable that they watched everybody all the time. But at any rate they could plug in your wire whenever they wanted to. You had to live – did live, from habit that became instinct – in the assumption that every sound you made was overheard, and, except in darkness, every moment scrutinized" (ORWELL, George. *1984*. Centennial Edition. New York: Penguin, 2006. p. 2-3).

[2] ORWELL, George. *1984*. Centennial Edition. New York: Penguin, 2006. p. 3-10.

de câmeras de vigilância eletrônica. Conforme será visto, o monitoramento é legitimado a partir de um discurso de promoção de segurança aos cidadãos — o qual, conforme será visto, é falacioso. Observa-se também que, sob esse pretexto, tem ocorrido flagrante violação do direito de imagem dos cidadãos que circulam em espaços públicos e privados equipados com câmeras. Tal cenário demanda que os atuais contornos do direito à imagem na comunicação globalizada — bem como os mecanismos que possam reforçar a imperativa proteção aos direitos de personalidade do cidadão — sejam repensados criticamente.

2 Problematizando o discurso da segurança como legitimador da vigilância

2.1 O medo líquido

A vida social contemporânea ao redor de todo o mundo é marcada por uma ansiedade perene, um medo latente em relação a tudo: desemprego, violência urbana, terrorismo, catástrofes naturais, rejeição afetiva.[3][4][5] Essas ameaças abstratas geram sentimentos de insegurança e de incerteza que tomam conta dos cidadãos. Trata-se do chamado "medo líquido", conceito cunhado pelo sociólogo polonês Zygmunt Bauman:

> Os medos agora são difusos, eles se espalharam. É difícil definir e localizar as raízes desses medos, já que os sentimos, mas não os vemos. É isso que faz com que os medos contemporâneos sejam tão terrivelmente fortes, e os seus efeitos sejam tão difíceis de amenizar. Eles emanam virtualmente em todos os lugares.[6]

Considerando que nos últimos tempos o medo líquido passa a permear o tecido social, tem-se como consequência que a "forte

---

[3] "O mundo contemporâneo é um recipiente cheio até a borda de medo e frustração à solta que buscam desesperadamente válvulas de escape" (BAUMAN, Zygmunt. *Em busca da política*. Tradução de Marcus Penchel. Rio de Janeiro: J. Zahar, 2000. p. 22).

[4] "Medo é o nome que damos a nossa incerteza: nossa ignorância da ameaça e do que deve ser feito — do que pode e do que não pode — para fazê-la parar ou enfrentá-la, se cessá-la estiver além do nosso alcance" (BAUMAN, Zygmunt. *Medo líquido*. Tradução de Carlos Alberto Medeiros. Rio de Janeiro: J. Zahar, 2008. p. 8).

[5] Sobre o tema ver: BAUMAN, Zygmunt. *Medo líquido*. Tradução de Carlos Alberto Medeiros. Rio de Janeiro: J. Zahar, 2008.

[6] BAUMAN, Zygmunt. *Capitalismo parasitário e outros temas contemporâneos*. Tradução de Eliana Aguiar. Rio de Janeiro: J. Zahar, 2010. p. 73.

tendência a sentir medo e a obsessão maníaca por segurança fizeram a mais espetacular das carreiras".[7] Eis que, diante da ideia de que o perigo está em toda parte, a população convive pacificamente com os meios de vigilância eletrônica. Para demonstrar o estado avançado desse cenário, cita-se o seguinte dado: um habitante de Londres é filmado durante um único dia por cerca de trezentas câmeras distintas espalhadas pela cidade.[8]

A atitude passiva da população, que parece simplesmente não se importar com tamanha ingerência gerada pelos equipamentos de monitoramento, reside na crença de serem tais equipamentos uma espécie de "mal necessário". Em nome da busca por segurança este seria um sacrifício quase irrisório. Assim, "em vez de considerarem as câmeras uma invasão de privacidade, as pessoas se sentem seguras onde existem esses equipamentos".[9]

O discurso corrente de que tudo deve ser permitido em nome da segurança deve ser problematizado. Conforme será visto, a vigilância indiscriminada pode representar um óbice para a salvaguarda de direitos de personalidade constitucionalmente garantidos, tais como o direito à imagem. Ademais, os resultados prometidos — tais como a diminuição nos índices de criminalidade — muitas vezes não passam de tentativas fadadas ao insucesso.

2.2 O monitoramento e suas consequências danosas

De acordo com Túlio Lima Vianna, por monitoração eletrônica entende-se "técnica que utiliza instrumentos eletrônicos para ampliar os sentidos humanos e focalizá-los sobre determinados ambientes, comunicações ou pessoas, com fins de controle e/ou registro de condutas".[10] A partir dessa definição, impende ressaltar que o monitoramento, além de potencializar a visão humana, aumenta substancialmente os demais sentidos (audição, tato, olfato e paladar) por meio de recursos tecnológicos como microfones, sensores térmicos, etilômetro e língua eletrônica.

---

[7] BAUMAN, Zygmunt. *Confiança e medo na cidade*. Tradução de Eliana Aguiar. Rio de Janeiro: J. Zahar, 2009. p. 13.

[8] Disponível em: <http://www.brasvision.com.br/brasvision/?mostra=noticia&ver=1&id=8&le=NV&label=Novidades>. Acesso em: 07 set. 2010.

[9] Disponível em: <http://www.brasvision.com.br/brasvision/?mostra=noticia&ver=1&id=8&le=NV&label=Novidades>. Acesso em: 07 set. 2010.

[10] VIANNA, Túlio Lima. *Transparência pública, opacidade privada*: o direito como instrumento de limitação do poder na sociedade de controle. Rio de Janeiro: Revan, 2007. p. 55.

Convém frisar que monitoramento não é sinônimo de mera filmagem. O refinamento da tecnologia atual permite que câmeras acompanhem automaticamente o andar de uma pessoa pela rua e que equipamentos transmitam imagens digitais de monitoramento em rede pela internet.[11]

Tendo em vista todo o potencial dos atuais mecanismos de vigilância eletrônica, é preciso repensar o tratamento jurídico a eles destinado a fim de que não sejam comprometidas liberdades individuais e garantias asseguradas constitucionalmente. No presente artigo, será dado relevo especialmente à violação ao direito à imagem.

Observa-se que os defensores da utilização destes meios em nome da segurança não raro afirmam que não haveria qualquer violação de imagens por se tratar do monitoramento de locais públicos — haja vista que se alguém pode ser perfeitamente observado pelos demais transeuntes não haveria sentido em falar de privacidade —, o que não é verdade. Isso porque:

> o grau de observação de um sistema de vigilância eletrônica é infinitamente superior à visão do mais observador dos transeuntes. Não se pode comparar a visão humana com câmeras onipresentes, na sua maioria ocultas na paisagem urbana, permitindo aos agentes públicos verem sem serem vistos. Não bastasse a visão privilegiada das câmeras estrategicamente posicionadas, a gravação das imagens permite sua reprodução com *zoom* e câmeras lentas, por infinitas vezes, inclusive para terceiros.[12]

Outro argumento que precisa ser desconstruído é o da redução dos índices de criminalidade. É fundamental esclarecer que não há qualquer garantia de que a instalação de câmeras de segurança efetivamente minimize o número de crimes cometidos.[13] Por vezes, poderá ocorrer tão só o mero deslocamento dos focos de delinquência para outros lugares não vigiados (os quais provavelmente serão bairros pobres, zonas rurais e o interior das residências). É comum que "enquanto os bairros centrais são valorizados e se tornam objeto de grandes

---

[11] Disponível em: <http://www.brasvision.com.br/brasvision/?mostra=noticia&ver=1&id=8&le=NV&label=Novidades>. Acesso em: 07 set. 2010.

[12] VIANNA, Túlio Lima. *RT Informa*, ano VII, n. 46, nov./dez. 2006. Disponível em: <http://www.tuliovianna.org/index2.php?option=comdocman&task=doc_view&gid=36&Itemid=67>. Acesso em: 13 set. 2010.

[13] A respeito do pensamento crítico do Direito Penal ver: WOLKMER, Antonio Carlos. *Introdução ao pensamento jurídico crítico*. 7. ed. São Paulo: Saraiva, 2009. p. 145.

investimentos urbanísticos, outras áreas são corroídas pela degradação e tornam-se marginais".[14]

Enquanto a parcela pobre da população é obrigada a suportar as mazelas oriundas do crime, os que possuem "recursos econômicos ou tem condições de deslocar-se tentam se defender criando verdadeiros enclaves, nos quais a proteção é garantida por empresas privadas de segurança, ou transferindo-se para áreas mais tranquilas e nobres".[15]

Nesse sentido, a periferia se torna o espaço da cidade relegado aos marginalizados. A estes, na impossibilidade de melhor sorte, cabe apenas aceitar a condição de ser morador de favelas e guetos, locais que combinam o confinamento espacial e o fechamento social.[16] Afinal, se considerarmos que os locais em que é possível se sentir seguro estão constantemente encolhendo, torna-se necessária a construção de fronteiras com vistas a impedir que pessoas indesejadas e perigosas coexistam nesse mesmo espaço.[17] [18]

É imperioso que o discurso da segurança como meio legitimador da vigilância não seja mais aceito. A criminalidade e o próprio terrorismo possuem raízes complexas e multifatoriais. Ambos simplesmente não serão eliminados da sociedade atual mediante a instalação de equipamentos de monitoramento.[19] No dizer de Bauman,

> em poucas palavras: *as cidades se transformaram em depósitos de problemas causados pela globalização*. Os cidadãos e aqueles que foram eleitos como seus representantes estão diante de uma tarefa que não podem nem sonhar em resolver: a tarefa de encontrar soluções locais para contradições globais.[20]

---

[14] BAUMAN, Zygmunt. *Confiança e medo na cidade*. Tradução de Eliana Aguiar. Rio de Janeiro: J. Zahar, 2009. p. 8-9.

[15] BAUMAN, Zygmunt. *Confiança e medo na cidade*. Tradução de Eliana Aguiar. Rio de Janeiro: J. Zahar, 2009. p. 9.

[16] BAUMAN, Zygmunt. *Comunidade*: a busca por segurança no mundo atual. Tradução de Plínio Dentzien. Rio de Janeiro: J. Zahar, 2003. p. 105. Ver também: BAUMAN, Zygmunt. *Vidas desperdiçadas*. Tradução de Carlos Alberto Medeiros. Rio de Janeiro: J. Zahar, 2005. p. 103.

[17] BAUMAN, Zygmunt; MAY, Tim. *Aprendendo a pensar com a sociologia*. Tradução de Alexandre Werneck. Rio de Janeiro: J. Zahar, 2010. p. 156.

[18] BAUMAN, Zygmunt. *Confiança e medo na cidade*. Tradução de Eliana Aguiar. Rio de Janeiro: J. Zahar, 2009. p. 75-76.

[19] Sobre o discurso da segurança em razão do terrorismo ver: AGAMBEN, Giorgio. *Estado de exceção*. Tradução de Iraci D. Poleti. São Paulo: Boitempo, 2004.

[20] BAUMAN, Zygmunt. *Confiança e medo na cidade*. Tradução de Eliana Aguiar. Rio de Janeiro: J. Zahar, 2009. p. 32.

Um caso emblemático que bem revela a falibilidade dos sistemas de vigilância como garantidores da segurança é o envolvendo o brasileiro Jean Charles de Menezes. Na capital de um país que conta com quatro milhões de câmeras, como justificar a morte de um inocente, vítima da Scotland Yard em 2005 no metrô de Londres, por ter sido confundido com um terrorista (autor de um atentado a bomba dias antes nessa mesma localidade)?[21] [22]

Nesse sentido, destaca-se o posicionamento de Túlio Vianna, para quem o principal efeito da monitoração eletrônica não seria disciplinar, mas sim biopolítico. O escopo seria o de "registrar informações para serem utilizadas posteriormente em um processo de reconhecimento e filtragem".[23] O biopoder exercido pela tríade monitorar-registrar-reconhecer limitaria veementemente o direito à privacidade (o qual engloba o direito de não ser monitorado, direito de não ser registrado e direito de não ser reconhecido).[24]

Túlio Vianna ressalta o cunho biopolítico do monitoramento, afirmando que as câmeras não filmarão somente crimes e algumas cenas do cotidiano, mas também greves e manifestações políticas.[25] Ora, "daí, sob o singelo pretexto de repressão da criminalidade, não faltará muito para a repressão ideológica e política".[26]

---

[21] Disponível em: <http://pt.euronews.net/2009/04/17/londres-vao-rever-utilizacao-de-camaras-de-vigilancia-pelas-autoridades-locais/>. Acesso em: 13 set. 2010.

[22] "Enquanto escrevo estas palavras, ainda não houve uma resposta do Judiciário à tática de 'atirar para matar' adotada pela polícia metropolitana — a mesma que, em sua primeira aplicação, levou à morte do brasileiro Jean Charles de Menezes, cuja única culpa foi ter sido (falsamente) identificado pela polícia como potencial homem-bomba e que, ao contrário da explicação *a posteriori*, jamais fugiu da polícia nem pulou a roleta. Na verdade, hoje em dia é preciso se precaver em relação aos novos atentados terroristas. Mas também precisamos olhar com suspeita os guardiões da ordem que podem nos tomar (equivocadamente) por um portador dessa ameaça..." (BAUMAN, Zygmunt. *Medo líquido*. Tradução de Carlos Alberto Medeiros. Rio de Janeiro: J. Zahar, 2008. p. 197. Para detalhes do caso consultar: <http://g1.globo.com/Noticias/Mundo/0,,MUL169468-5602,00.html>).

[23] VIANNA, Túlio Lima. *Transparência pública, opacidade privada*: o direito como instrumento de limitação do poder na sociedade de controle. Rio de Janeiro: Revan, 2007. p. 207.

[24] VIANNA, Túlio Lima. *Transparência pública, opacidade privada*: o direito como instrumento de limitação do poder na sociedade de controle. Rio de Janeiro: Revan, 2007. p. 207. Ver também: "Fazer viver os incluídos, deixar morrer os excluídos. Esta é a lógica do biopoder nas sociedades do controle. Dentro do *shopping*: proteção e disciplina. Fora dele, omissão e caos" (VIANNA, Túlio Lima. *Transparência pública, opacidade privada*: o direito como instrumento de limitação do poder na sociedade de controle. Rio de Janeiro: Revan, 2007. p. 169).

[25] VIANNA, Túlio Lima. *RT Informa*, ano VII, n. 46, nov./dez. 2006. Disponível em: <http://www.tuliovianna.org/index2.php?option=comdocman&task=doc_view&gid=36&Itemid=67>. Acesso em: 13 set. 2010.

[26] VIANNA, Túlio Lima. *RT Informa*, ano VII, n. 46, nov./dez. 2006. Disponível em: <http://www.tuliovianna.org/index2.php?option=comdocman&task=doc_view&gid=36&Itemid=67>. Acesso em: 13 set. 2010.

Por fim, destaca-se que a mídia tem cumprido um importante papel no sentido de incrementar desconfianças, de propalar o medo líquido. Inúmeros potenciais infortúnios são veiculados de maneira sensacionalista todos os dias. A título de reflexão, indaga-se, entre outras coisas: "Que computador foi danificado pelo sinistro '*bug* do milênio'? Quantas pessoas você conhece que foram vítimas dos ácaros de tapete? Quantos amigos seus morreram da doença da vaca louca?".[27]

O motivo dessa exploração demasiada é que o medo se torna um importante aliado na manutenção do mercado de consumo. Quando o medo líquido passa a nortear a rotina urbana, criam-se necessidades que precisam ser satisfeitas. Os que possuem boas condições financeiras residem em condomínios fechados — guetos voluntários —, trafegam em "veículos militares esportivos e têm como destino preferido os *shopping centers*".[28] [29] [30] Já os pobres recebem o *status* de anomalia social e são tratados como párias.[31] É assim que a vigilância eletrônica acaba representando um grande potencial para novos ganhos financeiros.

2.3 A vigilância eletrônica como um "grande negócio"

Outro ponto que merece destaque e que, via de regra, não é percebido pela população, é o fato de que o ramo da segurança eletrônica tem sido um dos mais rentáveis do mercado. Apenas em 2004, movimentou mais de 900 milhões de reais.

Desse modo, além da segurança doméstica e comercial, diversas empresas nacionais e internacionais disputam a nova facção do mercado: a instalação de sistemas públicos de vigilância.

---

[27] BAUMAN, Zygmunt. *Medo líquido*. Tradução de Carlos Alberto Medeiros. Rio de Janeiro: J. Zahar, 2008. p. 14.

[28] Teresa Caldeira escreve que São Paulo "hoje é uma cidade feita de muros. Barreiras físicas são construídas por todo lado (...)" (BAUMAN, Zygmunt. *Confiança e medo na cidade*. Tradução de Eliana Aguiar. Rio de Janeiro: J. Zahar, 2009. p. 38).

[29] "Os nossos guetos *voluntários* — sim, voluntários — são resultado da vontade de defender a própria segurança procurando somente a companhia dos semelhantes e afastando os estrangeiros" (BAUMAN, Zygmunt. *Confiança e medo na cidade*. Tradução de Eliana Aguiar. Rio de Janeiro: J. Zahar, 2009. p. 85).

[30] BAUMAN, Zygmunt. *Tempos líquidos*. Tradução de Carlos Alberto Medeiros. Rio de Janeiro: J. Zahar, 2007. p. 18.

[31] BAUMAN, Zygmunt. *Comunidade*: a busca por segurança no mundo atual. Tradução de Plínio Dentzien. Rio de Janeiro: J. Zahar, 2003. p. 108.

No município de Praia Grande, no litoral paulista, a prefeitura instalou 453 câmeras em 2006, totalizando uma despesa no valor de seis milhões e meio (e ainda pretende instalar mais 747 aparelhos).[32]

O Rio de Janeiro, por ocasião dos Jogos Pan-Americanos, lá sediados em 2007, passou a ter 1500 câmeras. Elas contam com uma estrutura de apoio que interliga as polícias Militar e Civil, Corpo de Bombeiros e Defesa Civil (inspirado no programa criado para a realização das Olimpíadas de Atenas).[33] Ao todo, considerando os vários desdobramentos táticos desse esquema de segurança, foram gastos 560 milhões de reais.

Tendo em vista a Copa do Mundo da FIFA de 2014, a qual será realizada no Brasil, estados como São Paulo investiram cerca de 20 milhões de reais na aquisição de câmeras de vigilância.[34] A cidade de Brasília, que sediará jogos da competição, contará com 900 câmeras, o que possibilitará a vigilância 24 horas dos locais relacionados ao torneio.[35]

Na medida em que a vigilância eletrônica se torna um grande negócio, não parece demais concluir que a tendência é que cada vez seja ampliada, tanto no âmbito público quanto no privado. Novamente ressurge a necessidade de repensar essa temática, agora segundo a ótica da proteção do direito à imagem do cidadão.

3 Por uma necessária proteção do direito à imagem do cidadão

O direito à imagem recebeu tratamento privilegiado na Constituição Federal de 1988, tendo sido expressamente mencionado no art. 5º, inciso X, o qual preceitua que a imagem das pessoas é inviolável,

---

32 Disponível em: <http://www.praiagrande.sp.gov.br/PraiaGrande/index-.asp?cd_pagina=77&principal=290>. Acesso em: 13 set. 2010.

33 Disponível em: <http://www.sisgraph.com.br/press/release/2007/12605.asp>. Acesso em: 12 set. 2010.

34 SP terá 4 mil câmeras de segurança até a Copa de 2014. Disponível em: <http://www.redenoticia.com.br/noticia/2011/sp-tera-4-mil-cameras-de-seguranca-ate-a-copa-de-2014/34454>. Acesso em: 30 abr. 2011.

35 BRASÍLIA instalará 900 câmeras para garantir segurança durante a Copa. Disponível em: <http://www.copa2014.org.br/noticias/2039/BRASILIA+INSTALARA+900+CAMERAS+PARA+GARANTIR+SEGURANCA+DURANTE+A+COPA.html>. Acesso em: 30 abr. 2011.

cabendo reparação pelos danos materiais ou morais advindos de sua eventual violação.[36] [37]

Mais tarde, no Código Civil de 2002, o direito à imagem também recebeu tratamento, mais precisamente no capítulo dedicado aos direitos de personalidade. Nada obstante, ainda que a previsão dos direitos de personalidade seja uma das grandes virtudes do Novo Código Civil (já que o Código de 1916 não os previa), o regramento do direito à imagem carece de certas explicitações para que seja corretamente compreendido.

Em primeiro lugar, o art. 20 do Código Civil determina que o uso da imagem de uma pessoa pode ser proibido caso seja atentatório à honra, boa fama ou à respeitabilidade, ou se a imagem for utilizada para fim comercial não autorizado. Em tais hipóteses caberia o direito à reparação.[38]

Desse modo, uma interpretação literal deste dispositivo legal levaria à conclusão de que o direito à imagem só seria violado em dois casos, isto é, quando: i) atentatório à honra, boa fama ou respeitabilidade; e ii) uso comercial não autorizado.

Todavia, de acordo com a doutrina civilística contemporânea, é necessário que se faça uma leitura do artigo 20 do Código Civil em conjunto com os preceitos da Constituição Federal. Ao se proceder a tal esforço interpretativo, concluir-se-á que a violação do direito de imagem, por si só, deve ser reparada.

---

[36] "Em nosso país, nos últimos anos do regime militar e na passagem à democracia, certas mudanças, retratadas na Constituição de 1988, foram, senão radicais, sobremaneira profundas. As mais importantes disseram respeito justamente a manifestações do direito de liberdade, grande ausente no sistema anterior, incidindo sobre as liberdades políticas, civis, de associação e de crença, de pensamento e de expressão. No âmbito do direito civil, especialmente no tocante às relações existenciais e aos direitos de personalidade, quase se pode dizer que houve uma revolução" (MORAES, Maria Celina Bodin de. *Na medida da pessoa humana*: estudos de direito civil-constitucional. Rio de Janeiro: Renovar, 2010. p. 189).

[37] Constituição Federal de 1988, Art. 5º: "Todos são iguais perante a lei, sem distinção de qualquer natureza, garantindo-se aos brasileiros e aos estrangeiros residentes no País a inviolabilidade do direito à vida, à liberdade, à igualdade, à segurança e à propriedade, nos termos seguintes: X – são invioláveis a intimidade, a vida privada, a honra e a imagem das pessoas, assegurado o direito a indenização pelo dano material ou moral decorrente de sua violação".

[38] Código Civil de 2002, Artigo 20: "Salvo se autorizadas, ou se necessárias à administração da justiça ou à manutenção da ordem pública, a divulgação de escritos, a transmissão da palavra ou a publicação, a exposição ou a utilização da imagem de uma pessoa poderão ser proibidas, a seu requerimento e sem prejuízo da indenização que couber, se lhe atingirem a honra, a boa fama ou a respeitabilidade, ou se se destinarem a fins comerciais".

Nesse sentido, Gediel *et al.* defendem, com base na obra de Sessarego, que o direito à imagem é um bem autônomo, merecendo tutela também autônoma:

> Torna-se claro que a imagem, no mundo contemporâneo, caracterizado pelo avanço tecnológico, corresponde a uma excelente forma de linguagem, em termos de eficiência, amplamente utilizada nos meios de comunicação de massa, especialmente com objetivos de entretenimento e publicidade. Logo, a imagem assume valoração econômica indiscutível.

> Saliente-se que a imagem, antes mesmo de ter expressão pecuniária, é atributo da pessoa e, por isso, tem valor social. Assim sendo, a imagem está inserida no rol dos direitos da personalidade. Desse modo, a imagem, no cenário contemporâneo, merece atenção especial do Direito e é essencial falar-se de um direito à própria imagem enquanto direito autônomo.[39]

Para além da leitura constitucional do artigo 20 do Código Civil, que apontará para a autonomia do direito à imagem, bem como para a autonomia de seu dano, impende problematizar o teor deste dispositivo na medida em que este excepciona a proteção do direito à imagem do cidadão frente a situação em que a imagem for necessária à administração da justiça ou à manutenção da ordem pública.

Ora, o que seria uma situação em que a imagem captada seria "necessária à administração da justiça ou à manutenção da ordem pública"? Como diferenciar as duas situações descritas de demais ocasiões? Quais seriam os limites aceitáveis da ausência de proteção do direito de imagem do cidadão nestas hipóteses?

Diante de tais questionamentos ainda sem resposta, é preciso muita cautela com o crescente monitoramento do cidadão com vistas a assegurar maior segurança à população. Ademais, para além do direito à imagem, objeto desse trabalho, é possível apontar uma insuficiência de preocupação (e de consequente proteção) com outros direitos de personalidade, como é o caso dos dados pessoais.

Conforme esclarece Maria Celina Bodin de Moraes, dados pessoais são:

> dados relativos a uma pessoa física ou jurídica, identificada ou identificável, capaz de revelar informações sobre sua personalidade, relações

---

[39] GEDIEL, José Antônio Peres; WINIKES, Ralph; CAMARGO, Rodrigo Eduardo. O direito da personalidade à própria imagem e a autonomia do dano. *Revista Jurídica Cesumar – Mestrado*, v. 10, n. 1, p. 59, jan./jun. 2010.

afetivas, origem étnica ou racial, ou que se refiram às suas características físicas, morais ou emocionais, à sua vida afetiva e familiar, ao domicílio físico e eletrônico, número telefônico, patrimônio, ideologia e opiniões políticas, crenças e convicções religiosas ou filosóficas, estado de saúde físico ou mental, preferências sexuais ou outras análogas que afetem sua intimidade ou sua autodeterminação informativa.[40]

O cidadão brasileiro tem testemunhado nos últimos anos um verdadeiro descaso em relação à proteção dos dados pessoais, o que é evidenciado pelos casos graves de vazamento de dados, isto é, de dados "difundidos indevidamente e em grande escala".[41] Apenas para ilustrar, citam-se os recentes casos ocorridos no Instituto Nacional de Estudos e Pesquisas Educacionais (INEP), que acarretou na divulgação indiscriminada dos dados pessoais de mais de 12 milhões de estudantes que prestaram o Exame Nacional do Ensino Médio (ENEM) nos anos de 2006 a 2009, bem como o ocorrido no sítio eletrônico da conhecida empresa de eletrônicos LG, que causou a disponibilização indevida dos dados de 72 mil clientes.[42] [43] [44]

Lamentavelmente, constata-se que os direitos de personalidade dos cidadãos brasileiros não são tratados com a seriedade que merecem. Nesse sentido, chama atenção o episódio envolvendo a tentativa de

---

[40] MORAES, Maria Celina Bodin de. Apresentação. *In*: RODOTÀ, Stefano. *A vida na sociedade da vigilância*: a privacidade hoje. Organização, seleção e apresentação de Maria Celina Bodin de Moraes. Tradução de Danilo Doneda e Luciana Cabral Doneda. Rio de Janeiro: Renovar, 2008. p. 6-7.

[41] DONEDA, Danilo. *O vazamento de dados pessoais na iminência de regulação*. Disponível em: <http://habeasdata.doneda.net/>. Acesso em: 29 abr. 2011.

[42] Acerca das razões pelas quais ocorrem vazamentos de dados, Danilo Doneda afirma que: "O vazamento de dados é consequência do 'paradigma da memória', ou seja, a facilidade de registrar um volume cada vez maior de informações. A administração destes grandes volumes de informação é algo problemático, com o que se está apenas começando a lidar. Os reflexos de uma má política de administração da informação dentro de corporações são visíveis para além das questões envolvendo dados pessoais, e abrangem o vazamento de segredos industriais e comerciais, planos de negócios, estruturas organizacionais e tantos outros dados que possam possuir caráter reservado. A dificuldade em se tratar com dados em grande volume faz com que seja comum que eles sejam manipulados com pouco cuidado, em quantidades excessivas, por pessoas não qualificadas ou por qualquer outro procedimento que facilite o seu caminho até uma indesejada difusão pública, seja esta acidental ou intencional" (DONEDA, Danilo. *O vazamento de dados pessoais na iminência de regulação*. Disponível em: <http://habeasdata.doneda.net/>. Acesso em: 29 abr. 2011).

[43] INEP confirma vazamento de dados de estudantes. E vai apurar a falha. Revista *Veja*. Disponível em: <http://veja.abril.com.br/noticia/educacao/dados-pessoais-de-milhoes-de-inscritos-no-enem-vazam-na-internet>. Acesso em: 12 ago. 2010.

[44] LG vaza nome, telefone e endereço de 71 mil clientes em site. Disponível em: <http://www1.folha.uol.com.br/tec/866236-lg-vaza-nome-telefone-e-endereco-de-71-mil-clientes-em-site.shtml>. Acesso em: 26 jan. 2011.

implantação do Sistema de Identificação Automática de Veículos (SINIAV) em todo território nacional (Resolução nº 212/2006 do Conselho Nacional de Trânsito – CONTRAN), cujo escopo declarado seria o de, a partir da identificação dos veículos, coibir furtos e roubos. Para tanto, será necessário que cada veículo implante uma "placa eletrônica".

Ocorre que por meio de tal dispositivo seria possível ter acesso a importantes informações. Por exemplo, "os locais em que estivemos com nossos automóveis em determinados dias e horas — fornecendo um esboço bastante completo de nossas andanças, disponível a quem quer que tenha acesso, autorizado ou não, a este banco de dados".[45]

Em que pese no artigo 7º conste expressamente que "as informações obtidas através do SINIAV e que requeiram sigilo serão preservadas nos termos da Constituição Federal e das leis que regulamentam a matéria", em realidade, não há qualquer informação sobre o alcance de tal proteção e sobre o modo que tal proteção será realizada, o que leva a crer que se trata de um dispositivo meramente retórico.

A atual tutela protetiva dos dados pessoais é, no mínimo, insuficiente, especialmente se for comparada à conferida às comunicações telefônicas. Em que pese o sigilo dos dados seja protegido constitucionalmente no mesmo inciso que o sigilo das comunicações telefônicas (artigo 5º, inciso XII, da Constituição Federal), apenas este último foi regulamentado por lei específica.[46] Trata-se da Lei nº 9.296/96, a qual determina que a interceptação de comunicações telefônicas é adstrita à ordem judicial, sob segredo de justiça.

Assim, a autorização para uma interceptação telefônica exige o cumprimento de uma série de requisitos, dentre eles a existência de indícios razoáveis de autoria ou participação em infração penal e que não haja outro meio de prova disponível.[47]

---

[45] DONEDA, Danilo. A *"placa eletrônica" e o monitoramento de automóveis na sociedade da vigilância*. Disponível em: <http://doneda.net/artigos/SINIAV_art.pdf>. Acesso em: 20 jan. 2011.

[46] Artigo 5º: "Todos são iguais perante a lei, sem distinção de qualquer natureza, garantindo-se aos brasileiros e aos estrangeiros residentes no País a inviolabilidade do direito à vida, à liberdade, à igualdade, à segurança e à propriedade, nos termos seguintes: **XII** – é inviolável o sigilo da correspondência e das comunicações telegráficas, de dados e das comunicações telefônicas, salvo, no último caso, por ordem judicial, nas hipóteses e na forma que a lei estabelecer para fins de investigação criminal ou instrução processual penal".

[47] Lei nº 9.296/96, artigo 2º: "Não será admitida a interceptação de comunicações telefônicas quando ocorrer qualquer das seguintes hipóteses: I – não houver indícios razoáveis da autoria ou participação em infração penal; II – a prova puder ser feita por outros meios disponíveis".

Há, portanto, um descompasso entre a proteção legal conferida à interceptação de uma comunicação telefônica e a proteção aos dados pessoais, que deve ser eliminada no intuito de fortalecer a tutela dos direitos de personalidade.

4 Considerações finais

As consequências da postura inerte e apática da população frente ampla utilização de câmeras de vigilância podem ser comparadas às das situações chamadas de *boiling the frog* ("cozinhando o sapo"). Sendo os sapos animais pecilotermos, estes não possuem a capacidade de perceber pequenas alterações climáticas, mas apenas as muito bruscas.

Assim, quando colocado em uma panela de água fervente, o sapo pulará imediatamente para evitar a morte. No entanto, se colocarmos o mesmo animal em uma panela com água fria e esquentarmos aos poucos, o sapo morrerá quando a água ferver, e nem mesmo perceberá que corria risco de vida. É este o panorama contemporâneo na seara do monitoramento. Tudo está sendo permitido em nome da segurança. Se isso perdurar, quando acordarmos, poderá ser tarde demais.

Urge a tomada de consciência da sociedade contra essa invasão da vida particular, dos direitos à imagem do cidadão, sob pena da anulação da individualidade que caracteriza cada ser humano. Como disse Bertold Brecht:

> Desconfiai do mais trivial,
>
> Na aparência singelo.
>
> E examinai, sobretudo, o que parece habitual.
>
> Suplicamos expressamente: não aceites o que é de hábito
>
> Como coisa natural, pois
>
> Em tempo de desordem sangrenta,
>
> De confusão organizada,
>
> De arbitrariedade consciente,
>
> De humanidade desumanizada,
>
> Nada deve parecer natural
>
> Nada deve parecer impossível de mudar.[48]

---

[48] Poema de Bertold Brecht. *Apud* COIMBRA, Cecília; PEDRINHA, Roberta Duboc. Metáforas do controle no século XXI. *In:* MENEGAT, Marildo; NERI, Regina (Org.). *Criminologia e subjetividade*. Rio de Janeiro: Lumen Juris, 2005. p. 157.

Túlio Vianna parece indicar um caminho: a criação de uma cultura de transparência pública e de opacidade privada na luta contra a expansão da sociedade de controle.[49]

Referências

AFFORNALLI, Maria Cecília Naréssi Munhoz. *Direito à própria imagem*. Curitiba: Juruá, 2007.

AGAMBEN, Giorgio. *Estado de exceção*. Tradução de Iraci D. Poleti. São Paulo: Boitempo, 2004.

ALBRECHT, Peter-Alexis. *Criminologia*: uma fundamentação para o direito penal. Tradução de Juarez Cirino dos Santos e Helena Schiessl Cardoso. Curitiba: ICPC, 2010.

BARATTA, Alessandro. *Criminologia crítica e crítica do direito penal*: introdução à sociologia do direito penal. Tradução de Juarez Cirino dos Santos. 3. ed. Rio de Janeiro: Revan – Instituto Carioca de Criminologia, 2002.

BAUMAN, Zygmunt. *A sociedade individualizada*: vidas contadas e histórias vividas. Tradução de José Gradel. Rio de Janeiro: J. Zahar, 2008.

BAUMAN, Zygmunt. *Capitalismo parasitário e outros temas contemporâneos*. Tradução de Eliana Aguiar. Rio de Janeiro: J. Zahar, 2010.

BAUMAN, Zygmunt. *Comunidade*: a busca por segurança no mundo atual. Tradução de Plínio Dentzien. Rio de Janeiro: J. Zahar, 2003.

BAUMAN, Zygmunt. *Confiança e medo na cidade*. Tradução de Eliana Aguiar. Rio de Janeiro: J. Zahar, 2009.

BAUMAN, Zygmunt. *Em busca da política*. Tradução de Marcus Penchel. Rio de Janeiro: J. Zahar, 2000.

BAUMAN, Zygmunt. *Globalização*: as consequências humanas. Tradução de Marcus Penchel. Rio de Janeiro: J. Zahar, 1999.

BAUMAN, Zygmunt. *Medo líquido*. Tradução de Carlos Alberto Medeiros. Rio de Janeiro: J. Zahar, 2008.

BAUMAN, Zygmunt. *Tempos líquidos*. Tradução de Carlos Alberto Medeiros. Rio de Janeiro: J. Zahar, 2007.

BAUMAN, Zygmunt. *Vidas desperdiçadas*. Tradução de Carlos Alberto Medeiros. Rio de Janeiro: J. Zahar, 2005.

BAUMAN, Zygmunt; MAY, Tim. *Aprendendo a pensar com a sociologia*. Tradução de Alexandre Werneck. Rio de Janeiro: J. Zahar, 2010.

COIMBRA, Cecília; PEDRINHA, Roberta Duboc. Metáforas do controle no século XXI. *In*: MENEGAT, Marildo; NERI, Regina (Org.). *Criminologia e subjetividade*. Rio de Janeiro: Lumen Juris, 2005.

---

[49] VIANNA, Túlio Lima. *Transparência pública, opacidade privada*: o direito como instrumento de limitação do poder na sociedade de controle. Rio de Janeiro: Revan, 2007.

CUPIS, Adriano de. *Os direitos da personalidade*. Tradução de Adriano Vera Jardim e Antonio Miguel Caeiro. Lisboa: Morais, 1961.

DONEDA, Danilo. *A "placa eletrônica" e o monitoramento de automóveis na sociedade da vigilância*. Disponível em: <http://doneda.net/artigos/SINIAV_art.pdf>. Acesso em: 20 jan. 2011.

DONEDA, Danilo. Considerações iniciais sobre os bancos de dados informatizados e o direito à privacidade. *In*: TEPEDINO, Gustavo (Org.). *Problemas de direito civil-constitucional*. Rio de Janeiro: Renovar, 2000.

DONEDA, Danilo. *Da privacidade à proteção de dados pessoais*. Rio de Janeiro: Renovar, 2006.

DONEDA, Danilo. *O vazamento de dados pessoais na iminência de regulação*. Disponível em: <http://habeasdata.doneda.net/>. Acesso em: 29 abr. 2011.

DONEDA, Danilo. Os direitos da personalidade no Código Civil. *In*: TEPEDINO, Gustavo (Org.). *A parte geral do novo Código Civil*: estudos na perspectiva civil-constitucional. 3. ed. Rio de Janeiro: Renovar, 2006.

FOUCAULT, Michel. *Em defesa da sociedade*: curso no Collège de France (1975-1976). São Paulo: Martins Fontes, 1999.

FOUCAULT, Michel. *Vigiar e punir*. Tradução de Raquel Ramalhete. 30. ed. Petrópolis: Vozes, 2005.

GEDIEL, José Antônio Peres; WINIKES, Ralph; CAMARGO, Rodrigo Eduardo. O direito da personalidade à própria imagem e a autonomia do dano. *Revista Jurídica Cesumar – Mestrado*, v. 10, n. 1, p. 51-68, jan./jun. 2010.

LEARNING to Live With Big Brother. *The Economist*, Sept. 27th, 2007. Disponível em: <http://www.economist.com/node/9867324?story_id=9867324>. Acesso em: 11 set. 2010.

MORAES, Maria Celina Bodin de. *Na medida da pessoa humana*: estudos de direito civil-constitucional. Rio de Janeiro: Renovar, 2010.

ORWELL, George. *1984*. Centennial Edition. New York: Penguin, 2006.

ROBL FILHO, Ilton Norberto. *Direito, intimidade e vida privada*: paradoxos jurídicos e sociais na sociedade pós-moralista e hipermoderna. Curitiba: Juruá, 2010.

RODOTÀ, Stefano. *A vida na sociedade da vigilância*: a privacidade hoje. Tradução de Danilo Doneda e Luciana Cabral Doneda. Rio de Janeiro: Renovar, 2008.

RT INFORMA, ano VII, n. 46, nov./dez. 2006. Disponível em: <http://www.tuliovianna. org/index2.php?option=comdocman&task=doc_view&gid=36&Itemid=67>. Acesso em: 13 set. 2010.

SANTOS, Juarez Cirino dos. Trinta anos de vigiar e punir: Foucault. *Revista Brasileira de Ciências Criminais*, v. 1, p. 289-298, 2006.

SZANIAWSKI, Elimar. *Direitos de personalidade e sua tutela*. 2. ed. rev. atual. e ampl. São Paulo: Revista dos Tribunais, 2005.

VIANNA, Túlio Lima. *RT Informa*, ano VII, n. 46, nov./dez. 2006. Disponível em: <http://www.tuliovianna.org/index2.php?option=comdocman&task=doc_view&gid=36&Itemid=67>. Acesso em: 13 set. 2010.

VIANNA, Túlio Lima. *Transparência pública, opacidade privada*: o direito como instrumento de limitação do poder na sociedade de controle. Rio de Janeiro: Revan, 2007.

WOLKMER, Antonio Carlos. *Introdução ao pensamento jurídico crítico*. 7. ed. São Paulo: Saraiva, 2009.

Informação bibliográfica deste texto, conforme a NBR 6023:2002 da Associação Brasileira de Normas Técnicas (ABNT):

XAVIER, Luciana Pedroso; XAVIER, Marilia Pedroso. A crescente violação do direito de imagem do cidadão diante do monitoramento das câmeras de vigilância. *In*: AFFORNALLI, Maria Cecília Naréssi Munhoz; GABARDO, Emerson (Coord.). *Direito, informação e cultura*: o desenvolvimento social a partir de uma linguagem democrática. Anais do Simpósio Comunicação, Cultura de Massas, Globalização e Direito: II Congreso Ciencias, Tecnologías y Culturas. Diálogo entre las disciplinas del conocimiento. Mirando al futuro de América Latina y el Caribe. Belo Horizonte: Fórum, 2012. p. 275-291. ISBN 978-85-7700-563-5.

A PRODUÇÃO CULTURAL DA TV DE CANAL ABERTO: LIMITES E POSSIBILIDADES DOS PROGRAMAS NO COTIDIANO DA SOCIEDADE

LUCIENE PAZINATO DA SILVA

1 Introdução

> *O homem é um animal suspenso em teias de significados que ele mesmo teceu.*
> (Clifford Geertz)[1]

A televisão, segundo Pesquisa Nacional por Amostra de Domicílios (PNAD) 2008 é o segundo aparelho doméstico de maior presença nas casas dos brasileiros. De acordo com o Instituto Brasileiro de Geografia e Estatística (IBGE), 95,1% dos lares brasileiros possuem no mínimo uma televisão.[2]

---

[1] GEERTZ, Glifford. *A interpretação das culturas*. Rio de Janeiro: LTC, 1989.

[2] Última PNAD publicada é a de 2008, em que foram pesquisados cerca de 150 mil domicílios em todas as Unidades da Federação. Atualmente somos 192,3 milhões de habitantes, dados do IBGE 2010. Fogão e aparelho de TV são os bens presentes em mais casas brasileiras. Disponível em: <http://g1.globo.com/Noticias/Brasil/0,,MUL1308909-5598,00-FOGAO+E+APARELHO+DE+TV+SAO+OS+BENS+PRESENTES+EM+MAIS+CASAS+BRASILEIRAS.html>. Acesso em: out. 2010.

Outro dado importante sobre a televisão no Brasil é que segundo dados do IBGE de 2001, pesquisa *Perfil dos Municípios Brasileiros*, aponta que 93% das cidades brasileiras são atingidas por sinais de uma rede de televisão aberta. Somada a esta informação, há uma variação aos números de canais de acesso a TV aberta dependendo da região ou estado da federação brasileira. Um exemplo é que enquanto no Estado do Paraná são 29 canais, esta proporção cai para menos da metade em alguns estados do norte do país.[3]

Assim, propõem-se aqui analisar alguns aspectos da TV de canal aberto, apresentando alguns espaços de debates sobre o papel da televisão na sociedade brasileira, bem como análises de autores que veem a TV como veículo de afirmação comunicacional e suscitar questões sobre o papel que esta tem desempenhado não apenas como fonte de informação e comunicação, mas como veículo de produção cultural das sociedades gerados pelo próprio contexto midiático, tanto seus produtores como seus receptores.

Neste aspecto, a discussão aqui apresentada aborda as condições sociais de crítica e de opinião a partir da visão de teóricos nacionais e estrangeiros da comunicação que afirmam o papel social que a mídia detém. Entre estes autores destaca-se a análise de Braga, afirmando que mais do que informação e entretenimento é necessário criar uma "circulação social mediática"[4] a partir de uma crítica da mídia. Para Thompson, é importante compreender o contexto social no qual a comunicação está inserida.[5] Em Machado, o enfoque da mídia são as produções de qualidade que a televisão possui;[6] já para os frankfurtianos, o enfoque é a massificação das produções culturais em todos os âmbitos da produção cultural;[7] finalizando as discussões, incluiu-se a entrevista de Abruzzese, na qual diz que a mídia, sobretudo a TV, padece de um estudo revelando as transformações ocorridas às formas comunicativas.[8]

---

[3] LISTAS de canis terrestres. Disponível em: <http://www.portalbsd.com.br/2009/terrestres_channels.php?channels=59>. Acesso em: abr. 2011.

[4] BRAGA, José Luiz. *A sociedade enfrenta sua mídia*: dispositivos sociais de crítica mediática. São Paulo: Paulus, 2006.

[5] THOMPSON, John B. *A mídia e a modernidade*: uma teoria social da mídia. Petrópolis, RJ: Vozes, 1998.

[6] MACHADO, Arlindo. *A televisão levada a sério*. 3. ed. São Paulo: Senac, 2003.

[7] BENJAMIN, Walter; ADORNO, Theodor *et al*. *Textos escolhidos*. 2. ed. São Paulo: Abril Cultural, 1983.

[8] TAVARES, Juliana. A mídia na mira da sociologia. *Sociologia, Ciência & Vida*, São Paulo, n. 16, p. 6-13, nov. 2007. Entrevista com Alberto Abruzzese.

2 Algumas análises

Sobre a história da TV no Brasil, é importante ressaltar a trajetória deste recurso mediático ao longo dos 60 anos de produção e transmissão de programas na vida dos brasileiros. Em recente pesquisa sobre este assunto, os autores Ribeiro, Sacramento e Roxo abordam a TV da seguinte forma:

> Hoje onipresente, a televisão era uma incógnita quando sua primeira transmissão foi ao ar, em setembro de 1950. Ao longo de sua existência, foi se firmando como a mídia de maior impacto na sociedade brasileira. Ela é a principal opção de entretenimento e de informação da grande maioria da população do país. Para muitos, é a única. Suas imagens pontuam — e mobilizam em muitas formas — a vida e as ações de milhares de pessoas. A televisão faz parte, enfim, da vida nacional. Ela está presente na estruturação da política, da economia e da cultura brasileiras. Apesar disso, ainda existem poucos estudos históricos realizados sobre a televisão brasileira. Majoritariamente, os que existem oscilam entre o "generalismo", que tende a perder os detalhes dos fatos e processos, e o "particularismo", que, preso a uma análise pontual, desconsidera a dimensão contextual mais ampla.[9]

Presente no cotidiano, a televisão transita entre a esfera pública e privada, entre críticas e elogios, como máquina de encantamento, forma destrutiva de informação e conhecimento, como liberdade de criação e entretenimento. Abordemos então um pouco deste processo em nossa cultura sobre a televisão.

No Brasil, os canais de TV aberta transmitem suas programações, das quais variam horários e formatos da grade horária, segundo a lógica dos próprios concessionários. Numa população de 191 milhões de habitantes, o meio de comunicação de maior abrangência no Brasil é a televisão aberta, com presença em 93% dos lares, conforme dito anteriormente. Já o acesso à TV por assinatura atingiu no primeiro trimestre deste ano a marca de 34,4 milhões de brasileiros. Segundo dados divulgados pela Agência Nacional de Telecomunicações (ANATEL), em abril de 2011, os serviços de TV por Assinatura estavam presentes em 17,4 de cada 100 domicílios no país.[10]

---

[9] RIBEIRO, Ana Paula Goulart; SACRAMENTO, Igor; ROXO, Marco. *TV, 60 anos*: presença marcante na cultura brasileira. Disponível em: <http://www.observatoriodaimprensa.com.br/artigos.asp?cod=610AZL003>. Acesso em: out. 2010.

[10] SERVIÇOS de TV por assinatura alcançam mais de 34,4 milhões de brasileiros. Disponível em: <http://www.pantanalnews.com.br/contents.php?CID=69872>. Acesso em: abr. 2011.

Percebe-se a crescente procura por outras formas de informação e entretenimento mediático, como as próprias TVs pagas, acesso a internet, games, DVDs, mídias sociais, e, como afirma o autor do noticiário MINUITI no *blog*, a preocupação com tendências futuras e em como a TV aberta pode reinventar-se para enfrentar os desafios dos próximos anos.[11]

A mídia televisiva é parte do cotidiano da população e tem influência nos hábitos e costumes das pessoas em geral. A partir de pesquisa realizada pela Universidade Federal do Rio de Janeiro (2005), o brasileiro passa em média 3,5 horas por dia em frente à televisão.[12] Uma novela, um jogo de futebol, os programas de auditórios, os *reality shows*, jornais, documentários são os programas mais assistidos. Formas de entreter de modo geral e de buscar informações.

Mas como trazer este hábito do cotidiano da população para uma investigação mais reflexiva sobre o que se produz, se assiste e veicula-se na TV?

3 A visão dos autores

Para a Teoria Social Crítica, a clássica visão sobre a indústria cultura permitiu uma reflexão, a partir do início do século XX, da influência da produção cultural massificada sobre a sociedade. Para os frankfurtianos, a indústria cultural equivale a qualquer indústria organizada para atender um público em massa, sem haver distinção entre os tipos de "produtos", chegando até mesmo a banalizar a arte por tentar democratizá-la.[13]

Mas ao contrário desta análise "é necessário focalizar um outro aspecto, o do enfrentamento da sociedade com sua mídia", segundo Braga.[14] A este respeito, o autor afirma que agimos a partir daquilo que recebemos e "o que a mídia diz tem continuidade direta com a minha

---

[11] MINUITI, Marcelo. Disponível em: <https://epocaestadobrasil.wordpress.com/2011/04/29/estarrecedor-pesquisa-mostra-que-tv-aberta-perde-espaco-para-a-internet-e-tv-a-cabo-as-novelas-da-globo-atingiam-60-pontos-hoje-no-entanto-as-novelas-ficam-entre-12-a-35-pontos-midias-sociais-dvds/>. Acesso em: abr. 2011.

[12] JORNAL DA UFRJ. Nacional. p. 9, dez. 2005. Disponível em: <http://www.jornal.ufrj.br/jornais/jornal11/jornalUFRJ1109.pdf>. Acesso em: out. 2008.

[13] BENJAMIN; ADORNO *et al.*

[14] BRAGA, José Luiz. *A sociedade enfrenta sua mídia*: dispositivos sociais de crítica mediática. São Paulo: Paulus, 2006. *In*: CICLO DE DEBATES SOBRE JORNALISMO E NOVAS PRODUÇÕES UNIVERSITÁRIA, 2., 2008, Unibrasil – Faculdades Integradas do Brasil-UNIBRASIL, Curitiba-PR.

vida". Portanto, continua o autor, é necessária uma crítica mediática que circule e de boa qualidade.

Em suas análises, Braga afirma que a abrangência dos processos midiáticos na sociedade não se esgota nos subsistemas de produção e recepção. Esses dois ângulos da midiatização da sociedade são fundados na já tradicional descrição do processo de comunicação como uma relação entre emissor e receptor (através de um "canal" — que seriam os meios de comunicação). A perspectiva do autor é redirecionadora,

> contrapondo à visão "informacional" (unidirecional) uma posição decididamente *comunicacional*, de que só agora, com as redes informatizadas, verdadeiros processos bidirecionais ocorrem. Ao invés disso, desde as primeiras interações mediatizadas, a sociedade *age* e *produz* não só com os meios de comunicação, ao desenvolve-los e atribuir-lhes objetivos e processos, mas sobre os seus produtos, redirecionando-os e atribuindo-lhes sentido social.[15]

Resumindo, existe um sentido social muito acentuado na própria sociedade de tudo o que é veiculado na mídia, o que provoca uma necessidade de analisar qual o sentido deste processo comunicacional.

A respeito da massificação das produções culturais, Thompson afirma ser uma expressão infeliz, pois o termo "massa" deve ser utilizado, não se pode, porém, reduzi-lo a uma questão de quantidade. "O que importa na comunicação de massa não está na quantidade de indivíduos que recebe os produtos, mas no fato de que estes produtos estão disponíveis em princípio para uma grande pluralidade de destinatários."[16]

O sentido equivocado que a palavra *massa* pode apresentar, continua o autor, é que os destinatários dos produtos da mídia se compõem de um vasto mar de passivos e indiferenciados indivíduos, imagem esta associada a algumas das primeiras críticas à "cultura de massa", nas quais a comunicação de massa tinha um grande impacto negativo na vida social moderna, criando um tipo de cultura homogênea e branda que diverte sem desafiar, que prende a atenção sem ocupar as faculdades críticas, que diverte sem desafiar. Para Thompson, deve-se abandonar a ideia de que os destinatários dos produtos da mídia são espectadores passivos, cujos sentidos foram permanentemente

---

[15] BRAGA, 2006, p. 21-22.

[16] THOMPSON, John B. *A mídia e a modernidade*: uma teoria social da mídia. Petrópolis, RJ: Vozes, 1998. p. 30.

embotados pela contínua recepção de mensagens similares a que esta recepção seja sem problemas, acrítica, e que os produtos são absorvidos pelos indivíduos.[17]

Nas formas de comunicação de massa, os receptores das mensagens da mídia *não* são parceiros de um processo de intercâmbio comunicativo recíproco, mas participantes de um processo estruturado de transmissão simbólica, portanto, Thompson usa o termo "transmissão" ou "difusão das mensagens da mídia, mais do que 'comunicação'".

Assim, uma importante contribuição de Thompson neste sentido é que existem aspectos de contextos sociais dentro dos quais a comunicação em geral e a comunicação em particular deveriam ser entendidas. Reforçando esta ideia, "a mídia é fundamentalmente 'cultural', isto é, preocupada tanto como caráter significativo das formas simbólicas, quanto com a sua contextualização social". Os meios de comunicação têm uma dimensão simbólica irredutível: eles se relacionam com a produção, o armazenamento e a circulação de materiais que "são significativos" para os indivíduos que os produzem e recebem.[18]

Analisando do ponto de vista da mídia televisiva como meio de comunicação de massa de produção cultural em ampla escala, um dos trabalhos que ressalta a produção de programas de TV é a obra de Machado, em que o autor discute a grande importância desta mídia como um fenômeno de massa, de grande impacto na vida social moderna sendo relevante verificar a extensão de sua influência. Para o autor:

> a discussão sobre a qualidade da programação tem pouca aplicabilidade. O que vale é a amplitude das experiências e a magnitude de suas repercussões. [...] Pode-se abordar a televisão como um dispositivo audiovisual através do qual uma civilização pode exprimir a seus contemporâneos os seus próprios anseios e dúvidas, as suas crenças e descrenças, as suas inquietações, as suas descobertas e os vôos de sua imaginação. [!!!].[19]

É importante lembrar nesta obra homônima de Machado a discussão das produções televisivas veiculados na Europa, Estados Unidos e Brasil. O autor faz uma seleção, a partir de sua análise de 30 programas mais importante da história da televisão, como novelas,

---

[17] THOMPSON, p. 31-33.
[18] *Ibidem*, p. 19.
[19] MACHADO, Arlindo. *A televisão levada a sério*. 3. ed. São Paulo: Senac, 2003. p. 11.

musicais, seriados, produções de fatos reais. Nesta antologia ele tece comentários sobre o enfoque de cada um destes programas, ressaltando a produção de uso de imagens, que só na TV é possível explorar, e a reprodução da fala dos atores, retratando "experiência visceral de humanidade", "nata da arte contemporânea", "gêneros televisivos", "histórias do mundo real", etc., termos utilizados pelo próprio autor.

Há uma multiplicidade de receptores e, portanto, de respostas aos diferentes programas veiculados na mídia. Como afirma Thompson "os produtos da mídia são disponíveis, em princípio, a uma pluralidade de destinatários".[20] Logo, é uma característica da comunicação de massa ficar à disposição, em princípio, de uma pluralidade de receptores. Mas como se apropriar de uma análise significativa das produções televisivas sem necessidade de ser um especialista em mídia — produtor, jornalista ou teórico da comunicação?

Neste caso, como afirma Braga, há para o autor *um terceiro sistema de processos mediáticos* na sociedade que completa a processualidade de midiatização social geral, fazendo-a efetivamente funcionar como *comunicação*, que corresponde a *atividades de resposta* produtiva e direcionadora da sociedade em interação com os produtos mediáticos. Esse terceiro componente da processualidade midiática é o "sistema de interação social sobre a mídia", ou, mais sinteticamente, "sistema de resposta social".[21]

Não se trata de conceituar um "sistema *crítico*", explica o autor, mas, sim, a própria interação social sobre a mídia enquanto subsistema, do qual fazem parte, entre outros, os processos críticos, no qual o sistema de interação social sobre a mídia (seus processos e produtos) é um sistema *de circulação e difusão*.

Os sentidos midiaticamente produzidos chegam à sociedade e passam a circular nesta, entre pessoas, grupos e instituições, impregnando e parcialmente direcionando a cultura. Se *não circulassem, não estaria "na cultura"*. Essa circulação, entretanto, desenvolvida pelo sistema de interação social *sobre a mídia*, deve ser cuidadosamente distinguida de outras perspectivas em que a expressão "circulação" se coloca.[22]

Na confluência de ideias dos autores sobre o aspecto crítico e participante na construção dos significados simbólicos e culturais que a mídia televisiva possui, é mister a análise do debate que surge em

---

[20] THOMPSON, p. 35.
[21] BRAGA, 2008, p. 26-28.
[22] *Ibidem*.

torno da mídia, mesmo entendendo a grande mudança que este meio ainda precisa receber.

Para Abruzzese, afinal, os receptores têm consigo uma análise pessoal, subjetiva, a partir de suas vivências e expectativas sobre o que veem, sobre o que analisam e discutem pela interação que realizam socialmente. A mídia, tanto produtor como receptor, "passou a ser responsável pela construção das novas relações e conflitos sociais".[23]

Cabe aqui ressaltar a afirmação de Thompson de que o desenvolvimento dos meios de comunicação é uma reelaboração do caráter simbólico da vida social, uma reorganização dos meios pelos quais a informação e o conteúdo simbólico são produzidos e intercambiados no mundo social e uma reestruturação dos meios pelos quais os indivíduos se relacionam entre si. Portanto, "a comunicação mediada é sempre um fenômeno social contextualizado: é sempre implantado em contextos sociais que se estruturam de diversas maneiras e que, por sua vez, produzem impacto na comunicação que ocorre",[24] criando, desta forma, uma resposta social daquilo que o receptor percebe na mídia.

O que importa, afirma Braga, é o fato de objetos materiais e/ ou serviços serem fornecidos e recebidos, o que importa é que várias pessoas estão apreciando ou tendo alguma informação sobre objetos e interajam com base nesse estímulo.[25] A questão é o processo de circulação, o fluxo material do "fazer chegar" o produto ao consumidor. Uma vez completado o processo de "fazer chegar", os produtos não são simplesmente "consumidos". Pelo contrário, afirma o autor, as proposições "circulam", evidentemente trabalhadas, tencionadas, manipuladas, reinseridas nos contextos mais diversos. É o que o autor chama de *sistema de circulação interacional* — essa movimentação social dos sentidos e dos estímulos produzidos inicialmente pela mídia. Nesta vertente, Abruzzese afirma que não há episódio ou escolha de nossa vida diária e de nosso sistema social que não passe pela TV.[26]

Para Thompson, o processo comunicativo é fundamentalmente assimétrico, ainda que não completamente monológico ou de sentido único, pois, para ele, "comunicação de massa" é um tanto impróprio hoje, pois os sistemas digitais e os novos sistemas de transmissão estão

---

[23] TAVARES, Juliana. A mídia na mira da sociologia. *Sociologia, Ciência & Vida*, São Paulo, n. 16, p. 8, nov. 2007. Entrevista com Alberto Abruzzese.

[24] THOMPSON, p. 20-21.

[25] BRAGA, 2008, p. 26-27.

[26] TAVARES, Juliana. A mídia na mira da sociologia. *Sociologia, Ciência & Vida*, São Paulo, n. 16, p. 10, nov. 2007. Entrevista com Alberto Abruzzese.

criando um cenário técnico no qual a informação e a comunicação são operadas em maneiras mais flexíveis.[27]

O próprio Braga afirma que um trabalho de crítica mediática não é oferecer informações peremptórias que digam *o que são e como funcionam* a mídia e seus produtos, mas, sim, a possibilidade de contribuir com critérios diversificados, procedimentos e "vocabulário" para que os usuários da mídia exerçam e desenvolvam sua própria competência de seleção e interpretação do midiático, e para que participem, e com eficácia, do debate social sobre a mídia.[28]

O que o autor propõe é evitar a ideia de que estamos defendendo a substituição da fala da crítica pela "fala da rua", ou de que aquela deva simplesmente "descer à rua". Seu trabalho é no espaço do desenvolvimento teórico, mas esse, para ser significativo, deve sintonizar com as "questões da rua". Um dos ângulos relevantes para o trabalho acadêmico é elaborar as "boas perguntas" que estejam sendo sugeridas e solicitadas na vivência social, que talvez o senso comum não consiga distanciamento para formular com precisão e pertinência.

Sobre essa democratização de debates e reflexões a respeito da mídia, Abruzzese relata que com a criação da mídia, a sociedade do espetáculo levou a cabo suas dinâmicas de socialização e, assim, passou a simular a dimensão primária da comunicação oral, do entretenimento face a face e do espetáculo ao vivo.[29] A grande tela do cinema pode ser reproduzida no interior doméstico, e a massa de espectadores afluiu para o núcleo familiar. O tempo coletivo da metrópole uniu-se ao tempo subjetivo do indivíduo. O foco saiu da visão e da audição para a interatividade.

Portanto, o trabalho crítico como dinâmica social proposta por Braga é compartilhado por uma multiplicidade de instâncias e de geradores de elaboração crítica na sociedade, incluindo universidades, editoras ou diversas instituições públicas não governamentais e privadas interessadas na qualidade e na efetiva igualdade de acesso às disponibilidades e participação, grupos de interesse auto-organizados criadores de críticas individuais e ainda setores da própria mídia.[30]

Com essa multiplicidade de origens e de abordagens, afirma Braga, o sistema tem a possibilidade de expressar distinções e

---

[27] THOMPSON.

[28] BRAGA, 2008, p. 48-49.

[29] TAVARES, Juliana. A mídia na mira da sociologia. *Sociologia, Ciência & Vida*, São Paulo, n. 16, p. 11, nov. 2007. Entrevista com Alberto Abruzzese.

[30] BRAGA, 2008, p. 67-68.

comparações qualitativas entre diferentes produtos e entre diferentes processos. Um bom trabalho crítico tem ainda a capacidade de oferecer critérios diferenciados para orientar interpretações no nível do senso comum que possam ser elaboradas pelos usuários em geral.

> O que inclui sobre tudo a capacidade do usuário de relacioná-lo com outros produtos, de desenvolver relações entre características do produto em observação e questões do mundo e da vivência pessoal e social, de perceber diferentes perspectivas sobre o tipo de produto, *fazer uso dele segundo seus próprios interesses.*[31]

Neste aspecto, o autor averigua que as relações de fluxo entre as dinâmicas críticas na sociedade, os processos de recepção, deveriam ser intensas, pois só é possível oferecer critérios interpretativos estimuladores de autonomia crítica quando se conhece bem os processos vigentes nos usos e nas interações habituais e estabelecidas, o que implica a disponibilidade da crítica ser ampliada.

4 Iniciativas da sociedade civil

Posto a discussão dos teóricos sobre a mídia, a seguir apresentam-se alguns modelos de debates que têm sido veiculados na própria televisão. Iniciativas decorrentes de setores da sociedade civil. Uma das propostas de crítica à produção televisiva desta década tem sido a criação de comissões e representações da sociedade, como exemplo, a campanha "Quem financia a baixaria é contra a cidadania", existente desde 2002, está ligada à Comissão de Direitos Humanos da Câmara Federal; e o Conselho Nacional de Psicologia denuncia cenas dos programas apresentados em horários inadequados da TV aberta, e que podem ser acessados no site Ética na TV. Cenas referentes ao atentado aos direitos humanos do cidadão comum, que se sente impotente frente à tela da TV.[32]

As denúncias compõem um *ranking* que intercede junto aos patrocinadores para que sequem a fonte de financiamento dos programas apelativos. Os casos relatados vão compor um *ranking* dos piores programas da TV, e esta lista é divulgada publicamente para que a pressão popular faça o seu papel. No "ranking da baixaria", o

---

[31] *Ibidem*, p. 65.

[32] CHRISTOFOLETTI, Rogério. *Por uma ética na TV.* Disponível em: <http://www.observatoriodaimprensa.com.br/artigos.asp?cod=269TVQ002>. Acesso em: jul. 2010.

"Big Brother Brasil 10" foi o programa que mais recebeu denúncias de desrespeito aos direitos humanos na campanha. Das 391 denúncias fundamentadas pelos telespectadores entre agosto de 2009 e abril de 2010, 227 referem-se ao BBB 10.

De acordo com Christofoletti, as reclamações foram classificadas como: desrespeito à dignidade da pessoa humana, apelo sexual, exposição de pessoas ao ridículo e nudez. O programa "Pegadinhas Picantes", do SBT, ficou em segundo lugar no *ranking*, com 105 denúncias. Entre as reclamações, cenas de nudismo, erotismo, humor grotesco e exposição de pessoas ao ridículo. Em terceiro, ficou o "Pânico na TV", da Rede TV!.[33]

O formato destas comissões, *sites* para denúncias e manifestações em *sites* e programas de televisão só foi possível com a existência de algumas formas atuais da sociedade, reforçando esta ideia, segundo Thompson de que "a mídia é fundamentalmente cultural", isto é, preocupada tanto com o caráter significativo das formas simbólicas, quanto com a sua contextualização social. Os meios de comunicação têm uma dimensão simbólica irredutível: eles se relacionam com a produção, o armazenamento e a circulação de materiais que são significativos para os indivíduos que os produzem e recebem.[34]

Este exemplo de apropriação dos conteúdos pela sociedade civil e demais iniciativas de críticas sobre a qualidade dos programas de TV, principalmente a veiculação de ambientes de imagens que induzam ao consumo de bebidas alcoólicas, uso da imagem de crianças e jovens, exposição da imagem de pessoas na mídia de forma vexatória, uso de mascotes em produtos que induzam ao vício, tem sido a tônica da sociedade civil organizada, seja com a atuação do CONAR, Ministério Público, Estatuto da Criança e do Adolescente (ECA), Conselho Nacional de Auto-Regulamentação Publicitária, as próprias agências de publicidade e o Novo Código Civil de 2003, sobre os direitos da personalidade, que passaram a ter tratamento legal um pouco mais expressivo, que visa conferir proteção ao ser humano naquilo que lhe é próprio e também às suas emanações e projeções para o mundo exterior.[35]

Os fóruns e congressos nos últimos anos sobre as TVs públicas, os canais da TV Câmara, TV Senado e TVs das Assembleias dos Estados da Federação têm trazido a relevância do tema, a partir das comissões representativas e entidades de classes.

---

[33] *Idem.*

[34] THOMPSON, p. 19.

[35] AFFORNALLI, 2008.

5 Considerações finais

O que se propôs neste texto foi suscitar o debate sobre a circulação das ideias e opiniões a partir da participação e interação do receptor dos programas televisivos, indagando sobre a necessidade de maior empenho da sociedade civil, dos telespectadores, de se fazer uma análise crítica do que é produzido na mídia.

Com base nessas terminologias — comunicacional para Braga e transmissão ou difusão das mensagens da mídia para Thompson, Machado e Abruzzese —, é importante analisar qual a representatividade dos meios mediáticos na sociedade.

Um dos aspectos com que Braga finaliza sua discussão é que o Brasil esta longe, no que se refere ao conjunto de interações sociais mediatizadas, de dispor de uma boa abrangência e diversidade de dispositivos críticos.[36]

Esta ideia nos leva a refletir e negar esta posição, pois defende-se aqui os novos ambientes de circulação mediática que estão sendo criados, ainda que muito recentemente, e que permitem circular novas formas de se fazer televisão. A exemplo dos programas, documentários e propagandas veiculados na TV de canal aberto, incluindo a produção de programas locais/globais, criação de redes de TVs públicas, agregando TVs educativas, comunitárias, legislativas e TV universitárias, bem como as formas de tratamento e representação das diversas classes nestas produções, incluindo gênero, etnia, público infantojuvenil, etc., não só como possíveis produtores, mas como receptores críticos destas mídias, no contexto nacional e internacional, contemplando as produções mediáticas na globalização, em construção de novos espaços mediáticos.

O debate é sobre a circulação das ideias e opiniões a partir da participação e interação do receptor dos programas televisivos, indagando sobre a necessidade de maior empenho da sociedade civil, particularmente os telespectadores tanto os estudiosos quanto a população em geral de se fazer uma análise crítica do que é produzido na mídia.

Retomando a citação de Geertz do início do texto, de que "O homem é um animal suspenso em teias de significados que ele

---

[36] BRAGA, José Luiz. *A sociedade enfrenta sua mídia*: dispositivos sociais de crítica mediática. São Paulo: Paulus, 2006. *In*: CICLO DE DEBATES SOBRE JORNALISMO E NOVAS PRODUÇÕES UNIVERSITÁRIA, 2., 2008, Unibrasil – Faculdades Integradas do Brasil-UNIBRASIL, Curitiba-PR.

mesmo teceu",[37] talvez este seja o tempo da história da televisão em que tenhamos que dar novos sentidos às teias de significados que construímos sobre a mídia televisiva no Brasil.

Referências

AFFORNALLI, Maria Cecília Naréssi Munhoz. *Direito à própria imagem*. 5. ed. Curitiba: Juruá, 2008.

BENJAMIN, Walter; ADORNO, Theodor *et al. Textos escolhidos*. 2. ed. São Paulo: Abril Cultural, 1983.

BRAGA, José Luiz. *A sociedade enfrenta sua mídia*: dispositivos sociais de crítica mediática. São Paulo: Paulus, 2006.

BRAGA, José Luiz. *A sociedade enfrenta sua mídia*: dispositivos sociais de crítica mediática. São Paulo: Paulus, 2006. *In*: CICLO DE DEBATES SOBRE JORNALISMO E NOVAS PRODUÇÕES UNIVERSITÁRIA, 2., 2008, Unibrasil – Faculdades Integradas do Brasil-UNIBRASIL, Curitiba-PR.

CHRISTOFOLETTI, Rogério. *Por uma ética na TV*. Disponível em: <http://www.observatoriodaimprensa.com.br/artigos.asp?cod=269TVQ002>. Acesso em: jul. 2010.

ÉPOCAESTADO Brasil. Audiência brasileira: absolutamente tudo sobre os bastidores da TV no Brasil. Disponível em: <https://epocaestadobrasil.wordpress.com/2010/05/06/programa-da-globo-e-lider-em-baixaria-segundo-a-comissao-de-direitos-humanos/>. Acesso em: out. 2010.

FOGÃO e aparelho de TV são os bens presentes em mais casas brasileiras. Disponível em: <http://g1.globo.com/Noticias/Brasil/0,,MUL1308909-5598,00-FOGAO+E+APAREL HO+DE+TV+SAO+OS+BENS+PRESENTES+EM+MAIS+CASAS+BRASILEIRAS.html>.

JORNAL DA UFRJ. Nacional. p. 9, dez. 2005. Disponível em: <http://www.jornal.ufrj.br/jornais/jornal11/jornalUFRJ1109.pdf>. Acesso em: out. 2008.

MACHADO, Arlindo. *A televisão levada a sério*. 3. ed. São Paulo: Senac, 2003.

O CENSO, a PNAD e o acesso a bens e serviços. Disponível em: <http://www.jornaldacidade.net/2008/noticia.php?id=74926>. Acesso em: out. 2010.

PRESIDENTE da Telebrasil lamenta baixo acesso a TV a cabo. Disponível em: <http://www.direito2.com.br/acam/2005/nov/7/presidente-da-telebrasil-lamenta-baixo-acesso-a-tv-a-cabo>. Acesso em: out. 2008.

RIBEIRO, Ana Paula Goulart; SACRAMENTO, Igor; ROXO, Marco. *TV, 60 anos*: presença marcante na cultura brasileira. Disponível em: <http://www.observatoriodaimprensa.com.br/artigos.asp?cod=610AZL003>. Acesso em: out. 2010.

TAVARES, Juliana. A mídia na mira da sociologia. *Sociologia, Ciência & Vida*, São Paulo, n. 16, p. 6-13, nov. 2007. Entrevista com Alberto Abruzzese.

---

[37] *Idem.*

THOMPSON, John B. *A mídia e a modernidade*: uma teoria social da mídia. Petrópolis, RJ: Vozes, 1998.

TV CÂMARA. VER TV. Disponível em: <http://www.camara.gov.br/internet/tvcamara /?lnk=VER-TV&selecao=PROGRAMAS&programa=153>. Acesso em: ago. 2010.

Informação bibliográfica deste texto, conforme a NBR 6023:2002 da Associação Brasileira de Normas Técnicas (ABNT):

SILVA, Luciene Pazinato da. A produção cultural da TV de canal aberto: limites e possibilidades dos programas no cotidiano da sociedade. *In*: AFFORNALLI, Maria Cecília Naréssi Munhoz; GABARDO, Emerson (Coord.). *Direito, informação e cultura*: o desenvolvimento social a partir de uma linguagem democrática. Anais do Simpósio Comunicação, Cultura de Massas, Globalização e Direito: II Congreso Ciencias, Tecnologías y Culturas. Diálogo entre las disciplinas del conocimiento. Mirando al futuro de América Latina y el Caribe. Belo Horizonte: Fórum, 2012. p. 293-306. ISBN 978-85-7700-563-5.

DESENVOLVIMENTO E DIREITO À CIDADE: DA DOMINAÇÃO À ALTERNATIVA

LUIZ FERNANDO TAQUES FONSECA BUZATO
SOLANGE APARECIDA BARBOSA DE MORAES BARROS

1 Breve introdução

Entender a construção histórica a respeito do conceito de desenvolvimento e suas implicações no espaço urbano corresponde a entender as teorias e ideologias que o incorporaram ao longo dos anos a fim de efetivá-las e mantê-las na prática enquanto tais, numa forma de dominação e poder sobre as demais teorias e ideologias subjacentes. Neste sentido, já alertava Karl Marx e Engels sobre a dominação do produto do cérebro humano:

> Os homens, até hoje, sempre tiveram falsas noções sobre si mesmos, sobre o que são ou deveriam ser. Suas relações foram organizadas a partir de representações que faziam de Deus, do homem normal, etc. O produto de seu cérebro acabou por dominá-los inteiramente. Os criadores se prostraram diante de suas próprias criações. Libertemo-nos, portanto, das ficções do cérebro, das idéias, dos dogmas, das entidades imaginárias, sob o domínio dos quais definham. Rebelemo-nos contra o domínio das idéias. Busquemos a humanidade para substituir suas fantasias por pensamentos condizentes à essência do homem, diz

alguém; para expulsá-las do cérebro, diz um terceiro – e a realidade existente desmoronará.[1]

Mais atual e não menos contundente é a fala de Milton Santos, quando descreve que o mundo atual, na forma como é concebido (globalizado), não passa de uma fábula perversa criada pela imaginação humana, onde as interações sociais são monetarizadas e economicizadas, sendo essencial para escaparmos dessa tendência ideológica reconhecermos esta situação, acreditando que podemos recriar um mundo melhor.[2]

2 Histórico e conflitos a respeito do conceito de desenvolvimento

Primeiramente, tem-se que a busca por um conceito único de desenvolvimento não é tarefa fácil, uma vez que possui diversas interpretações apresentadas pela história, conforme o momento e circunstâncias peculiares de cada época e pensamento e sua aplicabilidade em determinada área do conhecimento, pois, como já afirmava Souza, "Faz-se mister sublinhar, para começar, que, ao contrário do que freqüentemente se imagina, o conceito de desenvolvimento não é unívoco, e muito menos se esgota na idéia de desenvolvimento econômico".[3]

Assim, o intuito agora é expor, de forma a não esgotar o conteúdo, algumas diferentes formas com que vem sendo entendido o termo "desenvolvimento" por alguns pensadores na história e como ainda hoje esta terminologia implica fortes críticas quanto ao seu sentido atual e às ideologias implícitas que o incorporam e que se refletem nos espaços urbanos.

Conforme demonstra Siendenberg, o termo desenvolvimento possuía inicialmente um cunho antropológico, voltado para o ser humano, no qual Leibnitz, durante o século XVII, ensinava que o desenvolvimento pessoal passava por mudanças sequenciais em estágios predefinidos e inevitáveis durante a vida do indivíduo, ou seja, conforme o indivíduo vai adquirindo maturidade, ao mesmo tempo

---

[1] MARX, K.; ENGELS, F. *A ideologia alemã*: Feuerbach: a oposição entre as concepções materialista e idealista. 3. ed. São Paulo: Martin Claret, 2008. p. 35.

[2] SANTOS, Milton. *Por uma outra globalização*: do pensamento único ao universal. 12. ed. Rio de Janeiro: Record, 2005.

[3] SOUZA, Marcelo Lopes de. Algumas notas sobre a importância do espaço para o desenvolvimento social. *Revista TERRITÓRIO*, ano II, n. 3, jul./dez. 1997. p. 14.

vai passando por fases determinadas de desenvolvimento pessoal (desenvolvimento biológico e psicológico), o que seria seu aprimoramento enquanto ser.[4]

Com a introdução da filosofia no conceito de desenvolvimento durante os séculos XVIII e XIX, este adquiriu um cunho otimista, acreditando-se que os indivíduos eram capazes de evoluir a fim de construir um mundo cada vez melhor, por suas próprias forças. Nesta concepção de desenvolvimento, o ser não somente se aprimorava, mas também aprimorava e aperfeiçoava o meio a sua volta, a fim de torná-lo melhor.

Ainda neste período, para o marxismo, a noção de desenvolvimento assemelhava-se àquela apresentada pelo capitalismo ocidental, pois suas objeções quanto à desigualdade estrutural com que a riqueza socialmente produzida era distribuída recaía sobre as relações de produção capitalista, mas não sobre as forças produtivas (meios tecnológicos), acreditando que, para a passagem do comunal-primitivo para o paraíso comunista, o proletariado deveria se apropriar das forças produtivas, uma vez que o problema estaria em deixar estas forças nas mãos erradas, que neste caso se tratava dos capitalistas.[5]

Por sua vez, Foucault, ao estudar os espaços, em especial a arquitetura do século XVIII, já ensinava que as construções começaram a se especializar a fim de atender às necessidades humanas, como, por exemplo, os hospitais, assim como forma de manifestar o poder, a divindade ou a força, enquanto que os espaços urbanos voltaram-se para alcançar objetivos econômicos e políticos. Assim, Foucault acredita que o estudo da história dos espaços corresponde ao estudo da história dos poderes, uma vez que a fixação espacial urbana é uma forma de organização econômico-política de determinada sociedade, e que a visão antiga de ver os espaços unicamente como algo da natureza ou como local de residência ou de expansão populacional, cultural, etc., deve ser superada.[6]

> Seria preciso fazer uma "história dos espaços" — que seria ao mesmo tempo uma "história dos poderes" — que estudasse desde as grandes estratégias da geopolítica até as pequenas táticas do habitat, da

---

[4] SIEDENBERG, Dieter Rugard. Desenvolvimento: ambiguidades de um conceito difuso. *Desenvolvimento em Questão – Revista do Programa de Pós Graduação em Desenvolvimento, Gestão e Cidadania*, Universidade Regional do Noroeste do Estado do Rio Grande do Sul, ano 2, n. 3, p. 9-26, jan./jun. 2004.

[5] SOUZA. Algumas notas sobre a importância do espaço para o desenvolvimento social. *Revista TERRITÓRIO*.

[6] FOUCAULT, Michel. *Microfísica do poder*. 13. ed. Rio de Janeiro: Graal, 1979.

arquitetura institucional, da sala de aula ou da organização hospitalar, passando pelas implantações econômico-políticas. É surpreendente ver como o problema dos espaços levou tanto tempo para aparecer como problema histórico-político: ou o espaço era remetido à "natureza" — ao dado, às determinações primeiras, à "geografia física", ou seja, a um tipo de camada "pré-histórica", ou era concebido como local de residência ou de expansão de um povo, de uma cultura, de uma língua ou de um Estado. [...] A fixação espacial é uma forma econômico-política que deve ser detalhadamente estudada.[7]

Finalmente, o conceito de desenvolvimento atrelado à economia e ao aperfeiçoamento tecnológico que atualmente concebemos através do capitalismo ganhou espaço e âmbito internacional a partir da década de 1950 quando o presidente Truman proferiu um discurso ao assumir seu segundo mandato como presidente dos EUA, ocasião na qual classificou a maior parte dos países do mundo como "subdesenvolvidos", instaurando as bases de um novo paradigma mundial. Contudo, salienta Souza que desde a instauração deste novo paradigma esta conceituação não se viu livre de intensas críticas, uma vez que visava à produção em grande escala, gerando uma enorme quantidade de bens, perdendo-se em qualidade das condições de vida das pessoas, ou do próprio "capital humano", ou seja, aliava desenvolvimento estritamente como crescimento econômico e tecnológico.[8]

É inegável que a paisagem intelectual a respeito das visões de desenvolvimento não tem sido, desde que o presidente norteamericano Harry Truman marcou simbolicamente, com seu discurso de posse em 1949, o começo do debate contemporâneo sobre o desenvolvimento como um debate político e científico de grande visibilidade pública em escala mundial," algo homogêneo e isento de polêmicas e atritos, mesmo entre os que não cogitam de uma aposentadoria do modelo social capitalista.[9]

Assim, foi neste período pós-Segunda Guerra Mundial que o "mito do desenvolvimento" ganhou corpo entre os países pobres, os quais queriam atingir a qualidade de vida presenciada nos países desenvolvidos, fazendo com que esta nova ideologia assumisse lugar de destaque na política mundial, espalhando-se por quase toda a Terra.

---

[7] *Ibid.*, p. 212.

[8] SOUZA. Algumas notas sobre a importância do espaço para o desenvolvimento social. *Revista TERRITÓRIO.*

[9] *Ibid.*, p. 16-17.

E foi no final do século XX, que os avanços tecnológicos, em especial pelas técnicas da informação, possibilitaram a interligação entre as diferentes técnicas existentes no mundo, interligando, da mesma forma, os diferentes espaços. Essa nova tecnologia interligada, juntamente com a necessidade emergencial de um mercado global e com uma nova estrutura política, acredita Santos, que constituem a globalização.[10]

Por sua vez, tal globalização se estenderia pela face da Terra de forma perversa, instituindo a tirania do dinheiro e da informação, as quais fornecem as bases do sistema ideológico, e, ao mesmo tempo, conformam as relações sociais e interpessoais de forma a influenciar negativamente no caráter das pessoas, tendo em vista a alta competitividade sugerida pela produção e pelo consumo, fonte de novos totalitarismos e da violência estrutural (perversidade sistêmica).[11]

> Dentro desse quadro, as pessoas sentem-se desamparadas, o que também constitui uma incitação a que adotem, em seus comportamentos ordinários, práticas que alguns decênios atrás eram moralmente condenadas. Há um verdadeiro retrocesso quanto à noção de bem público e de solidariedade, do qual é emblemático o encolhimento das funções sociais e políticas do Estado com a ampliação da pobreza e os crescentes agravos à soberania, enquanto se amplia o papel político das empresas na regulação da vida social.[12]

A informação, da mesma forma que o dinheiro, é vista por Souza como despótica, pois não intenta alcançar os objetivos de ampliação do conhecimento do planeta, dos objetos que o formam e dos homens em sua realidade intrínseca, mas, ao revés, presta-se a interesses particulares, sendo apropriada por alguns Estados e algumas empresas numa forma hegemônica da informação, o que acarretaria o aumento das desigualdades e da periferia no sistema capitalista.

A informação teria duas funções básicas, a de instruir e a de convencer, traduzidos sob a esfera da publicidade, nervo do comércio, que tem na sua essência a briga pela competitividade e pela hegemonia. Diante destas características intrínsecas da informação, esta possui uma relação carnal com o mundo da produção das coisas e das normas, reforçando a permanência hegemônica de grupos empresariais multinacionais, elevando a nível global as mazelas indissociáveis ao capitalismo, como a exclusão, a desigualdade, etc.

---

[10] SANTOS. *Por uma outra globalização*: do pensamento único ao universal.

[11] SANTOS. *Por uma outra globalização*: do pensamento único ao universal.

[12] SANTOS. *Por uma outra globalização*: do pensamento único ao universal, p. 38.

Decorrentes ainda do processo de globalização, Santos descreve que os países subdesenvolvidos conheceram ao menos três formas de pobreza: a pobreza incluída, a marginalidade e a pobreza estrutural.

A pobreza incluída, como assim o autor a denomina, seria aquela situação econômica desfavorável em que o sujeito se via esporadicamente, pela falta eventual de recursos materiais, produzida em certos momentos do ano, mas que não impedia a este sujeito a participação na vida social ou ao acesso permanente aos espaços e direitos. Essa era uma forma de pobreza local, que não se comunicava com outras localidades.

Em segundo veio a marginalidade, reconhecida como a doença da civilização, que é uma pobreza instituída pelas bases do consumo, cujos indicadores socioeconômicos mediam a capacidade de consumir de determinada sociedade. Esta concepção de pobreza, atrelada ao sucesso da ideia de subdesenvolvimento e das teorias destinadas a combatê-lo é que denominou de marginais as classes que não participavam dos níveis estabelecidos de consumo.

Por último veio a pobreza estrutural, a qual, na visão de Santos, é a que presenciamos atualmente, não mais local nem nacional, mas globalizada, produzida em larga escala no mundo, resultante da convergência de causas que se dão em diversos níveis, inerentes ao próprio processo da economia globalizada, sendo considerada até mesmo como um fato natural, pois politicamente produzida pelos atores globais, com a colaboração dos governos nacionais e a conivência dos intelectuais.

Nesta fase, os pobres não são incluídos nem marginalizados, mas excluídos, uma vez que a divisão do trabalho obedece a cânones científicos, deixando de ser algo mais ou menos espontâneo, como se via nas outras fases.

No que tange aos espaços geográficos, estes, por sua vez, ganham novos contornos, características e definições, uma vez que sua localização adquire importância dada pela eficácia das ações que venham a ser desenvolvidas, ficando os atores mais poderosos com os pedaços territoriais estrategicamente mais bem localizados.

Assim, tais espaços refletem os embates travados entre os diversos atores conformando a sociedade e sua distribuição territorial. Assevera Santos, desta forma, que os espaços sempre foram objeto de uma compartimentação, pois desde o começo da história humana já havia ilhas de ocupação devido a presença de grupos, como as tribos.[13]

---

[13] SANTOS. *Por uma outra globalização*: do pensamento único ao universal.

Da mesma forma, a globalização fez com que todo pedaço de terra se tornasse funcional, a fim de atender a especificidades e a garantir melhor eficiência na produção, tornando valiosa a porção de terra que melhor atender tais exigências, locais estes ocupados, como já dito, pelos atores globalizantes e mais poderosos, restando os demais espaços a parcela da sociedade dominada.

Neste âmbito, o cidadão que sobrevive em determinado lugar pretende instalar-se como cidadão do mundo, cuja situação é condicionada e dependente da realidade nacional, uma vez que o mundo não tem como regular os lugares. Por igual, o cidadão local também não pode ficar à mercê dos atores globais, pois estes são, devido a seus próprios objetivos, anti-homens e anticidadãos.

No caso do Brasil, como o país é extenso e a desigualdade enorme, Santos entende que a cidadania somente conseguirá ser integral se inicialmente se der de forma local, exigindo uma revalorização dos lugares e uma adequação do estatuto político, ou seja, uma revalorização inversa à globalização, de baixo para cima, local para o global.[14]

Da mesma forma, tendo em vista que a globalização gerou uma enorme diversidade de realidades de vida locais, a possibilidade de se alcançar uma cidadania plena depende de soluções a serem buscadas localmente. Para isto, Santos acredita que no país deva ser instituído uma federação de lugares, uma nova estruturação político-territorial, redistribuindo os recursos disponíveis.

> A multiplicidade de situações regionais e municipais, trazida com a globalização, instala uma enorme variedade de quadros de vida, cuja realidade preside o cotidiano das pessoas e deve ser a base para uma vida civilizada em comum. Assim, a possibilidade de cidadania plena das pessoas depende de soluções a serem buscadas localmente, desde que, dentro da nação, seja instituída uma forma de federação de lugares, uma nova estruturação político-territorial, com a indispensável redistribuição de recursos, prerrogativas e obrigações.[15]

Aludida estruturação, nestes moldes, se daria de baixo para cima, tendo como ponto central a existência de individualidades fortes e das garantias jurídicas correspondentes, cuja base geográfica será o lugar, concebido como espaço de exercício da existência plena.[16]

---

[14] SANTOS. *Por uma outra globalização*: do pensamento único ao universal.
[15] SANTOS. *Por uma outra globalização*: do pensamento único ao universal, p. 113.
[16] SANTOS. *Por uma outra globalização*: do pensamento único ao universal.

Por sua vez, a preocupação com o meio ambiente ganhou corpo quando estudos técnicos elaborados por organizações não governamentais (ONGs) começaram a apontar para o fracasso do atual modelo de desenvolvimento (capitalista), uma vez que visava tão somente a obtenção de lucro atrelada a uma superprodução, o que, consequentemente, levaria ao esgotamento dos recursos naturais.

A crítica quanto à necessidade de se incluir a preservação ambiental no conceito de desenvolvimento se insurgiu pelo fato de que, conforme apontado pela Organização não Governamental WWF Brasil, caso os países do hemisfério sul adotassem o modelo atual de desenvolvimento dos países do hemisfério norte, a quantidade de combustíveis fósseis consumidos aumentaria dez vezes e a quantidade de recursos minerais duzentas vezes.[17]

Soma-se a isto o fato de que embora os países do hemisfério norte possuam apenas um quinto da população do planeta, eles detêm quatro quintos dos rendimentos mundiais e consomem 70% da energia, 75% dos metais e 85% da produção de madeira mundial.[18]

Diante de tais constatações e críticas que posteriormente, com o aperfeiçoamento dos Estados e de suas populações, a preocupação com o meio ambiente, com o humano e o social começaram a introduzir-se no conceito de desenvolvimento a partir da década de 1970, estabelecendo novas relações, agora entre desenvolvimento e meio ambiente, desenvolvimento e governança global.

Estas novas relações, na concepção de Souza, vieram tardiamente e resultadas de tímidas autocríticas do sistema de desenvolvimento vigente naquela época, o qual era voltado somente para o crescimento econômico e tecnológico, uma vez que este não trazia a justiça social nem resolvia os problemas sociais emergentes, como a desigualdade e a segregação.[19]

> Tímido como fosse, o enfoque *redistribution with growth* , de meados dos anos 70, representou uma primeira autocrítica interna ao ambiente conservador (vale dizer, acrítico perante o capitalismo), desde que as teorias da modernização e do crescimento iniciaram o seu pontificado, na década de 50: constatou-se — e com que atraso! — que crescimento e modernização não eram uma garantia de maior justiça

---

[17] O QUE é desenvolvimento sustentável?. Disponível em: <http://www.wwf.org.br/informa coes/questoes_ambientais/desenvolvimento_sustentavel/>. Acesso em: 10 mar. 2010.

[18] O QUE é desenvolvimento sustentável? *loc cit.*

[19] SOUZA. Algumas notas sobre a importância do espaço para o desenvolvimento social. *Revista TERRITÓRIO*, p. 16.

social. Posteriormente, mas sempre sem chegar a fazer objeção ao modelo civilizatório capitalista em si, os enfoques da "satisfação de necessidades básicas", do "desenvolvimento de baixo para cima", do "ecodesenvolvimento", do "desenvolvimento endógeno" e outros foram, aos poucos, desafiando o economicismo mais tacanho, sem chegar a destroná-lo completamente.[20]

Neste compasso, surge o conceito de desenvolvimento sustentável, o qual atingiu definição internacional com o Relatório Brundtland, elaborado pela Comissão Mundial sobre Meio Ambiente e Desenvolvimento, da Organização das Nações Unidas (ONU), publicado em 1987.

Segundo esse relatório, o desenvolvimento sustentável consiste no "desenvolvimento que satisfaz as necessidades presentes, sem comprometer a capacidade das gerações futuras de suprir suas próprias necessidades".

O aludido relatório teve início no ano de 1980, quando a ONU retomou a discussão das questões ambientais no mundo, tendo como chefe da referida comissão a Primeira-Ministra da Noruega, Gro Harlem Brundtland, cujo objetivo era conciliar desenvolvimento econômico e preservação ambiental.[21]

Acrescenta-se desta forma a terminologia "sustentável" ao conceito de desenvolvimento, apontando para uma preocupação em conciliar desenvolvimento econômico com sustentabilidade dos recursos naturais.

Porém, adverte Marcelo Lopes de Souza que o conceito de "desenvolvimento" contém sérios equívocos enraizados através de discursos ideológicos/políticos, dizendo que a "sustentabilidade" como estratégia "conciliadora" entre o desenvolvimento econômico e a preservação ambiental é pouco crítica às condições que o capital mundial impõe às nações.[22]

Assevera Souza que à primeira vista a iniciativa do desenvolvimento sustentável parece ser boa, porém, quando elege o desenvolvimento econômico como solução para os problemas do desenvolvimento sustentável, tal conceito não considera que o planeta não suportaria tais níveis de consumo em proporção à população mundial. Conciliar desenvolvimento econômico e preservação ambiental desse ponto de

---

[20] SOUZA, *loc. cit.*

[21] O QUE é desenvolvimento sustentável?

[22] SOUZA, Marcelo Lopes de. *Mudar a cidade*: uma introdução crítica ao planejamento e à gestão urbanos. Rio de Janeiro: Bertrand Brasil, 2001.

vista parece impossível. Esse modelo de desenvolvimento é visto por Souza como sintomático de uma tentativa de domesticação da urbanização capitalista, semelhante às primeiras tentativas dos urbanistas modernos.[23]

Um sistema sustentável em determinado espaço urbano deve considerar que o atual sistema econômico exige um grande consumo dos recursos naturais existentes, e se ele for expandido aos demais países, ainda não elevados a potências mundiais, tornaria os recursos naturais cada vez mais escassos, ou seja, a fim de se alcançar o progresso econômico, logo, o desenvolvimento econômico, alcançaria a globalização da degradação ambiental.

Além do mais, Souza coloca em xeque o referencial analítico fundamentado na responsabilidade internacional, questionando os benefícios locais que o "desenvolvimento urbano sustentável" pode proporcionar em termos sociais (nas condições de pobreza e em relação às desigualdades).[24]

Há necessidade de superação desta concepção de desenvolvimento simplesmente como "desenvolvimento econômico" ou "desenvolvimento urbano" apenas pensando na modernização das cidades. Para um desenvolvimento que considere as diferentes dimensões do problema sociourbano são imprescindíveis as reflexões sobre o sistema político de valores, os padrões culturais e a organização espacial com vista à justiça social e a qualidade de vida. O que se quer dizer com isso? A maneira que o espaço urbano/território é ainda interpretado hoje só poderá gerar mais disparidades, pois seu fim último é o lucro e suas estratégias de planejamento e gestão ainda são monopolizadas por poucos.

Quando se trata da questão urbana, sem se pensar o sentido que as projeções materiais podem gerar nas relações sociais (ou vice-versa: as relações sociais podem gerar nas projeções materiais), a gestão ou o planejamento urbano só podem ser ineficazes ou ineficientes.[25]

Ademais, Souza discorre que a ideia de desenvolvimento (econômico e tecnicista) possui sua raiz história no Ocidente, que se espalhou para o resto do mundo, ou seja, mundializando a ideia ocidental de desenvolvimento, numa forma de etnocentrismo, pois visa aplicar a mesma fórmula a culturas extremamente opostas, padronizando o mundo conforme sua concepção.

---

[23] SOUZA. *Mudar a cidade*: uma introdução crítica ao planejamento e à gestão urbanos.

[24] SOUZA. *Mudar a cidade*: uma introdução crítica ao planejamento e à gestão urbanos.

[25] *Id.* Desenvolvimento urbano: a problemática renovação de um "conceito"-problema. *Revista TERRITÓRIO*, n. 5, p. 5-29, 1998.

Desta forma, sugere este autor uma teoria aberta do desenvolvimento socioespacial, na qual deveria ser entendido desenvolvimento como princípio que sugere a evolução, a melhora das condições de vida dos indivíduos, não apenas como um modelo importado de crescimento econômico e tecnológico, a fim de se considerar a autonomia dos diferentes povos da Terra, favorecendo suas capacidades de autodeterminarem-se e de se desenvolverem de acordo seus costumes e tradições, enfim, fomentar a etnodiversidade através do princípio da autodeterminação dos povos.[26]

Portanto, a necessidade de se pensar uma (re)urbanização dos espaços territoriais considerando a relação entre projeções materiais e relações sociais respeitando a diversidade cultural se faz de suma importância, como forma de promover os direitos humanos básicos, uma vez que atualmente metade da população mundial vive em aglomerados humanos nas cidades, e a previsão é de que este número chegue a 65% em 2050, as quais não possuem condições básicas de higiene e de saúde, além de ter prejudicados os acessos a direitos como a educação e aos centros de lazer, por exemplo.[27]

Além do mais, acrescenta Fiorillo que nos países não desenvolvidos, como é o caso do Brasil, as cidades se expandem de forma desigual, fruto do conceito de cidade pós-liberal, onde a localização da moradia com acesso a pavimentação, aos serviços públicos, aos centros comerciais e de lazer possui alto custo devido ao mercado imobiliário, obrigando a maior parte da população a construir suas casas em locais distantes e de difícil acesso à estrutura urbana e de modo irregular, ou seja, sem o devido título jurídico, cujas moradias normalmente são insalubres, superpovoadas e indignas de se morar.[28]

Chama a atenção este autor para o crescente número de bairros irregulares — favelas — em comparação com as moradias regulares no Brasil, supondo que num futuro próximo o número de bairros irregulares supere o número de bairros regulares em nosso país, além de constatar que no Brasil, no ano de 2000, segundo a Fundação Getulio Vargas, havia cerca de 50 milhões de miseráveis vivendo nas cidades

---

[26] SOUZA. Algumas notas sobre a importância do espaço para o desenvolvimento social. *Revista TERRITÓRIO.*

[27] SAULE JÚNIOR, Nelson. *O direito à cidade como paradigma da governança urbana democrática.* Disponível em: <http://www.polis.org.br/artigo_interno.asp?codigo=28>. Acesso em: 25 jun. 2010.

[28] FIORILLO, Celso Antonio Pacheco. *Estatuto da Cidade comentado.* 2. ed. rev. e ampl. São Paulo: Revista dos Tribunais, 2005.

(aqueles que não ganhavam o suficiente para conseguir consumir as 2.280 calorias diárias recomendadas pela Organização Mundial da Saúde).[29]

No que tange à desigualdade social, Fiorillo apresenta dados do Instituto Brasileiro de Geografia e Estatística (IBGE), referentes ao ano de 2001, constatando que 1% da população mais rica do Brasil acumula o mesmo valor de rendimentos dos 50% mais pobres, e que os 10% mais ricos auferem renda 18 vezes maior do que os 40% mais pobres. Este era o retrato do Brasil e de sua população no início do século XXI.[30]

3 O direito à cidade como alternativa a uma reurbanização democrática

Diante desta realidade em que se encontram milhares de pessoas que vivem em centros urbanos é que Saule Júnior salienta a importância de se introduzir na governança das cidades estes novos paradigmas anteriormente citados (revalorização do local, desenvolvimento sustentável e considerar a relação entre projeções materiais e relações sociais), a fim de eliminar as desigualdades e qualquer outra forma de segregação social em razão do tipo da moradia e da sua localização geográfica, fatores estes, no mínimo, limitadores de diversos direitos humanos que deveriam ser garantidos e facilitado seu acesso para toda a população.[31]

Assim, insurge-se o direito à cidade como um direito fundamental do homem, pois visa garantir no espaço urbano uma gama de direitos necessários ao bom desenvolvimento das pessoas, como a moradia, o saneamento básico, a luz elétrica, o acesso aos centros de lazer, ao comércio, etc., fortalecendo a inclusão social e o respeito ao multiculturalismo. Ademais, o direito à cidade tem como um dos objetivos a universalidade dos direitos do homem através da reorganização dos espaços urbanos, não mais focando somente a economia e favorecendo o capital, mas a sociedade como um todo, de forma igualitária entre as pessoas que convivem num mesmo espaço, onde todos podem usufruir e ter acesso à saúde, ao lazer, à moradia digna, etc.

Tem como base o princípio da função social da cidade e da propriedade, o qual condiciona a economia e o desenvolvimento a investir

---

[29] FIORILLO. *Estatuto da Cidade comentado.*
[30] FIORILLO. *Estatuto da Cidade comentado.*
[31] SAULE JÚNIOR. *O direito à cidade como paradigma da governança urbana democrática.*

mais na sociedade, no desenvolvimento de todos de forma a partilhar a economia e os espaços urbanos. Outro princípio trazido pelo Direito à Cidade é o da Implementação da Gestão Democrática das Cidades, incentivando a participação na gestão municipal de segmentos da sociedade que se encontram no lado precário da desigualdade, sem acesso a diversos direitos.[32]

E é aderindo a um conceito de desenvolvimento voltado para a universalidade do direito à cidade que o Brasil, em sua Constituição Federal de 1988, artigos 182 e 183, estabeleceu as diretrizes que submeterão as políticas atinentes ao espaço urbano, na busca de conciliar desenvolvimento econômico, social e ambiental.

Nesta esteira, salienta Saule Júnior a importância dos movimentos populares, das organizações civis e não governamentais, dos trabalhos de pesquisadores e demais estudiosos da área urbanística em conseguir implantar no processo constituinte de 1988 os novos paradigmas referentes ao tema:

> No Brasil, tem sido relevante a relação construída de diversas organizações não governamentais, movimentos populares, associações profissionais, pesquisadores, grupos religiosos, organizações políticas que adotam uma plataforma de reforma urbana, a partir do processo de democratização do país, em meados dos anos 80 do século XX, em torno de uma plataforma da reforma urbana, para mudar a realidade de segregação e discriminação e desigualdade nas cidades brasileiras. Esta relação construída tem como marcos referenciais a ética e a solidariedade, que se materializam numa coalizão de organizações populares e da sociedade civil denominada Fórum Nacional de Reforma Urbana.[33]

Da mesma forma, tais movimentos populares, aliados ao apoio político, propiciaram ambiente favorável para a constitucionalização do direito à cidade (uma vez que possui previsão constitucional), além da elaboração do Estatuto da Cidade — Lei nº 10.257/2001 — e da criação do Ministério das Cidades, tudo no intuito de efetivar a democratização do direito a cidade, de favorecer o desenvolvimento econômico e de proteger o meio ambiente.

Assim, aludida lei federal passa a ser o carro chefe da política pública em âmbito nacional referente a reforma urbana, tendo como principais objetivos a garantia do direito a cidades sustentáveis, a

---

[32] SAULE JÚNIOR. *O direito à cidade como paradigma da governança urbana democrática.*
[33] SAULE JÚNIOR. *O direito à cidade como paradigma da governança urbana democrática.*

gestão democrática com a participação popular, a cooperação entre os governos e a iniciativa privada, e o planejamento do desenvolvimento das cidades, da distribuição espacial da população e das atividades econômicas do Município e do território sob sua área de influência (objetivos estes estampados no art. 2º da referida lei).

Ademais, a Constituição Federal, em seus artigos anteriormente mencionados, e a referida lei federal determinam a obrigatoriedade de um plano diretor em cidades com mais de 20 mil habitantes, obrigando, atualmente, 4.177 municípios, de um total de 5.561 municípios no Brasil, ou seja, aproximadamente 75% dos municípios, a elaborar seu plano diretor, a fim de se adequarem ao Estatuto da Cidade e consequentemente ao novo modelo de desenvolvimento urbano.[34]

Portanto, mais que uma obrigação da administração municipal, o direito à cidade adquire um caráter de direito fundamental, uma vez que possui previsão constitucional e legal, sendo imperiosa a sua proteção e a sua garantia pela via judicial quando inobservado pelo poder público, sob pena de acirrarmos cada vez mais a desigualdade e a miséria em nossa sociedade.

4 Considerações finais

Cabe esclarecer antes que este trabalho não visa de forma alguma esgotar o tema inicialmente proposto, mas, sim, trazer reflexões sobre as teorias e ideologias que foram introduzidas à concepção de desenvolvimento, tendo como referência algumas passagens históricas (não todas!) a respeito, a fim de demonstrar como uma ideia pode iludir e criar fantasias na perspectiva de um mundo melhor, de uma melhor qualidade de vida, e se alastrar por quase toda a Terra.

Assim, a revisão de literatura apresentada acentuou sua discussão inicialmente acerca da concepção de desenvolvimento apresentada pelo presidente dos Estados Unidos, quando de seu discurso na década de 1950, o qual teria atrelado a inovação tecnológica e o crescimento econômico como fatores de medida para que um país fosse considerado desenvolvido.

Sob este enfoque, a literatura apresentada critica o caráter etnocêntrico desta concepção, de origem ocidental, e como ela foi aceita por diversos países como modelo a ser seguido, desrespeitando e

---

[34] IBGE. *Indicadores Sociais Municipais – 2000*. Disponível em: <http://www.ibge.gov.br/home/estatistica/populacao/indicadores_sociais_municipais/tabela1e.shtm>. Acesso em: 27 jun. 2010.

oprimindo culturas adversas a esta corrente, sugerindo dominação e poder. Posteriormente, é demonstrado, através da literatura e da exposição de dados, como o avanço tecnológico possibilitou a chamada globalização, que, sob o auspício de tornar o mundo um só, na realidade, dirimiu os espaços locais em benefício de atores globais detentores de uma hegemonia econômica, refletindo em aumento das desigualdades e mais opressão.

Como forma de combate e crítica a estas ideologias globalizantes, são apresentadas tentativas de uma limitação a esta força opressiva, em prol da revalorização dos espaços locais, do respeito ao multiculturalismo e ao meio ambiente. É demonstrado, portanto, como a Constituição Federal de 1988 tem se posicionado no intuito de restabelecer os espaços territoriais brasileiros como espaços de convívio comum e de livre acesso para todos, cuja melhoria na qualidade de vida deve se estender por todo o território, de forma descentralizada.

Esforço este que resultou no estabelecimento de políticas públicas, como a Lei Federal 10.257/01, denominada Estatuto da Cidade, que visa conciliar um desenvolvimento econômico sustentável de forma democrática por todo o espaço urbano, o que vale dizer para todas as pessoas, sendo reconhecido o direito à cidade como um direito fundamental que deve ser protegido.

Referências

FIORILLO, Celso Antonio Pacheco. *Estatuto da Cidade comentado*. 2. ed. rev. e ampl. São Paulo: Revista dos Tribunais, 2005.

FOUCAULT, Michel. *Microfísica do poder*. 13. ed. Rio de Janeiro: Graal, 1979.

IBGE. *Indicadores Sociais Municipais – 2000*. Disponível em: <http://www.ibge.gov.br/home/estatistica/populacao/indicadores_sociais_municipais/tabela1e.shtm>. Acesso em: 27 jun. 2010.

MARX, K.; ENGELS, F. *A ideologia alemã*: Feuerbach: a oposição entre as concepções materialista e idealista. 3. ed. São Paulo: Martin Claret, 2008.

O QUE é desenvolvimento sustentável?. Disponível em: <http://www.wwf.org.br/informacoes/questoes_ambientais/desenvolvimento_sustentavel/>. Acesso em: 10 mar. 2010.

SANTOS, Milton. *Por uma outra globalização*: do pensamento único ao universal. 12. ed. Rio de Janeiro: Record, 2005.

SAULE JÚNIOR, Nelson. *O direito à cidade como paradigma da governança urbana democrática*. Disponível em: <http://www.polis.org.br/artigo_interno.asp?codigo=28>. Acesso em: 25 jun. 2010.

SIEDENBERG, Dieter Rugard. Desenvolvimento: ambiguidades de um conceito difuso. *Desenvolvimento em Questão – Revista do Programa de Pós Graduação em Desenvolvimento, Gestão e Cidadania,* Universidade Regional do Noroeste do Estado do Rio Grande do Sul, ano 2, n. 3, p. 9-26, jan./jun. 2004.

SOUZA, Marcelo Lopes de. Algumas notas sobre a importância do espaço para o desenvolvimento social. *Revista TERRITÓRIO,* ano II, n. 3, jul./dez. 1997.

SOUZA, Marcelo Lopes de. Desenvolvimento urbano: a problemática renovação de um "conceito"- problema. *Revista TERRITÓRIO,* n. 5, p. 5-29, 1998.

SOUZA, Marcelo Lopes de. *Mudar a cidade:* uma introdução crítica ao planejamento e à gestão urbanos. Rio de Janeiro: Bertrand Brasil, 2001.

Informação bibliográfica deste texto, conforme a NBR 6023:2002 da Associação Brasileira de Normas Técnicas (ABNT):

BUZATO, Luiz Fernando Taques Fonseca; BARROS, Solange Aparecida Barbosa de Moraes. Desenvolvimento e direito à cidade: da dominação à alternativa. *In*: AFFORNALLI, Maria Cecília Naréssi Munhoz; GABARDO, Emerson (Coord.). *Direito, informação e cultura*: o desenvolvimento social a partir de uma linguagem democrática. Anais do Simpósio Comunicação, Cultura de Massas, Globalização e Direito: II Congreso Ciencias, Tecnologías y Culturas. Diálogo entre las disciplinas del conocimiento. Mirando al futuro de América Latina y el Caribe. Belo Horizonte: Fórum, 2012. p. 307-322. ISBN 978-85-7700-563-5.

O DIREITO À IMAGEM NA CULTURA PROFISSIONAL DE JORNALISTAS E FUTUROS PROFISSIONAIS DO JORNALISMO: EXPRESSÕES DE UMA REALIDADE

MARIA CECÍLIA NARÉSSI MUNHOZ AFFORNALLI

1 A proposta de um estudo interdisciplinar

Imperioso antes da exposição da pesquisa que se pretende discutir esclarecer o sentido pelo qual o termo "interdisciplinaridade" será utilizado no decorrer desse artigo, pois o alcance desse termo é fundamental para a compreensão da crítica que adiante será apresentada. Apesar de ser uma palavra em voga, de presença quase que obrigatória nos meios acadêmicos, questiona-se se, de fato, a interdisciplinaridade vem se verificando rigorosamente nos estudos que têm a pretensão de ser interdisciplinares.

Esse questionamento tem o intuito de denunciar a confusão, apontada por alguns estudiosos das Ciências Sociais, entre interdisciplinaridade e multidisciplinaridade.

Segundo esclarece Divanir Eulália Naréssi Munhoz,[1] a interdisciplinaridade é uma proposta que visa superar a indesejável

---

[1] MUNHOZ, Divanir Eulália Naréssi. Trabalho interdisciplinar: realidade e utopia. *Serviço Social & Sociedade*, São Paulo, v. 51, p. 167-171, 1996.

feudalização ou compartimentalização dos diferentes domínios do saber. Vai além da multidisciplinaridade, pois, segundo a mencionada estudiosa, a interdisciplinaridade

> supõe mais que o ladear, implicando troca, reciprocidade, discussão, conhecer o outro profissional e a outra profissão na sua alteridade para trocas e complementações. A interdisciplinaridade se alicerça no entendimento do outro como consciência que tem percepções e visões de mundo compatíveis ou não com as nossas, mas com quem podemos discutir.[2]

Longe de representar um relativismo epistêmico ou uma apropriação leviana de conceitos de outras áreas, a interdisciplinaridade exige profundidade de conhecimento de cada especialista na sua área, para assim poder contribuir com a troca entre os diferentes domínios do saber. Não se trata, portanto, do uso incauto, sem critério e injustificado de conceitos importados de outras áreas.

Implica necessariamente o diálogo e o câmbio de ideias, e isso vai muito além de uma mera compilação de conhecimentos de várias áreas ou da imposição de conhecimento de uma área do saber humano sobre outra. Os sujeitos que se propõem a um estudo interdisciplinar devem admitir a possibilidade de, durante o diálogo, ceder em verdades que antes tinham como certas e "aprender" com o outro. Daí a importância de se distinguir, não só terminologicamente, mas sobretudo na prática acadêmica, o multidisciplinar do interdisciplinar.

Entende-se que, para a compreensão do fenômeno do crescimento dos casos de dano ao direito à própria imagem[3] numa seara específica, qual seja, o jornalismo, é necessário muito mais do que o conhecimento jurídico dos aspectos que envolvem esse direito, mas também a incursão em referencial da comunicação social. Para a análise do cotidiano dos jornalistas, é necessário com eles dialogar, conhecer os fatores que os têm levado à utilização das imagens em seu ofício e, sobretudo, das circunstâncias em que estão envolvidos. Justifica-se, assim, a adoção de uma leitura interdisciplinar.

---

[2] MUNHOZ. Trabalho interdisciplinar: realidade e utopia, p. 167.

[3] O direito à própria imagem, mais conhecido como direito à imagem, trata-se de instituto jurídico que se destina a dar proteção ao titular da imagem, ou seja, à pessoa retratada, em razão do uso que terceiros possam dela fazer, possibilitando ao mesmo impedir tanto a fixação (representação) e/ou a divulgação de sua imagem, quanto explorá-la economicamente, se desejar.

2 Considerações importantes

O desafio deste estudo foi analisar a questão do uso de imagens humanas pela mídia, tendo como universo os profissionais da área do jornalismo. Por se tratar de uma área muito extensa de atuação, necessário se fez um corte epistemológico e, para tanto, o estudo enfocou apenas o jornalismo impresso. Para a pesquisa de campo, a delimitação orientou-se para a realidade de Curitiba, capital paranaense, abordando profissionais já atuantes e alunos graduandos (formandos) de cursos de comunicação social – jornalismo, da mesma cidade. Seu objetivo foi tanto conhecer e analisar a percepção dos profissionais pesquisados, sobre a questão, como investigar se e como a temática do direito à imagem é trabalhada na formação dos futuros comunicadores.

Considerando que, em grande parte dos casos de violação do direito à imagem, o agente é a mídia, mormente a imprensa escrita, televisionada e, mais recentemente, a virtual, surgem as seguintes indagações:

- Estes profissionais conhecem e são preparados para conhecer o direito à imagem?
- Quais são os principais determinantes que levam a um uso excessivo das imagens humanas, na comunicação (uso este que, não raras vezes, resulta em violação de direitos)?
- Para complementar a primeira pergunta, questiona-se: os profissionais da área da comunicação são instruídos, quando de sua formação acadêmica em nível de graduação, sobre a existência do direito à imagem?

Dentro do universo eleito para a pesquisa empírica, procurou-se ouvir aqueles que pudessem ser considerados como sujeitos significativos, por vivenciarem no seu cotidiano — quer de profissionais atuantes, quer de alunos na iminência de enfrentar o mercado de trabalho — relação com a temática. Observe-se que, no que concerne aos alunos, essa relação foi entendida também como possível identificação da ausência do seu tratamento no currículo acadêmico e, nesse caso, a análise desses futuros profissionais sobre tal realidade como sendo de fundamental importância.

Segundo observações de Ana Mercês Bahia Bock, em estudo a respeito da produção da consciência de profissionais, cada profissional, "em sua singularidade carrega características da totalidade da categoria, que só se apresenta como um todo por estar presente em cada um"; mas essa estudiosa observa, também, que alguns profissionais constituem "representantes mais significativos do conjunto, por terem refletido

MARIA CECÍLIA NARÉSSI MUNHOZ AFFORNALLI, EMERSON GABARDO (COORD.)
DIREITO, INFORMAÇÃO E CULTURA

sobre o seu trabalho, ultrapassando algumas etapas ou dúvidas", por serem portadores de "uma visão mais crítica da situação" de trabalho da sua categoria.[4][5]

Importante esclarecer que a escolha do contexto para a realização da pesquisa de campo, ou seja, a cidade de Curitiba, ocorreu tendo em vista os seguintes critérios: a) Curitiba, na época da realização da pesquisa empírica, possuía oito cursos de graduação em jornalismo, dentre os 25 existentes em todo o Estado do Paraná; ou seja, concentrava 1/3 (um terço) dos cursos de graduação em jornalismo existentes à época, no Estado; b) em Curitiba, estão sediadas as principais empresas do jornalismo impresso do Estado do Paraná.

A partir de tais alertas, foram escolhidos jornalistas, com graduação em comunicação social, das principais empresas de comunicação de Curitiba que trabalham com jornais impressos e que, consequentemente, usam, nesses veículos, imagens humanas.

Quanto aos profissionais participantes da pesquisa, há que se destacar que: a) representam empresas ou grupo de empresas de jornais impressos, isso porque é comum, na atualidade, que um mesmo grupo de comunicação seja responsável pela edição de mais de um expediente impresso, ou seja, mais de um jornal impresso, visando atingir públicos-alvo distintos; b) participaram da pesquisa somente jornalistas ou repórteres com formação de graduação na área de comunicação social e que, em seu cotidiano profissional, trabalham mais diretamente com imagens (jornalistas de imagem, repórteres fotográficos, editores de imagem); c) o número de profissionais participantes, representantes de cada empresa ou grupo, é variável, haja vista a diferença de porte de cada uma. Por questões éticas, não serão apresentados os nomes dos grupos de comunicação e dos expedientes jornalísticos para os quais trabalham.

---

[4] BOCK, Ana Mercês Bahia. Eu caçador de mim: pensando a profissão de psicólogo. *In*: SPINK, Mary Jane (Org.). *O conhecimento no cotidiano*: as representações sociais na perspectiva da psicologia social. São Paulo: Brasiliense, 1993. p. 283.

[5] TRIVIÑOS, Augusto Nibaldo Silva. *Introdução à pesquisa em ciências sociais*: a pesquisa qualitativa em educação. São Paulo: Atlas, 1987. Triviños aponta (com base em SPRADLEY, James S. *The Ethnographie Interview*. New York: Holt, Rinehart and Winston, 1979) alguns requisitos que devem orientar essa busca pelo sujeito informante de uma pesquisa, entre os quais destacamos, pela relação com este estudo, o "envolvimento (...) no fenômeno que se quer estudar", e o "conhecimento amplo e detalhado das circunstâncias que têm envolvido o foco em análise", isso porque, conforme observa, cada "grupo humano (agrupamento de advogados, médicos, professores, pedreiros, jornalistas etc.) tem seu próprio mundo cultural, criado por processos de aculturação realizados lentamente ao incorporar-se a ele". E levar em conta isso contribui para que o pesquisador possa alcançar, do informante, "os significados mais genuínos do fenômeno social em foco" (TRIVIÑOS, 1987, p. 144-5).

Os alunos graduandos (formandos) de cursos de jornalismo foram selecionados em quatro das oito faculdades de jornalismo existentes no contexto de Curitiba segundo os critérios de antiguidade (os dois mais antigos da cidade) e de significativa expressão acadêmica (dois que, embora mais recentes, já vêm formando turmas há alguns anos). Do segmento discente, elegeu-se 14 (quatorze) de cada curso (cada instituição). Assim é que a participação quantitativa por instituições de ensino superior (IES) foi equitativa, ou seja, com a participação do mesmo número de alunos graduandos por instituição.

3 A imagem humana, o direito e o jornalismo

3.1 O direito e as imagens humanas

Não sendo o intuito desse estudo aprofundar-se nos aspectos técnico-jurídicos que envolvem o direito à própria imagem (e por isso não se delongará em teorias jurídicas), mesmo assim alguns breves apontamentos acerca do instituto são necessários na missão de contextualização do leitor e para a compreensão de como esse direito vem sendo tratado atualmente, pela ciência jurídica.

Desconsiderar a real importância da imagem, na vida de seu titular e sua influência nas suas relações diversas de vida constituir-se-ia perigoso reducionismo, "haja vista a extrema valorização, principalmente no mundo contemporâneo, da imagem como forma de atribuir qualidade às pessoas".[6] Muitos são os casos em que se nota que a imagem funciona como principal parâmetro para atribuir valor às pessoas, fato que deve ser questionado com afinco. Exemplos cotidianos e bastante frequentes disso são os classificados de empregos, situados em jornais impressos e outros expedientes, nos quais grande parte das ofertas exige como principal, quando não é o único requisito, a boa aparência do candidato.

A imagem humana representa, para seu titular, uma das mais relevantes formas de manifestação de sua personalidade. Por esse motivo, passou a ser estudada pelo direito como sendo um atributo da personalidade humana, que merece ser protegido do uso que terceiros possam dele fazer, à revelia do seu titular.

---

[6] AFFORNALLI, Maria Cecília Naréssi Munhoz. *Direito à própria imagem*. Curitiba: Juruá, 2003. p. 24-25.

Atentando para a grande importância da imagem na vida de seu titular, Luiz Alberto David Araújo,[7] ao conceituar imagem, esclarece que no texto constitucional existem *imagens*, e não apenas uma ideia de imagem. Assim, percebe-se a presença da imagem-retrato (que é a que se enquadra ao sentido técnico-jurídico antes apresentado), que abrange a representação do aspecto visual, por meio das mais diversificadas técnicas existentes, e os gestos e expressões dinâmicas da personalidade.[8] Ao lado da imagem-retrato, também percebe-se no texto constitucional a presença da imagem-atributo, que "é conseqüência da vida em sociedade",[9] é conceito sensível às relações sociais, considerando, assim, que o profissional tem uma imagem, da mesma forma que um chefe de família tem a sua. Desta forma, qualquer um deles pode ter sua imagem-atributo violada, sem que ocorra também a violação da imagem-retrato.

O direito à própria imagem,[10] mais conhecido como direito à imagem, trata-se de instituto jurídico que se destina a dar proteção ao titular da imagem, ou seja, à pessoa retratada, em razão do uso que terceiros possam dela fazer, possibilitando ao mesmo impedir tanto a fixação (representação) e/ou a divulgação de sua imagem, quanto explorá-la economicamente, se desejar. O conceito evidencia a existência de um duplo conteúdo do direito à imagem, sendo que o primeiro se refere ao elemento moral que possui este direito e que se destina a dar proteção à pessoa titular da imagem que pretenda impedir a representação de seus sinais característicos e/ou a divulgação (publicação) dos mesmos; ao passo que o segundo conteúdo deste instituto se refere ao do elemento material — cada vez mais relevante — que possibilita ao titular a exploração econômica de sua imagem.

Quanto ao elemento moral, há que se distinguir dois momentos que podem estar presentes no uso da imagem humana alheia, ou seja, da utilização da imagem de uma pessoa por outrem. O primeiro

---

[7] ARAÚJO, Luiz Alberto David. *A proteção constitucional da própria imagem*. Belo Horizonte: Del Rey, 1996.

[8] FRANÇA, Rubens Limongi. *Enciclopédia Saraiva do Direito*. São Paulo: Saraiva, 1977. v. 42, p. 198-199.

[9] ARAÚJO. *A proteção constitucional da própria imagem*.

[10] É posição majoritária na doutrina pátria e comparada a de que o direito à própia imagem, enquanto direito da personalidade, só se refere à proteção das pessoas naturais, ou seja, não se estende às pessoas jurídicas. Por esse motivo, esse estudo somente se refere à utilização das imagens humanas, por entender que o direito à imagem é instituto jurídico que se presta a proteger, tão somente, o atributo imagem das pessoas naturais. Nesse sentido, *vide*: AFFORNALLI, Maria Cecília Naréssi Munhoz. *Direito à própria imagem*. Curitiba: Juruá, 2003.

momento, indispensável, refere-se à captação da imagem do titular por meio da fixação de seus sinais característicos em um substrato físico. Sabe-se que a imagem de uma pessoa é algo que a acompanha e perante os outros torna-se abstrata, na medida em que não pode ser utilizada sem que antes seja reproduzida em um suporte físico, como ocorre com a fotografia, a pintura, a escultura, a holografia, a filmagem, etc. Diz-se tratar-se de um momento necessário, quando se trate de utilização da imagem alheia, haja vista que não há como alguém se utilizar de aspectos fisionômicos de outrem sem antes tê-los ao seu alcance. Já o segundo momento pode vir ou não a ocorrer, pois nem sempre a utilização da imagem de uma pessoa, por outra, contempla a divulgação ou publicação. Isso significa dizer que, mesmo que o autor da fotografia, por exemplo, deseje apenas a realização do retrato, para si, sem visar a sua veiculação pública, mesmo assim o titular da imagem pode se opor à representação de seus sinais característicos, invocando o seu direito à imagem.

Carlos Alberto Bittar frisa a necessidade de haver consentimento do retratado já para o momento inicial da fixação (retratação). Segundo ele, o direito à imagem "consiste no direito que a pessoa tem de impedir que outrem a utilize, sem autorização, de sorte que a fixação e a posterior utilização econômica dependem de sua anuência".[11]

Além se ser concebido como um direito da personalidade em espécie, tema oriundo da doutrina jus civilista, encontra hoje espaço de estudo entre alguns constitucionalistas, que indagam sobre inclusão no rol dos direitos fundamentais. A importância de se incluir ou não o direito à própria imagem entre os direitos fundamentais pode ser aquilatada a partir da consideração de que é na garantia dos direitos fundamentais —, e não apenas no problema da autonomia ou inde-pendência do indivíduo, que se deve colocar o reduto antropológico do estado de direito. Até porque, como salienta Pérez Luño, "na sua perspectiva histórica a teoria dos direitos fundamentais precedeu a formulação da noção de Estado de direito".[12] Além disso, "os direitos fundamentais são hoje o parâmetro de aferição do grau de democracia de uma sociedade. Ao mesmo tempo a sociedade democrática é con-dição imprescindível para a eficácia dos direitos fundamentais".[13] E,

---

[11] BITTAR, Carlos Alberto. *Contornos atuais do direito do autor.* 2. ed. São Paulo: Revista dos Tribunais, 1999. p. 212.

[12] PÉREZ LUÑO, Antonio-Enrique. *Derechos humanos, estado de derecho y constitución.* 3. ed. Madrid: Ed. Tecnos, 1990.

[13] BRANCO, Paulo Gustavo Gonet. Aspectos de teoria geral dos direitos fundamentais. *In*: MENDES, Gilmar Ferreira; COELHO, Inocêncio Mártires; BRANCO, Paulo Gustavo

no tocante à Constituição brasileira vigente, há que se destacar que a estruturação do Estado se deu sobre o "pilar ético-jurídico-político do respeito e da promoção dos direitos fundamentais".[14]

O primeiro indício para se afirmar que o direito à própria imagem se trata de um direito fundamental é o tratamento que a Constituição da República Federativa do Brasil de 1988 lhe confere, inserindo-o no art. 5º, em três incisos (V, X e XXVIII, alínea "a").

Embora o tratamento constitucional assegure o *status* da fundamentalidade ao direito à imagem, há muitos outros fatores que merecem ser considerados para que essa afirmação se apoie em bases teóricas seguras. Além disso, não basta que o constituinte o tenha reconhecido como tal, sendo necessário que o Estado possibilite tornar realidade o respeito aos direitos fundamentais. Sobre isso, salienta Paulo Gustavo Branco:

> Os direitos fundamentais assumem posição de definitivo realce na sociedade quando se inverte a tradicional relação entre Estado e indivíduo e se reconhece que o indivíduo tem, primeiro, direitos, e, depois, deveres perante o Estado, e que este tem, em relação ao indivíduo, primeiro, deveres e, depois, direitos.[15]

Dessa forma, fica claro que a previsão constitucional acerca dos direitos fundamentais tem o alcance, também, de determinar o dever do Estado de zelar pela sua observância.

Alexandre de Moraes, ao comentar o Título II, da Constituição Federal de 1988, subdivide a categoria dos direitos e garantias fundamentais em cinco espécies. Interessa, para este estudo, a primeira espécie de direito fundamental pelo autor abordada, qual seja: a dos direitos individuais e coletivos que, segundo ele "correspondem aos direitos diretamente ligados ao conceito de pessoa humana e de sua própria personalidade (...)".[16] Moraes também se ocupa de comentar a classificação tripartida de Pimenta Bueno, acerca dos direitos

---

Gonet. *Hermenêutica constitucional e direitos fundamentais*. Brasília: Brasília Jurídica, 2002. p. 104 (Paulo Gustavo Gonet Branco é autor do Capítulo "Aspectos de Teoria Geral dos Direitos Fundamentais", dentro da obra intitulada *Hermenêutica constitucional e direitos fundamentais*, escrita por ele em coautoria com Gilmar Ferreira Mendes e Inocêncio Mártires Coelho).

[14] BRANCO. Aspectos de teoria geral dos direitos fundamentais, p. 104.

[15] BRANCO. Aspectos de teoria geral dos direitos fundamentais, p. 104.

[16] MORAES, Alexandre de. *Direitos humanos fundamentais*: teoria geral: comentários aos arts. 1º ao 5º da Constituição da República Federativa do Brasil: doutrina e jurisprudência. 3. ed. São Paulo: Atlas, 2000. p. 43.

fundamentais, a qual foi formulada em relação às pessoas e que apresenta como espécies do gênero maior "direitos fundamentais", os direitos naturais ou individuais, direitos civis e direitos políticos.[17]

Com base nesta classificação, pode-se afirmar que o direito à própria imagem é um direito fundamental que tanto pode pertencer à espécie dos direitos naturais ou individuais (enquanto visa dar proteção aos atributos da personalidade do homem), quanto à espécie dos direitos civis (haja vista que está previsto e disciplinado pela lei civil vigente).

É bastante sustentável o entendimento de que a inclusão do direito à imagem dentro da categoria dos direitos fundamentais segue o raciocínio de que "o catálogo dos direitos fundamentais vem-se avolumando, conforme as exigências específicas de cada momento histórico",[18] o que significa dizer que partiu da necessidade de se proteger a imagem humana diante dos reiterados casos de lesão que seus titulares vinham sofrendo. Não se pode deixar de acrescentar que o desrespeito do direito à imagem, enquanto direito fundamental, representa afronta que transcende a esfera individual do titular retratado, atingindo também valores da própria sociedade.

Sobre isso, diz-se que a relevância dos direitos fundamentais extrapola a sua *dimensão subjetiva*, ou seja, vai além da preocupação com os valores do próprio titular, vindo a atingir a sua *dimensão objetiva*, que se sensibiliza para a importância que esses direitos exercem sobre os valores da sociedade em que estão inseridos. Nesse sentido, imprescindível é a lição de Branco:

> A dimensão subjetiva dos direitos fundamentais corresponde à característica desses direitos de, em maior ou menor escala, ensejarem uma pretensão a que se adote um dado comportamento ou um poder da vontade de produzir efeitos sobre certas relações jurídicas. Nessa perspectiva, os direitos fundamentais correspondem à exigência de uma *ação negativa* (em especial, de respeito ao espaço de liberdade do indivíduo) ou *positiva* de outrem, e, ainda, correspondem a *competências* — em que não se cogita de exigir comportamento ativo ou omissivo de outrem, mas o poder de modificar-lhe as posições jurídicas.[19]

---

[17] MORAES, Alexandre de. *Direitos humanos fundamentais*: teoria geral: comentários aos arts. 1º ao 5º da Constituição da República Federativa do Brasil: doutrina e jurisprudência. p. 44.

[18] BRANCO. Aspectos de teoria geral dos direitos fundamentais, p. 115.

[19] BRANCO. Aspectos de teoria geral dos direitos fundamentais, p. 152.

Muito embora se dê maior destaque para o alcance subjetivo dos direitos fundamentais, não se pode ignorar a respectiva dimensão objetiva, a qual

> resulta do significado dos direitos fundamentais como princípios básicos da ordem constitucional. (...) *As constituições democráticas assumem um sistema de valores que os direitos fundamentais revelam e positivam.* (...) Os direitos fundamentais, assim, transcendem a perspectiva da garantia de posições individuais, para alcançar a estatura de normas que filtram os valores básicos da sociedade política e os expandem para todo o direito positivo.[20]

Transportando esse entendimento para o campo específico do direito à imagem, reconhecidamente um direito fundamental no ordenamento jurídico brasileiro, há que se considerar que as reiteradas condutas midiáticas que importam em lesão ao direito à imagem não se restringem à esfera individual das pessoas retratadas, mas deixam suas marcas também na sociedade e acabam contribuindo para vulnerar os seus mais caros valores.

Assim, não é de se estranhar que a frequente lesão do direito à imagem acabe produzindo o seu desprestígio e também contribuindo para a construção de uma cultura de desprezo aos direitos fundamentais, de uma maneira geral, o que é muito preocupante.

A dimensão objetiva também tem o condão de "ensejar um dever de proteção pelo Estado dos direitos fundamentais contra agressões dos próprios poderes públicos, provindas de particulares ou de outros Estados".[21] Em relação ao direito à imagem, são frequentes as omissões do Estado e dos poderes públicos que acabam resultando em lesão, como, por exemplo, quando são veiculadas fotos de pessoas suspeitas do cometimento de crimes, antes de haver condenação dentro do devido processo legal. Comuns, também, são as lesões perpetradas por particulares e, aqui, pode-se incluir a atuação da mídia.

3.2 O jornalismo e as imagens humanas – As imagens como instrumento de comunicação

Além de a imagem de ser considerada como um atributo da personalidade humana e reconhecida tanto como um direito

---

[20] BRANCO. Aspectos de teoria geral dos direitos fundamentais, p. 153.

[21] BRANCO. Aspectos de teoria geral dos direitos fundamentais, p. 154.

constitucional fundamental, quanto como um direito da personalidade, tem se evidenciado, cada vez mais, a eficiência das imagens humanas como instrumento de comunicação. Isso pode ser constatado pelo frequente e considerável uso das imagens humanas pelos profissionais da comunicação, fenômeno que não se restringe ao Brasil, mas que está presente mundialmente.

Não se pode negar que em plena Era da Comunicação[22] o homem moderno, para sobreviver, necessita estar informado, todavia padece da escassez de tempo. Neste panorama contemporâneo, onde convivem avidez por informação e escassez de tempo, as imagens assumem grande relevância dentre todos os meios capazes de informar e de comunicar. Com o bombardeio de informações e notícias novas que a todo momento são ventiladas e o pouco tempo que se tem para conhecê-las e incorporá-las em seu ambiente de utilidade, busca-se "na imagem, absorvida rapidamente, a informação que o texto escrito, mais denso, mas de absorção mais lenta, não nos pode dar".[23] A imagem tem o condão de comunicar em um único instante. E, neste contexto, não raras vezes, muitas palavras acabam tendo menor êxito na missão de comunicar do que uma imagem de impacto, bem contextualizada. Reforçando este entendimento, o *slogan* publicitário: "Uma imagem vale por mil palavras".[24]

Há muitas outras características que qualificam as imagens para uso na comunicação, entre as quais algumas são evidenciadas. A primeira a ser comentada assume especial importância num momento em que muito se fala de globalização e, fatalmente, de internacionalização e transnacionalização das informações. Trata-se do poder que as imagens têm de vencer barreiras linguísticas ou idiomáticas, ou seja, derrubam fronteiras na circulação de informações ao redor do mundo. Além disso, também têm a pretensão de vencer barreiras culturais presentes não somente na realidade brasileira, como o analfabetismo, a baixa escolaridade, a evasão escolar, entre outras. Em razão das características citadas, as imagens ganham o *status* de instrumento de comunicação universal ou, ainda, de linguagem universal.

---

[22] CENEVIVA, Walter. Informação e privacidade. *In*: CONFERÊNCIA NACIONAL DOS ADVOGADOS: CIDADANIA, ÉTICA E ESTADO, 18., *Anais...*, Brasília: Conselho Federal da OAB, 2003. Walter Ceneviva também utiliza o termo "Era da Comunicação" para se referir ao momento pelo qual a humanidade passa, no qual a informação assume papel de destaque.

[23] BARBOSA, Alvaro Antônio do Cabo Notaroberto. *Direito à própria imagem*: aspectos fundamentais. São Paulo: Saraiva, 1989. p. 2.

[24] BLÁZQUEZ, Niceto. *Ética e meios de comunicação*. São Paulo: Paulinas, 1999. p. 20.

Também não se pode deixar de mencionar o poder atrativo que as imagens exercem para o texto escrito a elas associado e, ainda, o poder mercadológico que as mesmas têm, no sentido de potencializar a venda dos expedientes jornalísticos que se utilizam de imagens humanas em suas capas, sobretudo quando se trata de pessoa famosa ou pública.

Cientes destas e de muitas outras qualidades, profissionais incumbidos de comunicar, sobretudo da área do jornalismo, muitas vezes acometidos da "fome" de informar a qualquer custo e na ânsia de obter "furos de reportagem" — que são exigências do mercado global e neoliberal em que atualmente se vive —, passam a fazer uso demasiado da imagem, muitas vezes de maneira incauta.

A consequência deste exagero é a frequente lesão do direito à imagem pelos jornalistas, que ocorre tanto pela falta de autorização do titular ou do desrespeito aos limites em que essa autorização foi dada, quanto pela falta do legítimo interesse público que, se existisse, teria o condão de dispensar a autorização ou a concordância do titular com a fixação ou representação de seus sinais característicos e com a sua divulgação ou publicação.

A complexidade da sociedade contemporânea faz com que os diversos setores disputem o poder circundando o campo midiático, reconhecendo nele um dos mais eficientes caminhos para alcançar seu objetivo. E esse processo de midiatização da sociedade contemporânea tem sido facilitado, em muito, pelo desincentivo à reflexão que há muito tempo vem sendo fomentado pelas políticas educacionais, no Brasil.

Fruto do caráter deficitário das políticas educacionais que não educam ou que, pelo menos, não promovem uma educação emancipadora, evidencia-se a criação de uma cultura de preocupante desincentivo pela leitura. Nesse panorama, que tão bem espelha a realidade brasileira, não é de se estranhar que o número de analfabetos funcionais[25] venha crescendo com tamanha rapidez. Contraditoriamente, o governo frequentemente apresenta a queda do analfabetismo clássico, com índices que levam a crer que esse é um mal controlado e que caminha paulatinamente para a extinção.

---

[25] Sobre analfabetismo funcional, o Instituto Paulo Montenegro, que trabalha com a questão da educação e se dedica especialmente ao analfabetismo funcional, escreve: "**Analfabetismo e analfabetismo funcional: uma diferença que vai muito além das palavras**. O conceito de analfabetismo mudou muito nos últimos anos. Em 1958, a UNESCO definia analfabeto um indivíduo que não consegue ler ou escrever algo simples. Vinte anos depois, adotou o conceito de analfabeto funcional: uma pessoa que mesmo sabendo ler e escrever frases simples, não possui as habilidades necessárias para satisfazer as demandas do seu dia-a-dia e se desenvolver pessoal e profissionalmente". Este instituto trabalha com o INAF, sigla que significa Indicador de Analfabetismo Funcional. Informação obtida no *site* do Instituto Paulo Montenegro: <http://www.ipm.org.br/na.php>. Acesso em: 08 ago. 2005, às 17:38h.

Dessa forma, percebe-se que a opinião das pessoas, em geral, tem sido formada pela simples adesão e comprometimento com a interpretação acerca das informações recebidas através dos meios de comunicação, do que por uma reflexão mais crítica sobre eles.

Aqui, ganha ainda maior importância a advertência feita por Milton Santos[26] de que a população não recebe a informação nua e crua acerca dos fatos de relevância social, senão uma interpretação interessada, quando não "interesseira", dos mesmos. Ele usa este argumento, dentre outros, para justificar o papel perverso que a informação assume no atual modelo de globalização.

E, diante do tema da globalização ou transnacionalização, há que se considerar que a utilização midiática das imagens possibilita um alcance ainda maior, ou seja, abre caminhos ainda mais extensos e atinge um público ainda maior, dada a fácil assimilação de mensagens através das imagens. Vale salientar que as imagens se propõem a vencer barreiras culturais e linguísticas, além de atraírem a atenção do público em geral para as matérias veiculadas e potencializarem o poder de venda destes expedientes. Diante disso, é inegável que se prestam também para que o campo midiático, assim como os demais campos que o circundam e que buscam dele se servir, aumente seu poder de alcance e de influência sobre a sociedade. É por meio do uso de imagens, sobretudo das imagens humanas, que a mídia tem se expressado com maior vigor.

Ao mesmo tempo em que a cultura da mídia é industrial, organizando-se como modelo de produção em massa e comercial, vendendo mercadorias e almejando grande audiência,[27] a cultura da imagem também pode ser considerada por estas duas características.

É industrial, enquanto produz para a massa mundial e, ao mesmo tempo, produz a massificação entre seus espectadores. É também comercial, na medida em que vende muitíssimo bem. São poucos os produtos que podem competir com as imagens, como mercadorias de alto consumo mundial. As imagens ajudam a vender desde jornais, revistas e roupas até alimentos e medicamentos. Vão além, a associação de uma marca de veículo a uma modelo de sucesso pode garantir o sucesso nas vendas. Ultimamente se tem notado a associação de imagens de artistas famosos na publicidade de contratos de financiamento e de empréstimos pessoais os mais diversos.

---

[26] SANTOS, Milton. *Por uma outra globalização*: do pensamento único à consciência universal. 10. ed. Rio de Janeiro: Record, 2003.

[27] KELLNER, Douglas. *A cultura da mídia*. Bauru: EDUSC, 2001. p. 9.

4 Considerações sobre os resultados da pesquisa

A escolha da bibliografia pesquisada e a interpretação dos dados da pesquisa de campo foram orientadas pela concepção de que a realidade é vista como uma totalidade de relações. A partir disso, não haveria como o estudo deixar de atentar para os principais determinantes que levam ao expressivo uso das imagens humanas na mídia.

Para tecer considerações sobre os resultados do presente estudo, faz-se necessário relembrar alguns pontos, da proposta inicial. O primeiro deles é o problema de pesquisa "Como o direito à imagem vem sendo tratado, no contexto atual, pelos jornalistas? Os jornalistas conhecem e são preparados, na graduação, para conhecer o direito à imagem? Quais são os principais determinantes do expressivo uso das imagens humanas, no jornalismo?

Da primeira fase da pesquisa empírica, na qual buscou-se conhecer a realidade dos estudantes formandos nos cursos de graduação em jornalismo, alguns pontos merecem destaque.

Em primeiro lugar, percebeu-se que a preocupação em vivenciar a profissão já na época da formação universitária é bastante expressiva, haja vista que 82,1% dos alunos participantes exercem ou já exerceram atividade jornalística e, em muitos casos, percebe-se que o espaço de vivência é oportunizado pelas próprias instituições de ensino superior (IES) a que eles estão vinculados.

Todavia, um expressivo número de alunos, representando 30,4% da totalidade dos pesquisados, diz não terem sido abordadas, no curso de graduação, as implicações jurídicas, éticas e técnicas envolvidas no uso das imagens humanas, índice bastante preocupante, haja vista que o jornalismo é uma profissão que trabalha diretamente com valores humanos e sociais, não podendo deixar de atentar para as consequências advindas aos titulares das imagens, diante da violação de direitos seus. Entre os alunos que responderam ter havido o tratamento, no curso de graduação, das implicações jurídicas, éticas e técnicas envolvidas no uso das imagens humanas, ou seja, os 69,6%, a grande maioria (91,1%) afirma que o uso das imagens humanas foi abordado na forma de disciplina do curso de graduação, principalmente nas relacionadas à ética profissional. Percebe-se, ainda, que a graduação é o espaço por excelência de informação sobre as implicações que envolvem o uso das imagens humanas, na atividade jornalística, sendo que somente 33,93% dos pesquisados afirmam haver outras fontes para obtenção de informação acerca do tema.

No tocante à familiaridade com as questões jurídicas que envolvem o uso das imagens humanas, percebe-se que ainda é mais expressivo o conhecimento do direito autoral que reveste os interesses do autor da imagem, do que sobre o direito que protege o titular da imagem retratada.

Paradoxalmente, a partir da resposta quanto aos cuidados que esses estudantes formandos entendem como necessários para o uso de imagens humanas, no jornalismo, evidencia-se haver considerável conhecimento entre eles sobre o tema do direito à imagem. Essa afirmação leva em conta que as duas principais cautelas foram as mais citadas, quais sejam: a) necessidade de autorização ou consentimento do titular (que é a regra); e b) dispensa de autorização em caso de interesse público. Foram citadas, ainda, como cuidados necessários para o uso de imagens humanas outros aspectos que estão ligados a condições mais específicas de uso, como para os casos de uso da imagem de crianças e adolescentes, fotos em ambiente público e a preocupação em não fazer uso depreciativo ou ofensivo da imagem, entre outros.

Quanto às causas que os alunos formandos entendem como responsáveis para o crescente uso das imagens humanas no jornalismo, as três mais citadas, na ordem de preferência, são: a) poder de atração que as imagens exercem para o texto escrito, que pode estar a elas associado; b) poder mercadológico das imagens (no sentido de que os expedientes de jornalismo impresso que utilizam imagens humanas têm maior potencialidade de venda); e c) a facilidade de compreensão das imagens (que são mais facilmente compreendidas do que as palavras). Não se pode deixar de considerar que também foram apontadas como determinantes: o culto à imagem, numa cultura de extrema valorização da imagem e o uso da imagem do entrevistado como estratégia de pluralidade e legitimidade jornalística. Contudo, surpreendeu o fato de o uso político-eleitoral ter sido uma das causas menos citadas como determinante do crescimento da utilização das imagens humanas, no jornalismo, contrariando uma das hipóteses da pesquisa.

A pesquisa empírica realizada junto aos profissionais do jornalismo impresso, atuantes na cidade de Curitiba, por sua vez, apresentou alguns resultados que se assemelham aos obtidos junto aos acadêmicos, mas surpreendeu, sobretudo, no que tange à falta de conhecimento sobre as cautelas que esses profissionais entendem necessárias para o uso de imagem humana alheia, em seu mister.

Antes, contudo, deve-se esclarecer que, diante da proposta em se trabalhar apenas com profissionais ligados ao jornalismo impresso, que exercem funções ligadas diretamente às imagens, com formação universitária em jornalismo, causou surpresa o reduzido número de participantes: nove sujeitos. Essa constatação corrobora o entendimento de que a classe jornalística vem sofrendo a precarização de seu mercado de trabalho, a qual se faz notar através de alguns fatos, como: a) a constante prática de se evitar vínculos formais de emprego; b) temor frequente e reiterado de censura através de medidas, como a superada proposta de criação do Conselho Federal de Jornalismo; c) a dispensa de diploma de curso superior em jornalismo, para que as pessoas obtenham registro profissional de jornalista;[28] d) no que tange aos repórteres fotográficos, também não se exige graduação em jornalismo ou em qualquer curso superior para que alguém venha a exercer a função de repórter fotográfico; e) ainda sobre a atuação dos repórteres fotográficos, há que se mencionar que a precarização do seu mercado de trabalho também foi agravada a partir do advento das máquinas fotográficas digitais, que possibilitam corrigir defeitos de luminosidade, ângulo, etc., e, muitas vezes, levam ao entendimento de que a experiência e os conhecimentos técnicos que os profissionais antigos reúnem deixam de ser necessários, sendo substituídos pela tecnologia dessas máquinas, possibilitando aos empregadores da comunicação contratar pessoas leigas na função e despreparadas, como alternativa para a redução de custos.

Também merece comentário o fato de que a proposta inicial era a de trabalhar com entrevistas junto a esses profissionais, na pesquisa de campo, o que não foi possível diante da grande resistência que eles apresentaram em se submeter a elas. Muitos deles, quando consultados sobre a possibilidade de participar de entrevista, sugeriam, de imediato, que as perguntas lhes fossem passadas por escrito e eles as devolveriam respondidas. Sendo assim, depois de algumas tentativas vãs, optou-se por, também com os profissionais já atuantes, adotar o questionário semiestruturado como instrumento da pesquisa empírica.

É interessante para a análise final dos resultados que todos os sujeitos participantes graduaram-se, entre os anos de 1993 e 2002, nas IES da cidade de Curitiba que foram abordadas na pesquisa empírica realizada junto aos alunos formandos. Se todos os profissionais fizeram seus cursos de graduação nas IES abordadas na pesquisa empírica junto aos estudantes de curso de graduação em jornalismo, pergunta-se: por que o resultado que aponta para a existência de considerável

---

[28] São muitas as opiniões de que da dispensa aproveitaria somente as empresas de comunicação, que teriam mais poder na negociação de salários, mesmo que, para tanto, passem a contratar mão de obra não especializada.

conhecimento acerca do direito à imagem, constatado junto aos graduandos, não se verificou entre os profissionais atuantes? Será que à época de sua graduação o assunto era ainda menos abordado? Ou será que a cultura profissional se impõe sobre os conhecimentos recebidos quando da graduação?

Os jornalistas concordam com a afirmação de que o uso das imagens humanas vem crescendo no jornalismo e também no seu poder de atração pública para os expedientes que as utilizam e afirmam, e, ainda, que procuram fazer uso das imagens humanas com bastante frequência,

Embora afirmem saber sobre a existência de ações judiciais contra colegas e empresas de jornalismo por uso indevido de imagem humana, demonstram desconhecimento sobre os cuidados necessários para a sua utilização profissional.

O conhecimento sobre o direito à imagem ou direito à própria imagem, denominações que se referem ao mesmo instituto jurídico, foi objeto de questionamento em dois momentos: a) no primeiro deles, buscava-se um conhecimento superficial, pois perguntava-se se o profissional "já ouviu falar em direito à imagem?" Nessa etapa, a maioria manifestou-se positivamente, dizendo já ter ouvido sobre ele e apenas um dos sujeitos pesquisados se preocupou em dizer que não sabia se a pergunta se dirigia ao direito do retratado, ou ao direito do fotógrafo (o que é muito significativo, pois representa a consciência desse sujeito sobre a existência de ambos os institutos jurídicos e da confusão que se faz entre eles — o direito à própria imagem e o direito de autor da imagem); b) no segundo momento, a pergunta exigiu do participante que dissesse o que entende por direito à própria imagem e, nesse quesito, transpareceu o desconhecimento que esses profissionais têm sobre o tema. O que mais preocupa, entretanto, é o fato de que eles julgam conhecê-lo.

Indagados sobre o espaço onde obtiveram noções sobre o direito à imagem, 33,3% deles apontaram a graduação (faculdade) como fonte de informação, sendo essa a opção mais citada.

Ponto que guarda proximidade com o resultado da pesquisa junto aos formandos é o que aponta as principais causas determinantes do uso das imagens humanas, no jornalismo. Percebe-se que das três causas mais citadas, duas coincidem com a opinião dos estudantes. Assim, foram citadas as seguintes causas, em ordem de preferência: a) facilidade de compreensão das imagens; b) poder de atração que elas exercem para o texto escrito e, também, para o expediente que as divulga; e c) o uso da imagem como estratégia de pluralidade e legitimidade jornalística.

Todavia, merece comentário o fato de que o poder mercadológico das imagens foi citado por apenas um dos nove sujeitos pesquisados entre os profissionais atuantes, o que aponta divergência com a opinião dos estudantes, os quais acreditam que essa é a segunda maior causa. Em se tratando de profissionais que trabalham diretamente com as imagens, entende-se que a garantia de sua colocação no mercado de trabalho está intimamente ligada à necessidade de os jornais impressos utilizarem as imagens e, sendo assim, é surpreendente a resposta comentada. No entanto, há que se atentar para o fato que esses profissionais vêm enfrentando situação de grande insegurança, o que já foi abordado quando se falou da precarização no mercado de trabalho dessa classe, e isso pode levá-los a questionar sobre a necessidade de sua contratação e sobre a importância do que produzem para que a empresa contratante obtenha o lucro que almeja.

Diante das considerações até então feitas, depreende-se que o direito à imagem é um tema que ainda precisa ser bastante divulgado no jornalismo, e essa é uma tarefa que não deve ficar restrita aos cursos de graduação, haja vista que o seu desconhecimento é ainda mais significativo entre os profissionais que já atuam na profissão. Todavia, é preocupante o índice de 30,4% dos alunos que afirmam não terem sido abordadas questões sobre o uso das imagens humanas no jornalismo, o que leva à conclusão de que também na graduação a temática merece e reclama um maior aprofundamento. Nesse sentido, há que se atentar para necessária preparação dos docentes que trabalharão com as questões éticas e jurídicas dentro dos cursos de jornalismo.

Sendo assim, passa-se à apresentação de algumas proposições:

a) que sejam promovidos debates, no meio profissional e acadêmico do jornalismo, voltados tanto à divulgação dos aspectos que envolvem o direito à imagem, quanto à análise do alcance e da gravidade das consequências que advêm aos titulares de imagem que têm o seu direito violado;

b) que se estabeleça uma aliança acadêmica entre os cursos de graduação em direito e em comunicação social para o fim de desenvolvimento de trabalho interdisciplinar que possibilite a divulgação do direito à imagem e a sensibilização do meio acadêmico do direito para a percepção das dúvidas que, dentro da seara do jornalismo, podem ser solucionadas por ele;

c) que a preocupação em divulgar o direito à imagem também seja encampada pelas empresas de comunicação que empregam os profissionais de jornalismo, como expressão da responsabilidade social;

d) que a classe jornalística aproveite esse momento de tentativa de superação da crise provocada pela ameaça da retirada de sua independência e da dispensa de exigibilidade de formação superior para o exercício profissional para reforçar a necessidade de uma atuação voltada para a ética profissional, na qual não se pode ignorar o direito das pessoas com as quais o jornalismo trabalha.

Para concluir esse estudo, é importante chamar a atenção para a responsabilidade que o direito tem na conscientização dos profissionais e dos estudantes do jornalismo e também para a construção de uma sociedade que prime pelo respeito aos direitos fundamentais de seus cidadãos.

> Tenho para mim que o direito não é incompatível com a mudança social. Sendo instância normativa mediadora, os signos libertários incorporados ao corpo jurídico-normativo podem facilitar e, por vezes, mesmo exigir a mudança social (revele-se que *utilizo a locução 'mudança social' com um sentido emancipatório). Para isso, porém, é necessária a existência de bons operadores do direito.* Operadores preparados para, no momento oportuno (...), e com instrumental teórico adequado, justificar juridicamente as mudanças (fazendo uso do saber jurídico).[29]

A preparação de operadores do direito com capacidade de produzir uma mudança social emancipatória não pode deixar de olhar para as necessidades de áreas diversas, nem tampouco desprezar o conhecimento produzido pelas mais diversas culturas profissionais. É preciso que o profissional do direito seja conscientizado sobre a importância do trabalho interdisciplinar.

Essa é uma tarefa que está apenas começando!

Referências

AFFORNALLI, Maria Cecília Naréssi Munhoz. *Direito à própria imagem.* Curitiba: Juruá, 2003.

ARAÚJO, Luiz Alberto David. *A proteção constitucional da própria imagem.* Belo Horizonte: Del Rey, 1996.

---

[29] CLÈVE, Clèmerson Merlin. *O direito e os direitos*: elementos para uma crítica do direito contemporâneo. 2. ed. São Paulo: Max Limonad, 2001. p. 215. (original sem destaques).

BARBOSA, Alvaro Antônio do Cabo Notaroberto. *Direito à própria imagem*: aspectos fundamentais. São Paulo: Saraiva, 1989.

BITTAR, Carlos Alberto. *Contornos atuais do direito do autor*. 2. ed. São Paulo: Revista dos Tribunais, 1999.

BITTAR, Carlos Alberto. *O direito de autor nos meios modernos de comunicação*. São Paulo: Revista dos Tribunais, 1989.

BLÁZQUEZ, Niceto. *Ética e meios de comunicação*. São Paulo: Paulinas, 1999.

BOCK, Ana Mercês Bahia. Eu caçador de mim: pensando a profissão de psicólogo. *In*: SPINK, Mary Jane (Org.). *O conhecimento no cotidiano*: as representações sociais na perspectiva da psicologia social. São Paulo: Brasiliense, 1993.

BONETE PERALES, Enrique. *De la ética filosófica a la deontología periodística*: éticas de la información y deontologías del periodismo. Madrid: Editorial Tecnos, 1995.

BRANCO, Paulo Gustavo Gonet. Aspectos de teoria geral dos direitos fundamentais. *In*: MENDES, Gilmar Ferreira; COELHO, Inocêncio Mártires; BRANCO, Paulo Gustavo Gonet. *Hermenêutica constitucional e direitos fundamentais*. Brasília: Brasília Jurídica, 2002.

CANOTILHO, J.J. Gomes. *Direito constitucional e teoria da Constituição*. 6. ed. Lisboa: Almedina, 2002.

CENEVIVA, Walter. Informação e privacidade. *In*: CONFERÊNCIA NACIONAL DOS ADVOGADOS: CIDADANIA, ÉTICA E ESTADO, 18., *Anais...*, Brasília: Conselho Federal da OAB, 2003.

CLÈVE, Clèmerson Merlin. *O direito e os direitos*: elementos para uma crítica do direito contemporâneo. 2. ed. São Paulo: Max Limonad, 2001.

FRANÇA, Rubens Limongi. *Enciclopédia Saraiva do Direito*. São Paulo: Saraiva, 1977. v. 42.

KELLNER, Douglas. *A cultura da mídia*. Bauru: EDUSC, 2001.

MENDES, Gilmar Ferreira; COELHO, Inocêncio Mártires; BRANCO, Paulo Gustavo Gonet. *Hermenêutica constitucional e direitos fundamentais*. Brasília: Brasília Jurídica, 2002.

MORAES, Alexandre de. *Direitos humanos fundamentais*: teoria geral: comentários aos arts. 1º ao 5º da Constituição da República Federativa do Brasil: doutrina e jurisprudência. 3. ed. São Paulo: Atlas, 2000.

MUNHOZ, Divanir Eulália Naréssi. Trabalho interdisciplinar: realidade e utopia. *Serviço Social & Sociedade*, São Paulo, v. 51, p. 167-171, 1996.

PÉREZ LUÑO, Antonio-Enrique. *Derechos humanos, estado de derecho y constitución*. 3. ed. Madrid: Ed. Tecnos, 1990.

SANTOS, Milton. *Por uma outra globalização*: do pensamento único à consciência universal. 10. ed. Rio de Janeiro: Record, 2003.

TRIVIÑOS, Augusto Nibaldo Silva. *Introdução à pesquisa em ciências sociais*: a pesquisa qualitativa em educação. São Paulo: Atlas, 1987.

WARNIER, Jean-Pierre. *A mundialização da cultura*. Bauru: EDUSC, 2000.

Informação bibliográfica deste texto, conforme a NBR 6023:2002 da Associação Brasileira de Normas Técnicas (ABNT):

AFFORNALLI, Maria Cecília Naréssi Munhoz. O direito à imagem na cultura profissional de jornalistas e futuros profissionais do jornalismo: expressões de uma realidade. *In*: AFFORNALLI, Maria Cecília Naréssi Munhoz; GABARDO, Emerson (Coord.). *Direito, informação e cultura*: o desenvolvimento social a partir de uma linguagem democrática. Anais do Simpósio Comunicação, Cultura de Massas, Globalização e Direito: II Congreso Ciencias, Tecnologías y Culturas. Diálogo entre las disciplinas del conocimiento. Mirando al futuro de América Latina y el Caribe. Belo Horizonte: Fórum, 2012. p. 323-343. ISBN 978-85-7700-563-5.

O PAPEL DA MÍDIA NA EDUCAÇÃO AMBIENTAL

TATIANA MATTJE

1 Introdução

Este artigo tem o objetivo de identificar qual a influência que a mídia exerce no contexto da defesa do meio ambiente, ou seja, como os meios de comunicação de massa têm sido empregados a serviço da conservação dos bens naturais.

Para muitos pesquisadores da mídia, os meios de comunicação são a principal fonte de notícias e formação da opinião sobre as questões ambientais, e ao trazer informações em tempo real sobre problemas ambientais do país, pode ser empregada como importante facilitadora para a prática da educação ambiental. A mídia é indispensável na educação ambiental, pois tem papel crucial para o desenvolvimento de uma sociedade sustentável, assim como é crucial o papel da educação para o desenvolvimento de um povo que valoriza sua diversidade cultural, exerce sua cidadania e tem seus direitos garantidos, principalmente o de viver em um ambiente sadio. É preciso dizer, contudo, que mesmo nas grandes redes de jornais e emissoras de televisão, apesar das críticas, coisas boas estão sendo realizadas. Há profissionais sérios e comprometidos com a causa ambiental, mas ainda há um longo caminho a ser percorrido com o engajamento da sociedade como um todo.

2 O surgimento e os objetivos da educação ambiental

A conferência da ONU sobre Meio Ambiente e Desenvolvimento, realizada em 1977, em Tbilisi, na ex-União Soviética, definiu naquela época que o objetivo fundamental da educação ambiental é "Fazer com que os indivíduos e as coletividades compreendam a natureza complexa do meio ambiente natural e do criado pelo homem resultante da interação de seus aspectos biológicos, físicos sociais, econômicos e culturais e adquiram os conhecimentos, os valores, os comportamentos e as habilidades práticas para participar responsável e eficazmente na preservação e na solução dos problemas ambientais e na questão da qualidade do meio ambiente".

No Brasil, somente em 1988 com a nova constituição, a educação ambiental tornou-se incumbência do poder público, juntamente com a promoção da conscientização social para a defesa do meio ambiente. Leis federais, decretos, constituições estaduais, leis municipais, normas e portarias abrigam hoje dispositivos que determinam, em escalas variadas, a obrigatoriedade da educação ambiental. A efetividade de tais dispositivos esbarra, porém, nos problemas estruturais e carência da educação formal no país.

A Lei nº 9.795/99 criou a Política Nacional de Educação Ambiental, a qual entende a educação ambiental como "um componente essencial e permanente da educação nacional, devendo estar presente, de forma articulada, em todos os níveis e modalidades do processo educativo, em caráter formal e não-formal".[1] Isto é, dentro e fora das instituições de ensino.

Esta lei surgiu para auxiliar no processo de conscientização, sendo uma ferramenta fundamental para a mudança comportamental relativa ao meio ambiente. É através dela que se pretende disseminar o conhecimento sobre o ambiente e sensibilizar as pessoas a mudarem suas atitudes e posturas, construindo uma sociedade sustentável. As mudanças que ocorrerão em breve no mundo serão tão complexas, profundas e interativas que desde já exigirão a reeducação da humanidade.

No artigo 4º da referida lei, faz-se referência aos meios de comunicação na seguinte forma: "cabe aos meios de comunicação de massa, colaborar de maneira ativa e permanente na disseminação de informações e práticas educativas sobre meio ambiente e incorporar a dimensão ambiental em sua programação".[2] Sabemos que, esse não é um processo rápido, nem surte efeitos da noite para o dia, é preciso

---

[1] BRASIL, Lei nº 9.795, 27 de abril de 1999.
[2] *Ibid.*

responsabilidade e insistência nessa conscientização para alterar hábitos e costumes enraizados há muitas gerações. Por intermédio da mídia e dos meios de comunicação pode-se esperar um maior alcance das propostas educacionais vigentes na lei.

Quando vemos ou ouvimos notícias de desastres ambientais e crimes contra a natureza ficamos consternados e achamos que nada podemos fazer para evitar a poluição dos rios e mares, as queimadas, as enchentes, a matança de baleias, o comércio de animais ameaçados de extinção. Na verdade, até nos revoltamos com os prejuízos que essas agressões causam à natureza e à qualidade de vida da população de modo geral. Mas poucas vezes nos damos conta de que, para obtermos conforto e adquirirmos bens, estamos contribuindo invariavelmente para o uso desregrado dos recursos ambientais.

Sabe-se que a educação ambiental surgiu na tentativa de minimizar e tentar reverter o quadro de degradação ambiental que se instalou no mundo no último século. Portanto, a educação ambiental possui um enfoque emergencial e transformador, já que prega a busca por outra forma de relação do ser humano com o meio em que está inserido.

Para atingir seus objetivos, a educação ambiental exige uma sensibilidade especial para os processos que ocorrem na natureza e, principalmente, para uma melhor estruturação da sociedade como um todo. Logo, ela carece de um certo conhecimento articulado sobre a região que serve de suporte. É impossível realizar um projeto de educação ambiental exclusivamente atendendo à escala planetária ou à escala nacional. Pelo contrário, a educação ambiental envolve todas as escalas. Começa em casa. Atinge a rua e a praça. Engloba o bairro. Abrange a cidade ou a metrópole. Ultrapassa as periferias. Repensa os destinos dos bolsões de pobreza. Penetra na intimidade dos espaços ditos "opressores". Atinge as peculiaridades e diversidades regionais, para só depois integrar, em mosaico, os espaços nacionais. Só assim a educação ambiental pode colaborar com os diferentes níveis de sanidade exigidos pela escala planetária.

A educação ambiental é fundamental para a conscientização do público em geral, para uma melhoria dos comportamentos e das atitudes dos cidadãos. Cada vez mais se tem demonstrado que pessoas sensibilizadas e bem informadas preservam e respeitam muito mais o ambiente em que vivem, e a mídia, por meio dos seus meios de comunicação de massa, é essencial, uma vez que é a principal fonte de informação para uma expressiva camada da população, consolidando-se como um fator decisivo nos processos de formação de opinião sobre a problemática ambiental.

Enfim, educação ambiental exige método, noção de escala; boa percepção das relações entre tempo, espaço e conjunturas; conhecimentos sobre diferentes realidades regionais; e, sobretudo, código de linguagens adaptadas às faixas etárias das pessoas.

A educação ambiental bem conduzida colabora efetivamente para aperfeiçoar um processo educativo maior, sinalizando para a conquista ou reconquista da cidadania. É a nova ponte entre a sabedoria popular e a consciência técnico-científica.

3 O papel da mídia na educação ambiental

Com os avanços tecnológicos, resultando da globalização do processo informativo, os meios de comunicação adquiriram uma presença marcante na vida dos seres humanos e, assim, exercem um poder de influência notável sobre elas. Mas como esse poderoso instrumento está sendo usado e com quais fins? Estaria ele formando cidadãos mais conscientes e responsáveis ambientalmente?

É bom salientar que a mídia por ser de linguagem fácil e adequada consegue abranger um público muito maior, levando uma mensagem de conscientização a todos os cantos do mundo.

Na atualidade, os meios de comunicação têm o poder de fornecer elementos para que a humanidade se coloque diante de si mesma com intuito de avaliar seu passado e fazer uma projeção para seu futuro. Portanto, vale ressaltar que os veículos de comunicação têm um papel decisivo no processo de formação de opinião sobre a problemática ambiental.

A mídia, na sua função de informar — o que faz com muita eficiência, haja vista a variedade de meios que utiliza para tanto: rádio, televisão, jornais, revistas, etc. —, disponibiliza ininterruptamente toda sorte de notícias e mantém a sociedade totalmente a par do que ocorre no mundo; mais recentemente, o advento da internet possibilitou que as informações nos cheguem em tempo real, no exato momento que está ocorrendo os fatos: políticos, sociais, cinematográficos, jurídicos, catastróficos, etc.

Indubitavelmente possui a mídia um alto grau de difusibilidade, o que lastreia a suscitação de uma hipótese: não poderia ela transcender a sua função de informar, e passar também a formar consciência ambiental na sociedade? É bem verdade que já o faz, porém, ainda de maneira tímida, acanhada, e a gravidade do momento nesse tocante exige medidas mais contundentes, mais ostensivas.

Graças à grande capacidade de disseminar informações e ao seu alto potencial comunicativo, pode a mídia, com mais ênfase a televisiva, adentrar a maioria dos lares e levar conhecimentos de forma sistemática e paulatina sobre educação ambiental, mudando, assim, paradigmas e criando hábitos benéficos à natureza na grande massa.

Para educar, a mídia precisa desempenhar um papel importante na educação ambiental, ou seja: promover a superação do atual modelo de desenvolvimento, que busca o *crescimento econômico* ilimitado e o lucro a qualquer custo, por um modelo de *desenvolvimento sustentável*, que leve em consideração a esgotabilidade dos recursos naturais e a finitude do planeta; que respeite os limites do crescimento e que preserve a natureza, para que seja garantida a satisfação das necessidades da maioria das pessoas da atual e das futuras gerações. Aliás, este não seria o papel apenas da educação ambiental, mas da educação como um todo, neste século: livrar a humanidade do analfabetismo ambiental.

A comunicação de informação ambiental é bastante desafiadora devido ao dinamismo e complexidade dos sistemas naturais. As maneiras pelas quais a ciência tem convencionalmente se relacionado com a sociedade devem ser reformuladas e adaptadas para permanecerem em contato com as realidades ambientais e sociais atuais. A comunidade científica deve focar no aprendizado de uma comunicação mais efetiva com legisladores e educadores. Conduzida apropriadamente, a mídia pode nos oferecer boas ferramentas de comunicação que podem ser usadas como suportes educacionais para reduzir o vazio entre o conhecimento científico e a conscientização cívica.

Grupos científicos, jornalistas e organizações não governamentais desempenham um papel importante nos processos de educação pública ambiental. Cientistas estão entre os primeiros a perceberem as evidências do impacto da destruição do ambiente resultante de atividades humanas. Entretanto, devido a divergências culturais, esses grupos frequentemente encontram dificuldades em saber como comunicar eficientemente suas descobertas entre eles e o público em geral. Tem sido reconhecido que com a ajuda de profissionais bem informados da comunicação, trocas apropriadas de informação entre cientistas, comunidades e organizações não governamentais, a conscientização pública de assuntos ambientais aumenta significativamente. Isso ocorre melhor quando estratégias de comunicação bem planejadas e cooperativas são colocadas em prática.

Leal Filho declara, "para assegurar que o potencial didático da mídia para a informação ambiental e para a educação ambiental seja completamente usado, existe um número de itens que precisam ser considerados".[3] Alguns deles são:

a) diversidade da informação: artigos de jornais e programas de televisão e rádio podem ser usados como fontes de materiais para lições de sala de aula, desde que seja providenciada orientação e que os aspectos discutidos estejam fortemente relacionados aos temas curriculares.

b) relevância do tempo: o uso de materiais impressos ou transmitidos podem providenciar um suprimento de informações recentes e detalhadamente atualizadas.

c) acuidade: professores e outras pessoas, ao usarem a mídia para a educação ambiental, devem estar cientes dessa realidade e tentar selecionar cuidadosamente as matérias antes do seu uso, de forma que incompreensão e a desinformação sejam prevenidas.

Leal Filho ainda acrescenta que na relativamente recente história do "meio ambiente" como problema social, a preocupação pública tem sido cíclica, bem como a cobertura de assuntos ambientais pela mídia.

O uso de diferentes técnicas de comunicação dirigidas, integradas e alicerçadas ao planejamento constituem fatores preponderantes quando se pretende buscar o equilíbrio entre o que é de interesse de quem informa e de quem a recebe. Simplório seria acreditarmos que a mídia se resume a divulgar e produzir matérias. Há, sim, necessidade de planejá-la a cada público de acordo com a sua realidade e necessidade. Recentemente foram lançados inúmeros filmes que abordam a questão das mudanças climáticas atingindo públicos variados. Por exemplo, o filme *Uma verdade inconveniente*, 2006, de Al Gore, o qual procura alertar as pessoas do país, e do resto do mundo sobre os males do aquecimento global, tema este também abordado na série de filmes *A era do gelo*. Já o filme *Os sem floresta* aborda a questão do desmatamento, da poluição, das metrópoles e, recentemente, tivemos o lançamento de *Avatar*, que enfatiza a destruição de uma grande floresta em prol da ganância material do homem. Infelizmente, o cinema ainda é um meio cultural para poucas pessoas, apesar de que esses filmes e documentários foram e são bastante explorados em salas de aula, pois não basta somente utilizar a mídia de massa para conseguir essa transformação no cotidiano das pessoas, é necessário analisar se aquele efetivamente é o melhor veículo para tal finalidade, se colabora na construção do sentido e se é totalmente compreensível.

---

[3] LEAL FILHO, Walter; BANDEIRA, Monica Villa. *Educação ambiental e conscientização pública*. 4. ed. São Paulo: Paulus, 1995. p. 34.

O ser humano sempre usou o planeta como um grande armazém que tudo provê e como um grande depósito sem fim de nossos restos; isso trouxe progresso, sem dúvida, mas precisamos ter em mente que um novo modelo de desenvolvimento é necessário. Precisamos aprender a viver com o planeta Terra e não contra o planeta. "O papel da mídia nesse momento é fundamental, pois ela vai possibilitar que, através da informação de qualidade, em quantidade suficiente, vá permitir que a sociedade faça escolhas corretas entre um modelo insustentável e sabidamente predatório e um modelo sustentável. Sem informação, a sociedade não tem como decidir, pois a informação vem sendo negada à sociedade através de diversas formas: ela não tem acesso ao plano de mídia, a informação é sedimentada apenas no bicho e na planta, excluindo o ser humano",[4] enfatiza Berna, que entende que a mídia não tem conseguido passar isso para a sociedade, que, segundo ele, precisa receber informação com qualidade e quantidade para poder ter instrumentos para colocar em prática esse novo modelo de consumo, que vai "atender às nossas necessidades, sem prejuízo para o atendimento das necessidades das gerações futuras".[5]

O mundo da mídia é composto por proprietários de meios de comunicação, jornalistas (editores, repórteres, fotógrafos), artistas gráficos, publicitários. São todos "comunicadores", mas também "educadores", pois promovem mudanças fantásticas em nosso povo. Tornam-se formadores de consciência.

Para muitos pesquisadores, os meios de comunicação são a principal fonte de notícias e formação da opinião sobre as questões ambientais, e ao trazer informações em tempo real sobre problemas ambientais do país podem ser facilitadores da prática da educação ambiental, mostrando os efeitos do desperdício de água na higiene, na limpeza doméstica, nas escolas. As matérias veiculadas sobre a quantidade de água despendida para a fabricação de artigos de consumo tiveram resultados impressionantes nos adolescentes. Os veículos de comunicação levam os leitores e telespectadores a ter condições de, além de interpretar, incorporar valores da "consciência ambiental" ao seu cotidiano ou mesmo subsidiá-los com as próprias decisões.

Acredita-se que a mídia usada como ferramenta de educação ambiental deva contextualizar o homem dentro da natureza, apresentando os problemas, suas causas e consequências, sugerindo soluções, estimulando ações para que possam enfrentá-los, contribuindo para

---

[4]   VILMAR, Berna. *Como fazer educação ambiental*. 2. ed. São Paulo: Paulus, 2001. p. 17.

[5]   VILMAR, Berna. *Como fazer educação ambiental*. 2. ed. São Paulo: Paulus, 2001. p. 23.

a educação e formação da cidadania ambiental. Portanto, estimular a solidariedade, justiça social, valorização da vida, debater segurança e exclusão social, temas que se relacionam com a vida pessoal e coletiva do homem, despertam a formação de atitudes humanizadoras na preservação e na defesa do homem, incentivando relações sociais de respeito à natureza, a si próprios e aos demais seres humanos.

Pelas características de integração e capacidade de chegar a grandes contingentes de pessoas, a mídia é reconhecida como um patrimônio social, vital para que o direito à livre expressão e acesso à informação seja exercido, tanto que as emissoras de televisão e de rádio atuam por meio de concessões públicas. A legislação que orienta a prestação desses serviços ressalta a necessidade dos instrumentos de comunicação afirmarem compromissos previstos na Constituição Federal, em tratados e convenções internacionais, como a cultura de paz, tolerância e respeito às diferenças de etnia, raça, cultura e gênero, orientação sexual, política e religiosa. Assim, a mídia deve adotar uma postura favorável à não violência e o respeito aos direitos humanos, não só pela força da lei, mas também pelo seu engajamento na melhoria da qualidade de vida da população.

Hoje a humanidade está vivendo um momento bastante desafiador com o crescimento de crises ambientais de grande amplitude. As consequências da degradação ambiental estão cada vez mais notáveis, ameaçadoras e crescentes. Sendo assim, os meios de comunicação têm o poder de levar a humanidade a tomar conhecimento dos problemas socioambientais e a procurar rediscutir os seus modelos de desenvolvimento e de atuação no meio ambiente.

Observa-se nas últimas décadas um aumento significativo de publicações, documentários, campanhas de publicidade institucionais sobre o meio ambiente. Contudo, é por meio dos jornais, rádio, televisão e da internet que as questões ambientais têm chegado ao conhecimento de segmentos da sociedade que nunca tinham tido acesso ao tema. Isso porque, até então, essas informações circulavam basicamente em espaços restritos, na comunidade científica, em seminários e palestras, em publicações especializadas como revistas e livros.

Para a promoção da educação ambiental e para que a mesma possa cumprir sua função precípua de fomentar a elaboração de comportamentos positivos de conduta com respeito ao meio ambiente e à utilização sustentável dos recursos pelas nações, devem ser utilizados todos os avanços da ciência e da tecnologia. A educação ambiental deve dirigir-se a pessoas de todas as idades, em todos os níveis, na educação formal e não formal. E para alcançar esse público os meios de comunicação social têm a grande responsabilidade de colocar seus enormes recursos a serviço dessa missão educativa, enfatiza Dias.[6]

Para se realizar um estudo adequado sobre o papel da mídia na construção do conhecimento e sua interface com a educação ambiental faz-se necessário examinar a diversidade de matérias veiculadas, procurando-se evidenciar a forma como esses conteúdos foram absorvidos pela população. Esse fato promove o hábito à leitura, a interpretação dos discursos, a visualização dos desenhos e outras ilustrações, bem como os movimentos das imagens e a musicalidade dos sons.

Como observa Regina Sueiro de Figueiredo, "a mídia, por intermédio de seus meios de veiculação, ao atingir a população em geral, leva notícias das mais variadas, como por exemplo, as do tipo turístico, demagógico, sensacionalista, imperativo, instrucional, religioso, ou simplesmente informativo".[7] Por sua vez, o discurso veiculado por essa mesma mídia, aliado à educação ambiental, deve levar o público a reflexões, contribuindo, destarte, para a aquisição de conhecimentos e informações significativas para mudanças comportamentais.

Atualmente, as questões do meio ambiente ganham maior espaço dos órgãos informativos, seja nos veículos televisivos, impressos ou internet. Por vezes, ganham conotação errônea, duvidosa, sensacionalista pela veiculação de imagens distorcidas. Às vezes, essas distorções ocorrem por falta de conhecimento, outras vezes, intencionalmente em defesa de interesses da empresa ou mesmo de clientes patrocinadores que não seriam beneficiados pela divulgação de determinadas matérias.

A mídia muitas vezes faz papel de um educador, pois informa dos problemas que estão acontecendo na região e no mundo, às vezes aponta as melhorias e sempre tem assuntos atualizados para o público. Como existe há muitos anos, conquistou credibilidade com a sociedade, sendo a principal fonte de informação para a população e capaz de influenciar o pensamento das pessoas, porém, deve ser utilizada com ética, visando à promoção do bem-estar.

No entanto, esta atuação da mídia enquanto construtora do conhecimento e sua interface com a educação ambiental não vem acompanhando as reais necessidades da sociedade e do meio ambiente. O seu interesse voltado para os assuntos ambientais é invariavelmente determinado por circunstâncias trágicas, sendo vazamentos de óleo, enchentes, estiagens, queimadas, tsunamis, furacões e terremotos os

---

[6] DIAS, G. F. *Educação ambiental*: princípios e práticas. 9. ed. São Paulo: Gaia, 2004. p. 45.

[7] FIGUEIREDO, R. S. A interface com a educação ambiental. *In*: BRUM, Eron; FARIAS, Regina (Org.). *A mídia do Pantanal*. Campo Grande: UNIDERP, 2001. p. 197.

destaques nos noticiários. O que de certa forma é correto, mas ainda falta-lhe perceber a urgência de abrir espaço para novas pautas que cumpram o objetivo de tratar da problemática socioambiental de maneira interdisciplinar. O que presenciamos é uma cobertura viciada numa ética que não é a do cuidado, nem a da responsabilidade.

As discussões sobre a educação ambiental no mundo contemporâneo relacionam-se às questões ambientais mais amplas, que têm feito parte das preocupações dos mais variados setores da sociedade. Apesar das diferentes abordagens com que têm sido tratadas essas questões, todas as discussões apontam para a necessidade de políticas públicas de educação ambiental e a melhor divulgação pelos meios de comunicação em massa de conceitos referentes à educação ambiental, utilizando-se de linguagem adequada aos variados públicos. Os projetos existentes que privilegiam a conservação ambiental devem ser mais bem anunciados e explicados nos meios de comunicação para que a adesão da comunidade seja maior e os resultados obtidos sejam de grande valor e importância.

4 A influência da mídia sobre os indivíduos

A sociedade está acostumada a pensar em comunicação e educação como dois campos distintos do conhecimento, mas ambos lidam com a interação entre as pessoas. Isso mostra que, unindo comunicação e educação, os limites entre informação e conhecimento diminuem. Não é possível separar a mídia da educação. Ela permeia todos os espaços públicos da sociedade e tem uma contribuição importante para o desenvolvimento da consciência crítica e contribui para que as pessoas assumam sua cidadania e formem sua própria opinião sobre os assuntos relevantes.

A comunicação é um direito inalienável e cada cidadão deve lutar para que seja respeitado. Os meios de comunicação de massa devem ser transformados em fóruns privilegiados de educação, não somente disseminando informações, mas também promovendo intercâmbio de experiências, métodos e valores.

Pode-se inferir que a influência da mídia tem o poder de levar a humanidade a tomar conhecimento dos problemas socioambientais e a procurar rediscutir os seus modelos de desenvolvimento e de atuação no meio ambiente. Constituindo-se, paradoxalmente como meio de elite e de massas e atuando como instrumento difusor de mensagens de acesso potencial a todos os indivíduos da sociedade, consolida-se, desta forma, como elemento essencial para a consecução de caminhos que levem ao alcance de uma visão interdisciplinar do meio ambiente.

De fato, observa-se que com o domínio da informação, a mídia desenvolveu mecanismos e ferramentas capazes de difundir, mais rapidamente, o conhecimento acerca da problemática ambiental, comprovado pelas últimas décadas, já que houve um aumento significativo de publicações, documentários e campanhas de publicidade institucionais sobre o meio ambiente.

Surge a pergunta: qual é a compreensão do povo receptor sobre a qualidade da informação ambiental? Ramos cita pesquisadores norte-americanos que chegaram às seguintes conclusões:

- os jornais e a televisão são os meios mais frequentemente empregados como fonte de informação ambiental, mas nem sempre são considerados como os mais confiáveis;
- indivíduos com maior grau de escolaridade usam menos a televisão como fonte de informações ambientais do que os indivíduos com menos grau de escolaridade e tendem a rejeitar a televisão como uma fonte confiável de informação científica sobre meio ambiente, preferindo a mídia impressa, sendo as revistas especializadas mais confiáveis do que os jornais;
- a maior parte da amostra traz como pontos negativos da *performance* da mídia a falta de imparcialidade; a inclinação política; o sensacionalismo e a tendência a solucionar assuntos visando maximizar a audiência; e uma minoria considerou que a mídia diz a verdade nas mensagens ambientais.[8]

Diante desses resultados, Ramos pergunta: "Será que a comunicação de massa vem apresentando um tratamento interdisciplinar da questão ambiental, ou será que vem atuando no sentido de reforçar uma visão compartimentalizada dos problemas ambientais, apresentando uma abordagem desintegradora e fragmentada da problemática ambiental?"[9]

Como conhecer a mensagem ambiental da forma que vem senda transmitida pela mídia? Torna-se necessário saber que o estudo da mensagem ambiental revela-se como uma etapa essencial na investigação da influência da comunicação de massa nos processos individuais e sociais de percepção e interação com o meio ambiente.

Neste sentido, considera-se que a educação ambiental deve ser uma educação transversal, participativa e construtiva, trabalhando

---

[8] RAMOS. *Meio ambiente e meios de comunicação*, p. 27.

[9] RAMOS. *Meio ambiente e meios de comunicação*, p. 31.

no sentido de responder à complexidade e à interdisciplinaridade pertinente às questões ambientais, conforme afirmam Palos e Mendes:

> A Educação ambiental não pode se pautar apenas na transmissão dos recentes conhecimentos de ecologia, mas sim, colocar-se como estratégia de reflexão mais ampla, que nos conduza ao questionamento do modelo de sociedade em que vivemos, na qual a idéia de desenvolvimento está pautada no aumento do consumo desenfreado e no desperdício dos recursos naturais, desconsiderando a sustentabilidade das gerações futuras. As representações de grande parte da população, assim como de entidades que trabalham com esta questão, é que a educação ambiental significa não jogar lixo na rua, cuidar das plantas, não desperdiçar água, reciclar o lixo, etc.[10]

Embora essas questões sejam importantíssimas, elas só funcionarão como educação ambiental se forem remetidas a uma discussão mais ampla, com a participação dos cidadãos nas decisões da problemática ambiental, na qual sejam priorizadas as relações econômicas, políticas, sociais e culturais que influenciam decisivamente a relação entre humanidade e natureza. Caso contrário, estaremos praticando não uma educação ambiental, mas sim um "adestramento ou um treinamento ambiental, contribuindo, dessa maneira, para que a educação exerça somente a função de perpetuar o *status quo*,"[11] enfatiza Palos e Mendes.

Dependendo de como a mensagem é passada, ela tem uma grande influência na sociedade, e os agentes da mídia sabem. Marques de Melo assim analisava o poder da mensagem: "os meios de comunicação constituem, paradoxalmente, meios de elite e de massas. Como instrumentos mecânicos e eletrônicos que difundem mensagens de acesso potencial a todos os indivíduos da sociedade, eles são meios que atingem as massas, atuando como intermediários entre elas e o mundo. No entanto, é preciso considerar que, embora atingindo a massa, os meios de comunicação são meios de elite".[12]

A mídia exerce um fascínio sobre os indivíduos e nas relações sociais, políticas e econômicas. Marques de Melo assinala que os meios "atuavam como instrumentos todo-poderosos, capazes de moldar totalmente o comportamento humano, e em conseqüência, teriam condições

---

[10] VARGAS, Heliana Comin; RIBEIRO, Helena (Org.). Novos instrumentos de gestão ambiental urbana. *In*: PALOS, C.; MENDES, R. *Problematização da educação ambiental através de oficina*: novos instrumentos de gestão ambiental urbana. São Paulo: Edusp, 2001. p. 63.

[11] *Ibid*, p. 67.

[12] MELO, José Marques de. *Comunicação social*: teoria e pesquisa. São Paulo: Vozes, 1971. p. 12.

de manipular a opinião pública, orientando-a em qualquer direção".[13] Essa suposta onipotência dos meios precisa ser analisada no contexto de público receptor eminentemente passivo. Dependendo do conhecimento do receptor, a mensagem pode ser recebida ou percebida, e a mídia precisa ser mais ilimitada nas mensagens passadas, pelo fato de o receptor ser mais exigente.

A mídia é a extensão do homem. A investigação ambiental é, por excelência, interdisciplinar, uma vez que os modelos tradicionais de análise compartimentalizados em áreas distintas do conhecimento se mostram insuficientes para abordagem dos problemas complexos que envolvem o ambiente, na acepção de Ramos.[14] Os meios de comunicação são responsáveis pela difusão de informações sobre meio ambiente, mas são muito limitadas para o alcance de uma visão globalizante do mesmo.

A maioria das mensagens é de forte apelo persuasivo e reflete interesses meramente corporativos e não coletivos, como se deveria supor, uma vez que o meio ambiente compreende toda a coletividade. Para se realizar um estudo adequado sobre o papel da mídia na construção do conhecimento e sua interface com a educação ambiental faz-se necessário examinar a diversidade de matérias veiculadas, procurando-se evidenciar a forma como esses conteúdos foram absorvidos pela população.

Cabe não apenas às empresas de comunicação dar a devida importância às mensagens que abordam a educação ambiental, mas também aos governantes estimular as investigações sobre as questões ecológicas, novos caminhos que levem os indivíduos a criar uma consciência crítica diante da problemática ambiental.

É preciso dizer, contudo, que mesmo nas grandes redes de jornais e emissoras de televisão, apesar das críticas, coisas boas estão sendo realizadas. Há profissionais sérios e comprometidos com a causa ambiental, mas ainda há um longo caminho a ser percorrido com o engajamento da sociedade como um todo. A imprensa está fazendo o seu papel, alertando para os problemas relacionados com as mudanças climáticas, e agora precisa encaminhar bem o projeto para sua solução. Pois da mesma forma, a mídia, ao trazer informações em tempo real sobre problemas ambientais do país, pode ser empregada como importante facilitadora para a prática da educação ambiental. Além disso, os

---

[13] *Ibid*, p. 62.

[14] RAMOS, F. A. *Meio ambiente e meios de comunicação*. São Paulo: Annablume, FAPESP, 1995. p. 29.

veículos de comunicação são capazes de incentivar a reflexão crítica sobre ciência e tecnologia e contribuir para ações transformadoras da realidade.

Desse modo, os meios de comunicação oferecem uma possibilidade ímpar de incluir o desenvolvimento das áreas científica e tecnológica do país nas salas de aula e na vida de muitos cidadãos. A democratização do saber científico é essencial para que, além da tomada de consciência, todos sejam capazes de atuar de forma crítica nos processos sociais que envolvem o meio ambiente. O desenvolvimento e as pesquisas das áreas de ciência e tecnologia oferecem instrumentos que podem contribuir para amenizar ou até resolver diversos problemas ambientais e a educação ambiental pode criar os alicerces para que toda a sociedade se empenhe e determine sua utilização.

Referências

DIAS, G. F. *Educação ambiental*: princípios e práticas. 9. ed. São Paulo: Gaia, 2004.

FIGUEIREDO, R. S. A interface com a educação ambiental. *In*: BRUM, Eron; FARIAS, Regina (Org.). *A mídia do Pantanal*. Campo Grande: UNIDERP, 2001.

LEAL FILHO, Walter; BANDEIRA, Monica Villa. *Educação ambiental e conscientização pública*. 4. ed. São Paulo: Paulus, 1995.

LOUREIRO, C. F. B. Teoria social e questão ambiental: pressupostos para uma práxis crítica em educação ambiental. *In*: LOUREIRO, C. F. B.; LAYRARGUES, P. P.; CASTRO, R. S. (Org.). *Sociedade e meio ambiente*: a educação ambiental em debate. São Paulo: Cortez, 2000.

MELO, José Marques de. *Comunicação social*: teoria e pesquisa. São Paulo: Vozes, 1971.

RAMOS, F. A. *Meio ambiente e meios de comunicação*. São Paulo: Annablume, FAPESP, 1995.

VARGAS, Heliana Comin; RIBEIRO, Helena (Org.). Novos instrumentos de gestão ambiental urbana. *In*: PALOS, C.; MENDES, R. *Problematização da educação ambiental através de oficina*: novos instrumentos de gestão ambiental urbana. São Paulo: Edusp, 2001.

VILMAR, Berna. *Como fazer educação ambiental*. 2. ed. São Paulo: Paulus, 2001.

Informação bibliográfica deste texto, conforme a NBR 6023:2002 da Associação Brasileira de Normas Técnicas (ABNT):

MATTJE, Tatiana. O papel da mídia na educação ambiental. *In*: AFFORNALLI, Maria Cecília Naréssi Munhoz; GABARDO, Emerson (Coord.). *Direito, informação e cultura*: o desenvolvimento social a partir de uma linguagem democrática. Anais do Simpósio Comunicação, Cultura de Massas, Globalização e Direito: II Congreso Ciencias, Tecnologías y Culturas. Diálogo entre las disciplinas del conocimiento. Mirando al futuro de América Latina y el Caribe. Belo Horizonte: Fórum, 2012. p. 345-358. ISBN 978-85-7700-563-5.

SOBRE OS AUTORES

Camila Faustinoni Cabello – Mestre em Educação pela Universidade Metodista de São Paulo. Graduada em Comunicação Social pela Universidade Metodista de São Paulo. Docente do Programa de Pós-Graduação *Lato Sensu* em Educação na Universidade Metodista de São Paulo.

Carolina de Freitas Paladino – Doutoranda em Ciências Criminais pela PUCRS. Mestre em Direitos Fundamentais e Democracia pela UniBrasil. Pós-Graduada em Direito Constitucional pela Academia Brasileira de Direito Constitucional. Pós-Graduada em Direito Processual Civil pelo Instituto de Direito Romeu Felipe Bacellar. Professora de Direito Constitucional, Administrativo e Hermenêutica, FAPAR. Assessora Jurídica do Gabinete do Secretário do Tribunal de Justiça do Estado do Paraná. E-mail: <carolinapaladino@gmail.com>.

César Augusto Naréssi Munhoz – Produtor musical formado pela Academia Internacional de Música Eletrônica de Curitiba. Graduado em Jornalismo e Publicidade pela Universidade Tuiuti do Paraná. Especialização em Cinema pela Universidade Tuiuti do Paraná. E-mail: <www.cesarmunhoz.com>.

Débora Veneral – Especialista em Direito Civil e Processual Civil, UNIPAR-PR. Especialista em Direito Tributário, IBPEX-PR. Doutoranda em Direito, UCSF Argentina. Coordenadora de curso de pós graduação à distância, Grupo Educacional Uninter. Advogada. E-mail: <deboraveneral@yahoo.com.br>.

Diego Windmöller – Bacharel em Artes Visuais, com habilitação em Design Gráfico, pela Universidade Federal de Pelotas. E-mail: <diego_wind@yahoo.com.br>.

Elaine Javorski – Doutoranda em Comunicação e Jornalismo pela Universidad Autónoma de Barcelona. Mestre em Comunicação e Indústrias Culturais pela Universidade Católica Portuguesa. Docente da Universidade Estadual de Ponta Grossa (UEPG) e das Faculdades Integradas do Brasil (UniBrasil).

Eliane Borges da Silva – Atua na Fundação Cultural Palmares (FCP), vinculada ao Ministério da Cultura, Brasil. Doutora em Ciência da Informação pela Universidade Federal Fluminense, Rio de Janeiro. Mestre em Comunicação pela Universidade Federal da Bahia. Graduada em Letras pela Pontifícia Universidade Católica do Rio de Janeiro. E-mail: <eliborsil@gmail.com>.

Eliezer Gomes da Silva – Professor do Programa de Mestrado em Direito da Universidade Estadual do Norte Pioneiro. Doutor em Direito Penal pela Universidade de São Paulo. Mestre em Criminologia pela Universidade de Cambridge. Mestre em Linguística pela Universidade Federal do Rio de Janeiro. Graduado em Direito pela UERJ e em Letras pela UFRJ. Promotor de Justiça no Estado do Paraná. E-mail: <eliezergomesdasilva@gmail.com>.

Emanuella Melo Rocha – Advogada, graduada em Direito pela Universidade Fortaleza (Unifor). E-mail: <emanuellamr@yahoo.com.br>.

Emerson Gabardo – Professor Adjunto de Direito Administrativo da Universidade Federal do Paraná e da Pontifícia Universidade Católica do Paraná. Mestre e Doutor pela UFPR. Entre outras obras, publicou: *Interesse público e subsidiariedade* (Fórum); *Eficiência e legitimidade do Estado* (Manole); *Princípio constitucional da eficiência administrativa* (Dialética). Pela Editora Fórum, organizou, ainda, em conjunto com os professores Romeu Felipe Bacellar Filho e Daniel W. Hachem, o livro *Globalização, direitos fundamentais e direito administrativo.*

Eneida Desiree Salgado – Professora de Direito Constitucional da Universidade Federal do Paraná. Professora do Programa de Mestrado das Faculdades Integradas do Brasil. Mestre e Doutora em Direito do Estado pela Universidade Federal do Paraná.

Fábio Luciano Iachtechen – Historiador. Mestre em Tecnologia pela UTFPR. Doutorando em História na UFPR.

Fabrício Bittencourt da Cruz – Mestre em Direito Econômico e Social pela Pontifícia Universidade Católica do Paraná. Professor de Direito Constitucional na Universidade Estadual de Ponta Grossa/PR. Professor na Escola de Magistratura do Paraná. Professor na Escola da Magistratura Federal. *Site:* <www.fabriciobittencourt.com.br>. E-mail: <contato@fabriciobittencourt.com.br>.

Flávio Bortolozzi Junior – Mestre em Direito pela Universidade Federal do Paraná. Professor das disciplinas de Sociologia Geral, Sociologia Jurídica e Criminologia do curso de Direito da Universidade Positivo. Professor das disciplinas de Sociologia Jurídica e Criminologia do curso de Direito da Unibrasil. Professor das disciplinas de Sociologia Jurídica e Criminologia do curso de pós-graduação da Academia Brasileira de Direito Constitucional. E-mail: <flabjr@gmail.com>.

George de Souza Alves – Doutorando em Políticas Públicas e Formação Humana na Universidade do Estado do Rio de Janeiro. Professor de Informática Educativa do Colégio Pedro II.

SOBRE OS AUTORES | 361

Graciele de Moraes Barros – Bacharel em História pela Universidade Estadual de Ponta Grossa. Aluna especial do Mestrado em Ciências Sociais Aplicadas da UEPG.

Gustavo Schemim da Matta – Acadêmico do curso de Direito da Universidade Estadual de Ponta Grossa/PR. E-mail: <gusdamatta@gmail.com>.

Hustana Maria Vargas – Doutora em Ciências Humanas, Educação pela PUC-Rio. Mestre em Ciências Jurídicas e em Educação pela PUC-Rio. Professora adjunta de Sociologia da Educação na Universidade Federal Fluminense. Pesquisadora dos grupos de pesquisa SOCED (PUC-Rio/CNPq) e NEPES (UFF/CNPq). E-mail: <hustana@gbl.com.br>.

Jorge Luiz Kimieck – Mestre em Tecnologia, UTFPr. Professor da Escola de Comunicação da Unibrasil.

Liza Holzmann – Mestre e Professora da Universidade Estadual de Ponta Grossa. Membro do Núcleo de Estudos, Pesquisa e Assessoria na Área da Infância e Adolescência. Coordenadora do curso de Serviço Social da UEPG.

Luciana Pedroso Xavier – Mestre em Direito das Relações Sociais pela Universidade Federal do Paraná. Professora de Direito Civil e Empresarial do Centro Universitário Curitiba (UniCuritiba) e da Universidade Positivo.

Luciene Pazinato da Silva – Doutoranda em Ciência Sociais pela Pontifícia Universidade Católica de São Paulo. Professora de Sociologia e Antropologia da Escola de Comunicação da Unibrasil. E-mail: <lucienepazi@unibrasil.com.br>.

Luiz Fernando Taques Fonseca Buzato – Mestrando em Ciências Sociais Aplicadas pela Universidade Estadual de Ponta Grossa.

Maria Cecília Naréssi Munhoz Affornalli – Professora de Direitos Reais e de Direito Processual Civil das Faculdades Integradas do Brasil (UniBrasil) e do curso de Especialização em Direito Público da Escola da Magistratura Federal (ESMAFE-PR). Mestre em Ciências Sociais Aplicadas pela UEPG. Doutoranda em Direito pela UCSF. Coordenadora do I e II Simpósio COMUNICAÇÃO, CULTURA DE MASSAS, GLOBALIZAÇÃO E DIREITO (I e II CONGRESO INTERNACIONAL CIENCIAS, TECNOLOGÍAS Y CULTURAS. DIÁLOGO ENTRE LAS DISCIPLINAS DEL CONOCIMIENTO. Universidad de Santiago de Chile – USACH). Autora do livro *Direito à própria imagem* (Juruá).

Marilia Pedroso Xavier – Mestre em Direito das Relações Sociais pela Universidade Federal do Paraná. Professora de Direito Civil do Centro Universitário Curitiba (UniCuritiba) e das Faculdades Integradas do Brasil (Unibrasil).

Roberta Lia Sampaio de Araújo Marques – Professora de Introdução ao Estudo do Direito, de Direito Municipal e Urbanístico, e de Mediação e Arbitragem da Universidade de Fortaleza (Unifor). Professora de Direitos Humanos da Escola Superior da Magistratura do Estado do Ceará. Mestre em Direito Constitucional. Especialista em Direito Público e Graduada pela Universidade Federal do Ceará. E-mail: <rlia@hotmail.com>.

Solange Aparecida Barbosa de Moraes Barros – Doutora em Serviço Social pela Pontifícia Universidade Católica de São Paulo. Professora do curso de Serviço Social da Universidade Estadual de Ponta Grossa. Diretora do setor de Ciências Sociais Aplicadas da Universidade Estadual de Ponta Grossa.

Tatiana Mattje – Graduada em Turismo e Hotelaria (UNIVALI, Itajaí/SC). Graduada em Direito (UNIP, Brasília/DF). Especialista em Ciências Sociais Aplicadas/Processo Civil (UNAMA, Manaus/AM). Doutoranda em Direito (UCSC, Santa Fe/Argentina).